歷史選書11

十九世紀三部曲之一

革命的年代

1789-1848

THE AGE OF REVOLUTION
1789-1848

著／艾瑞克·霍布斯邦
(Eric J. Hobsbawm)
譯／王章輝等

歷史選書 11

革命的年代：1789-1848
The Age of Revolution 1789-1848

作　　者　艾瑞克・霍布斯邦（Eric J. Hobsbawm）
譯　　者　王章輝等
編輯委員　詹宏志　盧建榮　陳雨航　吳莉君
責任編輯　吳莉君
發 行 人　涂玉雲
出　　版　麥田出版
台北市信義路二段213號11樓
電話：02-23517776　傳眞：02-23519179
發　　行　城邦文化事業股份有限公司
台北市愛國東路100號1樓
電話：02-23965698　傳眞：02-23570954
網址：www.cite.com.tw　E-mail：service@cite.com.tw
郵撥帳號　18966004　城邦文化事業股份有限公司
香港發行所　城邦（香港）出版集團有限公司
香港北角英皇道310號雲華大廈4字樓504室
電話：25086231　傳眞：25789337
馬新發行所　城邦（馬新）出版集團有限公司
Cite(M) Sdn. Bhd. (458372 U)
11, Jalan 30D/146, Desa Tasik, Sungai Besi,
57000 Kuala Lumpur, Malaysia
電話：603-9056 3833　傳眞：603-9056 2833
E-mail: citekl@cite.com.tw.
印　　刷　凌晨企業有限公司
初版一刷　1997年3月15日
初版八刷　2003年10月1日

ISBN : 957-708-499-0　售價：380元
版權代理◎博達著作權代理有限公司

Printed in Taiwan

作者簡介

艾瑞克・霍布斯邦（Eric Hobsbawm）

享譽國際，備受推崇的近代史大師。

一九一七年出生於埃及亞歷山大城的猶太中產家庭。父親是移居英國的俄國猶太後裔，母親則來自哈布斯堡王朝治下的中歐。一九一九年舉家遷往維也納，一九三一年徙居柏林。在一次戰後受創至深的德奧兩國度過童年。一九三三年因希特勒掌權而轉赴英國，完成中學教育，並進入劍橋大學學習歷史。一九四七年成爲倫敦大學伯貝克學院講師，一九五九年升任高級講師，一九七八年取得該校經濟及社會史教授頭銜，一九八二年退休。之後大部分時間任教於紐約社會研究新學院，是該校政治及社會史榮譽教授。

霍氏是英國著名的左派史家，自十四歲於柏林加入共產黨後，迄今未曾脫離。就讀劍橋大學期間，霍氏是共產黨內的活躍分子，與威廉士、湯普森等馬派學生交往甚密；在一九五二年麥卡錫白色恐怖氣燄正盛之時，更與希爾等人創辦著名的新左史學期刊《過去與現在》。馬克思主義者的政治背景雖令霍氏的教職生涯進展艱辛，但卻使他與國際社會間有著更廣泛的接觸經驗及更多的研究機會，從而建立了他在國際上的崇高聲譽。

霍氏的研究時期以十九世紀爲主，並延伸及十七、十八和二十世紀；研究的地區則從英國、歐洲，廣至拉丁美洲。除專業領域外，霍氏也經常撰寫當代政治、社會評論，歷史學、社會學理論，以及藝術、文化批評等。他在勞工運動、農民叛變和世界史範疇中的研究成果，堪居當代史家的頂尖之流，影響學界甚巨；而其宏觀通暢的寫作風格，更將敍述史學的魅力擴及一般閱聽大衆。如《新左評論》名編輯安德生所言：霍氏不可多得的兼具了知性的現實感和感性的同情心。一方面是個腳踏實地的唯物主義者，提倡實力政治；另一方面又能將波希米亞、土匪強盜和無政府主義者的生活寫成優美哀怨的動人故事。

霍氏著作甚豐，先後計有十四部以上專書問世，包括：《革命的年代》、《資本的年代》、《帝國的年代》、《極端的年代》、《盜匪》、《民族與民族主義》、《原始的叛亂》（以上各書將由麥田出版中譯本）、《爵士風情》等書。現居倫敦。

譯者簡介

王章輝

一九三七年生，重慶人。一九六五年畢業於蘇聯列寧格勒大學歷史系，主攻英國史。現任中國社會科學院世界歷史研究所研究員，研究生院教授。編有《工業社會的勃興》、《第二次世界大戰史》等。

目錄

第二篇　結果

序　言

艾瑞克・霍布斯邦

我們在這裏把一七八九年的法國大革命和同時期發生的(英國)工業革命稱爲「雙元革命」(dual revolution)，本書所追溯的一七八九到一八四八年的世界變革，正是從「雙元革命」這一意義上著眼。因此，嚴格地說，本書所陳述的歷史既不是一部歐洲史，也不是一部世界史。我在書中對某一國家的陳述(儘管常常顯得粗略)，是從它在這一時期所感受到的雙元革命影響來著眼，那些在這一時期受雙元革命影響微不足道的國家，我就略而不談。因此，讀者在書中會發現關於埃及的某些論述，而找不到對日本的評說，對愛爾蘭的闡述多於保加利亞，談拉丁美洲多於非洲。自然，這並不意味著本書所忽略的國家和人民，他們的歷史要比本書所談論的那些國家和人民的歷史有所遜色，或者較不重要。本書之所以把視角放在歐洲，更確切地說是放在法、英，那是因爲在這個時期，世界——或至少是世界上大部分地區——的基礎轉變是發生在歐洲，確切地說，是發生在法、英。不過，有些值得更詳細論述的題目也被擱置一邊，則不僅是因爲篇幅所限，也是因爲這些主題在本系列的其他幾卷中將有充分論述(像美利堅合眾國的歷史)。

本書的目的不在於詳細敍述，而是企圖做出解釋並達到法國人所謂的高度通俗化(haute vulgarisation)。有一定的理論素養、受過教育、有一定學識的公民是本書的理想讀者，他們不僅對於過去的一切充滿好奇，而且希望理解世界是如何以及爲何會變成今天的面貌，而它又將走向何方。所以，給本書加上大量的學術註釋，似有賣弄學問、多此一舉之嫌，這些註釋應當是爲飽學之士所準備。因此，書中的註釋幾乎完全是關於實際引文和數字來源，有時還涉及到某些爭議性特別大或者某些語出驚人之論述的依據。

不過，對於這樣一本包羅萬象的著作，就它所依據的材料略微述及是完全必要的。所有的歷史學家都是某些方面的專家(或者，換個說法，在某些方面也更無知)，除了相當狹隘的某個領域以外，他們基本上必須依靠其他史學家的工作，對一七八九至一八四八年這個時期來說，僅二手文獻就汗牛充棟，以致任何個人，即使他能夠讀懂用各種文字寫成的材料(當然，所有歷史學家實際上最多只能掌握少數幾種語言)，也無法窮盡。因此，本書的大部分材料都是二手，乃至三手材料，不足之處在所難免。同樣，本書在材料上必然掛一漏萬，相關專家將如筆者般同感遺憾。

然而，歷史之網只有拆破，才能抽出單獨的織線，出於實際需要，我們有必要把這一主題分成一定數量的子目。我試圖非常粗略地把本書分成兩個部分。第一部分大體上是論述這一時期的一些重大發展，而第二部分則是針對雙元革命創造出來的那種社會做一概要闡述。如果這樣的區分會使書中有些內容顯得重複，那並不是因爲理論上的問題，而完全是出於方便。

有很多人與我一起探討過本書某些方面的內容，還有些人閱讀過本書初稿或校樣中的某些章節，我在此謹表感謝，而書中的錯誤自然與他們無關。我尤其要感謝伯納爾(J. D. Bernal)、達金(Douglas Dakin)、費希爾(Ernst Fischer)、赫斯凱(Francis Haskell)、凱尼格斯伯格(H. G. Koenigsberger)和萊斯利(R. F. Leslie)。費希爾的思想對第十四章的幫助尤大。拉爾芙(P. Ralph)小姐作爲祕書和研究助手提供了很大的幫助，梅森(E. Mason)小姐爲本書編製了索引，在此一併致謝。

一九六一年十二月於倫敦

十九世紀三部曲之一

革命的年代

1789-1848

THE AGE OF REVOLUTION
1789-1848

導言

詞彙經常是比文獻更響亮的證言。讓我們想一下那些在本書所闡述的這六十年時間裏發明出來，或者是在這個時期獲得其現代意義的詞彙。比如「工業」、「工業家」、「工廠」、「中產階級」、「工人階級」、「資本主義」和「社會主義」；比如「貴族階級」、「鐵路」、作爲政治術語的「自由」和「保守」，「民族」、「科學家」和「工程師」、「無產者」和（經濟）「危機」。又如「功利主義」和「統計學」、「社會學」和其他許多現代科學名稱，「新聞出版」和「意識形態」等等。這些都是在這個時期新造的詞彙，或爲適應這個時期的需要而產生的單詞。（其中多數詞彙或已在國際上通用，或已按字面的確切意義被譯成各種文字。例如，「社會主義」或「新聞出版」在國際上廣爲流行；而「鐵」和「路」〔iron road〕的組合，除了它的發源地以外，在每個地方都是鐵路〔railway〕這一名字的基礎。）「罷工」和「貧困」也是如此。

如果沒有這些詞彙（即沒有它們賦予其名稱的那些事物和觀念），如何去估量發生在一七八九至一八四八年之間這種革命的深遠意義？如何去構想人類歷史上自從發明了農業和冶金術，發明了文字、城邦那遙遠的時代以來的最偉大變革？沒有它們，現代世界將會是什麼模樣？這場雙元革命改變了世界，並且還在繼續使整個世界發生變革。但是，在思索這種革命時，我們必須注意區分它的長遠後果和它早期的關鍵性發展，前者不受任何社會結構、政治組織，或國際力量和資源配置的限制，而後者則與某種特定的社會和國際形勢密切相關。發生在一七八九到一八四八年間的這種偉大革命，不僅僅是「工業」本身的巨大勝利，而且是**資本主義**工業的巨大勝利；不僅僅是一般意義上的自由和平等的巨大勝利，而且是**中產階級**或**資產階級**自由社會的大勝利；不僅僅是「現代經濟」或「現代國家」的勝利，而且是世界上某個特定地域(歐洲部分地區和北美少數地方)內的經濟和國家的巨大勝利——其中心是大不列顛和法國這兩個毗鄰而又互爲競爭對手的國家。一七八九年到一八四八年的轉變，基本上就是發生在上述這兩個國家裏的孿生大變革。從那之後，這一變革波及了整個世界。

雖然這場雙元革命——更精確的是法國政治革命和英國工業革命——的主要載體和象徵是法英兩國，但是，我們不應把這場革命看成是屬於這兩個國家的歷史事件，而應看作是一座覆蓋了更廣泛地區的火山的孿生噴發口，這樣的看法不是沒有道理的。位於法國和英國的火山口同時爆發，並且各具特色，這既不是偶然，也不是沒有意義的事件。從西元三千年歷史學家的觀點來看，或是從中國或非洲觀察家的角度來看，我們可以恰當地說：人們根本不可能指望這些發生在西北歐及其某些海外殖民地的事件，當時會發生在世界的其他地方；我們也可同樣正確地指出：在這個時期所發生的革命，除了資產階級自由資本主義的勝利以外，我們無法想像還有其他任何形式的革命。

很顯然，如果不去進一步追溯一七八九年以前的歷史，尤其是此一變革發生前夕，明顯反映(至少就追溯而言）在世界西北部地區，反映在這場雙元革命所要掃蕩的舊制度危機的那幾十年歷史，我們就無法理解這場意義深遠的變革。我們應否把一七七六年的美國獨立革命看成是一次與英法革命具有同等重要意義的爆發，或僅僅看作是它們最爲重要、最爲直接的先行者和推動者；我們應否對一七六〇年到一七八九年之間的制度危機、經濟變革和轟轟烈烈的事件賦予重要意義，還是它們最多只能清清楚楚地說明這場大爆發的直接原因和時機，而無法解釋它的根本原因。分析家應當追溯到多遠的過去——是該追溯到十七世紀中葉的英國革命，追溯到宗教改革，追溯到歐洲人開始的世界性軍事征服及十六世紀早期的殖民剝削，乃至更早的過去？這些對我們都無關緊要，因爲這樣的深刻分析已遠超出本書所限定的時間界線。

我們在此需要評述的僅僅是，這種變革所需要的社會和經濟力量，政治和理論工具，無論如何已經在歐洲的一部分地區做好了準備，並足以讓世界其他地方都革命化。我們的問題不是要去追尋世界市場的出現，追尋一個充滿活力的私人企業家階級的出現，甚至也不是要追尋提出「政府政策的基礎在於致力實現私人利潤的最大化」這樣一個主張的政府在英國的出現。我們也不是要追尋科技知識的進步，或者說，追尋個人主義、世俗主義、理性主義進步信念的發展。我們認爲，在一七八〇年代，這一切的存在都是理所當然的，儘管我們還不能認定，它們的力量在當時已足夠強大或廣爲傳播。相反的，如果有人企圖因爲雙元革命外在裝束的熟悉性，或下述那些不可否認的事實——諸如羅伯斯比（Robespierre）和桑茹斯（Saint-Just）的穿著打扮、言談舉止不會與舊制度的社會場所毫無關係；其改革思想代表了一八三〇年代英國資產階級的邊沁（Jeremy Bentham），就是向俄國凱薩琳大帝(Catherine the Great)提出同樣主張的那一個人;中產階級政治經濟學中最極端的論述都來自十八世紀英國上院議員等等——就低估了雙元革命的新穎之處,對於這樣的企圖我們必須加以防備。

所以,我們的問題不是去解釋這些新興經濟和社會因素的存在,而是它們的勝利;不是去追溯它們在以往幾個世紀逐漸取得的侵蝕性和破壞性成就,而是它們對這個堡壘的決定性征服。此外,我們還要去追溯這場突如其來的勝利對下述兩個地區所造成的深遠影響:那些最直接受其影響的國家,以及其他直接暴露在其新生力量——引用此時世界史的說法,即「征服的資產階級」——爆炸性影響的世界。

由於雙元革命發生在歐洲的部分地區,其最明顯、最直接的影響自然以那裏最爲突出,因而,本書所論述的歷史必然主要是區域性的。同理,由於這場世界革命是從英國和法國這對孿生的火山口向外噴發,因而它在最初必然也會採取由歐洲向世界其他地區擴張、進而征服的形式。的確,對於世界歷史而言,它最引人注目的後果就是幾個西方政權(特別是英國)建立了對全球的統治,這是史無前例的事件。在西方的商人、蒸汽機和堅船利砲面前,以及在西方的思想面前,世界上的古老文明和帝國都投降了、崩潰了。印度淪爲由英國殖民總督統治的一個省,伊斯蘭國家危機重重、搖搖欲墜,非洲遭到赤裸裸的征服,甚至龐大的中華帝國,也被迫於一八三九至一八四二年間向西方殖民者開放門戶。及至一八四八年,但凡在西方政府和商人認爲對他們有用而需要佔領的土地上,已不再有任何障礙。如同西方資本主義企業的發展,其前途已經一路通暢,所需要的僅是時間而已。

然而，雙元革命的歷史不僅僅是新生的資產階級社會取得勝利的歷史，它也是這些新興力量在一八四八年後的百年之中，從擴張轉變爲收縮的歷史。更爲重要的是，及至一八四八年，未來命運這一異乎尋常的逆轉已依稀可見。衆所周知的，在二十世紀中葉達到高潮的世界性反西方抗爭，在當時僅僅初露苗頭。只有在伊斯蘭世界，我們才能觀察到這一過程的最初幾個階段，那些被西方征服的國家經由這樣的進程，採用了西方的思想和技術，扭轉了局面：例如一八三〇年代土耳其帝國內部開始的西化改革，以及埃及的阿里(Mohammed Ali)所進行的不爲人們所注意、但具重要意義的改革志業。但是，在歐洲內部，預示著要取這個贏得巨大勝利的新社會而代之的力量和思想，卻已經在出現之中。一八四八年以前，「共產主義的幽靈」已經在歐洲徘徊，一八四八年，人們驅走了「幽靈」，此後相當長的一段時期，它實際上便像幽靈一樣處在軟弱無力的狀態，特別是在被雙元革命迅速改變的西方世界。但是，如果我們環顧一九六〇年代的世界，那麼，我們就不敢因此而低估在反抗雙元革命中誕生的，具有革命性的社會主義和共產主義思想體系的歷史力量，這一思想體系在一八四八年已做了首次的經典性闡述。雙元革命這個歷史性的時期，是以在蘭開夏(Lancashire)建立現代世界的第一個工廠制度和一七八九年的法國大革命爲開端，而結束於第一個鐵路網的設立和《共產黨宣言》(*Communist Manifesto*)的發表。

第一篇　發展

第一章

一七八〇年代的世界

十八世紀應該被送入萬神殿。

——桑茹斯❶

1

一七八〇年代的世界曾經是一個比我們今天的世界既要小得多，也要大得多的世界。這是我們對那個世界的第一個看法。從地理方面看，當時的世界比較小，因爲，即使是那個時代受到過最好教育、見識最廣的人——比如說，像科學家兼旅行家洪堡（Alexander von Humboldt, 1769-1859）這樣的人——也只了解這個人類棲息地球的局部地區。（相對於西歐，那些在科技方面較不發達、較不具擴張性的社群的「所知世界」，顯然要比西歐所認知的更小，小到只是地球的微末部分。沒有文字的西西里農民或是生活在緬甸山陵中的耕作者，就是在這樣的小天地裏度過他們的一生，他們對外面的世界永遠一無所知。)由於有像科克(James Cook)那樣具有非凡才能的十八世紀航海家的探險活動,大洋表面的大部分地方(儘管絕不是所有地方)才得以經由考察繪製在地圖上,儘管在二十世紀中葉以前,人類對海底的知識仍微不足道。人們已能了解了各個大陸及大部分島嶼的概貌,儘管用現代的標準來衡量還不太精確。人們對於分布於歐洲的山脈面積和高度的知識比較精確,而對於拉丁美洲的情況,則了解得非常粗略。對於亞洲,所知甚少。至於非洲(除了阿特拉斯山〔Atlas〕以外),在實際用途方面毫無了解。除了中國和印度,世界上大江大河的流徑對於世人都充滿了神祕色彩,只有少數靠設陷阱捕獸的獵人、商人或深入加拿大印第安地區的皮貨商,才了解他們所在地區的河流走向,或者說曾經有所了解。除了幾個地區之外——在幾塊大陸上,他們只從沿海伸入內陸不過幾哩——世界地圖都是由商人或探險家的明顯足跡穿越過的空白空間所組成。要不是由於旅行家或在遙遠前哨站服務的官員們,蒐集了一些粗略但尚能管用的二手,甚或三手資料,這些空白地區甚至會比實際上標明的還要廣大。

不僅「所知的世界」比較小,而且現實的世界也是如此,至少在人類活動的世界是如此。由於無法取得實際的人口統計資料,所有現有的人口估計完全是靠推測得來。不過,有一點很清楚,即當時的地球只能養育相當於現今人口中的很小一部分,可能不超過今天的三分之一。如果我們最常引用的那些推測數據出入不是太大,那麼,亞洲和非洲在當時所養活的人口比重,要比今天大一些。一八〇〇年歐洲的人口大約是一億八千七百萬(現在的人口大約六億),所占的比重比今天要小一些,而美洲人口所占的比例顯然就更小了。大體而言,在一八〇〇年時,每三個人當中就有兩個是亞洲人，每五人當中有一個是歐洲人，非洲人占十分之一，而美洲或大洋洲人則只占三十三分之一。很顯然，那麼少量的人口分布在地球表面，人口密度自然比現在要稀薄得多了。也許，除了一小部分地區，比如說中國和印度的某些地區，或西歐和中歐的某些地區，由於農業生產發達或者城市高度集中，可能存在著類似現代的人口密度。既然人口規模比現今要小，那麼，人類有效拓居的區域自然也會小一些。氣候狀況（儘管氣候不會再像十四世紀初到十八世紀初那個「小冰河期」最糟糕的時代那樣寒冷或潮濕，但比今天可能還要冷一些、濕一些）遏制了人類在北極圈內定居的極限；流行性疾病，如瘧疾，在很多地區仍然制約著人口的增長，比如義大利南部的沿海平原，實際上長期無人居住，到了十九世紀，才逐漸有人定居。原始的經濟生活方式，特別是狩獵和（在歐洲）遊牧，浪費了土地，使得人們無法在整片地區安家落戶，例如義大利東南端的阿普里亞（Apulia）平原。十九世紀早期的旅行家留下了他們描繪羅馬四周地區的圖畫，那是一個空曠且到處都是廢墟的瘧疾流行區，少量牛羊伴隨著三三兩兩古怪奇特的盜匪，這就是當時人們所熟悉的地方風景。當然，很多土地在開墾之後，貧瘠依舊，雜草叢生，到處是汪洋的沼澤地、粗放的牧場或森林，甚至在歐洲也是如此。

比較小的第三個面相表現在人類的體型上：總的說來，那時的歐洲人明顯要比今天的歐洲人矮小許多，這個說法是根據應徵士兵的大量體格統計數字，我們可從中取一例來加以說明。在義大利西北部利久里亞（Liguria）沿岸的一個縣裏，從一七九二年到一七九九年所招募的新兵中，身高不足一百五十公分（五呎二吋）的人占了百分之七十二❷。但這並不表示十八世紀晚期的人要比我們來得纖弱。法國大革命中那些骨瘦如柴、發育不良、沒有受過訓練的士兵，他們所具有的體能耐力，只有今天那些活躍在殖民地山林叢中小巧玲瓏的游擊隊員們才可以相比。以每天三十哩的速度，全副武裝，連續行軍一週，是家常便飯的事。但是，用我們今天的標準來衡量，當時人們的體質很差，卻是不爭的事實。那些身價百倍的國王和將軍都把他們的性命繫於「高個子」身上，由這些人組成精幹強悍的衛隊、身披甲冑的騎兵護衛隊，以及諸如此類的保安人員，這一切都說明了上述事實。

然而，如果說當時的世界在很多方面都比今天來得小，那麼，交通的極端困難和不穩定性卻使當時的世界實際上要比我們今天的世界大得多。我並不想誇大這些困難，按照中世紀或十六世紀的標準來看，十八世紀晚期是一個交通工具眾多且快速的時代，即使在鐵路革命以前，道路、馬車和郵政服務也已大有改善。從一七六〇年代到該世紀末，由倫敦前往格拉斯哥(Glasgow)所需的時間，已從十至十二天縮短到六十二小時。十八世紀下半葉創立的郵車或驛車系統，在拿破崙戰爭末期到鐵路鋪設這段時期內大為擴展，它不僅加快了速度——一八三三年，從巴黎到史特拉斯堡(Strass-burg)的郵件遞送只需三十六小時——而且已形成定期性的服務。然而，陸路的旅客運輸量依然很小。陸上的貨物運輸不僅速度慢，而且費用昂貴，令人生畏。對那些經營官方事業或從事商務的人而言，相互往來是絕對無法斷絕的，據統計，在與拿破崙開戰之初，計有兩千萬封信件經過英國郵差之手(到本書所論時期尾聲，信件數量又增加了十倍)。但是，對於當時的大多數人來說，信件是沒有什麼用處的，因為他們不能識文斷字，而且，出門旅行——或許除了往返於市集的路途而外——完全是異乎尋常的事。倘若他們或他們的貨物要走陸路，那麼，他們絕大多數靠步行，或者依靠速度緩慢的二輪貨運馬車，這種方式甚至在十九世紀早期還運輸了六分之五的法國貨物，其速度每天尚不足二十哩。送急件的人長途跋涉，行色匆匆；馬車夫趕著郵政馬車，捎帶著十來個過往行人在坎坷的道路上顛簸，每個乘客都顛得散了骨架；倘若馬車上安裝了新的皮製支架，那準使他們暈車嘔吐。貴族的私人馬車在路上飛馳，但對於那個世界的大部分人來說，牽著馬匹騾子步行的車夫腳程，仍主宰著陸上運輸。

所以，在這種情況下，水路運輸不僅簡單、低廉，而且通常也更快速（如果排除變幻莫測的天氣干擾）。歌德(Goethe)在義大利旅行期間，從那不勒斯(Naples)乘船到西西里返往時間分別用了四天和三天。這位才子對於旅途花費的時間之短感到驚訝，他用這幾天時間舒舒服服地完成了與陸上路途一樣的旅行。碼頭所及的距離就是世界的距離；從實際意義上看，從倫敦到普里茅斯(Plymouth)或利斯(Leith)的路程要比到諾福克郡布雷克蘭村(Breckland of Norfolk)的路程更近一些。從墨西哥的委拉克路斯(Veracruz)到西班牙南部的塞維亞(Seville)，要比從西班牙中北部的法來多利(Valladolid)更容易。從巴西的巴伊亞(Bahia)去漢堡(Hamburg)，要比從東普魯士的波美拉尼亞(Pomeranian)走內地更方便。水路運輸的主要缺點就是間歇太長，即使到一八二〇年，從倫敦發往漢堡和荷蘭的郵件，每週才兩次，發往瑞典和葡萄牙的每週只有一次，至於發往北美的郵件，則是一月一次。但是，波士頓、紐約與巴黎的聯繫肯定要比喀爾巴阡山的瑪拉馬羅斯郡(Marmaros)與布達佩斯之間的聯繫要密切得多。正因爲透過遠洋運輸運送大量的貨物和人員比較容易，所以兩個相距遙遠的都市之間的聯繫，要比城市和鄉村間的聯繫更方便。比如說，從愛爾蘭北部港口花五年的時間（一七六九—七四）運送四萬四千人到美洲，要比花三代人的時間運送五千人到蘇格蘭的丹地（Dundee）還要容易。攻陷巴士底獄（Bastille）的消息在十三天內已在馬德里家喻戶曉，而在皮隆尼（Péronne）這個距首都只有一百三十三公里的地方，直到巴士底獄陷落的第二十八天，才獲悉來自巴黎的消息。

因此，對於當時的大多數居民而言，一七八九年的世界廣袤無邊。除非被某種可怕的偶然事件，比如軍隊徵募所抓走，大多數人是生於斯、長於斯，並且通常就是在他們所出生的教區裏度過一生。法國當時共有九十個省，遲至一八六一年，在其中的七十個省中，十分之九以上的人就只生活在他們的出生地。這個世界的其他地區都是政府代理人和傳言談到的事，沒有報紙，即使在一八一四年，法國雜誌的正常發行量也只有五千份，除了一小撮中上層階級以外，幾乎無人能識文斷字。流動人口：商人、小販、短工、遊方工匠、流動手工業者、季節性雇工，還包括四處行乞的托鉢僧或香客，乃至走私分子、強盜和市集上的老鄉這類範圍廣泛、行蹤飄忽不定的龐雜人群，這些人負責把小道消息傳給大家。當然，戰爭期間散落於民間或者在和平時期駐防民間的士兵也負責傳播消息。很自然地，消息也透過政府或教會這類官方渠道傳給大家。不過，即使是這種遍布於全國的政府組織或者基督教組織的地方人員，他們很多也是本地人，或者說，他們定居於一處，終身爲他們的同類提供服務。在殖民地以外的地區，由中央政府任命，並被派往接任地方職位的官吏，此時才剛剛出現。在國家所有的基層官員中，或許只有部隊的軍官才有指望經常遷徙，過著四海爲家的生活。這些人只有在他所轄地區內，從各種各樣的美酒、女人和戰馬中求得慰藉。

2

就其本來的情況而言，一七八九年的世界絕對是一個鄉村世界，這是一個基本事實，誰若沒認清這一點，就不能說是認識了這個世界。像俄國、斯堪的納維亞半島及巴爾幹半島上的那些國家，城市從未特別繁榮興旺過，農村人口占總人口的百分之九十至九十七，在有些地方，城市雖然已經衰落，但城市的傳統依然很強烈。即使是這樣的地區，鄉村或者說農業人口的比例也特別高：據我們所掌握的估計資料，在義北倫巴底（Lombardy）地區，農村人口占百分之八十五；在威尼斯，農村人口占百分之七十二到八十；而在卡拉布里亞（Calabria）和盧卡尼亞（Lucania），這一比例則提高到百分之九十以上❸。事實上，除了某些工商業非常繁榮的地區以外，我們很難找到農業人口少於總人口五分之四的歐洲大國。即使以英國而言，也是直到一八五一年，城市人口才首次超過農村人口。

當然，「城市」（urban）這個詞的涵義模稜兩可。按照我們現代的標準，一七八九年時，可以名副其實地稱爲大都市的歐洲城市只有兩個：倫敦和巴黎，它們的人口分別爲約一百萬和五十萬。人口在十萬或十萬以上的城市大約有二十個，其中，法國有兩個，日耳曼兩個，西班牙大概有四個，義大利大約有五個（地中海沿岸地區傳統上是城市的故鄉），俄國兩個，葡萄牙、波蘭、荷蘭、奧地利、愛爾蘭、蘇格蘭和土耳其的歐洲部分各一個。我們所謂的城市，還包括爲數眾多的地方小城鎮，大部分城市居民實際上就是生活在這種小城鎮裏。小鎮的中央是教堂廣場，四周聳立著公共建築和貴族宅邸，人們只需用幾分鐘的時間就可以從廣場走到農場。一八三四年是本書所述時期的後半段，當時奧地利有百分之十九的人生活在城鎮裏，但即令在當時，城鎮人口的四分之三依然是居住在人口不足兩萬的小城鎮裏，約有半數生活在人口規模兩千至五千的小城鎮。這些就是法國的短期雇工們在其法蘭西之旅(Tour de France)時漫遊過的城市。由於隨後幾個世紀的蕭條停滯，這些城鎮十六世紀的外貌就像琥珀中的蒼蠅般，被栩栩如生的保存了下來，其所呈現的寧靜風華，正是喚醒德國浪漫詩人抒發其熱情的背景。在西班牙，大教堂的塔尖高高地聳立在小鎮上；在這泥濘的城鎮裏，哈錫德派(Chassidis)的猶太人崇拜他們神奇的猶太教教士，而正統的猶太人則在這裏為神聖法律中的細微末節辯論不休；果戈里(Gogol)小說中的欽差大臣趕車入城，來這裏恐嚇富貴之人，而奇奇科夫(Chichikov)則在這裏思索購買死者靈魂之事宜。但是，滿腔熱情、胸懷大志的年輕人，他們也是來自於這樣的城鎮，他們發動革命或賺取第一筆財富，或者既是革命者又是大富豪。羅伯斯比來自於阿拉斯(Arras)，巴貝夫(Gracchus Babeuf)來自於聖昆丁(Saint-Quentin)，拿破崙是阿雅丘(Ajaccio)人。

這些地方城鎮雖然很小，卻依然是城市。眞正的城裏人頭腦靈活而又見多識廣，他們瞧不起那些來自周圍鄉村四肢發達、行動遲緩、無知愚鈍的鄉下人(從當時世界注重實際之人的標準看來，死氣沉沉的鄉間城鎮沒有什麼値得誇耀的。德國很多通俗喜劇對待偏僻閉塞的小鎮〔Krähwinke〕就像對鄉下佬〔顯然他更土氣〕那樣，嚴厲地大肆嘲諷)。城鄉之間，確切地說，在城市職業和農業勞動間的界線是十分清楚的。在許多國家，靠著稅務壁壘，有時甚至是舊城牆硬把兩者區分開來。在某些極端的情況下，比如在普魯士，政府急於把納稅人置於適當的監督之下，想方設法把城市活動與鄉村活動實質上完全分隔開來。即使在行政管理上沒有做出如此嚴格區分的地方，人們通常也能從外貌上認出他是城裏人還是農民。在東歐的廣闊大地之上，城裏居民就像是一個個漂浮在由斯拉夫人、馬札兒人和羅馬尼亞人組成的汪洋大海中的日耳曼人、猶太人或義大利人小島。即使他們具有同樣的宗教信仰，屬於同一民族，城裏人的外表與周圍農民的外表**看上去**就是不一樣：他們的穿著打扮不一樣。的確，除了從事室內體力勞動和手工業勞動的人以外，城裏人多數個子較高，儘管他們的身體也許比較纖弱。（例如，一八二三年到一八二七年，布魯塞爾〔Brussel〕城裏人的平均身高要比附近農村高出三公分，在魯文〔Louvain〕，城裏人比農村來的人平均高二公分，關於這個問題，我們有大量的軍方統計資料可資佐證，儘管所有資料都是十九世紀的❹。）他們的思維敏捷，文化程度較高，他們可能，而且肯定爲此而自豪。不過，他們的生活方式幾乎與村裏人一樣封閉，他們不了解外面世界正在發生的事情，其愚昧無知的程度與村裏人也沒什麼差別。

地方上的城鎮實際上仍然從屬於所在農村的經濟和社會，它靠周圍的農民和靠自己的勞作維生（除了極個別的例外），此外幾乎別無生活來源。城市裏的專業階級和中產階級通常都是穀物和牲畜交易商、農產品加工者、律師和公證人（他們爲擁有土地的貴族，處理其財產事務或無休無止的訴訟）、商人—企業家（他們爲農村中從事紡織的人提供原料和收購產品），以及頗受人尊敬的政府代理人、貴族及教會人士。城裏的手工業者和店主爲附近農民以及靠附近農民維生的城裏人提供服務。

地方小城鎮在中世紀晚期有過一段黃金時代，但從那以後，它已經令人悲哀地走向衰落。它不再是「自由市」或城邦，不再是爲更廣大的市場提供產品的製造業中心，不再是國際貿易的中繼站。由於它的衰落，它便越來越頑固地堅持它對市場的地方性壟斷，庇護市場，排斥一切外來者。年輕激進分子和大城市居民所嘲笑的那種地方主義，主要便是從這種經濟自衛運動中產生的。在南歐，鄉紳有時甚至是貴族都居住在小城鎮裏，他們靠地租維生。在日耳曼，有無數小諸侯的領地，本身不過是一些大莊園，諸侯領地上的官僚靠著從老實本分的農民身上搜刮來的錢財，滿足諸侯殿下的欲望。十八世紀晚期，地方城鎮可能仍是一個繁榮而發展中的社會，儘管主宰城市風貌的是帶有古典或洛可可式風格的石砌建築，但它依然是西歐部分地區的見證。但是，它們的繁榮係來自農村。

3

因此，農業問題就是一七八九年世界的基本問題，我們很容易理解，爲什麼第一個有系統的歐陸經濟學派是法國重農學派(Physiocrats)，該派理所當然地認爲土地及地租是淨收益的唯一來源。而且，農業問題的關鍵所在乃是土地耕作者與土地所有者之間的關係，便是財富生產者和財富積累者之間的關係。

從土地所有權關係的角度來看，我們可以把歐洲——確切地說，是以西歐爲中心的經濟綜合體——分成三大區域。在歐洲的西部，有海外殖民地。在海外殖民地中，除了美利堅合眾國北部和一些意義不太大的獨立農耕區這些明顯例外以外，典型的耕作者就是作爲強制勞動者或農奴的印第安人，以及作爲奴隸的黑人；佃農、小佃戶之類的耕作者比較少。（在東印度群島殖民地，歐洲種植園主人直接進行耕作的情況比較罕見，土地管理者所採取的典型強制形式，就是強迫耕作者送繳一定比例的收穫物，比如荷屬群島上的香料或咖啡。）換句話說，典型耕作者的人身是不自由的，或處在政治強制之下。典型的地主則是半封建性的大地產（種植園、莊園、牧場）所有者，以及採行奴隸制的種植園主人。半封建大地產特有的經濟是原始的、自給自足的，總之，純粹是爲了滿足當地的需要：西屬拉丁美洲出口的礦產品，其生產者實際上就是印第安農奴，和農產品的生產方式並無不同。採行奴隸制的大規模種植園，主要分布在西印度群島、南美北部沿海地區（尤其是巴西北部地區），以及美國的南部地區，其經濟特點就是生產一些極爲重要的出口作物——蔗糖，其次是菸草和咖啡、染料，自工業革命以後，主要是生產棉花。所以，奴隸制種植園經濟成了歐洲經濟不可分割的一部分，並透過奴隸貿易成爲非洲經濟的組成部分。在本書所闡述的時期，這一地區的歷史基本上可以根據蔗糖生產的衰落和棉花生產的崛起來寫成。

在西歐以東，尤其是在沿著易北河，今捷克斯洛伐克西部邊境，然後南伸至義大利的港（Trieste），這條將奧地利東西部劃成兩半的界線以東的地區，盛行著農奴制度。從社會方面看，托斯卡尼（Tuscany）和翁布里亞（Umbria）以南的義大利及西班牙南部都屬於這類地區，儘管斯堪的納維亞地區（除了丹麥和瑞典南部的部分地區以外）不屬於農奴制度。在這片廣大地區內，還存在著由自由農耕作的地塊：散居在從斯洛文尼亞（Slovenia）到窩瓦河（Volga）這塊土地上的日耳曼農業殖民者；生活在伊利里亞(Illyrian)內地荒山禿嶺中實際上處於獨立地位的家族；與克羅埃西亞步兵(Pandurs，編按：在十八世紀以殘忍聞名)和哥薩克(Cossack)騎兵幾乎一樣好勇鬥狠的武裝農民，他們活動在直到最近為止還是介於基督徒和土耳其人或韃靼人之間的軍事邊界上；在領主和政府鞭長莫及之處，擅自占地拓荒的自由墾殖者；以及生活在不可能有大規模農耕的莽莽森林裏的人們。但不論怎樣，這一地區的典型耕作者整體上看來是不自由的。事實上，他們幾乎都被淹沒在自十五世紀晚期和十六世紀早期以來所產生的、不曾停頓的農奴制度洪流之中。這種情況在巴爾幹地區不太明顯，因為那裏曾一度或依然處在土耳其人的直接統治之下，在土耳其前封建主義原有的農業制度裏，土地曾進行過粗略的分配，每一份土地要負擔一位非世襲土耳其武士的生計，這種原始的農業制度蛻變成大地主統治之下的世襲地產制度，很少從事農耕的回教地主們，千方百計地榨取農民。這就是巴爾幹地區、多瑙河和薩夫河(Save)以南地區在十九世紀和二十世紀從土耳其人的統治下獲得解放時，實質上還是農業國家的原因，儘管這些國家當時極端貧窮，但它們並不是農業財產集中的國家。作為基督徒，巴爾幹農民在法律上仍然是不自由的，而且在事實上，作為農民，至少當他還處在領主控制之下時，也是不自由的。

但是，在其他地區，典型的農民就是農奴，他們被迫把一週中的大部分時間用在領主的土地上服勞役，或者盡與此相當的其他義務。他的人身不自由度非常之大，以致我們很難把農奴與奴隸區別開來，如在俄國和波蘭實行農奴制的那些地方，農奴可以與土地分開賣出。一八〇一年，《莫斯科報》(*Gazette de Moscou*)上有一則廣告登了這樣一段話：「有三位馬車夫和兩位姑娘待售。馬車夫訓練有素，出類拔萃。姑娘的年紀分別爲十八歲和十五歲，兩人均容貌姣好，手工活樣樣精通。該家族尚有兩位理髮師可供出售，其中一人年紀二十一歲，能讀會寫，能演奏樂器，並能勝任馬車夫。另一位適合幫女士和先生美髮，也會彈鋼琴和拉手風琴。」(很大一部分的農奴充當家庭僕役。在一八五一年的俄國，家庭僕人幾乎占全部農奴的百分之五❺。)在波羅的海——通往西歐的重要貿易孔道——內陸地區，採用農奴制勞動的農業，爲西歐進口國家生產了大部分出口作物：穀物、亞麻、大麻以及主要用來造船的林產品。在其他地區，農業經濟更加依賴地方市場，這個市場至少包括交通方便、製造業相當發達、城市有所發展的地區，如薩克森(Saxon)和波希米亞(Bohemia)及維也納這個大都市。但是，這裏的大部分地方還是很落後。黑海航路的開通和西歐尤其是英國日益發展的都市化，才剛剛開始刺激俄國黑土地帶的穀物出口，在蘇聯實現工業化之前，出口穀物依然是俄國對外貿易的大宗商品。實行農奴制的東部地區爲西歐提供糧食原料，因而被看成是西歐的「依賴經濟」，類似於它的海外殖民地。

義大利和西班牙實行農奴制的地區也具有類似的經濟特徵，儘管其農民的法律地位有所不同。大體而言，這些地區是盛行貴族大莊園的地區。在西西里和安達魯西亞(Andalusia)，不少大莊園就是直接承繼自羅馬大莊園，原來的奴隸和外鄉人(coloni)變成這些地區頗具特色的雇工，他們沒有土地、按日計酬。畜牧經營、糧食生產(西西里是輸出穀物的古老糧倉)，以及從悲慘的農民那裏進行壓榨所取得的東西，都爲擁有土地的王公貴族提供收入來源。

在實行農奴制的地方，典型的地主就是貴族、大地產的耕作者或剝削者。其領地之廣大令人難以想像：凱薩琳大帝賜給每個寵臣四萬到五萬名農奴；波蘭拉齊維爾家族(Radziwills)擁有的地產有半個愛爾蘭那麼大；波托基(Potocki)在烏克蘭擁有三百萬英畝的土地；匈牙利的艾什泰哈齊家族(Esterhazy，音樂家海頓〔Haydn〕的保護人)曾經擁有幾乎七百萬英畝的地產。面積達數十萬英畝的地產比比皆是。(一九一八年以後，捷克斯洛伐克沒收了八十個面積超過二萬五千英畝(一萬公頃)的大莊園，其中，在索博恩〔Schoenborn〕和史華曾堡〔Schwarzenberg〕各有一個占地面積達五十萬英畝的大莊園被沒收，列支敦士登〔Liechtenstein〕和金斯基〔Kinsky〕分別有一個占地面積達四十萬和十七萬英畝的大莊園遭沒收❻。)儘管這些大莊園常常缺乏管理，經營粗放，並且效率低下，但是，它們卻可生產出王侯般的收益。就像一位法國參觀者評論荒蕪的錫多尼亞城(Medina Sidonia)莊園那樣，西班牙的顯貴「像一頭在森林裏稱王的獅子，它一聲怒吼便可使所有接近它的生靈聞風喪膽」❼。然而，他並不缺錢，即使以英國富紳的標準來衡量，他依然是富有的。

在這些土地巨頭之下，盤剝農民的是一個擁有大大小小不同規模和不同經濟資源的鄉紳階級。在有些國家，這個階級極爲龐大，因而，他們也破落、不滿，他們與非貴族的主要區別在於他們的政治和社會特權，以及厭惡從事勞動這類粗活，在匈牙利和波蘭，這一階級的人數約達總人口的十分之一。在十八世紀末的西班牙，鄉紳階級的數量幾乎達五十萬人，在一八二七年則占全部歐洲貴族的百分之十❽，而在其他地方，這一階級的數量要小得多。

4

從社會方面來看，歐洲其他地區的農村結構沒有什麼不同。也就是說，對於農民和雇工而言，擁有土地的任何一個人都是「鄉紳」，是統治階級的一員，相反的，沒有土地而取得貴族或鄉紳地位(這一地位具有社會和政治特權，它在名義上仍然是通向政府最高層的唯一道路)那是無法想像的。在大多數西歐國家，這種思維方式所隱含的封建秩序在政治上依然很有活力，儘管它在經濟上已越來越過時了。的確，由於其經濟上的敗落，使得貴族和鄉紳收入的增長越來越遠落後於物價和開支的上升，也正是這一點使得貴族採取比以往任何時候都更爲強烈的手段，利用他那一份不可轉讓的經濟資產，利用他的地位和與生俱來的特權。在歐洲大陸的每個地方，貴族們都是把出身低微的競爭對手擠出國王手下的肥缺，從瑞典到法國，到處如此。瑞典平民官員的比例從一七一九年的百分之六十六(一七〇〇年時爲百分之四十二)，下降到一七八〇年的百分之二十三❾。在法國，這一「封建反動」加速了大革命的到來(參見第三章)。但是，即使社會秩序在某些方面已明顯發生動搖的地方，比如在法國，要晉身土地貴族階層也是相對容易的。英國更是方便，在這裏，地主和貴族的地位是對所有各類財富的獎賞，倘若財富已足夠巨大的話。土地所有權和統治階級地位之間的聯繫在當時仍然存在，而且在後來實際上變得更爲密切。

但是從經濟方面看，西歐的鄉村社會卻極爲不同。典型的農民在中世紀晚期已免除了奴役地位的大部分義務，儘管他們從法律上看依然保留著大量煩人的依賴痕跡。典型的莊園早已不再是一個經濟活動單位，而變成了一個收取地租和其他貨幣收入的體制。或多或少取得了自由的農民，不論是大農、中農或小農，他們都是這塊土地上獨具特色的耕作者。如果他是某種類型的承租人，那麼，他就向地主繳地租（在有些地區實行穀物分成）。如果在法律意義上他是一個自由農，那麼，他可能仍然要爲當地的領主承擔各種義務，這些義務或許可以或許不可以折算成現金（比如他有義務把他的糧食送到領主的磨坊加工），還要向王公貴族納稅，向教會繳納什一稅，以及負擔某些勞役，凡此種種都與地位較高的社會階層形成對照，那些人的義務相對得到豁免。但是，如果這些政治束縛都被解除，那麼，歐洲大部分地區將變爲一個由農民經營的農業區。一般說來，在這個地區內，一小部分富裕的農民往往會變成從事商品生產的農場主人，他們在城市市場上出售經常剩餘的穀物。而大多數中小農民則依賴他們所占有的土地，過著類似於自給自足的生活，除非他們擁有的土地太少，以致他們不得不在農業或手工業方面找些零活，掙點工錢。

只有一部分地區，把農業進一步推向了朝著純資本主義農業發展的階段，英國就是其中一個主要地區。在英國，土地所有權已高度集中，但是，典型的耕作者是一個中等規模、採商業化經營的佃戶，他們通常都雇工幫耕。他們被隱沒在小地主、茅舍農以及諸如此類的農民大海之中。但是，一旦這層掩蓋被揭去（大體上在一七六〇到一八三〇年間），那麼，這裏所出現的就不是小農農業，而是一個由農業企業家和農場主人所組成的階級，以及龐大的農業無產階級。歐洲有些地區，比如在義大利北部和尼德蘭，商業投資習慣於投向農場經營，或者是該地所生產的專業化經濟作物，這些地區也表現出強烈的資本主義傾向，但這僅是例外而已。再一個例外就是愛爾蘭，這是一個不幸的島嶼，它把歐洲落後地區的劣勢與靠近最先進經濟的不利條件結合在一起。在那裏，一小撮與安達魯西亞或西西里大莊園主相類似的大地主，以敲榨的方式勒索租金，盤剝廣大佃農。

從技術上看，歐洲農業除了一些先進地區以外，仍然屬於傳統農業，效率之低下令人吃驚。其產品基本上還是傳統產品：黑麥、小麥、大麥、燕麥，以及東歐蕎麥；肉牛、綿羊、山羊及其奶製品；豬和家禽；一定數量的水果和蔬菜；葡萄酒；還有大量諸如羊毛、亞麻、做船纜的大麻，及用於生產啤酒的大麥等等工業原料。歐洲的食品仍然是地方性的，別的氣候條件下生產的食品還很稀少，近乎奢侈品，也許除了蔗糖以外——這是從熱帶進口最重要的食品，蔗糖的甘美為人類所造成的痛苦超過其他任何東西。英國(這個當時公認最先進國家)在一七九〇年代，每年每人平均消費蔗糖十四磅。但是即使在這個國家，法國大革命爆發的那一年，每人每月消費的茶葉幾乎不到二盎司。

從美洲或其他熱帶地區引進新作物取得了一定的進展。在歐洲南部和巴爾幹地區，玉米(印第安人的糧食)已經相當普及——這有助於把遷徙不定的農民固著於他們在巴爾幹的小塊土地上——在義大利北部，水稻生產取得了一定的進步。各類貴族領地上都種植了菸草，出於財政稅收的目的，大部分菸草都為政府所壟斷，儘管以現代的標準來衡量，那時所消費的菸草實微不足道：在一七九〇年，普通英國人每月抽菸、吸菸或嚼菸的數量約為一又三分之一盎司。蠶桑養殖在南歐的部分地區已相當普遍。馬鈴薯是主要的新作物，才剛剛開始興盛，或許除了愛爾蘭以外。在愛爾蘭，一英畝馬鈴薯，比其他任何食物能養活更多的人口，因此，馬鈴薯已經在那裏大量種植。除英國和低地國家之外，塊根作物和飼料作物(與乾草不同)的系統栽培還相當少見。一直要到拿破崙戰爭，才造成甜菜的大規模生產。

十八世紀當然不是一個農業停滯不前的世紀，相反，這是一個人口膨脹、都市化蓬勃發展、貿易和製造業長期增長的時代，這一切都促進了農業的改進，而且也確實需要農業的進步。這個世紀的下半葉，人口開始驚人成長，並且從此以後經歷了持續不斷的增長過程，這是近代世界頗具特色的現象：例如，在一七五五至一七八四年間，比利時布拉班特省(Brabant)的農業人口上升了百分之四十四⑩。從西班牙到俄國，有眾多的農業進步運動推動者，他們擴大組織，到處散發政府報告和宣傳出版物。然而，在他們的印象之中，最深刻的竟是農業發展所碰到的巨大障礙，而非農業的進步。

5

大概除了採用資本主義生產方式的地區以外，農業世界的發展都相當緩慢。而商業和製造業世界，以及與之並進的技術和智力活動，則是信心十足，生氣勃勃，狂飆突進，大有發展。從中得益的社會階級顯得很有活力，堅定而樂觀。與殖民地剝削密切聯繫在一起的貿易活動廣泛展開，這給當時的觀察家留下了最爲深刻的印象。海上貿易體系迅速發展，貿易額和貿易量大大增強，商船環繞地球航行，給大西洋北部的歐洲商業社會帶來了利益。他們利用殖民勢力，掠奪東印度群島居民的商品（在一定程度上也掠奪遠東。他們在那裏購買茶葉、絲綢、瓷器等，以滿足歐洲人對這些物品不斷增長的需要。但是，中國和日本的政治獨立，使得這種貿易在當時不那麼具有劫掠性質），再從那裏輸往歐洲和非洲，並在非洲利用這些商品加上歐洲的貨物來購買奴隸，以便滿足美洲迅速發展的種植園制度的需要。美洲種植園則反過來把數量更爲巨大，價格更加便宜的蔗糖、棉花等出口到大西洋和北海沿岸港口。在那裏，它們將與歐洲東西貿易中的傳統工商業品：紡織品、食鹽、葡萄酒及其他物品一起被重新發往東部。然後從「波羅的海」換來穀物、木材、亞麻。從東歐換來穀物、木材、亞麻和亞麻製品（一種出口到熱帶地區有利可圖的商品）、大麻以及在這個次殖民地地區生產的鐵製品。在歐洲比較發達的經濟——從經濟上說，它包括定居在北美殖民地上，日益活躍的白人社會——之間，貿易之網變得空前密集。

當英印富翁或種植園主從殖民地衣錦榮歸之際，多半已是腰纏萬貫，其財富之巨是地方老財主做夢都不曾想到的。商人和船商似乎是那個時代眞正的經濟強者，在那個世紀裏，他們打造或重建了波爾多(Bordeaux)、布里斯托(Bristol)、利物浦(Liverpool)這些輝煌碼頭，只有達官貴人和銀行家才能與他們相比。那些人從他們有利可圖的政府職位上攫取財富，「國王以下的肥差」這一說法有其實質的意義，因爲時代依然如此。除此而外，律師、土地經營者、地方上的釀酒人、商販，以及諸如此類的人物，他們構成了中產階級。他們從農業世界積累了有限的財富，過著低下而寧靜的生活。甚至製造商看起來也比他的窮親戚也好不了多少。因爲，儘管礦產業和製造業正在迅速發展，但是，在歐洲的所有地區，商人（在東歐，通常也就是封建領主）仍然是他們的主宰。

這是因為正值壯大的工業生產，其主要形式是所謂的家庭代工，或分散加工制度，由商人購買手工業者或農民利用部分農閒時間所生產的產品，然後在較大的市場上出售。這種貿易的單純發展，其結果必然為早期工業資本主義創造初步的條件。出售自己產品的手工業者，變成僅僅是計件量酬的工人（尤其是在商人為他提供原料，或者把生產設備出租給他的時候更是如此），而從事織布的農民則變成了擁有小塊土地的織工。各個過程和功能的專業化使得舊式的手工業產生分裂，或是在農民中間造就出一大批半熟練工人。過去師傅匠人一身二任的人，某些專門的工匠團體，以及一些地方上的中間商團體，逐漸轉變為轉包人或雇主之類的人物，但是，控制著這些分散生產形式的關鍵人物，把失落的村莊和冷落街道上的勞工與世界市場聯繫起來的主要人物，還是某種類型的商人。正在或即將從生產者行列中出現的「工業家們」，便是這類商人身旁的小配角，即使他們並沒有直接的依存關係。也有一些例外的情況，特別是在工業發達的英國，鐵器製造商們，或像大陶瓷商人韋奇伍德（Josiah Wedgwood）那樣有名的人物，是值得自豪和令人敬佩的，來自全歐洲的人們懷著好奇的心情參觀他們所建立的企業。不過，典型的工業家（這個詞在當時尚未發明）還只是士官，而非指揮官。

但是，不論他們地位如何，商業和製造業活動卻非常繁榮興旺。在十八世紀的歐洲國家中，英國取得了最為輝煌的成功，它的強盛主要奠基於它在經濟上取得的成就。因此，到一七八〇年代，所有自命實行理性政策的歐陸諸政府，也開始推動經濟，特別是工業的發展，雖然各國的成就有所不同。科學在尚未被十九世紀的學院派分為高等的「純」科學和低下的「應用」科學之前，各門學科都致力於解決生產中的種種問題：一七八〇年代最驚人的進步表現在化學方面，化學在傳統上便與工廠生產操作和工業需求具有最密切的關係。狄德羅(Diderot)和達朗貝爾(d'Alembert)的《百科全書》不僅是具有進步意義的社會思想和政治思想概述，也是科技進步的總結。因爲人們相信人類知識的進步，確信理性、財富、文明，以及對大自然的控制(這點已深深滲透到十八世紀的社會)，信仰「啓蒙運動」(Enlightenment)，實際上，這種信念主要是從生產、貿易的顯著進步，及經濟和科學的理性(人們認爲，兩者必然有密切的關係)中汲取力量。而它最偉大的鬥士，則是那些在經濟上取得最大成就的階級，是那些最直接參與那個時代的進步人士：商業集團、經濟上的開明地主、金融家、具有科學頭腦的經濟和社會管理人員、受過教育的中產階級、製造商及企業家。這些人向富蘭克林(Benjamin Franklin)歡呼致敬，他是一位印刷工、記者、發明家、企業家、政治家，還是一位精明的商人，他們把他看成未來社會積極、自立和理性公民的象徵。他們是社會中的新貴，不需要在英國經歷像大西洋彼岸的那種革命洗禮(編按：係指美國獨立革命)。他們組成了地方性的學會，無論是科學上的、工業上的，還是政治方面的進步，都是從這些學會中湧現出來的。參加伯明罕新月學會(Lunar Society)的有：陶瓷商韋奇伍德、現代蒸汽機的發明人瓦特(James Watt)和他的商業合夥人鮑爾頓(Matthew Boulton)、化學家普里斯特利(Priestley)、貴族出身的動物學家和進化論先驅伊拉斯莫斯・達爾文(Erasmus Darwin，偉大達爾文的祖父)，及著名的印刷家巴斯克維爾(Baskerville)。這些人到處擁向共濟會(Freemasonry)的分支機構，那裏不存在階級差別，人們以無私的熱忱傳播啓蒙運動的思想。

法國和英國是啓蒙思想的兩個主要中心，也是雙元革命的兩個主要中心，這一點具有重要意義，儘管國際上廣爲流行的啓蒙思想實際上就是由法國人所做的系統闡述（即使是英國人所做的闡述，也只是法國思想的翻版）。世俗化的、理性主義的、具有進步意義的個人主義支配著「開明的」思想，把個人從束縛他的桎梏中解放出來是其主要目的：從仍然籠罩全世界的中世紀愚昧傳統主義中解放出來，從教會的迷信（與「自然」或「理性」宗教截然不同）中解放出來，從根據出身或其他毫不相干的標準把人分爲高低不同的階級非理性中解放出來；自由、平等，以及（隨之而來的）博愛是它的口號。在適當的時候，它們便成了法國大革命的口號。個人自由的一統天下只能產生最爲有利的結果。個人的才智在理性世界裏的自由發揮，這是人們所可能尋求的最驚人成就，而我們也的確已能看到由此產生的這種成果。具有典型意義的「啓蒙」思想家，帶著對進步的激情信念，反映了知識、技術、財富、福利和文明的顯著發展，這一切都是他能夠從身邊看到的，他公正的將這一切歸因於思想的不斷進步。在啓蒙時代初期，歐洲各地仍到處火燒巫婆；到這個時代末期，像奧地利那樣的開明政府不僅已經廢除了司法中的嚴刑拷打，而且還廢除了農奴制度。如果在進步的道路上還存在著像封建領主或教會這類既得利益集團的阻礙，那麼，它們除了被掃除以外，還能指望什麼呢？

嚴格地說，把中產階級的意識形態稱作「啓蒙思想」是不夠明確的，儘管很多啓蒙主義者——他們在政治上是堅定的——理所當然地認爲自由社會將是一個資本主義社會⓫。在理論上，啓蒙主義的目標是讓全人類獲得自由，所有具有進步意義、理性主義以及人道主義的思想意識都隱含其中，而且，它們的確從中而來。但是在實際上，號召啓蒙運動的解放運動領導者，往往是社會的中間階層，他們不是憑藉出身，而是才德兼備、具有理性的新人。透過他們的活動所產生的社會秩序，將是一個「資產階級」和資本主義的社會。

把「啓蒙思想」稱作革命的意識形態可能更爲確切，雖然歐陸的很多鬥士在政治上小心謹慎、穩健節制，他們之中的大部分——直到一七八〇年代以前——都把他們的信念寄託於開明的君主專制政體。因爲啓蒙的意義就意味著歐洲大部分地區現行的社會和政治秩序都應廢除。它對於舊制度自行消亡的期望太高。而事實卻恰恰相反，正像我們所看到的，舊政體在某些方面正在自我加強，以抵禦新的社會和經濟力量的前進。而舊制度的據點(存在於英國、荷蘭聯合省共和國以及其他一些它們已經遭到失敗的地區以外)，恰恰就是溫和的啓蒙思想家們維繫其信念的君主制度。

6

除了在十七世紀已經歷過革命的英國，以及一些較小的國家之外，君主專制制度盛行於歐陸所有正常運作的國家，沒有實行君主專制統治的國家通常都是分裂瓦解且陷於無政府狀態，它們遭到鄰國的吞併，如波蘭。世襲君主藉上帝之名統率著土地貴族的階級制度，他們得到傳統組織和教會正統派的支持，他們四周的機構越來越臃腫龐雜，這些機構存在已久但又無所做爲。在國際競爭激烈的時代，專制君主絕對需要凝聚力強、效率高的政府，這遂迫使他們長期以來抑制貴族及其他既得利益集團的無政府傾向，只要可能，他們就用非貴族出身的文職人員去充實政府機構，這倒是事實。此外，到了十八世紀後半葉，上述需要再加上資本主義英國的勢力在國際上的明顯勝利，誘使大多數專制君主(不如說他們的顧問更加確切)企圖推行經濟、社會、行政管理和知識現代化的計畫。那個時代的君主，一如我們這個時代的政府，採用了「開明」的口號。出於類似的原因，君主們還採納「計畫」，就像我們這個時代某些採取「計畫」的人，只是夸夸其談而不見有實際行動。大多數人這樣做的興趣，並不是因為存在於「開明」(或者說「計畫」)社會背後的一般理想，而是希望採納最時新的方法，以提高他們的收入、財富和力量，因為這會給他們帶來實實在在的好處。

相反的，中產階級和受過教育的階級，那些獻身於進步事業的人們，經常把他們的希望寄託於「開明」君主之上，指望強有力的中央機構去實現他們的理想。君主需要中產階級及其理想去實現其國家的現代化；而軟弱的中產階級則需要君主去打破頑固的貴族和教士利益集團對進步事業的抵抗。

但在事實上，君主專制制度不論如何現代化，如何具有革新精神，卻仍發現，要從土地貴族組成的階級制度中掙脫出來是不可能的——確實，它也沒有顯示出想掙脫出來的跡象，畢竟它也屬於貴族地主的一員。專制君主象徵並具現了土地貴族的價值觀，並主要依賴他們的支撐。不過，專制君主從理論上說，可以為所欲為，但在實際上，卻從屬於受過啓蒙思想洗滌的封建貴族或封建主義(這一術語後來由於法國大革命而家喻戶曉)的世界。這種君主政體樂於利用一切可得到的力量，在國內加強其權威，增加其稅收財源，壯大其境外力量。這使得它有理由去培植實際上正在竄升的那個社會力量。它準備透過挑撥各個集團、各個階級、各個地方之間的關係來加強它的政治控制。但是，它的眼界是由它的歷史、功能和階級所決定的，它終究沒能設想(也永遠不可能做到)讓社會和經濟來一個徹底的轉變，而這種轉變正是經濟進步所需要的，是處在上升中的社會集團所呼喚的。

舉一個明顯的例子，幾乎沒有什麼有理性的思想家(甚至在君主們的顧問之間也是如此)認眞地懷疑過有必要廢除農奴制度，以及廢除殘留在農民身上的封建依附關係。但任何「開明」計畫都把這種改革確認爲其中的一個要點，而實際上，從馬德里到聖彼得堡(St. Petersburg)，從那不勒斯到斯德哥爾摩(Stockholm)，在法國大革命前的二十五年裏，沒有一位君主沒有在某個時候贊同過這樣一個綱領。在一七八九年以前，自上而下解放農民的事情，實際上只發生在像丹麥、薩伏衣(Savoy)公國這種不具典型意義的小國裏，只發生在某些王公們的私人莊園上。奧地利的約瑟夫二世(Joseph II)於一七八一年曾企圖解放農奴，但是在既得利益集團的政治抵抗面前，在出乎意料的農民起義面前，這一重大行動沒有獲得成功，不得不半途而廢。在西歐和中歐，使封建土地關係在各處都得以廢除的**的確**是法國大革命(通過直接行動、反作用或樹立榜樣)和一八四八年革命。

所以，在舊勢力和新生的「資產階級」社會之間存在著潛在的衝突，這種衝突不久便公開化了。這種衝突不可能在現存政治體制的框架內得到解決，當然，像英國這種資產階級已經贏得巨大勝利的地方除外。舊體制受到來自於三個方面的壓力，即新生的力量，舊有既得利益集團頑強、並且越來越頑固不化的抵抗，以及外國競爭對手。這三方面的壓力使得舊體制變得更加脆弱。

舊體制最脆弱的地方就在於新舊兩種相反力量易於交匯的地方：在天高皇帝遠的省分或殖民地的自治運動中。例如，在哈布斯堡(Habsburg)王朝的君主專制制度裏，一七八〇年代約瑟夫二世的改革，引起了奧屬尼德蘭（即今比利時）的騷亂和革命運動，這場革命在一七八九年很自然地與法國大革命結合在一起。歐洲各國海外殖民地上的白人殖民者，對於其母國中央政策的不滿更是普遍存在，這樣的政策把殖民地的利益嚴格置於宗主國之下。在美洲、西班牙、法國、英國，還有愛爾蘭，這種殖民者的自治運動到處展開——他們並非總是追求在經濟上能代表比宗主國更爲進步的體制——許多英國殖民地或是在一定時期裏以和平的方式取得自治，例如愛爾蘭；或是透過革命的方式實現目標，如美國。經濟的壯大、殖民地的發展，以及「開明專制的君主制度」試圖改革所引起的緊張關係，都大大增加了一七七〇、八〇年代發生這類衝突的機會。

地方或殖民地分離運動本身並不是致命的所在，丟失一、兩個地方，老牌的君主政體依然可以生存下去。英國是殖民地自治運動的主要受害者，儘管發生了美國獨立革命，但由於它未遭受舊體制衰弱之苦，所以它仍一如既往，穩定而有活力。完全基於國內因素而使權力發生重大轉移的地區幾乎是不存在的，使得形勢發生突變的通常是國際競爭。

因爲只有國際間的競爭，即戰爭，才能檢驗一個國家的國力，非此不能。當通不過這項檢驗的時候，國家便會發生動搖、解體，甚或垮台。在十八世紀的大部分時間裏，有一項重要的競爭主宰著歐洲國際舞台，並且處在全面戰爭周期性爆發的中心——一六八九至一七一三年、一七四〇至四八年、一七五六至六三年、一七七六至八三年，以及與本書所述時期有部分交疊的一七九二至一八一五年。那就是英法之間的衝突，從一定意義上說，也就是新舊統治體制之間的衝突。對法國來說，雖然它的貿易和殖民帝國的迅速擴張引起了英國的敵意，但它同時也是一個最爲強大、最爲傑出、最有影響力的國家，一言以蔽之，它是一個典型的、貴族式的君主專制國家。沒有其他事物能比英法這兩大國之間的衝突更能活生生地反映新社會秩序對舊社會秩序的優越性。因爲英國不僅是衝突的贏家，而且除了其中的一次以外，所有戰事都在不同程度上取得決定性的勝利。英國人輕而易舉地組織戰事，從財力物力上保證戰爭的進行。而在另一方面，儘管法國地廣人眾，而且從潛在資源上看，比英國更爲富有，但是，法國的君主專制制度發現自己力不從心。法國在七年戰爭（一七五六—六三）失敗之後，北美殖民地的反叛，給法國提供了一個反敗爲勝的機會，法國抓住了這個機會。的確，英國在隨後的國際衝突中遭到了慘重失敗，喪失了它在美洲殖民地中最重要的部分。法國，這個新生美利堅合眾國的同盟國，也因此而成爲勝利者，但是其付出的代價卻極爲昂貴，法國政府的國際困境不可避免地使它深陷於國內政治危機之中。六年之後，法國大革命（從危機中）應運而生。

7

以上我們只是初步概述了雙元革命前夕的世界，掃視了歐洲（更確切地說是西北部歐洲）與世界其他地方的關係，接著便該結束此一概述。歐洲（及其海外勢力、白人殖民者社會）對於這個世界的政治、軍事絕對統治，應該是雙元革命時代的產物。十八世紀後期，許多非歐洲的大國和文明顯然仍以平等之地位，勇敢地面對白種商人、水手和士兵。偉大的中華帝國當時在滿清王朝的統治下，處在鼎盛時期，天下無敵。如果說有什麼文化影響的潮流是從東向西而來，那就是，歐洲的哲學家們在思索完全不同但顯然具有高度文明的東方教訓，而藝術家和手工藝人則要在他們的作品中體現常常未被理解的遠東主題，使東方的新材料(「瓷器」)適用於歐洲用途。伊斯蘭國家(像土耳其)雖然受到其歐洲鄰國(奧地利，尤其是俄國)不斷的軍事打擊，但它們還遠不是毫無用處的龐然大物，它們要到十九世紀才變得如此。非洲實際上仍未受到歐洲的軍事滲透，除了好望角附近的幾個小地方以外，白人的活動僅限於沿海商站。

但是，已經迅速擴大，而且日益迅猛擴張的歐洲貿易和資本主義企業，逐漸破壞了世界其他地區的社會秩序。在非洲，透過空前加強的殘酷奴隸貿易；在印度洋周圍，藉由相互競爭的殖民大國滲透；在近東和中東地區，則是靠著貿易和軍事衝突，使當地的社會秩序產生破壞。歐洲人直接的軍事征服，已經開始大為超出十六世紀的西班牙和葡萄牙人、十七世紀的北美白人殖民者在早期殖民化過程中早已占領的地區之外。英國人的殖民事業獲得了重大進展，他們在印度的部分地區(尤其在孟加拉)，已經建立起直接的領土控制，實際上推翻了蒙兀兒帝國(Mughal Empire)，這是一個將使英國殖民者在本書所述時期內變成全印度的統治者和管理者的重要進程。已經變得較為虛弱的非歐洲文明，當它們面臨著比自己優越的西方技術和軍事力量時，它們的結局可想而知。在世界的歷史上，一小撮歐洲國家和歐洲資本主義勢力，在一直被人們稱為「達伽馬時代」(Age of Vasco da Gama)的四個世紀裏，建立起對整個世界的絕對(儘管現在看來顯然只是暫時的)統治，這個時代的黃金時期已指日可待。雙元革命即將使歐洲人的擴張所向披靡，雖然它也為非歐洲人世界的最終反擊提供了條件和裝備。

註釋

❶ Saint-Just, *Oeuvres complètes*, II, p. 514.

❷ A. Hovelacque, "La taille dans un canton ligure", *Revue Mensuelle de l'Ecole d'Anthropologie* (Paris 1896).

❸ L. Dal Pane, *Storia del Lavoro dagli inizi del secolo XVIII al 1815* (1958), p. 135; R. S. Eckers, "The North-South Differential in Italian Economic Development", *Journal of Economic History*, XXI, 1961, p. 290.

❹ Quêtelet, qu. by Manouvrier, "Sur la taille des Parisiens", *Bulletin de la Société Anthropologique de Paris*, 1888, p. 171.

❺ H. Sée, *Esquisse d'une Histoire du Régime Agraire en Europe au XVIII et XIX siècles* (1921), p. 184; J. Blum, *Lord and Peasant in Russia* (1961), pp. 455–60.

❻ Th. Haebich, *Deutsche Latifundien* (1947), pp. 27ff.

❼ A. Goodwin ed. *The European Nobility in the Eighteenth Century* (1953), p.52.

❽ L. B. Namier, *1848, The Revolution of the Intellectuals* (1944); J. Vicens Vives, *Historia Economica de España* (1959).

❾ Sten Carlsson, *Ståndssamhälle och ståndspersoner 1700–1865* (1949).

❿ Pierre Lebrun et al., "La rivoluzione industriale in Belgio", *Studi Storici*, II, 3–4, 1961, pp. 564–5.

⓫ Turgo, *Oeuvres*, V, p.244.

第二章
工業革命

不論它們如何運作，不論它們的原因和結果如何，這些機械價值無限，它們都歸功於這位具有獨創精神的有用天才，不論他走到哪裏，人們都將想起他的功績。……游手好閒、懶惰、愚蠢的冷漠、漫不經心的粗枝大意，在在使得人們束縛起來，步祖先的後塵，沒有思想，缺乏研究，也沒有雄心。如能擺脫這一切，你一定能積德。從布林德利(Brindley，**編按：英工程師**)、瓦特、普里斯特利、哈里森(Harrison，**編按：英鐘錶師，發明鐘的補償擺**)、阿克賴特(Arkwright，**編按：英發明家**)這些人的工作中，在他們每個人的人生道路上，湧現了源源不斷的思想，產生了多麼努力的精神、多麼巨大的創造力量！……對於參觀過瓦特蒸汽機的人而言，還有怎麼樣的人生追求是他無法激起的？

——亞瑟・揚《英格蘭威爾斯遊記》❶

從這污穢的陰溝裏泛出了人類最偉大的工業溪流，肥沃了整個世界；從這骯髒的下水道中流出了純正的金子。人性在這裏獲得了最爲充分的發展，也達到了最爲野蠻的狀態；文明在這兒創造了奇蹟，而文明人在這兒卻幾乎變成了野蠻人。

——一八三五年托克維爾論曼徹斯特❷

1

讓我們從工業革命，也就是說，從英國談起。乍看之下，工業革命的起點令人捉摸不定。在一八三〇年以前，人們肯定不曾明確無誤地感受到工業革命的影響，至少在英國以外的地區是如此；大約在一八四〇年前後，它的影響可能也不太明顯，一直要到我們所論述的這段歷史的較晚時期，人們才實實在在感受到工業革命所帶來的影響。文藝作品要到一八三〇年代才開始明顯地夢魂縈繞於資本主義社會的興起，那是一個除了赤裸裸的金錢關係（該詞來自於卡萊爾〔Carlyle〕）以外，所有的社會束縛都已打破的世界。巴爾札克（Balzac）的《人間喜劇》（*Comédie Humaine*），這部資本主義興起時期最爲傑出的文學代表作，就是那個時代的產物。大約到一八四〇年，官方和非官方關於工業革命社會影響的作品才開始如溪流般湧現出來，在英國，有大量的藍皮書和調查統計資料，如維勒梅（Villermé）的《工人物質和精神狀況之概述》（*Tableau de l'état physique et moral des ouviers*），恩格斯（Engels）的《英國工人階級的狀況》（*Condition of the Working Class in England*）；在比利時有迪克珀蒂奧（Ducpetiaux）的作品；從日耳曼到西班牙和美國，到處都有憤世嫉俗的批評家評論。無產階級這個工業革命的產兒和當時熱中於社會運動的共產主義──《共產黨宣言》中的那個幽靈──也在一八四〇年代開始遊蕩於歐洲大陸。工業革命一詞是英國和法國的社會主義者──他們本身也是前無古人的一群──在一八二〇年代發明的，可能是從與法國那場政治革命的類比中引伸而來❸。工業革命這個名稱反映了它對歐陸影響的相對落後，在英國，在工業革命一詞發明之前，工業革命已是客觀存在的事實。

我們之所以要先研究工業革命，其原因有二：第一，因為工業革命事實上「爆發」(broke out)──我們用一個有待探究的措詞──在巴士底獄被攻陷之前；第二，因為沒有工業革命，就無法理解本書所論時期較為突出的歷史人事巨變；沒有工業革命也無由理解其節奏不平衡的複雜性。

「工業革命爆發」這一用語意味著什麼呢？它意味著在一七八〇年代的某個時候，人類社會的生產力擺脫了束縛它的桎梏，在人類歷史上這還是第一次。從此以後，生產力得以持久迅速地發展，並臻於人員、商品，和服務皆可無限成長的境地，套用經濟學家的行話來說，就是從「起飛進入自我成長」。在以往，還沒有任何社會能夠突破前工業化時期的社會結構、不發達的科學技術，以及由此而來的周期性破壞、饑饉和死亡強加於生產的最高限制。當然，「起飛」並不像地震或隕石這類自然現象，是在突然之間侵襲這個非技術支配的世界。有的史學家因興趣所致，把工業革命的前史追溯到西元一〇〇〇年左右，有些甚至更早。早先投入這一領域的人，笨拙得像小鴨子，想一步躍上天，他們一味在「工業革命」的名字上大做文章，把工業革命的起飛定在十三世紀、十六世紀、十七世紀的最後幾十年。從十八世紀中葉起，起飛的加速過程已清晰可見，以致一些老資格的歷史學家往往把工業革命開始的時間定在一七六〇年。但是，經過深入詳細的研究，大多數專家傾向於挑出一七八〇年代，而不是一七六〇年代作爲工業革命的關鍵時期。就我們所知，只有到那個時期，所有相關的統計指數才都突然快速地，幾乎直線式地上升，這才是「起飛」的標誌，工業經濟彷彿從天而降。

把這一過程稱爲工業革命，既合乎邏輯，又與業已形成的傳統相一致，雖然在保守的歷史學家中間——可能是由於在具有煽動性的概念面前有些羞羞答答——曾經有過一種時尚，否認工業革命的存在，而代之以諸如「加速演進」這類陳腔濫調。如果發生在一七八〇年代前後那次本質上的、基礎性的突然變化不是一場革命，那麼，革命這個詞就不具常識意義。工業革命的確不是一段有始有終的插曲。要問工業革命「完成」於何時，那毫無意義，因爲就其本質而言，從此以後，革命性的變化已成爲常態。這一變化仍在繼續進行，我們最多只能問，經濟上的轉變發展到什麼時候才足以建立眞正的工業化經濟，廣義地說，什麼時候才能夠在既有的技術條件下生產它想生產的一切東西，用專業術語來說，什麼時候才能成爲一個「成熟的工業經濟」。在英國，因而也就是在這個世界上，工業化的初始階段可能與本書所述時期幾乎完全一致，因爲，如果工業革命的「起飛」是從一七八〇年代開始，那麼，或許可以說它結束於一八四〇年代英國鐵路的修建和大規模的重工業建設。但是，革命本身，革命的「起飛時期」，或許能夠盡可能精確地確定在從一七八〇年到一八〇〇年這二十年中的某個時候：與法國大革命同時代，而又稍稍早於法國大革命。

不論怎麼估計，工業革命無論如何都可能是自農業和城市發明以來，世界歷史上最重要的事件。

而且，它由英國發端，這顯然不是偶然的。倘若十八世紀有一場發動工業革命的競賽，那麼，眞正參加賽跑的國家只有一個。在歐洲，從葡萄牙到俄國，每個開明專制國家的工業和商業都有長足的進步，這種進步都是由每個開明王國中那群明智且經濟概念並不幼稚的大臣和文職官員所推動的，他們每一個人至少都像當今的統治者那樣關心「經濟成長」。有一些小國和地區的工業化確實給人留下了相當深刻的印象，比如薩克森和列日(Liège)的主教轄區，儘管它們的工業實力太小、太具地方性，還不能像英國那樣產生世界性的革命影響。不過我們卻可清楚地看到，即使在革命發生以前，英國在**每人平均**的生產量和貿易額方面已經遠遠地走在它主要的潛在競爭對手之前，即使在總產量和貿易總額上彼此還相差無幾。

不論英國領先的原因是什麼，它在科技方面並不占優勢。在自然科學方面，法國幾乎肯定走在英國之前。法國大革命相當大程度地加強了這種優勢，至少在數學和物理學方面是如此。因爲，在法國，科學受到革命的鼓勵，而在英國，反動派則懷疑科學。甚至在社會科學方面，英國人距離使經濟學成爲——並且基本保持爲——盎格魯撒克遜人顯學的優勢還遠得很呢。不過在此時，工業革命的確使它們置身於毫無疑義的首要地位，一七八〇年代的經濟學家不僅喜歡讀亞當・斯密(Adam Smith)的著作，而且——或許比較有益——喜歡研究法國重農學派和國民所得會計學派，魁奈(Quesnay)、杜爾哥(Turgot)、尼摩爾公爵(Dupont de Nemours)、拉瓦錫(Lavoisier)，或許還能讀到一、兩位義大利人的著作。法國創造了比較獨到的發明，例如一八〇四年的雅卡爾(Jacquard)紡織機，這架機器的裝置要比任何一架英國設計的機器複雜。法國也製造了較好的船隻。日耳曼人擁有像普魯士礦業學校(Bergakademie)那樣的技術培訓機構，在英國就沒有類似的機構。法國大革命創造了獨一無二、教人深刻印象的巴黎綜合工科學校(Ecole Polytechnique)。相較之下，英國的教育如同兒戲，儘管它的不足之處多少因要求嚴格的鄉村學校，和具有嚴謹、激情和民主氣息、信奉喀爾文教派(Calvinist)的蘇格蘭大學所抵銷。這些學校把一大批才華出眾、勤奮刻苦、追求事業、具有理性精神的年輕人，源源不斷地送往南方，這些年輕人包括瓦特、特爾福德(Thomas Telford，編按：英工程師)、麥克亞當(Loudon McAdam，編按：蘇格蘭發明家)、穆勒(James Mill)等人。牛津和劍橋是英國兩所僅有的大學，從學識上看，它們無足輕重，除了那些被排斥在(英國國教)教育體制之外的非國教異教徒們所建立的專科學校之外，這兩所大學和公立學校或文法學校一樣，毫無生氣可言。甚至希望自己兒子能接受教育的貴族家庭，也依賴私人教師或蘇格蘭的大學來完成學業。十九世紀早期，教友派信徒蘭卡斯特(Quaker Lancaster)(以及在他之後，他的國教派競爭對手)建立了一種自願式的大眾識字教育，這個教育系統在歷經了一番教派爭論之後，很偶然地永遠承擔起英國教育的重責大任，而在此之前，英國並沒有任何初等教育體系。社會恐懼阻礙了窮人的教育。

所幸的是，進行工業革命並不需要太多高深的學問。(「一方面，我們欣喜地看到，英國人透過對古代作家的研究，爲他們的政治生活取得了巨大財富，不論他們如何從中賣弄學問，議會中的雄辯家們出於良好的目的，經常引用古人的語言，這種做法議會樂於接受，並且無法不對議會有所影響。另一方面，在這個國家裏，製造業的傾向已占據統治地位，從此以後，讓科學和工藝家喻戶曉，以促進人們對科學和工藝的追求，這些需要顯而易見。但是，在年輕一代的教育課程中，人們幾乎不曾注意到缺少上述科目，這無法不令我們驚訝。同樣令人驚訝的是，那些缺乏任何正規職業教育的人，其所取得的成就依然是那麼巨大。」W. Wachsmuth, *Europaeische Sittengeschichte* 5, 2〔Leipzig, 1938〕, p. 736．）工業革命的技術發明極爲平常，其技術要求絕不會超出在工廠學得豐富操作經驗的聰明工匠，或者說，絕不會超過木匠、磨坊製作匠和鎖匠的創造能力：如飛梭、珍妮紡紗機、騾紡織機。即使從科技上看來最爲複雜的機器（一七八四年瓦特發明的旋轉式蒸汽機），其所需的物理水平也不會超過前此大半個世紀已經達到的程度——蒸汽機的完善理論直到一八二〇年代才由法國人卡諾(Carnot)加以發展——並且可以在以往幾代人實際使用蒸汽機(主要在煤礦)的基礎上製造出來。假如條件適當，工業革命的技術革新(可能化學工業除外)，實際上是水到渠成。但這並不表示早期工業家通常對科學不感興趣，只一味尋求實際利益❹。

在當時，這種適當的條件在英國是明擺著的。在英國，人民有史以來第一次正式審判並處死了國王，個人利益和經濟發展變成了政府政策的最高目的，這些都已是一個多世紀以前的事了。出於實際的目的，英國已經找到了解決土地問題的革命性辦法，這是獨一無二的。相當一部分具有商業頭腦的地主幾乎已經取得了對土地的壟斷地位，這些土地由農場主人雇用無地或小土地持有者來耕作，農村大量古老的集體經濟殘餘，仍需藉由圈地法(Enclosure Acts, 1760-1830)和私人交易加以掃除。但是，我們已幾乎不能再以法國農民、日耳曼農民或俄國農民那種意義上的農民來形容「英國農民」了。市場已經支配著農場，製造業早已滲透到非封建性的農村。農業已經做好了在工業化時代實現它的三個基本功能的準備：㈠增加生產，提高生產率，以便養活迅速增長的非農業人口；㈡爲城市和工業提供大量不斷增長的剩餘勞動力；㈢提供一個累積資本的機制，把資本用於經濟活動中較為現代的部門。（另外還有兩個功能在英國可能不太重要，那就是在農業人口中——通常占總人口的大部分——創造一個足夠巨大的市場；及提供出口盈餘，以助於保證主要商品的進口。）大量的社會管理資本已經被創造出來，它們是為使整個經濟平穩前行所必須投入的昂貴基礎設施，尤其在船運、港口設施，以及道路和水路的改進方面更加明顯。政治已經適應利潤的需要。商人的特殊需求可能會遭到其他既得利益團體的抵制，如我們將會看到的那樣，土地利益團體將在一七九五到一八四六年間豎立最後一道障礙，以阻止工業家前進。但是，從整體上看，金錢萬能已深入人心，工業家要想在社會的統治階層中掙得一席之地，其所必備的前提，就是要有足夠的金錢。

毫無疑問，商人正處在發達致富的過程中，因為對大多數歐洲國家來說，十八世紀的大部分時間是一個繁榮的時期，是一個經濟自由發展的時期，是伏爾泰(Voltaire)小說中潘格羅斯(Dr. Pangloss)幸福樂觀主義的真實背景。人們很可能認為，這種受到輕微通貨膨脹推動的經濟發展，遲早會把某些國家推過區分前工業化經濟與工業化經濟的分水嶺。但是，問題並沒那麼簡單。事實上，十八世紀大部分的工業發展並沒有立即，或者說並沒有在不遠的將來，導致工業**革命**，即導致一個機械化「工廠制度」的產生。這個制度反過來生產大量的產品並使成本迅速降低，它不再依賴於現有的需求，而是創造了自己的市場。（現代汽車工業就是這方面的最佳例子。並不是存在於一八九〇年代的汽車市場需求，創造了現代規模的汽車工業，而是製造廉價汽車的生產能力，創造了對汽車大規模的現代需求。）例如建築貿易，以及在英國中部和約克郡(Yorkshire)無數生產家用金屬製品——釘子、鐵鍋、刀具、剪刀等等——的小規模行業，在這一時期顯得蓬勃發展，但是，在其中發揮作用的總是現存的市場。

在一八五〇年，它們所生產的商品遠多於一七五〇年，但生產方式本質上還是舊式的。當時經濟所需要的並不是隨便哪一種類型的發展，所需要的是一種創造了曼徹斯特而不是伯明罕的特殊發展。

此外，初始的工業革命是在某種特定的歷史條件下發生的，在這個條件下，經濟發展是從無數個私人企業家和投資者紛繁複雜的決斷中出現的，每一個決策都根據那個時代的第一條聖訓，即賤買貴賣。他們是怎麼發現最大的利潤來自於有組織的工業革命，而不是他們更為熟悉(在以前也是更有利可圖)的經營活動？他們是怎麼知道當時尚無人知曉的祕密：工業革命將創造一種空前的力量，加速擴大他們的市場？倘若工業社會主要的社會基礎已經打好，就如十八世紀晚期的英國幾乎肯定已經形成的那樣，它們仍需要具備兩個條件：第一，需要存在一個已經為製造商提供了特殊報償的行業，如果需要的話，他可以透過簡便廉價的革新，迅速擴大他的產量；第二，需要有一個基本上為某個生產國所壟斷的**世界**市場。(「購買力的擴大只是隨著人口和每人平均收入的增長，隨著運輸費用的下降，以及對貿易限制的消除而緩慢進行。但市場正在不斷擴大，而此時問題的關鍵在於某些大眾消費品的生產者能夠把握機遇，使他們的生產能持續、快速的發展。」❺)

上述考慮在某些方面適用於本書所述時期的所有國家。例如，在所有這些國家，工業成長的前導都是大眾消費品——主要(但不是絕對)是紡織品❻——的製造商，因為這類商品的巨大市場已經存在，商人可以清楚地看到擴大生產的可能性。但是，在別的方面，上述考慮只能適用於英國。因為早期工業家面對的問題最為艱難。一旦英國開始實行工業化，其他國家就可以開始享受由原發性工業革命所推動的經濟迅速發展所帶來的好處。此外，英國的成功證明了工業化的成就，其他國家可以模仿英國的技術，引進英國的工業和資本。薩克森的紡織工業，由於自己無法創造發明，有時它就在英國技工的指導下照搬英國人的發明。像科克里爾(Cockerill)這類對歐陸感興趣的英國人，在比利時和日耳曼各地自己設立工廠。從一七八九到一八四八年，英國的專家、蒸汽機、紡織機和投資，像潮水一般湧入歐洲和美國。

英國本身享受不到這種好處。但另一方面，英國擁有足夠強大的經濟和敢做敢爲的政府，可以從它的競爭者手中奪取市場。一七九三到一八一五年的戰爭，實際上是英法長達一個世紀決鬥的最後決定性階段，從某種程度上說，除了年輕的美利堅合眾國外，這場戰爭把所有的競爭對手從非歐洲人的世界中排擠了出去。而且，英國還擁有一個令人羨慕、適合在資本主義條件下首開工業革命的行業，以及允許其與棉紡織業和殖民擴張相連結的經濟紐帶。

2

像所有其他國家的棉紡織業一樣，英國的棉紡織業最初是作爲海外貿易的副產品而發展起來的，海外貿易帶來了紡織原料(倒不如說是其中的一種原料，因爲早期產品是「粗斜紋布」，一種棉麻混紡布)，以及印度棉紡織品，也就是「白布」，歐洲的製造商試圖用他們自己仿造的產品來搶占印度棉織品的市場。雖然他們後來能成功地複製比精紡織物更具競爭力的廉價粗糙產品，但是，他們起先並不是很成功。但幸運的是，在毛紡織業中根深柢固、勢力強大的既得利益集團，能夠採取因應措施，經常確保對印度白布實行進口限制（盡可能的從印度出口白布，完全是東印度公司〔East India Company〕追求的商業利益），於是爲本國的棉紡織業提供了一個機會。棉花和棉紡織品的價錢要比毛織品便宜，遂使得它們在國內爲自己掙得一個雖然有限，卻很有用的市場。不過，棉紡織業迅速擴張的主要機會還是在海外。

殖民貿易造就了棉紡織業，而且繼續使它得到繁榮。十八世紀時，棉紡織業在一些主要的殖民地貿易港口，在布里斯托、格拉斯哥，尤其是利物浦這個巨大的奴隸貿易中心發展起來。這種非人道但卻迅速擴大的商業，它的每一個階段都推動了棉紡織業的發展。實際上，在本書所關心的整個時期裏，奴隸制度與棉紡織業並肩成長。非洲的奴隸至少有一部分是用印度的棉紡織品購買來的，但是，一旦印度棉織品的供應因發生在印度及印度附近的戰亂而中斷時，蘭開夏便乘虛而入。在西印度群島上，採用奴隸勞動的種植園爲英國棉紡織業提供了大量原料，種植園主人反過來又大量購買曼徹斯特的紡織品。到「起飛」前不久，蘭開夏的棉紡織品已大量地傾銷到互相結合在一起的非洲和美洲市場❼，蘭開夏欠奴隸制度的債後來要藉由支持奴隸制度去償還，因爲在一七九〇年代以後，美國南部的奴隸制種植園由於蘭開夏棉紡織廠貪得無厭、飛速膨脹的胃口，而得以維持和擴大，它們爲蘭開夏的棉紡織廠提供了大量原棉。

就這樣，棉紡織業像一架滑翔機，在它所依賴的殖民地貿易推動下起飛了。殖民貿易不僅展示了廣闊的前景，而且還指望獲得迅速、無法估量的發展，它鼓勵企業家採用革命性的技術以滿足它的發展需要。從一七五〇到一七六九年，英國棉紡織品的出口成長了十倍以上。在這種情況下，對於手裏握著最多棉紡織品進入這個市場的人來說，其回報是無比豐厚的，很值得冒險大膽地進行技術革新。但是，海外市場，尤其是海外市場中貧窮落後的「低開發地區」，不僅經常性地急遽擴大，而且通常是沒有明顯限制地不斷擴大。毫無疑問，其中任何一個地區以工業時代的標準來衡量都是微小的、看上去是孤立的，而不同的「先進經濟」之間的競爭更使得每一個部分愈加顯得渺小。但是，正如我們已經看到的那樣，假如有一個經濟發達的國家有充分的時間設法取得對**所有**市場，或者說幾乎是所有市場的壟斷地位，那麼，其前景確實無限廣闊。這恰恰就是英國的棉紡織業在英國政府大膽支持下取得成功之所在。從銷售方面看，除了一七八〇年代的頭幾年外，工業革命可以說是出口市場對國內市場的勝利：一八一四年，英國生產的棉布出口和內銷之比約爲四比三，到一八五〇年已加大爲十三比八❽。英國貨物出口的主要市場，長期以來是半殖民地和殖民地市場，因此，在不斷擴大的出口市場中，必然也是半殖民地、殖民地市場的巨大勝利。在拿破崙戰爭期間，由於戰爭和封鎖，歐洲市場基本上已告斷絕，這是順理成章的事。但是，就是在戰爭過後，歐洲市場仍繼續維護自己的利益。一八二〇年，歐洲再次打開大門，解除對英國貨物的進口限制，從英國進口了一億二千八百萬碼棉布；美國以外的美洲地區、非洲及亞洲，則進口了八千萬碼英國貨。但是到了一八四〇年，歐洲進口數量爲兩億碼，而「低開發地區」的進口量卻高達五億二千九百萬碼。

英國的工業在這些地區內，透過戰爭、其他民族的革命以及它自身的帝國統治等手段，建立了壟斷地位。有兩個地區特別值得我們注意。在拿破崙戰爭期間，**拉丁美洲**實際上逐漸完全依賴英國的進口。拿破崙戰爭以後，拉丁美洲已與西班牙和葡萄牙割斷了關係(見頁一六二—三)，幾乎完全成了英國的經濟附庸，切斷了英國潛在競爭對手的一切政治干預。在一八二〇年，這個貧困大陸從英國進口的棉布數量，相當於歐洲進口量的四分之一強。到一八四〇年，這一數目幾乎達到了歐洲的一半。正如我們所見，東印度群島在東印度公司的推動下，向來是棉紡織品的傳統出口商，但是，隨著企業家既得利益集團在英國占居優勢，東印度公司的商業利益(更不用說印度的商業利益)受到挫折。印度有計畫地被非工業化，它反而成為蘭開夏棉紡織品的市場：一八二〇年，印度次大陸只進口了一千一百萬碼棉布，但是到了一八四〇年，它已進口了一億四千五百萬碼。這不僅僅是蘭開夏市場所取得的令人快慰的擴展，同時也是世界歷史上的重要里程碑。因為自有史以來，歐洲在東方總是買得多，賣得少。因為東方對於西方幾無所求，而西方卻反過來需要東方運去的香料、絲綢、棉布和珠寶等物品。工業革命出產的襯衫棉布第一次將這種關係顛倒過來，而在此之前，這種關係是透過運去貴金屬和掠奪的方式保持平衡。只有保守而自足的中國仍然拒絕購買西方或西方控制下的經濟所提供的貨物，一直要到一八一五至四二年間，西方商人藉助於他們的堅船利砲，才發現了一種可以從印度大量輸出到中國的理想商品，那就是鴉片。

所以，棉紡織品為私人企業家展現了一個無比宏偉的前景，足以誘使他們大膽進行工業革命，而突然得到充分擴展的市場也需要這樣的革命。所幸的是，進行工業革命的其他條件也已經具備，帶動棉紡織業革命的新發明——珍妮紡紗機、水力紡紗機、騾紡織機，以及稍後的動力織布機——簡單方便，投資低廉，透過增加產量，幾乎馬上就能回本。如果這些機械需要零星安裝，平民百姓借幾個錢就能開始，因為掌握著十八世紀巨大財富的有錢人們，不想把大把的錢投到工業上。棉紡織業發展所需的資金，很容易便能從日常的利潤當中籌措，因爲它所征服的巨大市場，加上持續不斷的物價上漲，產生了巨大的利潤。日後有一位英國政治家客觀地指出：「利潤率不是百分之五或百分之十，而是百分之百，百分之幾千，就是這種高額的利潤，使得蘭開夏發跡致富。」像歐文(Robert Owen)這樣原本是一位布商的夥計，一七八九年，他借了一百英鎊從曼徹斯特白手起家，到一八〇九年，他竟能用八千四百英鎊的現金，買下新拉納克(New Lanark)紡紗廠的股權。這是當時相當普通的事業成功故事。我們應當記住，大約在一八〇〇年左右，年收入超過五十英鎊的英國家庭尚不足百分之十五，而年收入超過兩百英鎊的更只有百分之三點七五❾。

但是，棉紡織業還有其他優勢，它的原料全部來自國外，因而，原料供應的成長是通過向殖民地白人敞開的急遽發展過程——奴隸制度和開墾新土地——而不是靠歐洲農業比較緩慢的發展過程來實現的；它也不受歐洲農業中既得利益集團的影響。(舉例來說，在本書所述時期裏，海外供應的羊毛，其重要性一直微乎其微，只有到一八七〇年代，才變成一個重要因素。)從一七九〇年代以後，英國棉紡織業在美國南部新開闢的各州中找到了原料供應基地。直到一八六〇年代，英國棉紡織業的命運一直與它們聯繫在一起。再者，在製造(尤其是紡紗)的關鍵環節，棉紡織業遭受了由於缺乏廉價、充分的勞動力所帶來的損害，因而被迫推向機械化。像麻紡織這一行業，殖民地擴張起初爲它帶來了比棉紡織業更好的機遇，但從長遠看來，就是因爲便宜的、非機械化的生產能夠在貧困的農村(主要是中歐，也包括愛爾蘭)輕易得到發展，而使它遭受了損害，它只能在那些地區繁榮興旺。十八世紀的薩克森、諾曼第(Normandy)與英國一樣，發展工業的**明顯**方式，不是去建設工廠，而是去擴大所謂的「家庭」或「分散加工」制度，在這個制度下，工人——有時候是以前的獨立工匠，有時候是農閒季節找活幹的農民——在他們自己的家裏，用他們自己的或租來的工具加工原料，他們從商人手中領取原料，再把加工好的產品送還給商人，在這個過程中，商人變成了雇主。(「家庭生產制度」是製造業從家庭或手工業生產邁向現代工業發展過程中普遍存在的一個階段，它的生產形式不可勝數，其中有些形式與工廠相當接近。如果十八世紀的作者提到「製造業」，那幾乎可以肯定是指「家庭生產制度」，而且這種指稱適用於所有西方國家。)的確，無論在英國，還是在世界經濟比較發達的其他地區，在工業化初期，經濟發展主要是繼續依靠這種形式而取得的。即使是棉紡織業，像織布這樣的生產過程，便是藉由大量增加家庭手搖紡織機的織布工，來爲那許多已經機械化的紡紗中心提供服務，原始的手搖織布機要比紡車來得更有效率。但是，在紡紗業完成機械化大約三十年之後，織布業在各處也都已經機械化了。順便說一句，各個地方的手搖織布機織工都是無可奈何地退出歷史舞台，當棉紡織業已不再有求於他們的時候，他們偶爾也會揭竿而起，反抗他們的悲慘命運。

3

傳統的觀點最初一直是根據棉紡織業來看待英國工業革命的歷史，這是正確的。棉紡織業是第一個進行革命的行業，在其他行業中，我們很難看到有那麼多私人企業家被推向革命。遲至一八三○年代，棉紡織業是唯一一個由工廠或「製造廠」(這一名稱來自前工業化時期最普遍運用笨重動力機械來進行生產的企業)占主導地位的英國工業。起先(一七八〇—一八一五)它主要是用在紡紗、梳棉以及一些輔助性工作的機械化上,從一八一五年以後,織布業也逐漸開始機械化。在人們的觀念裏,新的「工廠法」所說的「工廠」,在一八六〇年代以前絕對是指紡織廠,主要是指棉紡織廠。在一八四〇年代以前,其他紡織業領域的工廠生產發展緩慢,而其他製造業更是微不足道。蒸汽機首先在開礦中得到應用,到一八一五年,蒸汽機已被應用到其他很多行業,但是,儘管如此,除了開礦以外,其他行業使用蒸汽機的數量不大。在一八三〇年時,現代意義上的「工業」和「工廠」幾乎絕對是指聯合王國的棉紡織業。

這樣說,並不是要低估在其他消費品生產領域中,導致工業技術革新的力量,尤其在其他紡織業(在所有國家掌握的可供出售商品中,紡織品都占有很大分額,往往處於主導地位:在一八〇〇年的西利西亞〔Silesia〕,紡織品價值占全部產值的百分之七十四⑩),在食品和釀酒業、陶瓷製造業,以及在城市迅速發展刺激下大爲興盛的家用商品生產領域的革新。但是,這些領域所雇用的人手比起棉紡織業要少得多:一八三三年,直接受雇於或依賴於棉紡織業的人數達一百五十萬⑪,沒有任何其他行業能望其項背,這是其一。第二,這些行業改變社會的影響力要小得多:釀造業,在很多方面是比較先進的行業,在科技上,它比其他行業先進得多,機械化程度更高,它無疑已在棉紡織業之前就實現了革命化,但是,它對於周圍的經濟生活幾乎沒什麼影響,這可以從都柏林的劍力士(Guinness)大啤酒廠得到證明,該廠的設立對於都柏林和愛爾蘭其他經濟領域並沒造成什麼影響⑫。然而從棉紡織業中所產生的需求——需要更多建築以及在這個新興工業領域中的各種活動,需要機械、化學方面的改進，需要工業照明、船隻運輸和其他很多活動——卻足以說明一八三〇年代以前英國經濟成長的大部分原因。第三，棉紡織業獲得了如此巨大的發展，它在英國對外貿易中所占的比重又是如此之大，以致它支配了整個英國經濟的運行。英國的原棉進口量從一七八五年的一千一百萬磅，上升到一八五〇年的五億八千八百萬磅。棉布產量從四千萬碼增長到二十億二千五百萬碼⓭。從一八一六年至一八四八年，英國棉紡織品的年出口額占總出口額的百分之四十到五十。棉紡織業的興衰關係到整個英國經濟的興衰。棉紡織品的價格變動決定了全國貿易的平衡，只有農業可與之匹敵，但農業顯然處在衰退之中。

然而，儘管棉紡織業和棉紡織業占主導地位的工業經濟，其發展之速，使最富想像之人在前此任何情況下所能想像的一切都成爲笑談，然而它的發展卻非一帆風順⓮。到一八三〇及四〇年代初，成長過程中的某些重要問題便已出現，更別提那場英國近來歷史上空前未有的革命騷動。在那個時期，英國國民所得成長速度明顯降低，甚至有可能下降，這表明工業資本主義經濟首次出現了大波折⓯。然而這場資本主義的第一次普遍危機，並非只是英國的現象。

這次危機最嚴重的後果表現在社會方面：新經濟變革產生了痛苦和不滿，產生了社會革命的因素。的確，城市貧民和窮苦工人自發興起的社會革命爆發了，它在歐陸上產生了一八四八年革命，在英國產生了憲章主義運動(Chartist Movement)。群眾的不滿並不限於勞動貧民，不能適應新情況的小商人、小資產階級，和某些特定經濟部門也是工業革命及其發展所造成的犧牲品。頭腦簡單的工人認爲，他們的悲慘遭遇都是機器造成的，所以，他們搗毀機器以反抗這個新制度。但是，出人意料的是，竟有一大批地方上的商人和農場主人也深深同情他們勞工所搞的盧德派(Luddites)運動，因為他們把自己看作是一小批心狠手辣、自私自利革新家的犧牲品。對工人進行剝削，把他們的收入維持在餬口邊緣，使得富人能夠累積利潤，為工業化(以及他們自己過奢侈享樂的生活)提供資金，這種剝削引起了無產者的對抗。但是，在另一方面，國民所得從窮人流向富人、從消費流向投資的轉移，也引起了小企業家的對抗。大銀行家、緊抱成團的國內外「公債持有人」，他們把所有稅收撈入自己的腰包(參見第四章)——大約占國民總收入的百分之八⓰——他們在小商人、小農場主人這類人當中的形象，要比在勞工中更不得人心，因為這些人完全懂得金錢和債權，因此對於他們所處的不利境況深感憤怒。拿破崙戰爭之後，富人們事事如意，他們籌集了所需的所有貸款，他們強制緊縮通貨，在經濟上採取貨幣正統措施；倒楣的是小人物，在十九世紀的每個時期，在每個國家，小人物們都要求放鬆借貸、實行財政非正統主義。(從拿破崙戰爭後的英國激進主義到美國的民粹主義〔Populism〕，所有農場主人和小企業家參加的抗議運動，都可以藉由他們對財政非正統主義的要求而組織起來：他們都是「貨幣狂」。)所以，工人和那些行將淪為一無所有、心有怨氣的小資產階級，他們都有共同的不滿。這些不滿使得他們逐漸在「激進主義」、「民主主義」或「共和主義」的群眾運動中團結起來，從一八一五年至一八四八年，英國的激進派(Radicals)、法國的共和派(Republicans)和美國的傑克遜民主派(Jacksonian Democrats)是其中最為棘手的運動。

但是，從資本家的觀點來看，這些社會問題都與經濟進步有關，只有出現某些可怕的偶發事件時，才會推翻社會秩序。而在另一方面，他們似乎已經看到經濟過程中存在著某種固有的缺陷，這些缺陷將對經濟過程的基本驅動力——利潤——造成威脅。因爲，如果資本的回報率降爲零，那麼，只爲利潤而生產的經濟必然衰退而進入「停滯狀態」，這是經濟學家們已可預見並擔憂不已的情況⑰。

在這些缺陷中，有三項最爲明顯，分別是繁榮和蕭條交替出現的商業周期，利潤率下降的趨勢，以及(等於一回事)有利可圖的投資機會減少。其中的第一個缺陷並不被認爲很嚴重，只有批評資本主義的人，他們才會對周期性變化進行調查研究，並把它當作資本主義發展過程中的內在組成部分，當作資本主義固有的矛盾症狀。(一八二五年以前，瑞士的西斯蒙第〔Simonde de Sismondi〕，和保守、土頭土腦的馬爾薩斯〔Malthus〕，他們是在這方面進行爭論的第一批人。新興的社會主義者借用他們的危機理論作爲自身對資本主義進行批判的基本原理。)周期性經濟危機導致失業、生產下降、企業破產等等，這些都人所共知。在十八世紀，周期性經濟危機的發生一般是反映了農業上的某種災難(歉收等)，人們一直認爲，在本書所述時期結束以前，農業不穩定依然是歐陸那些波及面最爲廣泛的經濟蕭條的主要原因。在英國，至少從一七九三年起，在小型的製造業領域及財政金融部門所發生的周期性經濟危機，也是大家熟知的。在拿破崙戰爭以後，從一八二五到二六，一八三六到三七，一八三九到四二，一八四六到四八，繁榮和崩潰這種周期性輪替的戲劇性變化，顯然支配著和平時期一國的經濟生活。一八三○年代是本書所述時期的關鍵十年，到這個時期，人們才模模糊糊地意識到，經濟危機是有規律的、周期性發生的現象，至少在貿易和金融領域是如此⑱。但是，實業家們依然普遍地認爲，引起經濟危機的原因若非是犯了特別的錯誤(例如過分投機於美國股票)，便是由於外界力量干擾了資本主義經濟的平穩運行，人們並不相信危機反映了資本主義制度的任何基本困難。

邊際利潤下降的情況就不一樣了，棉紡織業能非常清楚地說明這一點。起初，這個行業獲得了巨大的利益，機械化大大提高了勞動者的生產效率(即降低了生產的單位成本)，由於勞動力主要由婦女和兒童所組成，他們所得到的報酬怎麼說都是極爲糟糕的(一八三五年，貝恩斯〔E. Baines〕估計，所有紡織工人的週平均工資爲十先令，一年有兩週不給薪的假期。而手搖織布機織工的平均工資則爲每週七先令)。一八三三年，格拉斯哥棉紡織廠的一萬二千名工人中，每週平均工資超過十一先令的工人只有二千名。在曼徹斯特的一百三十一個棉紡織廠中，平均工資不到十二先令，只有二十一個廠的工資超過十二先令[19]。棉紡織廠的建設費用相對便宜，一八四六年，建造一個擁有四百一十台機器的完整織布廠(包括土地及建築費用)，大約只需一萬一千英鎊[20]。不過，尤爲重要的是，一七九三年惠特尼(Eli Whitney)發明軋棉機後，美國南部的棉花種植業迅速擴大，紡織原料的價格——棉紡織業的主要成本——由此急遽下跌。由於利潤隨著物價上漲而成長，企業家已從中得到好處(也就是說，他們出售產品時的價格要高於他們製造該產品時的價格，這是一個總趨勢)，再加上我們剛才說的這一點，那麼，我們就能明白爲什麼棉紡織製造業者的感覺會特別好。

一八一五年以後，上述優勢看來越來越爲邊際利潤的減少而抵銷。首先，工業革命和競爭造成了產品價格經常性的大幅下降，而生產的費用在很多方面並非如此[21]。第二，一八一五年以後，總體的價格形勢是回落而不是上揚，也就是說，生產者絕享受不到以前曾享有的因物價上漲所帶來的額外利潤，反而因爲物價輕微的下落而遭受損害。例如，一七八四年時，一磅細紗的售價爲十先令十一便士，其原料價格爲二先令(每磅有八先令十一便士的利潤)；一八一二年，一磅細紗的售價爲二先令六便士，而原料費用爲一先令六便士(利潤爲一先令)；而到一八三二年時，其售價爲十一點二五便士，原料費用爲七點五便士，扣除其他費用，每磅只有四便士利潤㉒。當然，在英國工業中到處都是這種情況，但因各行各業都在發展之中，形勢也不至太悲觀。有一位讚賞棉紡織業的歷史學家，在一八三五年輕描淡寫地寫道：「利潤依然豐厚，足以在棉紡織製造業中積累大量資本。」㉓隨著銷售總量猛增，利潤總額即使在利潤率不斷減少的情況下也快速成長。當務之急，是繼續大幅度地加速生產。不過，邊際利潤的減少看來必須加以抑制，或者說，至少得減緩效益下降的速度。而這只能靠降低成本來實現。在所有成本中，最能壓縮的就是**工資**——麥克庫洛赫(McCulloch，編按，蘇格蘭經濟學家)估算，每年的工資開支總數是原料成本額的三倍。

直接剝削工資，用廉價的機器操作員替代報酬較高的技術熟練工人，以及藉由機器競賽的辦法，可以有效壓縮工資。一七九五年，鮑爾頓的手搖織布機織工每週平均工資爲三十三先令，用最後一種辦法壓縮工資開支，到一八一五年，織工的每週平均工資減爲十四先令，在一八二九到三四年間，進而削減到五先令六便士(確切地說，淨收入爲四先令一點五便士)㉔。確實，在拿破崙戰爭之後的時期裏，現金工資持續下降。但是，這種對工資的削減有其生理上的限度，否則，工人就會挨餓，而當時實際上已有五十萬名織工處於挨餓狀態。只有當生活費用同步下降時，工資的下降才不至於導致挨餓。棉紡織製造商都持有這樣的觀點，認爲生活費用的提高，是由於土地利益集團的壟斷者人爲哄抬的。拿破崙戰爭以後，爲地主所把持的議會爲了庇護英國的農業經營，遂徵收很重的保護性關稅——此即「穀物法」(Corn Laws)——這使得情況更加糟糕。此外，這些做法還有別的副作用，足以威脅到英國出口的實際成長。因爲，如果世界上尚未實現工業化的其他地區，由於英國的保護政策而無法出售它的農產品，那麼，它們拿什麼來購買只有英國才能夠(而且英國必須)提供的工業產品？所以，曼徹斯特商界成爲反對整個地主所有制，尤其是反對「穀物法」的中心，他們勇往無前，富有戰鬥精神，並作爲一八三八到四六年間「反穀物法同盟」(Anti-Corn Law League)的支柱。但是，「穀物法」直到一八四六年才被廢除，「穀物法」的廢除並沒有立即造成生活費用的下降。在鐵路時代和汽船時代到來之前，即使是免稅進口糧食，是否可以大大降低生活費用，也是令人懷疑的。

英國的棉紡織業是在如此巨大的壓力下去進行機械化(即經由節約勞動力以降低成本)、合理化、擴大生產和銷售，藉著薄利多銷的方式彌補邊際利潤下降的損失，棉紡織業的成功是靠出奇制勝贏得的。正如我們所看到的那樣，生產和出口當時在實際上已有大幅成長，因此到了一八一五年後，原先仍靠手工操作或僅半機械化的工作也都開始大規模機械化了，尤其是織布業。這些職業機械化的方式，主要是透過普遍使用現有機器或稍加改進的機器，而不是進一步的技術革命。儘管技術革新的壓力日益巨大(一八〇〇至二〇年，棉紡等領域的新專利有三十九個，一八二〇年代爲五十一個，一八三〇年代爲八十六個，一八四〇年代則達到一百五十六個[25])，但是，英國棉紡織業從技術上看，到一八三〇年代已趨穩定。另一方面，在後拿破崙戰爭時期，儘管每人平均生產量有所增加，但是，這種增加並未達到革命性的程度，眞正的大幅度增加要到十九世紀下半葉才發生。

資本的利率也有類似壓力，當代理論往往趨向於把這種利率比作利潤。不過，這一問題我們留待到工業發展的下一個階段，即建設資本財基礎工業的階段再考慮。

4

顯然，工業經濟只有擁有足夠的資本財，它的發展才能突破一定限制，這便是為什麼即使到今天，鋼鐵產量仍是衡量一個國家工業潛力最為可靠的單一指標。但同樣顯而易見的是，在私營企業的條件下，由於這項發展大多需要極為高昂的資本投資，因此其發展不太可能建立在和棉紡織品或其他消費品生產工業化的相同前題上。因為棉紡織品和其他消費品已經存在著一個巨大的市場，至少潛在地存在著這樣一個市場：即使處在非常野蠻狀態的人群也有衣食住行的需要。所以它們的問題，只是如何把一個充分巨大的市場盡快地推到商人面前。但是對於，比如說建築鋼架那類笨重的鋼鐵設施，卻不存在這樣的市場，它只有在工業革命的過程中（而且並非隨時）才逐漸產生。即使是相當普通的鐵工廠也需要非常鉅額的投資（與相當大型的棉紡織廠相比），那些在市場尚未顯現就孤注投資的人們，他們很可能是投機分子、冒險家和夢想家，而不是可靠的商人。事實上，在法國有一批這類帶著投機色彩的技術冒險家，聖西門（Saint-Simon）信徒（參見頁二五五、三五四）便為那種需要大量長期性投資的生產領域的工業化，扮演了主要的宣傳角色。

這些不利因素特別體現在冶金業上，而其中尤以冶鐵業為最。由於一七八〇年代有一些類似於攪煉法和滾軋法這種簡單的技術革新，冶鐵能力因而有所增強。但是，非軍事領域對鐵的需求依然相當有限，雖然從一七五六到一八一五年間，因爲發生了一連串戰爭，而使軍事需求令人欣喜地增加，但在滑鐵盧(Waterloo)戰役之後，這種需求便大爲減退。當時這種需求肯定還沒有大到足以使英國成爲生鐵生產巨頭的程度。一七九〇年，英國所生產的鐵大約只超過法國百分之四十左右，即使在一八〇〇年，英國的鐵產量還遠不足歐陸全部鐵產量的一半，只達到二十五萬噸，根據後來的標準，這是一個微不足道的數字。英國鐵產量在世界上占有重要比重的事實，要到隨後幾十年才看得到。

所幸的是，這些不利因素在礦業中，尤其在**煤礦**開採中並不太明顯。因爲煤炭業擁有的優勢，不僅在於煤炭是十九世紀工業動力的主要來源，而且，主要是由於英國森林資源的相對短缺，煤炭也是家庭燃料的一個重要種類。自十六世紀晚期以來，城市的發展，尤其是倫敦的發展帶動了煤礦業迅速成長。到十八世紀早期，它實際上已算是初級的現代工業，甚至使用了最早的蒸汽機(其目的基本相同，主要是爲康瓦耳地區〔Cornwall〕有色金屬礦的開採而設計)來抽水。從此以後，在本書所述時期裏，煤礦業幾乎不需要或不用經歷重大的技術變革。但是，它的生產能力已經十分巨大，以世界標準來衡量，它已達天文數字。一八〇〇年，英國的煤炭產量大約已達到一千萬噸，或者說，生產了占世界總量大約百分之九十的煤炭，英國最接近的競爭對手法國，它所生產的煤炭尚不足一百萬噸。

這一巨大的工業，雖然對於現代眞正大規模的工業化來說，其發展可能還不算快，但卻足以推動鐵路的發明，這是一個將使資本財產業發生轉變的基本創造。由於採礦業不僅需要大量的大功率蒸汽機，而且還需要有效的手段，把大量煤炭從採煤場運送到礦坑，尤其是從礦坑口運輸到裝船現場。礦車所跑的「路軌」或「鐵路」就是一個明顯的答案。既然人們已在嘗試利用固定的引擎拉動礦車，那麼用移動的引擎拉動礦車看來也並非不可行。最後，由於陸路運輸大批貨物的費用是如此之高，這很可能打動了內陸礦區的礦主，將其所用的短程運輸工具發展為有利可圖的長程運輸。從達蘭(Durham)內陸煤田到沿海的鐵路是第一條現代鐵路(斯托克頓〔Stockton〕—達靈頓〔Darlington〕，一八二五)。從技術發展方面來看，鐵路是礦業，尤其是英國北部煤礦業的產兒。斯蒂芬生(George Stephenson)的人生是從作為泰恩賽德(Tyneside)「機器師」開始的，在許多年裏，火車司機實際上全是從他所在的煤礦區招收來的。

在工業革命中，沒有什麼革新能像鐵路那樣激起人們那麼大的想像，這已為事實所證，這是十九世紀工業化唯一被充分吸收到流行詩歌和文學想像之中的碩果。在大多數西方世界做出要建造鐵路的計畫(儘管實施這些計畫一般都被拖延)之前，從工藝技術上看，幾乎沒有什麼可以證明在英國(大約一八二五—三〇)建造鐵路是可行的、是有利可圖的。一八二七年在美國，一八二八年和一八三五年在法國，一八三五年在日耳曼和比利時，開通了最初的幾條短程鐵路，甚至俄國也於一八三七年修造了鐵路。其原因無疑是：還沒有其他發明能夠如此富有戲劇性地向世人昭示新時代的力量和速度。即使是最早的鐵路也明顯反映了技術上的成熟，其中所揭示的意義更加令人驚訝。(例如在一八三〇年代，時速六十哩已經不成問題，事實上，後來的蒸汽火車並未做根本改進)。鐵路拖著一條條長蛇般的煙尾，風馳電掣地跨越鄉村，跨越大陸。鐵路的路塹、橋樑和車站，已形成了公共建築群，相比之下，埃及的金字塔、古羅馬的引水道，甚至中國的長城也顯得黯然失色，流於一種鄉土氣。鐵路是人類經由技術而取得巨大勝利的標誌。

實際上，從經濟觀點來看，鐵路所需的巨大開支就是它的主要優勢。毫無疑問，從長遠看來，鐵路有能力打開前此由於高昂的運輸費用而被阻斷於世界市場的國家大門，它大大地提高了以陸路運輸人員、貨物的速度和數量，這就是鐵路具有重要意義之所在。在一八四八年以前，鐵路在經濟上還不太重要，因爲在英國以外，幾乎沒有什麼鐵路，而在英國國內，由於地理上的原因，處理交通運輸問題遠沒有像幅員廣大的內陸國家那麼棘手。（在英國，沒有離大海超過七十哩的地方，十九世紀所有重要的工業區中，除了一個例外，不是位於沿海，就是離海只有咫尺之遙。）但是，從經濟發展研究者的角度來看，在這一階段，鐵路對於鋼鐵、煤炭、重型機械、勞動力以及資本投資的巨大胃口，具有更爲重要的意義。因爲，如果資本財產業也將經歷如棉紡織業已經經歷過的那種深刻轉變，那麼，鐵路所提供的恰恰就是這種轉變所需要的巨大需求。在鐵路時代的前二十年（一八三〇—五〇），英國的鐵產量從六十八萬噸上升到二百二十五萬噸，換言之，鐵產量是原來的三倍。從一八三〇到五〇年，煤產量也增至原來的三倍，從一千五百萬噸增加到四千九百萬噸。產量急遽增加的主要原因在於鐵路。因爲，每建一哩鐵路，僅鋪設軌道所需的鐵，平均就需要三百噸㉖。工業發展第一次使鋼的大規模生產成爲可能，在未來的幾十年裏，隨著鐵路的大量修建，工業也自然蓬勃發展。

這項突如其來具有本質意義的巨大發展，其原因顯然在於商人和投資者以非理性的激情投身於鐵路建設之中。一八三〇年，全世界只有幾十哩的鐵路線——主要是從利物浦到曼徹斯特——到一八四〇年，鐵路線已超過四千五百哩，一八五〇年更超過兩萬三千五百哩。其中的大部分路線是在通稱爲「鐵路狂熱」的幾次投機狂潮中規劃出來的，這股狂熱爆發於一八三五至三七年，尤其是一八四四至四七年間。大部分鐵路是用英國的資本、英國的鋼鐵、機器和技術建造起來的(一八四八年，法國鐵路投資有三分之一的來自英國㉗)。這種投資激增幾乎是失去理性的，因爲在實際上，鐵路很少爲投資者帶來高於其他企業的利潤，這種高利潤的報償情況幾乎不曾在鐵路身上發生過，大部分鐵路的利潤皆十分有限，很多鐵路更是完全無利可圖：一八五五年，英國鐵路投資的平均紅利僅爲百分之三點七。毫無疑問，創辦人和投機者自然可大發橫財，但普通投資者顯然不是這樣。然而儘管如此，到了一八四〇和五〇年，人們仍然滿懷希望，投資到鐵路上的錢分別高達二千八百萬和二億四千萬英鎊㉘。

原因何在呢？在英國工業革命的頭兩代人中，普遍存在一項基本事實，那就是小康階級和富裕階級累積所得的速度是如此之快、數量是如此之大，遠遠超過了他們所能找到的花錢和投資機會(據估計，在一八四〇年代，每年可供投資的餘額大約有六千萬英鎊㉙)。封建貴族的上流社會將大把大把的鈔票成功地揮霍在他們放蕩的生活、豪華的建築，以及其他非經濟的活動中(當然，這種奢侈的花錢也能刺激經濟，但是效益極差，幾乎一點都不會把經濟推向工業發展的方向)。在英國，德文郡(Devonshire)公爵六世，他的正常收入多得足以讓他鋪張揮霍，即使這樣，他在十九世紀中葉居然還爲他的繼承人留下了一百萬英鎊的債務(他另外又借了一百五十萬英鎊，用於發展房地產，並還清了全部欠債

㉚)。大量的中產階級人士是主要的投資大眾，但是，他們依然是斂錢者而不是花錢者，儘管到了一八四〇年已有很多跡象表明，他們已經感到有充分的財力既投資又花費。他們的妻子開始變成「女士」，大約在這一時期，禮儀方面的手册銷路激增，夫人們用禮儀手册來學習優雅舉止。他們開始重建在教堂內的私人禮拜堂，把這些地方搞得富麗堂皇，他們甚至還模仿哥德式和文藝復興時期的風格，建了那些糟糕的市政廳和其他的城市怪物，以此來慶祝他們共同的榮耀，他們的城市史家自豪地記錄了他們為此而付出的巨額費用。(有些城市帶有十八世紀的傳統，從來不曾停止公共建築的建設，但是，像蘭開夏博爾頓那樣典型的新興工業大都市，它在一八四七到四八年以前，實際上沒興建過什麼花俏非功利性的建設。)

再者，一個現代社會主義社會或福利社會，毫無疑問會從這累積起來的巨大財富中捐分出一部分，用於社會目的。但是在本書所論的這個時代，這是不可能發生的事。中產階級所負擔的稅負實際上並不太重，於是他們可以不斷在飢寒交迫的人民大眾中累積財富，民眾的忍飢挨餓與他們的財富累積如影隨形。中產階級不是鄉下人，不滿足於把自己的積蓄貯藏在長統羊毛襪中，或者把錢財變成金手鐲，他們必須為它們尋找到有利可圖的投資管道。但是，到哪裏去投資呢?舉例來說，現有的工業已經變得極為廉價，最多只能吸納一小部分可供投資的剩餘資金:即使我們假定棉紡織業的規模擴大一倍，它的資本費用也只能吸收其中的一部分。當時所需要的是一塊足以容納所有閒餘資金的大海綿。(麥克庫洛赫估計，一八三三年，棉紡織業的總資本——固定資本和流動資本——為三千四百萬英鎊，一八四五年為四千七百萬英鎊㉛。)

對外投資顯然是一個可行的管道。世界其他地區——首先，大部分舊政權力求恢復拿破崙戰爭所帶來的創傷，而新政體則以它們慣常的做法，肆無忌憚地為一些不太明確的目的舉債——迫不及待地要取得無限額的貸款，英國投資者何樂而不為！不過，唉！南美洲的貸款在一八二〇年代顯得那麼有希望，北美洲的貸款在一八三〇年代前景那般誘人，只不過竟如此快速地變成了一文不名的廢紙：外國政府在一八一八到三一年間所接受的二十五筆貸款中，到一八三一年時，竟有十六筆（涉及大約四千二百萬英鎊中的一半）是拖欠的。按規定，他們應償還給投資者百分之七或百分之九的利息，但是，實際上投資者平均只收到百分之三點一。在希臘有過這樣的事情：一八二四到二五年利息百分之五的貸款，到一八七〇年代才開始償付，而且在此之前分文未給。遇上像希臘這樣的情形，誰還能不感到沮喪呢㉜？很自然，那些在一八二五年及一八三五到三七年投機狂潮中流向國外的資本，從此以後就開始追求顯然不會太令人失望的使用場所。

作家法蘭西斯(John Francis)回顧了一八五一年後的投資狂熱，他是這樣地描寫富人：「對於工業界人士來說，富人們發現財富的累積速度總是超過合法公正的投資模式，……他看到，在他年輕時，錢都投入了戰爭貸款，而成年時期積累的財富，則在南美的礦山中付諸東流，他的錢財在那裏用於築路、雇用勞工、擴大商業。（鐵路）吸收的資本如果失敗，至少是被創造鐵路的國家吸收。投資鐵路與投資外國礦山或外國借貸不同，它們不會一無所剩，或者說，不會毫無價值。」㉝

投資者是否能在國內找到其他的投資形式——比如建築投資——這仍是一個懸而未決的學術問題。實際上，投資者找到了鐵路這個投資管道，如果沒有這股投資洪流，尤其是一八四〇年代中葉奔騰而來的投資潮流，那麼，我們當然無法想像能這樣迅速、這樣大規模地修建鐵路。這是一個幸運的關頭，因爲鐵路恰好一下子解決了英國在經濟成長過程中，實際面對的所有問題。

5

追溯推動工業化的動力只是歷史學家的部分任務。歷史學家的另一個任務就是要追溯經濟資源的動員和配置，追溯爲維持這一嶄新、革命化的過程所需要的經濟和社會適應。

需要動員和調配的第一項，或許也是最爲關鍵的因素，即**勞動力**，因爲，工業經濟意謂著農業人口(也就是鄉村人口)的比例明顯下降，而非農業(也就是不斷增長的城市)人口比重急遽上升，而且，幾乎必然引起(如我們所論時期那樣)人口迅速全面的增長。因而，這也意謂著主要由國內農業所提供的食物，必先大幅度地增產，此即「農業革命」。(在鐵路和輪船時代到來之前——即我們所關心的這個時代結束之前——從國外大量進口糧食的可能性非常有限，儘管英國從一七八〇年代以後，最終成了糧食淨進口國。)

長期以來，城鎮和非農業聚居區在英國的迅速成長，都很自然地推動著農業。幸虧英國農業的效率在前工業化時期是如此之低，以致只要對它稍加改良——對畜牧業稍加合理管理，實行輪作制、施肥，以及改進農場設計，或採用新作物——都能產生極爲巨大的效果。這種農業變革發生在工業革命之前，使得人口在最初幾個階段的成長成爲可能。物價在拿破崙戰爭期間異常高漲之後，緊接著發生經濟衰退，使英國的農業生產慘遭損害，雖然如此，農業發展的動力卻自然地持續下去。從技術和資本投資來看，本書所論時期所發生的變化，在一八四〇年代之前可能相當有限，但在此之後，農業科學和工程技術的時代可說已經降臨。英國糧食產量的大幅攀升，使得英國的農業生產在一八三〇年代，能夠爲數量已達到十八世紀二至三倍的英國人口，提供百分之九十八的穀物㉞，農業的進步是藉由廣泛採用在十八世紀早期開始應用的耕作方法，透過合理化及擴大耕作面積而獲致的。

所有這些進步，並不是經由技術變革，而是通過社會變革而一一取得的：取消中世紀遺留下來共同耕作的敞田制和公共放牧（「圈地運動」），消滅自給自足的小農經營，以及對土地非商業性的陳舊經營觀念。由於十六到十八世紀的農業進步爲日後做好了準備，因此，英國能夠以獨特的方式，較爲順利地從根本上解決土地問題，儘管在過程中不僅常常受到農村不幸窮人的抵抗，而且也受到因循守舊的鄉紳抵制。但是，土地問題的解決，使得英國成爲一個由少數大土地所有者，一定數量以營利爲目的的租佃農場主人，以及大量的雇用勞動者所組成的國家。在一七九五年的饑荒年及以後的歲月裏，很多郡的鄉紳法官，紛紛自動採納救濟貧民的「斯品漢姆蘭制度」（Speenhamland System，參見頁二一四、二九三），人們一直把這一制度看作是爲了保護舊有的鄉村社會，抵禦金錢關係侵害所做的最後一次有組織嘗試。（在這一制度之下，窮人可從地方稅中得到必要補助，保證最低的生活工資。儘管這一制度用心良苦，但它最終還是使窮人比以前更加貧困。）農業經營者以「穀物法」來保護農業生產，抵禦一八一五年以後的危機。他們不顧所有的經濟正統主義，這些人把農業視如其他任何行業，只根據獲利的標準來進行判斷，穀物法在一定意義上就是一部反對上述傾向的宣言書。但是，這些爲抗拒資本主義最終進入鄉村所做的努力，是注定要失敗的。一八三〇年後，他們在中產階級激進派的前進浪潮中，節節敗退。一八三四年頒布「新濟貧法」(New Pool Law)和一八四六年廢除「穀物法」，正式宣告了他們的最後失敗。

從經濟生產率的角度看，這項社會變革是一次大成功，從人們所遭受的痛苦而言，則是一次大災難，並且因一八一五年後的農業蕭條而加深，使得農村勞苦群眾陷於水深火熱之中。一八〇〇年後，甚至像亞瑟・揚那樣對於圈地和農業進步抱著如此熱情的擁護者，也爲它的社會後果深感震驚㉟。但是，從工業化的角度來看，這些結果也是人們所希望的，因爲工業經濟需要勞動力，而除了從先前的非工業領域外，還能從其他什麼地方得到勞動力呢？國內的農村人口，國外的(主要是愛爾蘭)移民，再加上各式各樣的小生產者和勞苦大眾，這些人是最爲明顯的勞動力資源。(另有一種觀點認爲，勞動力供應並非來自這種轉變，而是來自於總人口的增加，就像我們知道的那樣，當時的人口正在飛快成長。但是，這項看法不著要害。在工業經濟裏，不僅是勞動力的數量，而且非農業勞動力的比例也必須有大幅成長。這就意謂著，本來會像他們的先人那樣留居鄉村的男男女女們，必須在他們人生的某個階段移居他處，因爲城市的發展速度快於他們自身的自然成長率。無論如何，城市人口的增加速度，正常情況下往往低於農村，不管農業人口是在減少，保持不變，或甚至在增加。)他們必須被吸引到新的職業中來，或者說，如果——這一點也是最有可能的——他們最初不爲這些工作所吸引，不願意放棄他們傳統的生活方式㊱，那麼，就必須強迫他們從事新工作。經濟和社會苦難是最有效的鞭子，更高的貨幣工資和城市生活更大的自由度，這些只是附加的胡蘿蔔。由於種種原因，在我們論述的這個時期裏，能夠撬動人們，使他們從歷史形成的港灣中鬆動開來的力量，與十九世紀下半葉比起來依然相當弱小。像愛爾蘭饑荒那樣怵目驚心的大災荒，帶動了巨大的移民浪潮(在一八三五到五〇年間，總數八百五十萬人口中，有一百五十萬人移居國外)，一八五〇年後，這樣的現象變得很普遍。不過，這種情況在英國要比其他地方更為強烈，倘若不是這樣，那麼，英國工業的發展就會像法國那樣，由於農民和小資產階級的穩定舒適生活而受到阻礙，因為這會使工業喪失它所需要吸納的勞動力。(如果不是如此，英國就得像美國那樣，依賴大量的外國移民。而實際上，英國只是部分依靠了愛爾蘭移民。)

要獲得足夠數量的勞動力是一回事，而要獲得足夠具有適當技能的合格勞動者又是另一回事。二十世紀的經驗已經表明，這個問題是一個關鍵性的，也是更加難以解決的問題。首先，**所有**的勞動者都必須學會如何用一種與工業相適應的方式去工作，也就是說，用一種完全不同於農業生產中的季節性波動，或者說完全不同於獨立手工業者對於他經營的小塊土地能夠進行自我調節的方式去工作，與工業相適應的方式就是每日不斷、有規律的工作節奏。勞動者還得學會對於金錢刺激做出敏銳的反應。在那時，英國的雇主就像現在南非雇主那樣經常抱怨勞動者的「懶惰」，或者抱怨他們的雇工有下述傾向，即掙夠了按慣例能過一週生活的工資，就歇手不幹。這些問題在嚴格的勞動紀律中得到解決(罰款和使法律偏向雇主一邊的「主僕法」等等)，但首先採用的方法，卻是盡可能壓低勞動工資，使得他必須持續做滿一週的工作，以便掙得最低限度的收入。工廠中的勞動紀律問題更顯迫切，在這裏，人們經常發現，雇主更加習慣於雇用聽話的(也比較廉價的)婦女和兒童：一八三四至三七年，在英國棉紡織工廠的全部工人中，成年男子占四分之一，婦女和女孩超過半數，其餘的爲十八歲以下的童工㊲。另一項爲保證勞動紀律而普遍採用的方法就是訂立轉包合同，或使熟練工人變成非熟練幫工的實際雇用者，這些方法反映了發生在工業化早期階段小規模的、零零星星的進程。比如在棉紡織工業中，大約有三分之二的男孩和三分之一的女孩就這樣「處在技術工人的直接雇用之下」，從此，他們受到了更爲嚴密的看管。在工廠以外的地方，這種獨特的做法甚至更爲流行。當然，二老闆直接受到錢財的刺激，毫不放鬆對所雇用幫工的監督。

要招募或培訓足夠的熟練工人、技術上受過訓練的工人，難度就更大。因爲前工業化時期的技術，在現代工業中能大顯身手的幾乎沒有，當然，雖然還有很多工作，像建築技術，實際上依舊那樣，沒有變化。所幸的是，在一七八九年之前的一個世紀裏，英國緩慢發展的不完全工業化，無論在紡織技術，還是在金屬處理方面，都已經造就了一批相當適用的技術隊伍。所以，在歐洲大陸，製鎖匠是僅有的幾種會操作精密金屬活的手工藝者之一，而他們竟成了機器製造者的鼻祖，而且，有時還冠以「工程師」或「機器師」的名稱(在開礦及與礦業有關的行業已經很普遍)，而英國的水車匠也是如此。英文裏的「工程師」一詞，既是指有一技之長的金屬製品工人，又是指設計和規劃人員，這不是偶然的，因爲大多數擁有較高技術的工藝人員，就是來自這些在機械方面具有一定技術、能獨立操作的人。實際上，英國的工業化便是依賴於這群未經計畫培育的高技能工人，而歐陸的實業家卻沒這麼幸運。這解釋了英國何以極爲忽視普通教育和技術教育，這種忽視將要在日後付出代價。

除了勞動力供給的問題之外，資本供應的問題不大，與大多數別的歐洲國家不同，英國並不缺少能夠立即用於投資的資本。主要的困難在於，十八世紀掌握著大部分可供投資資本的有錢人——地主、商人、船商、金融家等等——不願意把錢投資在新興工業上，因此，新興工業經常不得不靠小規模的積蓄或貸款起家，藉由所獲利潤的再投資而得到發展。局部的資本短缺，使得早期的工業家——尤其是白手起家的實業家——更加勤儉節約、更加貪婪，因此，他們的工人相對受到更重的剝削。不過，這反映了全國性剩餘投資流向的不完善，而不是資本短缺。另一方面，十八世紀的富人們已經做好了準備，打算把他們的金錢投資於某些有利於工業化的事業，尤其是交通運輸業（運河、碼頭設施、道路，後來還有鐵路）和礦業。土地所有者即使不能親自經營這些事業，也能從中抽取礦區使用費。

至於貿易和金融方面的技術，無論是私營還是公營，都不存在什麼困難。銀行、鈔票、匯票、公債、股票、海外貿易和批發貿易的技術細節、營銷，人們都瞭如指掌。能夠操作這些業務，或者能輕而易舉學會操作的，大有人在。此外到十八世紀末，政府堅決奉行商業至上的政策，與此背道而馳的舊律法（例如像都鐸〔Tudor〕時期的社會法）早已廢棄不用，在一八一三到一八三五年間，除了與農業有關的方面，其餘都已完全廢除。從理論上看，英國的法律、金融和商業制度都相當粗陋，與其說是有利於經濟發展，不如說會阻礙經濟發展。例如，人們如想組織股份公司，他們幾乎每次都必須讓議會通過代價昂貴的「私法」；法國大革命為法國——並透過革命的影響為歐陸的其他地區——提供了更為合理和有效的機構，以便為此服務。英國也盡力而為，而且在實際上，它的確比競爭對手做得更好。

透過這種相當任意的、無計畫的經驗主義方法，第一個重要的工業經濟建立起來了。用現代的標準來衡量，這個經濟規模小而陳舊，其陳舊的痕跡仍給今天的英國留下了烙印。而以一八四八年的標準來衡量，它的成就是非常偉大的，雖然它也因新興城市比其他地方醜陋，無產階級的處境比其他地方更每下愈況而令人吃驚。（有一位現代史學家得出結論：「從總體上看，一八三〇年到一八四八年英國工人階級的狀況，明顯要比法國糟糕。」㊳）天空被煙霧籠罩，臉色蒼白的人們匆匆穿行於烏煙瘴氣之中，連外國遊客都為此感到擔憂。但是，它控制著一百萬匹馬力的蒸汽機，依靠一千七百多萬枚機械化紡錘，每年生產出兩百萬碼棉布，挖掘了數量幾達五千萬噸的原煤，每年進出口的貨物價值達一億七千萬英鎊。它的貿易量，是法國這個最有力競爭對手的兩倍，然而在一七八〇年時，英國才只剛剛超過法國。英國的棉布消費量是美國的兩倍，是法國的四倍。它生產的生鐵占世界經濟發達地區生鐵總產量的一半以上，英國居民平均使用生鐵的數量是工業化程度僅次於英國的國家（比利時）的兩倍，是美國的三倍，法國的四倍以上。英國的資本投資——占美國四分之一，占拉丁美洲幾乎五分之一——從世界各地帶回二至三億的紅利和匯票㊴。英國實際上已成為「世界工廠」。

商人和企業家的唯一法則就是賤買、無限制的貴賣。當時，無論是英國還是全世界都知道，在英倫諸島發動的工業革命，正在改變著世界，工業革命將所向披靡，過去的神仙皇帝在今天的商人和蒸汽機面前，都將顯得軟弱無力。

註釋

❶ Arthur Young, *Tours in England and Wales*, London School of Economics edition, p. 269. 編按：亞瑟・揚（一七四一—一八二〇）是英國著名的農業時論家，曾至英國各地、愛爾蘭及法國等地旅行考察，撰有遊記多冊，並創立《農業編年史》期刊，對當時的農業發展有積極的推動作用。

❷ A. de Toqueville, *Journeys to England and Ireland*, ed. J. P. Mayer (1958), pp. 107-8.

❸ Anna Bezanson, "The Early Uses of the Term Industrial Revolution", *Quarterly Journal of Economics*, XXXVI, 1921-2, p. 343; G. N. Clark, *The Idea of the Industrial Revolution* (Glasgow 1953).

❹ Cf. A. E. Musson & E. Robinson, "Science and Industry in the late Eighteenth Century", *Economic History Review*, XIII. 2, Dec 1960, and R. E. Schofield's work on the Midland Industrialists and the Lunar Society, *Isis* 47 (March 1956), 48 (1957), *Annals of Science*, II (June 1956) etc.

❺ K. Berrill, "International Trade and the Rate of Economic Growth", *Economic History Review*, XII, 1960, p. 358.

❻ W. G. Hoffmann, *The Growth of Industrial Economies* (Manchester 1958), p.68.

❼ A. P. Wadsworth & J. de L. Mann, *The Cotton Trade and Industrial Lancashire* (1931), chapter VII.

❽ F. Crouzet, *Le Blocus Continental et l'Economie Britannique* (1958), p. 63. 書中指出一八〇五年時，出口與內銷之比爲二比三。

❾ P. K. O'Brien, "British Incomes and Property in the early Nineteenth Century", *Economic History Review*, XII,

2 (1959), p. 267.

❿Hoffmann, *op. cit.*, p. 73.

⓫Baines, *History of the Cotton Manufacture in Great Britain* (London 1835), p. 431.

⓬P. Mathias, *The Brewing Industry in England* (Cambridge 1959).

⓭M. Mulhall, *Dictionary of Statistics* (1892), p. 158.

⓮Baines, *op. cit.*, p. 112.

⓯cf. Phyllis Deane, "Estimates of the British National Income", *Economic History Review* (April 1956 and April 1957).

⓰O'Brien, *op. cit.*, p. 267.

⓱停滯狀態引自J. Schumpeter, *History of Economic Analysis* (1954), pp.570-1。

⓲認識到這種現象的有激進派的韋德(John Wade, *History of the Middle and Working Classes*)，銀行家奧佛史東爵士(Lord Overstone, *Reflections suggested by the perusal of Mr J. Horsley Palmer's pamphlet on the causes and consequences of the pressure on the Money Market* , 1837)，反穀物法的勝利者威爾森(J. Wilson, *Fluctuations of Currency, Commerce and Manufacture; referable to the Corn Laws*, 1840)，以及法國的布朗基(A. Blanqui，著名的革命家之兄弟)和布希奧恩(M. Briaune, 1840)。無疑仍有其他人意識到此一現象。

⓳Baines, *op. cit.*, p. 441; A. Ure & P. L. Simmonds, *The Cotton Manufacture of Great Britain* (1861 edition), p. 390 ff.

⓴Geo. White, A *Treatise on Weaving* (Glasgow 1846), p. 272.

㉑M. Blaug, "The Productivity of Capital in the Lancashire Cotton Industry during the Nineteenth Century", *Economic History Review* (April 1961).

㉒Thomas Ellison, *The Cotton Trade of Great Britain* (London 1886), p.61.

㉓Baines, *op. cit.*, p. 356.

㉔Baines, *op. cit.*, p. 489.

㉕Ure & Simmonds, *op. cit.*, Vol. I, p. 317ff.

㉖J. H. Clapham, *An Economic History of Modern Britain* (1926), p. 427ff.; Mulhall, *op. cit.* pp. 121, 332; M. Robbins, *The Railway Age* (1962), pp. 30-1.

㉗Rondo E. Cameron, *France and the Economic Development of Europe 1800-1914* (1961), p.77.

㉘Mulhall, *op. cit.*, pp.501, 497.

㉙L. H. Jenks, *The Migration of British Capital to 1875* (New York and London 1927), p. 126.

㉚D. Spring, "The English Landed Estate in the Age of Coal and Iron", *Journal of Economic History*, (XI, I, 1951).

㉛J. Clegg, *A chronological history of Bolton* (1876).

㉜Albert M. Imlah, "British Balance of Payments and Export of Capital, 1816-1913", *Economic History Review* V (1952.2), p.24.

㉝John Francis, *A History of the English Railway* (1851) II, p.136; see also H. Tuck, *The Railway Shareholder's Manual* (7th edition 1846), Preface; and T. Tooke, *History of Prices* II, pp. 275, 333-4.

㉞Mulhall, *op. cit.*, p. 14.

㉟ *Annals of Agric.* XXXVI, p. 214.

㊱ Wilbert Moore, *Industrialisation and Labour* (Cornell 1951).

㊲ Blaug, *loc. cit.*, p. 368. 十三歲以下的童工在一八三〇年代已銳減。

㊳ H. Sée, *Histoire Economique de la France*, Vol. II, p. 189 n.

㊴ Mulhall, *op. cit.*; Imlah, *loc. cit.*, II, 52, pp. 228-9. 這些價錢是根據一八五四年的估算。

第三章
法國大革命

英國人一定是喪失了所有的道德和自由感，否則怎麼會對這場世界經歷過的最重要革命，對它正在進行的莊嚴方式，不表敬仰讚賞。凡有幸目睹這一偉大城市最近三天發展的同胞，一定不會認爲我的話是誇張的。

——《晨郵報》一七八九年七月二十一日，論巴士底獄的陷落

不久，開明國家將審判那些迄今統治著它們的人。國王們將被迫逃亡荒漠，與和他們相似的野獸爲伍。而自然將恢復其權利。

——桑茹斯「論法國憲法」，一七九三年四月二十四日在國民公會發表的演說

1

如果說十九世紀的世界經濟主要是在英國工業革命的影響之下發展起來的話，那麼它的政治和意識形態則主要是受到法國大革命的影響。英國爲世界的鐵路和工廠提供了範例，它提供的經濟爆炸物，破壞了非歐洲世界的傳統經濟和社會結構；而法國則引發了世界革命，並賦予其思想，以致三色旗這類事物成了實質上每個新生國家的象徵，而一七八九年到一九一七年之間的歐洲（或實際上是世界的）政治，主要是贊成或反對一七八九年原則，或甚至更富煽動性的一七九三年原則的鬥爭。法國爲世界大部分地區提供了自由和激進民主政治的語彙和問題。法國爲民族主義提供了第一個偉大的榜樣、觀念和語彙。法國爲多數國家提供了法典、科技組織模式和公制度量衡。經由法國的影響，現代世界的思想觀念首次滲透進迄今曾抗拒歐洲思想的古老文明世界。以上便是法國大革命的傑作。（對英國和法國各自所造成的不同影響，不應過分誇大。這兩種革命的任何一個中心，都未將其影響局限於人類活動的任一特定領域，兩種革命是互爲補充，而不是相互競爭的。可是，即使當兩者最清楚不過地匯聚在一起的時候（如像社會主義，它幾乎是同時在兩個國家發明和命名），它們也是從不同的方向匯聚在一起。）

如我們所見，對歐洲的舊制度及其經濟體系來說，十八世紀末期是一個危機時代，該世紀的最後幾十年，充滿了有時幾達起義地步的政治鼓動，和殖民地爭取自治的運動，這種運動有時甚至可使它們脫離宗主國，而且不僅發生在美國（一七七六—八三），還見諸愛爾蘭（一七八二—八四），比利時和列日（一七八七—九〇），荷蘭（一七八三—八七），日內瓦，甚至英格蘭（一七七九，此點曾有爭議）。這一連串的政治騷動是那樣地引人注目，以致近來一些歷史學家形容這是一個「民主革命的時代」。法國大革命是**唯一**的一次民主革命，雖然程度最激進，影響也最為深遠❶。

認為舊制度的危機並非純粹是法國獨有的現象，這樣的看法頗有一些分量。正因為如此，或許有人會爭辯說，一九一七年的俄國革命（它在我們這個世紀占有類似的重要地位）不過是這一連串類似運動中最惹人注目的一次，一九一七前幾年的這類運動，最終葬送了古老的土耳其帝國和中華帝國。然而，這有點文不對題。法國大革命或許不是一個孤立現象，但它比其他同時代的革命重大得多，而且其後果也要深遠得多。首先，它發生在歐洲勢力最強大、人口最多的國家（俄國除外）。在一七八九年時，差不多每五個歐洲人中就有一個是法國人。其次，在它先後發生的所有革命中，唯有它是眞正的群眾性**社會**革命，並且比任何一次類似的大劇變都要激進得多。那些因政治上同情法國大革命而移居法國的美國革命家和英國「雅各賓黨人」（Jacobins），發現他們自己在法國都成了溫和派，這不是偶然的。潘恩（Thomas Paine）在英國和美國都是一個極端主義者，但在巴黎，他卻是吉倫特派（Girondins）最溫和的人物之一。廣義說來，像從前許多國家進行的革命一樣，美洲革命的結果僅僅是擺脫了英國人、西班牙人和葡萄牙人的政治控制。法國大革命的結果則是巴爾札克的時代取代了杜巴利夫人（Mme Du Barry，編按：法王路易十五的情婦）的時代。

第三，在所有同時代的革命中，只有法國大革命是世界性的。它的軍隊開拔出去改造世界；它的思想實際上也發揮了相同作用。美國獨立革命一直是美國歷史上一個至關重要的事件，但（除直接捲入或被其捲入的國家以外)它在其他地方很少留下重大痕跡。法國大革命對所有國家而言，都是一個重要里程碑。其反響比美國獨立革命要大，它引起了一八〇八年後導致拉丁美洲解放的起義。其直接影響遠至孟加拉，該地的洛伊(Ram Mohan Roy)在法國大革命激勵下，創立了第一個印度人的改革運動，並成為現代印度民族主義的鼻祖(當他於一八三〇年往訪英國時，堅持要搭乘法國船，以顯示他對其信仰的熱忱)。如上所述，它是「西方基督教世界對回教世界產生實際影響的第一次偉大思想運動」❷，這種影響幾乎是立即發生的。到十九世紀中期，以前僅表示一個人的出生地或居住地的土耳其詞彙「vatan」，在法國大革命影響下開始變成類似「patrie」(祖國)的意思；一八〇〇年以前，「liberty」(自由)一詞最初是表示與「slavery」(奴隸身分)相反的法律術語，現在開始具有新的政治涵義。它的間接影響是無所不在的，因為它為日後的所有革命運動提供了榜樣，其教訓(根據需要隨意加以解釋的)融入了現代社會主義和共產主義之中。(作者並未低估美國獨立革命的影響。無疑，它有助於激勵法國人，從狹義上說，它也為各拉美國家提供了憲法範例〔它可與法國憲法相媲美，有時可作為其替代方案〕，並不時地激勵著激進的民主運動。)

因此，法國大革命是屬於它那個時代的**那種**革命，而並不僅是其中最突出的一種。所以它的起源不應僅在歐洲的一般條件中去尋找，還應當在法國特有的形勢下去尋找。其獨特性或許在國際關係中做了最好的說明。在整個十八世紀，法國都是英國的主要國際經濟競爭對手。它的外貿在一七二〇到八〇年間增至四倍，引起了英國的憂慮；它在某些地區(如西印度群島)的殖民制度，比英國更具活力。然而法國不是英國那樣的強國，後者的對外政策在很大程度上已是由資本主義擴張的利益來決定。法國是歐洲最強大，並在許多方面是舊貴族絕對君主制中最典型的國家。易言之，法國官方機構和舊制度既得利益集團與新興社會勢力之間的衝突要比其他國家更爲尖銳。

新興勢力很清楚他們想要什麼。重農學派經濟學家杜爾哥主張有效地開發土地，主張自由企業和自由貿易，主張對統一的國家領土實行有效的行政管理，廢除阻礙發展國家資源的一切限制和社會不平等，以及合理公平的行政和稅收。一七七四至七六年間，他作爲路易十六的首席大臣，曾試圖實行這樣的計畫，但可悲地失敗了，而這場失敗是極具代表性的。這類性質的改革，即使是最溫和的，也與絕對君主制不相容或不受其歡迎。相反，一旦改革者加強了自己的實力，就會像我們所見到的那樣，他們就會在這時所謂的「開明君主」中被廣泛加以鼓吹。但在大多數「開明專制」的國家中，這樣的改革不是行不通，因而只在理論上時興一時；就是無法改變其政治和社會結構的整體性質；或者在地方貴族及其他既得利益集團的抵制下歸於失敗，使國家淪爲其從前狀態稍事整頓過的那種樣子。在法國，改革失敗得比其他國家更快，因爲既得利益團體的抵制更加有效。但這一失敗的結果對君主制度更具災難性，因爲資產階級變革的力量已經非常強大，他們不會無所做爲。他們只是把自己的希望從開明君主身上轉到人民或「民族」身上。

不過，這樣的概括還是無法使我們理解，爲什麼這場革命會發生在這個時候，以及爲什麼它會走上那條引人注目的道路。正因爲如此，研究一下所謂「封建反動」是非常有益的，因爲它實際上提供了引爆法國火藥庫的火花。

在兩千三百萬的法國人中，約四十萬人組成的貴族無疑是這個國家的「第一階級」，儘管它並非像普魯士或其他國家那樣，絕對不受較低階級的挑戰，但仍然相當穩固。他們享有很大的特權，其中包括一些賦稅的豁免權（但豁免數量不如組織更加嚴密的僧侶階級那麼多），以及收取封建稅捐的權利。在政治上，他們的地位不那麼顯要。絕對君主制儘管在其性質上仍是貴族的甚至封建性質的，但它盡可能剝奪了貴族的政治獨立和職責，並削減了他們舊有的代表機構——三級會議（States-General）和最高法院。這一事實持續在高級貴族和長袍貴族（noblesse de robe）中引起怨恨。長袍貴族是後來國王們因各種目的，主要是出於財政和行政目的而冊封的，一個被授予爵位的政府中產階級，只要能透過殘存的法院和三級會議，就能表達貴族和資產階級的雙重不滿。貴族在經濟上的憂慮絕非無關緊要的。他們生來就是，並且按傳統一直是，鬥士而不是掙錢的人——貴族甚至被正式禁止經商或從事專門職業——他們依靠其地產收入，或者如果他們屬於享有優惠的少數大貴族和宮廷貴族，則依靠富有的婚姻、宮廷的年金、賞賜和乾薪。但是，有貴族地位之人，其開銷是很大的，並且不斷上漲；而他們的收入卻在下降，因爲他們之中很少有人是自己財富的精明管理人，如果他們勉強進行管理的話。通貨膨脹使諸如租金這樣的固定收入，逐漸減少其價值。

因此很自然，貴族們只好利用自己的一項主要資產，即公認的階級特權。在整個十八世紀，在法國如同在其他許多國家一樣，他們不斷侵占官職，但專制君主卻寧可讓在專業上稱職、在政治上無害的中產階級人士來擔任這些職務。至一七八〇年代，甚至要有貴族的徽飾才能購買軍隊的委任狀，所有主教都是貴族，甚至管理王室的宮廷管家一職，也大都被他們奪占。由於他們成功地競爭了官職，貴族不但觸怒了中產階級的感情，他們還透過日益增強的接管地方和中央行政權的趨勢，動搖了國家的基礎。同樣，他們，特別是那些少有其他收入來源的地方鄉紳，爲應付其收入日益下降的情形，於是極盡可能利用手中強大的封建權利，加緊搜刮農民的錢財(或勞役，不過這比較少)。爲恢復這類已過時的權利或從現存權利中最大限度地獲取收益，一種全職的、研究封建法的專家(feudist)產生了。其中最傑出的成員巴貝夫，於一七九六年成爲近代史上第一次共產主義暴動的領袖。因而，貴族不僅觸怒了中產階級，而且也觸怒了農民。

農民這個也許占了法國人口百分之八十的廣大階級，他們的地位絕對不值稱羨。大體而論，他們實際上是自由的，並且常常是土地所有者。在實際數字中，貴族土地僅占所有土地的五分之一，教會地產也許占另外百分之六，這一比例隨地區而波動❸。例如，在蒙貝列(Montpellier)主教轄區，農民已占有百分之三十八至四十的土地，資產階級占百分之十八至十九，貴族占百分之十五至十六，僧侶占百分之三至四，還有五分之一是公地❹。可是，事實上多數人都沒有土地或沒有足夠的土地，由於技術普遍落後，這個問題日趨嚴重；而人口的增長，更使普遍缺乏土地的問題益形惡化。封建稅捐、什一稅和賦稅拿走了農民收入的很大一部分，而且這部分比例日漸增加；在此同時，通貨膨脹卻使剩餘部分的價值日趨減少。只有少數經常有剩餘產品出售的農民，才能從漲價中獲得好處；其餘的人或多或少都遭受漲價之苦，特別是在歉收年，因缺貨造成的高價主宰著市場。無疑，由於這些原因，在革命前的二十年裏，農民的情勢日益惡化。

君主政體的財政困難使問題攀升到危機點。該王國的行政和財政結構大體已經過時，如前所述，企圖藉由一七七四至七六年的改革來修補這一結構的努力，在以最高法院爲首的既得利益團體的反抗下，已遭失敗。然後，法國捲入了美國獨立戰爭。對英國的勝利是以其最後破產爲代價換得的，因此，我們可以說美國獨立革命是法國大革命的直接原因。各種權宜之計都嘗試過了，但收效日少。當時支出至少超過收入百分之二十，而且不可能有任何有效的節約措施，除非進行一項根本改革，以動員實際上相當強大的國家課稅能力，否則無法應付此一局勢。因爲，儘管凡爾賽宮的揮霍經常因危機而受到譴責，但宮廷的開支僅占一七八八年總支出的百分之六。戰爭、海軍和外交支出占四分之一，現存債務負擔占一半。戰爭和債務——美國獨立戰爭及其債務——破壞了君主政權的根基。

政府的危機給貴族和最高法院帶來了機遇。政府若不擴大他們的特權，他們就拒絕付款。專制主義面對的第一次破裂是一七八七年召開的「顯貴會議」(assembly of notables)，這次會議的成員是經過精心挑選，但仍然很難對付，召開這次會議的目的原本是要批准政府增闢稅源的需求。第二次破裂，也是決定性的一次，便是三級會議——這項舊封建時代的會議自一六一四年起便已停止召開。因而，革命的開始，是貴族試圖重新奪回國家控制權。因如下兩個原因，這一企圖失算了：其一，它低估了第三階級的獨立意願，這一虛構的團體想要代表既不是貴族也不是僧侶的所有人民，但實際上是由中產階級所主宰；其二，它忽略了在進行政治賭博之際，被引入其中的深刻經濟和社會危機。

法國大革命並非由有組織的政黨或運動發動領導的，也不是由企圖執行某個計畫綱領的人發動領導的。直到後革命時期的拿破崙出現以前，它甚至未能推舉出在二十世紀革命時我們習慣看到的那類「領袖人物」。然而，在一個相當有內聚力的社會集團中，他們的共同意念驚人的一致，遂使該革命運動有力地團結起來。這個集團便是「資產階級」，其思想觀念是由「哲學家」和「經濟學家」系統闡述、由共濟會綱領及在非正式同盟中所鼓吹的古典自由主義。正是在這個意義上，我們可以說是「哲學家」發動了這一場革命。或許沒有他們，革命也會發生，但可能是由於他們，才造成了僅只是破壞一個舊制度與迅速有效地以一個新制度取而代之，這兩者之間的區別。

在其最一般的形式上，一七八九年的思想觀念可說來自共濟會，這種觀念曾在莫札特(Mozart)的《魔笛》(*Magic Flute*, 1791)中得到純潔莊嚴的展現，它是那個時代最早的偉大宣傳藝術，那個時代最高的藝術成就經常都是宣傳性的。更確切地說，一七八九年資產階級的要求是在同年的「人權宣言」(Declaration of Rights of Man and Citizens)中提出來的。這是一份反對貴族特權階級社會的宣言，但並不是支持民主社會或平等社會的宣言。宣言中的第一條說，「在法律上，人生來是而且始終是自由平等的」，但它也容許存在社會差別，「只要是建立在公益基礎之上」。私有財產是一種自然權利，是神聖，不可剝奪和侵犯的。在法律之前人人平等，職務對有才能的人同等開放；但如果賽跑在同等條件下開始，那麼同樣可以假定，賽跑者不會同時跑到終點。該宣言主張，(如同反對貴族階級或專制主義一樣)「所有公民都有權在制定法律方面進行合作」；「個人親自參與，或透過自己的代表參與」。而宣言中設想作爲主要政府機構的代表大會，並不一定要通過民主選舉產生，它所指的制度也不是要廢除國王。建立在有產者寡頭集團基礎上的君主立憲制，比民主共和更符合資產階級自由派的意願，雖然民主共和在邏輯上似乎更符合他們理論上想要追求的目標。儘管也有些人毫不猶豫地捍衛民主共和，但總體說來，一七八九年典型的自由主義資產階級(和一七八九至一八四八年的自由派)並非民主派，而是信仰立憲政體、一種具有公民自由和保障私有企業的世俗國家，及由納稅人和財產所有者組成的政府。

不過，在官式辭令上，這樣的制度表達的並不僅是單純的階級利益，同時也是「人民」的普遍意願。而人民則被轉化爲「法蘭西民族」(一種意味深長的認同)。國王不再是蒙上帝恩寵的法蘭西和那瓦爾(Navarre)國王路易，而是蒙上帝恩寵和國家憲法擁立的法國人的國王路易。宣言中說，「一切主權均源自國家」，而國家，如西哀士(Abbé Sieyès)神父所說，不承認世上有高於其自身利益的利益，並且不接受國家法律以外的法律和權威，不管是一般人類的，還是其他國家的。無疑，法蘭西民族及其以後的模仿者，最初未曾設想到其本身利益會與其他國家的人民利益相衝突，相反的，他們把自己看成是在開創或參與將各國人民從暴政下普遍解放出來的一項運動。但事實上，國家間的競爭(例如法國商人與英國商人的競爭)和國家間的從屬(例如，被征服國家或已解放國家的利益對大國利益的屈從)，已暗含於一七八九年資產階級首次給予正式表達的民族主義之中。「人民」等同於民族，這是一種比意欲表達此點的資產階級自由派綱領，更具革命性的革命觀念。但它也是一種兩刃的觀念。

因爲農民和勞動窮人都是文盲，政治態度不是溫和就是不成熟，加上選舉過程是間接的，因而被選出來代表第三階級的六百一十人，多數是同一個模子打出來的，其中大部分是律師，他們在法國地方上發揮重要經濟作用；另約有一百位資本家和商人。中產階級爲贏得相當於貴族和僧侶總和的代表權，爲爭取正式代表百分之九十五的人民，爲了這些溫和抱負，而進行了艱苦、成功的鬥爭。

現在，他們以同樣的決心爲爭取資產階級潛在多數票的權利而鬥爭，其方式是把三級會議轉變爲個別獨立的代理人會議，這些代表將以各自投票，取代以傳統階級爲單位的商議或投票，在後一種情況下，貴族和僧侶的兩票總是能夠壓倒第三階級的一票。在這個問題上，首次的革命性突破展開了。三級會議開幕六週以後，急於在國王、貴族和教士之前搶先採取行動的平民代表，將他們自己和那些準備好要加入他們的人組織起來，以他們自己的方式組成了有權重新制訂憲法的國民會議(National Assembly)。一次反革命的企圖導致他們在實質上按英國下院的模式制訂了自己的要求。專制主義已走到盡頭，如才華橫溢而又名聲不佳的前貴族米拉波(Mirabeau)對國王所說的：「先生，在這個會議裏，您是一個局外人，您無權在這裏說話。」❺

第三階級雖面臨國王和特權階級的聯合反抗，還是取得了成功，因爲它不僅代表了有教養而又富有戰鬥性的少數人觀點，而且也代表了更強大得多的勢力，即城市的，特別是巴黎勞動貧民的觀點，以及革命農民的觀點，雖然這比較短暫。之所以能把一次有限的改革鼓動成一場革命，是因爲這樣一個事實，即三級會議的號召與經濟和社會的深刻危機恰好一致。因一系列複雜原因，一七八○年代晚期，對法國經濟的所有部門都是一個巨大的困難時期。一七八八年(及一七八九年)的歉收和異常艱難的冬季，使這場危機尖銳起來。歉收使農民遭到損失，一時間，這意謂著大生產者可以高價出售穀物，而大多數持地不多的人，則可能不得不去吃有錢人種植的食糧，或以無比的高價購買食物，特別是在臨近新收穫的月份(即五、六月)更是如此。歉收對城市貧民的衝擊更爲明顯，他們的生活費(麵包是主食)可能上漲了一倍。鄉村的貧困使製成品市場萎縮，因此也造成了工業蕭條，這遂使歉收的危害更形嚴重。鄉村貧民因而陷於絕望和躁動不安，他們鋌而走險，從事暴動和盜匪活動；在生活費暴漲之時，城市貧民又失去工作，更陷入雙重絕望之中。在正常情況下，或許只會發生一些盲目的騷動，但在一七八八和八九年，法蘭西王國的一場大騷動，一場宣傳和選舉的勝利，使人民在絕望中看到一種政治前景，他們提出了從鄉紳和壓迫下解放出來的要求，在當時，這是一種無比巨大、震天撼地的思想。騷動人民站在第三階級代表的後面，做他們的堅強後盾。

反革命將可能的群眾起義變成了實際的起義。無疑，舊制度唯一自然的反應便是進行抵抗，如果必要的話，就使用武裝力量，儘管軍隊已不完全可靠。（只有不切實際的夢想家才會認爲路易十六也許會接受失敗並立即使自己轉變爲立憲君主，即使他不像實際上那樣微不足道，那樣愚蠢，即使他娶的是一個頭腦不那麼簡單、不那麼沒責任感的女人，即使他願意聽從不那麼災難性的謀臣，他也不會那樣做。）事實上，反革命已經促使巴黎那些飢餓、充滿不信任感和富有戰鬥性的群眾整個動員起來。這場動員最激動人心的結果是奪取巴士底獄，這是一座象徵王室權威的國家監獄，革命者指望在那裏找到武器。在革命的年代，沒有比象徵物倒塌更具影響力的東西了。攻占巴士底獄代表了專制主義的垮台，這個事件象徵著解放的開端，因而使全世界爲之歡呼，於是七月十四日遂成爲法國的國慶日。科尼斯堡（Koenigsberg）的康德（Immanuel Kant）是一個穩健的哲學家，據說，他的習慣非常有規律，以致他那個城鎮的居民都用他的活動來校正自己的鐘錶，甚至是像他這樣的人在聽到攻占巴士底獄的消息後，也把其下午散步時間延後了，科尼斯堡的人民於是都相信，震動世界的事件眞的發生了。更能說明其影響的是，巴士底獄的陷落使革命蔓延到地方城鎮和鄉村。

農民革命是規模龐大，缺乏組織和明確目標，沒有名稱，但卻不可抗拒的運動。使農民動亂轉變成不可逆轉之騷動的是，地方城市起義與群眾恐慌浪潮的結合，它們悄悄而又迅速地在廣大的農村地區蔓延：此即一七八九年七月底八月初的所謂大恐慌(Grand Peur)。在七月十四日之後的三週內，法國農村封建主義的社會結構和皇家法蘭西的國家機器便告分崩離析。國家權力只剩下一些零散且未必可靠的軍隊，一個沒有強制力的國民會議，和許許多多自治城市或中產階級的行政機關，它們不久就按巴黎模式組建了資產階級的武裝「國民軍」(National Guard)。中產階級和貴族立即接受了不可避免的事實：所有封建特權都被正式廢除，雖然在政治局勢安定之後，確定了對他們進行補償的高昂價碼。直到一七九三年後，封建主義才完全告終。到一七八九年八月底，革命還發表了其正式宣言——「人權宣言」。相反地，國王以他慣常的笨拙方式進行了反抗，被群眾性動盪的社會涵義嚇壞了的中產階級革命分子開始想到，保守主義的時刻已經到來。

簡言之，法國及以後所有的資產階級革命政治的主要形態，到這時已清晰可見了。這種戲劇性、充滿辯證法的舞步將主宰日後的幾代人。我們還會多次看到溫和的中產階級改良派，動員民眾去對付反革命的死硬頑抗。我們還將看到，群眾超越溫和派的目標而走向自己的社會革命，而溫和派則分裂為從此與反革命派同流合污的保守派，和決心在群眾的幫助下去追求溫和目標中尚未實現部分的左派，即使冒著對群眾失去控制的風險也在所不惜。如此，經過抵抗方式的反覆變換——群眾動員—向左轉—溫和派的分裂和向右轉——直至中產階級的多數轉變成日後的保守陣營，或是被社會革命所粉碎。在以後多數的資產階級革命中，溫和的自由派通常都是在革命剛剛開始的階段就倒退，或轉向保守陣營。實際上在十九世紀，我們越來越發現(在日耳曼最明顯)，由於擔心其難以控制的後果，溫和自由派壓根兒就不想發動革命，而寧願與國王和貴族達成妥協。法國大革命的獨特之處在於，有一部分的自由派中產階級願意繼續革命，直至達到或眞正瀕臨反資產階級革命之時止。這便是雅各賓派，他們的名字已成了其他國家「激進革命」的代名詞。

爲什麼呢？當然部分原因是因爲法國資產階級尚未像日後的自由派那樣，被法國大革命的可怕記憶所嚇壞。一七九四年後，溫和派已經很淸楚，對資產階級的安適和前途來說，雅各賓制度已把革命推得太遠了，正如革命者十分淸楚的那樣，即使「一七九三年的太陽」會再升上來，它也不會在非資產階級的社會散發光輝。再者，雅各賓派之所以能有機會提出激進主義，是因爲在那個時代，不存在可以取代他們的社會替代方案。這樣一個階級，只有在工業革命過程中，隨同「無產階級」，或準確些說，隨同建立在其基礎之上的思想體系和運動而產生。在法國大革命中，工人階級(這裏指的是受雇者全體，其中多數都是非工業的工資勞動者)還沒有發揮多大的獨立作用。他們渴望過、造反過，或許還夢想過，但他們爲了一些具體目的而追隨非無產階級的領袖。農民階級從未提出不同於別人的政治替代方案；他們僅在情勢需要時，提供幾乎不可抗拒的力量，或者提出一個幾乎不可更改的目標。取代資產階級激進主義的唯一派別(如果不算一旦失去群眾支持就無能爲力的一小批思想家和好鬥分子)是「無套褲漢」(Sansculotte)，這是一個大多由勞動貧民、小匠人、店鋪老闆、手工業者、小業主等組成的、無定形的、主要是城市的運動。無套褲漢的主要組織爲巴黎的「區隊」(sections)和地方政治俱樂部，他們提供了革命的主要突出力量——實際的示威者、暴動者和街壘構築人。通過像馬拉（Marat）和埃貝爾（Hébert）那樣的新聞工作者和地方代言人，他們也提出了一種政策，在這些政策背後有一種模糊又自相矛盾的社會理想，它把對（小）私有財產的尊重與對富人的敵視結合起來；政府保證窮人的工作、工資和社會保障；一種極端的平等主義和地方化的直接民主。事實上，無套褲漢所反映的，是廣大「小人物」的群眾利益，這些小人物介於「資產階級」和「無產階級」之間，也許更接近後者而不是前者，因爲他們畢竟多數是窮人。在美國（如傑佛遜主義〔Jeffersonianism〕和傑克遜民主派，或民粹主義）、英國（如激進主義）、法國（如後來共和派和激進社會主義者的鼻祖）、義大利（如馬志尼〔Mazzini〕派和加里波底〔Garibaldi〕派）和其他國家，我們都能看到這類人物。在後革命時期，它們大多變成中產階級的自由左翼，但不情願放棄左翼無敵人這一古老原則，並準備在遇到危機時起而反對「金錢壁壘」，或「經濟保皇派」，或「釘死人類的黃金十字架」。但無套褲漢也沒有提出現實的替代方案。他們的理想，一種鄉里人和小手工工匠的美好過去，或不受銀行家和百萬富翁干擾的美好未來，都是不可能實現的。歷史與他們背道而馳。他們最多只能夠（這在一七九三至九四年已經實現）在其道路上設置路障，而這些路障從那一天起幾乎直到現在，始終阻撓了法國經濟的發展。事實上，無套褲漢是那麼無益的一種現象，以致其名稱本身大多已被人遺忘，或只是作爲在共和二年對其提供領導的雅各賓主義的同義詞而被人想起。

2

一七八九到九一年間，勝利的溫和派資產階級經由現在已經變成立憲會議(Constituent Assembly)的機構，著手進行法國規模龐大的合理化改革，這是該機構的目標。這次革命大部分持久的制度性成就都源於這一時期，大革命最引人注目的國際性成果、公制度量衡的施行和對猶太人的最早解放，也都完成於此一時期。經濟上，立憲會議的觀點是完全自由的：它的農民政策是圈圍公地和鼓勵農村企業家；工人政策是禁止工會；小手工業政策是廢除行會和同業公會。它對普通人很少給予具體的滿足，例外的是，從一七九〇年起，透過教會土地(及逃亡貴族土地)的世俗化和出售，一般人可從中獲得三重好處：削弱教權主義，加強地方和農民企業家，並對許多農民的革命活動給予有限的回報。一七九一年的憲法藉由君主立憲制度，避開了過度民主，這種君主立憲政體，是建立在「積極公民」的財產權基礎上。他們相信，消極公民將過著與他們稱謂相符的生活。

事實上，這種情形並未發生。一方面，儘管君主現在得到前革命資產階級強大派別的支持，卻還是不願屈從於新制度。宮廷夢想讓王弟進行征討，以驅逐占統治地位的暴民，並恢復神授的法蘭西最正統天主教徒國王的合法地位。「教士組織法」(一七九〇年)被誤解爲企圖摧毀教會對羅馬專制主義的忠誠，而不是摧毀教會，這把多數教士及其追隨者趕到了反對派那邊，並有助於迫使國王企圖逃離國家，這是一種絕望的、並被證明是自殺性的企圖。路易十六在瓦倫斯(Varennes)被抓獲(一七九一年六月），從此，共和主義變成了一種群眾力量，對拋棄其人民的傳統國王來說，它已失去享有臣民忠誠的權利。另一方面，不受控制的溫和派自由企業經濟，加重了食品價格的波動，因而也加強了城市貧民，特別是巴黎貧民的戰鬥精神。麵包價格以溫度計般的準確性反映了巴黎的政治溫度，而巴黎的群眾是決定性的革命力量：法國的三色旗就是結合了舊時王室的白色和巴黎的紅—藍兩色。

戰爭的爆發使事情達到危急關頭，這指的是它導致了一七九二年的第二次革命。共和二年的雅各賓共和，最終導致了拿破崙上台。換句話說，它把法國大革命的歷史轉變成歐洲的歷史。

兩股勢力把法國推向了一場全面戰爭：極右派和溫和左派。因爲國王、法國貴族，和越來越多的貴族和教會流亡者，都麕集在日耳曼西部各城市，很明顯，只有外國干涉才有辦法恢復舊制度（約有三十萬法國人在一七八九年到九五年間流亡國外❻）。由於國際局勢複雜，加上其他國家在政治上相對平靜，要組織這樣的干涉並不那麼容易。然而，對其他各國的貴族和君權神授的統治者來說，態勢已越來越明顯，恢復路易十六的權力不僅僅是階級團結的行動，而且是防止令人震驚的思想從法國傳播出來的重要防護措施。結果，奪回法國的勢力在國外集結起來。

與此同時，溫和自由派本身，最著名的是聚集在商業比較發達的吉倫特省代表周圍的政治家集團，是一股好戰的勢力。這部分是因爲每次眞正的革命都有成爲世界性的趨向。對法國人來說，誠如對他們在國外的許多同情者一樣，法國的解放僅僅是全世界自由凱旋號吹響的第一聲，這樣的觀念很容易讓人相信，解放在壓迫和暴政下呻吟的所有民族，是革命祖國的義務。這種崇高昂揚的熱情，企圖將自由傳送到溫和和極端的革命者中，這種熱情的存在的確無法把法蘭西民族的事業和一切受奴役之民族的事業分割開來。法國和其他所有的革命運動都會接受或採用這種觀點，從這時起至少要到一八四八年止，情況都是這樣。直到一八四八年，解放歐洲的所有計畫，都以各國人民在法國人民領導下聯合起義推翻歐洲反動派爲樞紐；而在一八三〇年以後，其他國家的民族和自由主義起義，諸如義大利或波蘭的起義，也都趨向於把他們自己的國家看成某種意義上的救世主，命定要用自己的自由去發動其他所有的民族。

另一方面，不那麼理想主義的看法是認爲，戰爭也當有助於解決大量的國內問題。把新制度的困難說成是流亡貴族和外國暴君的陰謀，並把群眾的不滿引向他們，這是頗具吸引力和顯而易見的做法。尤其是商人爭辯說，捉摸不定的經濟前景、通貨貶值和其他問題，只有在消除干涉威脅後，才能得到解決。只要看一看英國的歷史便可知曉，他們及他們的思想家或許認爲，經濟霸權是有計畫侵略的產物（十八世紀並非成功商人十分熱愛和平的世紀）。而且，如很快便會出現的那樣，進行戰爭還可創造利潤。由於這總總原因，除少數右翼和羅伯斯比領導下的少數左翼以外，新的立法會議(Legislative Assembly)大多數成員都主張進行戰爭。也由於這些原因，當戰爭開始時，革命的征服便把解放、剝削和政治變更結合起來。

戰爭是一七九二年四月宣布的。人們把失敗歸咎於王黨的陰謀破壞和叛變（似乎完全可能），所以失敗導致激進化。八、九月，透過巴黎無套褲漢群眾的武裝行動，推翻了君主制度，建立了統一而不可分割的第一共和，隨著共和元年的確立，宣布了人類歷史上的一個新時代。法國大革命的黑暗和英雄時代，在對政治犯進行大屠殺、選舉國民公會(National Convention，也許是議會史上最傑出的代表)，和號召全面抵抗入侵者的聲音中展開了。國王被關進監獄，外國入侵被在法爾梅(Valmy)並不激烈的砲戰中阻擋住了。

革命戰爭強行按自己的邏輯行事。在新成立的國民公會中，占主導地位的黨派是吉倫特派，他們是一些對外好戰而對內溫和的人士，是一批代表大商人、地方資產階級和許多知識界傑出人物的富有魅力和才華的議會演講家。他們的政策是絕對不可能實現的。因爲只有用已經建立的正規軍發動有限戰役的國家，才有希望把戰爭和國內事務局限在嚴密分隔的空間裏，就像珍・奧斯汀(Jane Austen)小說中的女士和紳士們恰好在那時的英國所做的那樣。革命既未發動有限的戰役，又沒有已經建立的軍隊：因而其戰爭搖擺於世界革命的最大勝利和最大失敗之間，失敗意謂著全面的反革命，其軍隊(法國舊軍隊的殘餘)則既沒有戰鬥力，又不可靠。共和國的主要將領杜穆里埃(Dumouriez)不久就投向敵人。只有用前所未有的革命辦法才能在這樣一場戰爭中取勝，即使勝利僅意謂著粉碎外國干涉。事實上，這樣的辦法是找到了。在其危機過程中，年輕的法蘭西共和國發現了或發明了總體戰：透過徵兵、實行定量配給制、嚴格控制戰時經濟，及在國內外實際消除士兵和平民之間的差別，來全面動員國家資源。這一發現所具有的驚人涵義，直到我們所處的這個時代才變得清楚起來。既然一七九二到九四年的革命戰爭仍然是一個特殊插曲，無怪乎十九世紀的多數評論家弄不清它的意義，除了注意到(直至維多利亞晚期的豐腴時代前，這一點甚至被人遺忘)戰爭導致了革命，而革命贏得了用其他辦法無法贏得的戰爭。唯有到今日我們才能了解，雅各賓共和和一七九三至九四年的「恐怖統治」，其所進行的努力是多麼貼切地體現了現代總體戰這個詞彙。

無套褲漢歡迎建立一個革命的戰時政府，這不僅是因爲他們正確地證明，只有這樣才能粉碎反革命和外國武裝干涉，也是因爲，其方法動員了民眾且更接近社會正義（他們忽略了下述事實，即沒有任何有效的現代戰爭，可以與他們喜愛的分權式直接民主相協調）。另一方面，吉倫特派害怕他們發動的群眾性革命，一旦和戰爭相結合所可能導致的政治後果。他們也未做好與左派競爭的思想準備。他們不想審判或處決國王，但又不得不為了革命熱情的這一象徵而與他們的對手「山岳派」（雅各賓黨人）競爭：是山岳派贏得了聲譽，而不是他們。另一方面，他們的確想把戰爭擴大成一次普遍的思想解放運動，和對主要經濟對手英國的直接挑戰。他們在實現這一目標方面獲致了成果。至一七九三年三月，法國正在與大多數歐洲國家作戰，並開始兼併外國土地（法國有權占有其「自然邊疆」的新理論，使這項兼併合法化）。

但是，戰爭的擴大加上戰事進行不利，只會加強左派力量，因爲唯有後者才能贏得戰爭。節節敗退並在謀略上被打敗的吉倫特派，最終被迫對左派發起不明智的進攻，後者不久就轉向反對巴黎的有組織地方起義。由無套褲漢所發動的一次快速政變，於一七九三年六月二日推翻了吉倫特派。雅各賓共和由此誕生。

3

當一個受過教育的非專業人士思考法國大革命時，他主要想到的是一七八九年的事件，但特別是共和二年的雅各賓共和。我們看得最清楚的形象是羅伯斯比，身材高大、好賣弄才華的丹敦(Danton)，冷靜且革命舉止優雅的桑茹斯，粗獷的馬拉，公安委員會，革命法庭和斷頭台。介於一七八九年的米拉波和拉法葉(Lafayette)及一七九三年的雅各賓領導人之間的溫和革命派，他們的名字已從所有非歷史學家的記憶中消失。人們記得的吉倫特派只是一個集團，而且還可能是因爲那些在政治上微不足道但風流浪漫的女士——如羅蘭夫人(Mme Roland)或科黛(Charlotte Corday)。除了專家圈子之外，即使是像布里索(Brissot)、維尼奧(Vergniaud)、加代(Guadet)等人，也沒有幾個人知道吧！保守派恐怖、獨裁和歇斯底里的殺戮形象，長久以來總是擺脫不開，儘管按二十世紀的標準，事實上就是按保守派迫害社會革命的標準，如一八七一年巴黎公社(Paris Commune)失敗後的大屠殺，相比之下，雅各賓專政所進行的大屠殺還是比較溫和的：它在十四個月中正式處決一萬七千人❼。革命者，特別是法國的革命者把它看成是第一個人民共和國，是對日後一切起義的鼓舞。雖然這是一個不能用常人標準衡量的時代。

這的確是事實。但對支持恐怖統治的法國穩健派中產階級而言，恐怖既不是變態，也不是狂熱放縱，而是保存他們國家的唯一有效辦法。雅各賓共和這樣做了，且其成就超乎尋常。一七九三年六月，法國八十個省中有六十個起義反對巴黎；日耳曼王公們的軍隊從北部和東部侵入法國；英國軍隊從南部和西部發起進攻，國家已處於崩潰無助的狀態。十四個月後，全法國已處於牢固控制之下，入侵者已被驅逐，法國軍隊反過來占領了比利時，並將開啓一段長達二十年幾乎連續不斷的、輕而易舉的軍事勝利時期。更有甚者，到了一七九四年三月，一支規模增至以往三倍的軍隊，卻僅用了一七九三年三月開銷的一半，而且法國貨幣（更確切地說，應是已取代大部分貨幣的指券〔assignat〕）的幣值大體上保持了相當的穩定，這與過去及將來都形成了鮮明的對照。難怪公安委員會的雅各賓派成員聖安德烈（Jeanbon St. André），儘管是一個堅定的共和主義者，日後且成爲拿破崙最能幹的省長之一，卻以輕蔑的態度看待實行帝制的法國，因爲它在一八一二至一三年的失敗中搖擺不定。共和二年的共和國以較少的資源卻應付了嚴重許多的危機。（「你知道什麼樣的政府〔是勝利的政府〕嗎？……是國民公會的政府。是熱情的雅各賓派的政府。他們頭戴紅帽，身穿粗呢衣，兩腳著木履，靠簡單的麵包和劣質啤酒過活，當他們困乏得睜不開眼睛、無法再思考問題的時候，他們就在會議廳打地鋪。這就是拯救了法國的那些人。先生們，我就是其中之一。而在這裏，在我即將進入的皇帝寢宮裏，我爲這一事實而自豪。」J. Savant, *Les Prefets de Napoléon*, 1958, pp.111–2.）

對這類人來說，的確就像對實際上已奪回整個英雄時期控制權的國民公會一樣，擺在眼前的選擇是顯而易見的：若不進行恐怖統治，儘管從中產階級的觀點看來具有種種弊端，就只好坐看革命瓦解、民族崩裂（波蘭不就是證據嗎？）和國家消失。要不是因爲法國嚴重的經濟危機，很可能他們之中的多數人，寧願實行不那麼嚴厲的制度，當然也不那麼嚴格控制的經濟。羅伯斯比的垮台導致經濟失控和貪污詐騙蔓延，這種現象隨後在飛速的通貨膨脹和一七九七年全國性的破產中達到了巔峯。但即使從最狹義的觀點來看，法國中產階級的前途也得仰賴於一個統一的、強烈中央集權化的民族國家。不管怎麼說，實際上創造了現代意義的「國家」和「愛國主義」一詞的法國大革命，會放棄它「偉大的國家」嗎？

雅各賓制度的首要任務就是動員民眾反對吉倫特派和地方貴族的不滿分子，並使已經動員起來的民眾對無套褲漢的支持得以持續，後者對打好革命戰爭的某些要求——普遍徵兵（the 'levée en masse'，全民皆兵），對「賣國者」採取恐怖措施和全面控制物價（「最高限價」）——一般而言是與雅各賓的觀念相吻合，儘管他們的其他要求後來被證明是有點麻煩。以前遭吉倫特派拖延，而今已多少變得激進一點的新憲法公布了。根據這一莊嚴但遵循慣例的文件，人民被賦予普選權、起義權、工作或維持生活的權利，而最有意義的是，它正式宣布，全體人民的福祉是政府的目標，而人民的權利不僅可以獲得，而且可以實行。這是一個現代國家頒布的第一部民主憲法。更具體地說，雅各賓派不予賠償地廢除了一切殘餘的封建權利，改善了小買主購買流亡分子被沒收之土地的機會，且在數月以後，廢除法屬殖民地的奴隸制度，其目的在於鼓勵聖多明各（San Domingo，即今海地）的黑人為爭取共和、反對英國而進行抗爭。這些措施產生了極深遠的後果，在美洲，它們幫助塑造出像杜桑盧維杜爾（Toussaint-Louverture, 1749–1803，海地奴隸起義領導者）那樣的首位獨立革命領袖。（拿破崙法國重新奪回海地的行動失敗，是促使法國決定整個結束其美洲殘餘帝國的主要原因之一，這些殘餘的殖民地透過「路易斯安那購買案」〔一八〇三年〕出售給美國。於是，雅各賓主義傳播到美洲的進一步後果，便是把美國變成一個擁有廣闊大陸的強國。)在法國，它們爲中小農、小手工業者和店鋪老闆建立了堅不可摧的堡壘，這些人在經濟上是倒退的，但卻熱情獻身於革命和共和。從此，這些人主宰了鄉村生活。加速經濟發展的重要條件——農業和小企業的資本主義化——放慢到了爬行的速度，因此也降低了都市化、擴大國內市場，和工人階級成長的速度，順便說一句，它也影響了隨後無產階級革命的發展。大企業和勞工運動在相當長的一段時期，注定是法國少數人的現象，是被街角雜貨商、小土地自耕農和咖啡館老闆的汪洋大海所包圍的孤島(參見第九章)。

新政府的核心，誠如它的所做所爲，代表了雅各賓派和無套褲漢的聯盟，因而明顯地向左轉。這在重建的公安委員會中反映出來，該委員會很快變成法國實際的戰時內閣。它失去了丹敦這個強有力的、放蕩的、也許還是腐敗的，但極富天才、比他外表溫和許多的革命家(他曾在最後一任國王的政府裏擔任大臣)，但保留了羅伯斯比，後者成爲該委員會最有影響力的成員。很少歷史學家能對這個花花公子般的，缺少血色、個性略嫌獨斷的狂熱律師無動於衷，因爲他仍然體現著可怕而光榮的共和二年，對於這個時代，沒有一個人能無所偏倚。羅伯斯比並非一個令人愉快的人，甚至那些認爲他正確的人，如今也傾向於年輕桑茹斯所散發出的準確和嚴酷。羅伯斯比並非偉人，他經常顯得心胸狹窄。但他是大革命製造出的唯一一個(拿破崙以外)受到崇拜的**個人**。這是因爲對他來說，就像對歷史來說一樣，雅各賓共和不是一個贏得戰爭的謀略，而是一種理想：在正義道德莊嚴而可怕的統治下，所有良民在國家面前人人平等，叛國者則遭到人民的懲罰。盧梭(Jean-Jacques Rousseau)和對正義的純潔信仰賦予他力量。他沒有正式的獨裁權力甚或職位，因爲他僅僅是公安委員會的一員，後者只是國民公會的下屬委員會，一個最強有力、雖然從來也不是一個全權機構的下屬委員會。他的權力是人民的，是巴黎民眾的；他的恐怖也是他們主張的。當他們拋棄他時，他便只有垮台。

羅伯斯比和雅各賓共和的悲劇是，他們自己被迫疏遠了這樣的支持。雅各賓政權是中產階級和勞動群眾的聯盟，但對中產階級的雅各賓派來說，對無套褲漢的讓步之所以尚可容忍，只是因為他們將群眾與該制度的依附關係控制在不會威脅到有產者的程度上；且在聯盟內部，中產階級的雅各賓派具有決定性的作用。戰爭的緊迫迫使任何一個政府實行中央集權並加強法紀，而這必須以犧牲俱樂部和支部自由的地方直接民主，犧牲臨時的自願民兵和無套褲漢據以發展壯大的自由爭論式選舉為代價。這樣的過程強化了桑茹斯之類的雅各賓派，而犧牲了埃貝爾之類的無套褲漢；而同樣的過程也在一九三六至三九年的西班牙內戰中，強化了共產黨人，而犧牲了無政府主義者。到了一七九四年，政府和政體已堅如磐石，並透過中央的公安委員會或國民公會（透過特使），以及地方上由雅各賓軍官、官吏和地方黨派組織結合而成的龐大團體，正常運作。最後，戰爭的經濟需要失去了民眾的支持。在城鎮，物價控制和配給制度使群眾獲益；在鄉村，有計畫地徵集食物（這是城市無套褲漢首先捍衛的辦法）則使農民疏遠了。

因此，群眾退入不滿、困惑、心懷抱怨的消極狀態之中，特別是在審判處決了埃貝爾派之後，更是如此，該派是無套褲漢當中最暢言無忌的代言人。同時，比較溫和的支持者又被以丹敦為首的右翼反對派所震驚。這個派別為大量的詐騙分子、投機人物、黑市投機商以及其他靠營私舞弊累積資本的人，提供了避難所，丹敦本人就體現了不道德的、法爾斯塔夫式(Falstaffian，譯按：莎士比亞戲劇中的一個肥胖、快活、滑稽的角色)的隨便愛、隨便花錢的角色。這種現象在社會革命之中，總是最先浮現，直到嚴苛的清教主義占上風時，才會停止。歷史上的丹敦們總是被羅伯斯比們打敗(或被那些僞裝像羅伯斯比般行事的人打敗)，因爲極端褊狹的獻身精神，總能在放蕩不羈無法取勝的地方獲得成功。然而，如果羅伯斯比在消除腐敗方面贏得了溫和派的支持，因爲這畢竟有利於戰爭，但在進一步限制自由和限制賺取金錢方面，則造成更多商人驚惶失措。最後，沒有多少人喜歡那個時期有點荒誕的意識形態偏移——有組織的脫基督教運動(由於無套褲漢的狂熱)，和羅伯斯比崇拜最高主宰的新市民宗教，這種宗教有一整套儀式，意在對抗無神論者並貫徹神學家雅各(Jean-Jacques)的訓誡。

到了一七九四年四月，左右兩派都被送上了斷頭台，羅伯斯比在政治上孤立了。只剩戰時危機支撐著他維持權力。一七九四年六月末，當共和國的新式軍隊在弗勒呂斯(Fleurus)大敗奧地利軍隊並占領比利時，從而證明了它們的堅定強韌之時，羅伯斯比的末日就在眼前。革命曆熱月①九日(一七九四年七月二十七日)，國民公會推翻了羅伯斯比。第二天，他、桑茹斯和庫東(Couthon)被處決，幾天以後，八十七名革命的巴黎公社成員也遭處決。

4

熱月是法國大革命值得記憶的英雄階段的結束，是衣衫襤褸的無套褲漢，和頭戴紅帽、把自己看成是布魯特斯和加圖（Brutus and Cato，編按：古羅馬共和派政治家）公民階段的結束，是誇張的古典和寬宏階段的結束，但又是發出如下絕望呼號階段的結束：「里昂不復存在了！」「一萬名戰士缺鞋。你們拿走史特拉斯堡所有貴族的鞋，並準備好在明天早晨十點鐘以前運到司令部。」❽這並不是一個好日子的階段，因爲多數人都處在忍飢挨餓和驚恐不安的狀態；而是一個像第一顆原子彈爆炸般可怕而又不可改變的現象，將全部的歷史永遠地改變了。其中所產生的力量足以把歐洲舊制度的軍隊像乾草一樣掃蕩掉。

在專業術語上可稱做革命時期的剩餘時期裏（一七九四—九九），中產階級所面臨的問題是如何在一七八九至九一年的最初自由綱領基礎上，達到政治穩定並取得經濟進步。從那時到現今，這個問題從來沒有獲得完美解決，儘管從一八七〇年後，可在議會共和的多數時期裏找到能夠運作的處方。制度的迅速變換——督政政府（一七九五—九九），執政政府（一七九九—一八〇四），第一帝國（一八〇四—一四），波旁復辟王朝（一八一五—三〇），君主立憲（一八三〇—四八），第二共和（一八四八—五一），第二帝國（一八五二—七〇）——這種種的嘗試都是爲了維護中產階級社會，避免雅各賓共和和舊制度的雙重危險。

熱月黨人的最大弱點是，他們沒有享受到政治上的支持，而是以最大的忍受力被擠壓在復辟的貴族反動派和雅各賓—無套褲漢巴黎貧民之間的狹縫中，而後者很快就爲羅伯斯比的倒台而感到惋惜。一七九五年，他們制定了一部意在牽制和保持均勢的複雜憲法，以保障他們自己免受來自左、右兩方的傷害，他們並且周期性地變換態度，一會兒向右，一會兒向左，勉強地保持平衡，但不得不越來越依賴軍隊去驅散反對派。這是一種與第四共和驚人相似的局面，而且其結果也是相似的：一位將軍的統治。但是，督政政府對軍隊的依賴，主要不是爲了鎮壓周期性爆發的政變和陰謀（一七九五年的種種陰謀，一七九六年的巴貝夫密謀，一七九七年的果月政變，一七九八年的花月政變，一七九九年的牧月政變）。由於制度脆弱且不得人心，無爲而治是保障政權的唯一辦法，但主動性和擴張是中產階級所需要的。軍隊解決了這個顯然難以解決的問題。它克敵制勝，不但養活了自己，且其所掠奪的戰利品和征服地也養活了政府。在這種情況之下，當最後那位明智而又能幹的軍事領袖拿破崙，認定軍隊可與脆弱的平民制度分道揚鑣，也就沒什麼好奇怪的了。

這支革命軍隊是雅各賓共和最可怕的產兒。從革命公民的「全民皆兵」開始，它很快就變成了一支由職業軍人組成的軍隊，因爲在一七九三到一七九八年間，從未徵過兵，而那些沒有興趣和才能當兵的人，大多都當了逃兵。所以，這支軍隊既保留了革命的特徵，也具有既得利益者的優勢：典型的拿破崙主義混合物。革命賦予軍隊前所未有的軍事優勢，而拿破崙卓越的統率才能則將其發揮得淋漓盡致。革命軍隊總是保持某種臨時徵兵的性質，其中幾乎沒有訓練過的新兵是從過去的苦差事中獲得練習和士氣，正規的軍營紀律是無關緊要的，士兵受到人道的待遇，而絕對論功（意即戰場上的傑出表現)晉升的原則，則產生了純粹憑藉勇氣的軍隊制度。凡此種種，再加上驕傲的革命使命感，使法國軍隊不依賴那些比較正統軍隊所依賴的那些資源。它從未獲得過有效的補給體系，因爲它駐紮在國外。它從未得到軍火工業的有力支持，因爲後者的力量薄弱，難以滿足其表面上的需要；但由於它很快就打了勝仗，以致所需的軍火比理論上少得多。一八〇六年，普魯士軍隊的強大戰爭機器，在一支整個軍團僅發射一千四百發砲彈的軍隊面前，土崩瓦解。將軍們可以依靠無限的進攻勇氣和相當大程度的因地置宜。如眾所公認，這支軍隊也有其原生性的弱點。除拿破崙和其他少數幾個人，其統帥部和參謀工作的效率甚差，那些革命的將領或拿破崙的元帥，其實更像是粗暴的士官長或尉官之類，他們之所以晉升，靠的是勇敢和將道，而非頭腦，那個英勇卻很愚蠢的賴伊(Ney)元帥，就是再典型不過的例子。拿破崙常打勝仗，而他的元帥單獨作戰時則常打敗仗。其粗略的後勤補給系統，在已高度發展且可進行掠奪的富庶國家(比利時、北義大利、日耳曼)是足夠的，但如我們在下面將會看到的那樣，在荒涼的波蘭和俄國大地，它就土崩瓦解了。完全缺乏的醫療衛生服務，擴大了軍隊的傷亡：一八〇〇到一五年間，拿破崙損失其軍隊的百分之四十(雖然其中約有三分之一是開小差)，但這些損失中有百分之九十至九十八不是死於戰鬥，而是死於受傷、疾病、筋疲力竭和寒冷。簡言之，這是一支能在短時間的突發性猛攻中征服整個歐洲的軍隊，它之所以能取得成功，不僅是因爲它有能力征服，而且是因爲它不得不這樣做。

另一方面，就像資產階級革命向有才能者開放的其他許多職業一樣，軍人也是一種職業；而那些在軍隊中取得成功的人，則像其他任何資產階級分子一樣，能在內政的穩定中享有既得利益。正因爲如此，才使得這支帶有雅各賓主義的軍隊成了後熱月政府的支柱，並使其領袖拿破崙成爲結束資產階級革命和開啓資產階級制度的合適人物。拿破崙，按他家鄉科西嘉島的蠻荒標準，雖也算出身名門，但他本人也是這類典型的追名逐利之徒。他出生於一七六九年，在皇家砲兵中緩慢升遷，砲兵是皇家軍隊少數幾個須具備技能的兵種之一。他是一個野心勃勃，心懷不滿的革命者。在革命期間，特別是在他強烈支持的雅各賓專政期間，在一次艱苦的戰鬥中，他贏得一位地方長官的賞識，認爲他是一個頗具天賦和前途的軍人。共和二年使拿破崙成爲將軍。羅伯斯比垮台時，他倖免於難，在巴黎靠著廣結有用關係的天賦幫助他度過了這一難關。他抓住一七九六年義大利戰役的機會，使他成爲共和國沒有異議的首席軍事家，他實際上不受文官政府管轄，獨自採取行動。當一七九九年的外國入侵暴露出督政政府的軟弱無能，且離不開拿破崙的事實後，有一半的權力是別人加諸的，另一半則是他自己攫取的。拿破崙變成了第一執政，接著是終身執政，最後是皇帝。而隨著他的到來，執政政府無法解決的問題奇蹟般地迎刃而解。在幾年之中，法國制訂了一部民法法典，和教會達成了協議，甚至還建立了國家銀行這一最令人注目的資產階級穩定象徵。而世界上則有了第一個俗世神話。

老一輩的讀者或那些舊式國家的讀者便會知道，拿破崙神話是如何地流傳於整個世紀，那時沒有任何中產階級的房間裏沒有他的半身塑像，而寫小册子的才子們則辯論說，即使是爲了說笑，他也不是人，而是太陽神。這個神話的超常力量不能用拿破崙的勝利，或是拿破崙的宣傳，甚至也不能用拿破崙無可懷疑的天才，來做恰當的解釋。作爲一個人，他無疑是異常能幹、多才多藝、聰明過人，並富有想像力，雖然權力把他造就成一個很危險的人物。作爲將領，他是無與倫比的。作爲統治者，他是一個極有效率的計畫者、首領和執行者，足以使周圍的知識分子理解並監督其下屬的所做所爲。作爲單獨的個人，他似乎向四周擴散了一種偉大的意識。但大多數體驗到這點的人，如歌德(Goethe)，都是在神話已將他拱升至聲譽頂峯的時候。毫無疑問，他是一個非常偉大的人，而(也許列寧是個例外)他的畫像，是大多數受過一點教育的人，即使在今天，都很容易在歷史的畫廊中辨認出來的，即使從很小的三角商標上，也能認出他那梳至額頭的髮型和手插進半敞開背心的形象。把他拿來與二十世紀的候選人比看誰更偉大，是沒有什麼意義的。

拿破崙的神話與其說是建立在拿破崙的功績之上，毋寧說是建立在他那堪稱獨一無二的生涯事實上。這個偉人知道，過去那些撼動世界的人，都是像亞歷山大那樣的國王或像凱撒那樣的顯貴，但拿破崙只是一個「小小的下士」，他完全是靠個人的天才，崛起並統治歐洲大陸(嚴格地說，這不完全正確，但他的竄升眞是疾如流星，並升得很高，足以使上述描述合情合理)。每一個像年輕的拿破崙那般貪婪地閱讀書籍的年輕知識分子，都寫些差勁的詩詞小說，崇拜盧梭。他們從此可以把天空看成是他的限界，他的姓名環繞成榮譽的桂冠。從此，每一個商人的雄心都有個共同的名字：成爲一名「金融拿破崙」或「工業拿破崙」(陳腔濫調本身如此說)。那時有一獨特現象，即當看到一個普通人變得比那些生來就當戴王冠的人更偉大時，其他的普通人似乎都會受到激勵。在雙元革命向雄心勃勃之人敞開世界大門的時刻，拿破崙使他的名字等同於雄心壯志。不止如此。他還是十八世紀的文明人、理性主義者、好奇、開明，但他身上也有足夠的盧梭信徒氣質，因此也是十九世紀富於浪漫色彩的人物。他是從事革命和帶來穩定的人。一言以蔽之，他是每一個與傳統決裂的人夢想成爲的人物。

更簡單地說，對法國人民而言，他也是其悠久歷史上最成功的統治者。在國外，他贏得了輝煌的勝利；但在國內他也創建了或重建了法國的體制機構，它們一直留存至今。大家公認，他的大部分思想，也許是所有的思想，都是法國大革命和督政政府預先提出來的；他的貢獻在於使它們變得更保守，更具等級性，更具權威主義。他將前輩預見到的，付諸實行。明白易懂，成爲整個非盎格魯資產階級世界典範的法國法典，是拿破崙制訂的；從省長以下，法院、大學和中小學的官階是他制訂的；法國公共生活、軍隊、文官、教育和法律的眾多「職業」至今還帶有其拿破崙的外形。除那二十五萬名未能從他進行的戰爭中生還的法國人外，他給所有人，甚至爲他贏得榮譽的陣亡將士的親屬們，帶來了穩定和繁榮。無疑，英國人認爲他們是在爲自由、爲反對暴政而戰，但在一八一五年際，也許多數英國人都比一八〇〇年時更貧窮，處境更惡劣；但大多數法國人的處境幾乎都有肯定的改善。但毫無例外，當時仍微不足道的工資勞動者失去了革命的主要經濟利益。拿破崙主義作爲非政治化的法國人，特別是較富裕農民的思想觀念，在他垮台後，仍長久存在，是一點也不奇怪的。一八五一至七〇年間，拿破崙主義才被地位不及他的拿破崙三世所驅散。

拿破崙只破壞了一樣東西：雅各賓革命，那是一種對平等、自由、博愛的夢想，以及人民起義推翻壓迫的夢想。這是比他的神話更強有力的神話，因爲在他垮台之後，是這種夢想，而不是對拿破崙的記憶，激勵了十九世紀的革命，甚至在他自己的國家也是如此。

註釋

❶ R. R. Palmer, *The Age of Democratic Revolution* (1959); J. Godechot, *La Grande Nation* (1956), Vol. I, Chapter 1.

❷ B. Lewis, "The Impact of the French Revolution on Turkey", *Journal of World History*, I (1953-4), p. 105.

❸ H. Sée, *Esquisse d'une Histoire du Régime Agraire* (1931), pp. 16-17.

❹ A. Soboul, *Les Campagnes Montpelliéraines à la fin de l'Ancien Régime* (1958).

❺ A. Goodwin, *The French Revolution* (1959 ed.), p.70.

❻ C. Bloch, "L'émigration francaise au XIX siècle", *Etudes d'Histoire Moderne & Contemp*, I (1947), p.137; D. Greer, *The Incidence of the Emigration during the French Revolution* (1951).

❼ D. Greer, *The Incidence of the Terror* (Harvard 1935).

❽ *Oeuvres Complètes de Saint-Just*, Vol. II, p. 147 (ed. C. Vellay, Paris 1908).

①革命曆(Revolution Calendar)爲法國大革命期間頒行的新曆法。一七九三年十一月二十四日由國民會議批准，以一七九二年九月二十二日第一共和成立當天作爲共和元年，一年十二個月，每月三十天，分三旬，一旬十天，每旬最後一天爲休假日。革命曆的月份係根據農業及節氣命名，依序爲葡月(Vendémiaire)、霧月(Brumaire)、霜月(Frimaire)、雪月(Nivôse)、雨月(Pluviôse)、風月(Ventose)、芽月(Germinal)、花月(Floréal)、牧月(Prairial)、穡月(Messidor)、熱月(Thermidor)、果月(Fructidor)。

第四章
戰爭

在革新的時代裏，一切不是新的東西都是有害的。君主制度的軍事藝術不再適合我們，因爲我們的成員和敵人都已經不同了。各民族的權力和征服，他們的政治和戰爭輝煌，總是依賴於單一的原則，單一強大的制度……。我們已具有自己的民族性格。我們的軍事制度應和敵人不同。那麼很好，如果法蘭西民族因我們的熱情和技能而令人害怕，如果我們的敵人笨拙、冷漠而又慢條斯理的話，那麼，我們的軍事制度必定是奮勇向前的。

——桑茹斯，共和二年一月十九日(一七九三年十月十日)以救國委員會名義向國民公會提出的報告

說戰爭是天命注定是不對的；說大地渴望流血也是錯的。上帝自己咀咒戰爭，發動戰爭並使戰爭顯得祕密恐怖之人也是這樣。

——維尼(Alfred de Vigny)《軍事奴役與尊嚴》

1

從一七九二年到一八一五年，歐洲的戰事幾乎連緜不斷，且與歐陸以外的戰爭相結合，或同時發生：先是發生在十八世紀末和十九世紀初的西印度群島、地中海東岸和印度，接著是偶然於境外爆發的海戰，然後是一八一二到一四年的英美戰爭。在這些戰爭中，勝利和失敗的後果都很重大，因爲它們改變了世界地圖。所以，我們應當首先研究這些戰爭，戰爭的實際過程及由此而來的軍事動員和戰役；但我們也必須注意不那麼具體實在的問題，即戰時政治經濟措施的面貌如何？

兩種極不相同的交戰者在這二十餘年相互對峙，他們的實力和制度都極不相同。作爲一個國家，法國爲了自身的利益願望而與其他國家對抗(或結盟)，但另一方面，作爲革命的化身，法國又呼籲世界各國人民推翻暴政、爭取自由，於是保守和反動的勢力都一致反對它。無疑，經過革命最初的天啓年代之後，對抗兩邊的差異性逐漸減少了。到拿破崙統治末期，帝國主義征服和剝削的因素已壓倒了解放的因素。每當法國軍隊打敗、占領或兼併了一些國家，國際戰爭與國際內戰(在每一個國家之內則是國內內戰)的混淆情況便可減少一些。反之，反革命強權則順應了法國許多革命成就的不可逆轉性，因此願意談判(帶有一些保留)和平條件，但這種談判是像正常行使職能的強國之間的談判，而不像光明與黑暗之間的談判。反革命強權甚至在拿破崙失敗的最初幾週內，就準備重新吸納法國爲同盟、對抗聯盟、恫嚇、威脅和戰爭等傳統遊戲的平等夥伴，在這些遊戲中，外交活動調節著主要國家之間的關係。雖然如此，但戰爭作爲國家之間和社會制度之間衝突的雙重性質依然存在。一般來說，交戰雙方的陣營是很不平等的。除法國本身以外，只有一個重要國家因其革命的起源和對「人權宣言」的讚賞，使其在思想上傾向法國一邊，那就是美國。事實上，美國的確倒向法國那邊，並且至少有一次(一八一二—一四)進行了戰爭，即或未與法國人結盟，美國至少也是反對彼此共同的敵人——英國。但是，美國在大部分時間都保持了中立，而她與英國的摩擦也不需要意識形態上的解釋。至於其他的盟友，法國意識形態方面的盟友，是其他國家的政黨和輿論流派，而不是國家權力本身。

從非常廣泛的意義上來說，實際上每一個受過教育、有才能、具開明思想的人都同情法國大革命，至少在雅各賓專政以前是如此，且通常持續得更久(直到拿破崙稱帝以後，貝多芬才將獻給他的《英雄交響曲》收回)。最初支持大革命的歐洲天才異士者名單，只有一九三〇年代對西班牙共和國類似的、幾乎是普遍的同情可以與之媲美。在英國，有詩人華滋華斯(Wordsworth)、布萊克(Blake)、柯立芝(Coleridge)、彭斯(Robert Burns)、騷塞(Southey)，有化學家普里斯特利，和幾個伯明罕新月學會的傑出科學家(瓦特的兒子親身前往法國，令他父親大爲驚異)，有像冶鐵業者威爾金森(Wilkinson)和工程師特爾福德那樣的工藝學家和工業家，以及一般惠格黨(Whig)和非國教知識分子。在日耳曼，有哲學家康德、赫德(Herder)、費希特(Fichte)、謝林(Schelling)和黑格爾(Hegel)，詩人席勒(Schiller)、荷爾德林(Hölderlin)、維蘭德(Wieland)和年老的克羅卜斯托克(Klopstock)，及音樂家貝多芬。在瑞士有教育家裴斯泰洛齊(Pestalozzi)、心理學家拉瓦特

(Lavater)和畫家富斯利(Füssli, Fuseli)。在義大利，實際上所有反教會的輿論界人士都支持法國大革命。可是，儘管大革命因得到這些知識界人士的支持而陶醉，並授予傑出的外國同情者和那些據信是支持其原則的人法國榮譽公民的稱號，以表示敬意，但無論是貝多芬還是彭斯，他們在政治上和軍事上都沒有太大的重要性。(獲此榮譽稱號的有：英國的普里斯特利、邊沁、威爾伯福斯〔Wilberforce〕、克拉克森〔Clarkson，反奴鼓動家〕、麥金托什〔James Mackintosh〕和威廉斯〔David Williams〕；日耳曼的克羅卜斯托克、席勒、坎姆佩〔Campe〕和克羅茨〔Anarcharsis Cloots〕；瑞士的裴斯泰洛齊；波蘭的柯斯丘什科〔Koszciusko〕；義大利的戈拉尼〔Gorani〕；尼德蘭的德保〔Cornelius de Pauw〕；美國的華盛頓〔Washington〕、漢彌爾頓〔Hamilton〕、麥迪遜〔Madison〕、潘恩和巴羅〔Joel Barlow〕。但這些人並不全是法國大革命的同情者。)

政治上重要的親雅各賓主義或親法國的情緒，主要存在於與法國毗鄰、社會條件類似，或經常有文化接觸的一些地區(低地國家、萊茵地區、瑞士和薩伏衣)，義大利，及原因有些不同的愛爾蘭和波蘭。在英國，「雅各賓主義」如果不是與傳統上英國民族主義普遍的反法傾向相衝突的話，無疑將具有更大的政治影響力，甚至在恐怖時期以後亦將如此。這種民族主義是輕蔑和仇視的混合物：吃牛肉長大的約翰牛對飢餓大陸人(在這一時期流行的漫畫中，所有法國人都像火柴棒般瘦小)的輕蔑，以及對英國世敵的仇視，儘管法國是蘇格蘭的世代盟友(這或許與蘇格蘭的雅各賓主義，是一支強大得多的民眾力量不無關係)。英國的雅各賓主義最初是一種手工業者和工人階級的現象，至少在第一次普遍熱潮過去以後是如此，這是很獨特的。通訊協會(Corresponding Societies)可以聲稱是勞動階級的第一批政治組織。但它是在潘恩的《人權》(*Rights of Man*)一書中找到特殊力量的代言人，並得到惠格利益集團的一些政治支持。惠格利益集團本身因其財富和社會地位而免遭迫害，並準備捍衛英國公民的自由傳統，以及與法國議和所得的好處。然而，英國雅各賓主義的實際弱點在下述事實上表現出來，即在戰爭的關鍵階段(一七九七年)，於斯匹海德(Spithead)發生兵變的那支艦隊自己吵嚷說，只要他們的經濟要求得到滿足，他們便將出航迎擊法國人。

在伊比利半島、在哈布斯堡王朝治下、日耳曼的東部和中部、斯堪的納維亞、巴爾幹半島和俄國，親雅各賓主義的力量都是微不足道的。它吸引了一些熱情的年輕人，一些自稱先知先覺的知識分子和少數人，如匈牙利的馬丁諾維齊(Ignatius Martinovics)和希臘的里加斯(Rhigas)，他們在自己國家爭取民族和社會解放的歷史中，扮演了光榮的先驅者角色。但他們的觀點在中產和上層階級中缺乏廣泛的支持，更不用說孤立於愚昧頑固的農民之外，這樣的情形使雅各賓主義很容易受到鎮壓，甚至在他們冒險密謀的階段就被鎮壓了，如奧地利。強大而富有戰鬥性的西班牙自由傳統，整整花了一代人的時間，才從人數極少的學生密謀圈，或一七九二至九五年的雅各賓密探中，冒出頭來。

法國之外的雅各賓主義多半在意識形態上直接訴求於受過教育的人和中產階級，因此，其政治力量便依賴於他們運用的效力或意志。於是在波蘭，法國大革命造成了深刻的印象。在很長的一段時間裏，波蘭人都希望從法國那裏尋求支持，以對抗普魯士人、俄國人和奧地利人的貪婪。普、俄、奧已經割據了該國的廣大地區，並且不久便將進行徹底的瓜分。法國也提供了一切深謀遠慮的波蘭人同意的那種深刻內部改革的典範，只有這樣的改革才能使他們的國家有能力抵禦其屠殺者。無怪乎一七九一年的改革憲法，如此自覺而深刻地受到法國大革命的影響；這也是第一部顯示了法國大革命影響的現代憲法（由於波蘭實際上是貴族和鄉紳的共和國，其憲法只有在最表面的意義上才是「雅各賓」式的：貴族的統治不是被廢除，而是被加強了）。然而在波蘭，從事改革的貴族和鄉紳可以自由行事。在匈牙利，那裏特有的維也納和地方自治派之間的衝突，爲鄉村士紳們提供了類似的刺激，使他們對反抗理論發生興趣（哥美爾州〔Gömör〕要求廢除違背盧梭社會契約的檢查制度），但他們卻沒有行動自由。因此，這裏的「雅各賓主義」要微弱得多，也沒有效力得多。其次，在愛爾蘭，民族問題和農民不滿賦予「雅各賓主義」的政治力量，遠遠超過對「愛爾蘭人聯合會」(United Irishmen)的實際支持，該會領袖秉持的是自由思考的共濟會意識形態。在那個幾乎全都信仰天主教的國家，教堂舉行禮拜，爲不信上帝的法國人祈求勝利。更有甚者，愛爾蘭人隨時準備歡迎法國軍隊入侵，這不是因爲他們同情羅伯斯比，而是因爲他們憎恨英國人，並想尋求反英盟友。另一方面，在西班牙，天主教和貧困問題同樣突出，雅各賓主義未能在這裏站住腳，則是由於相反的原因：唯一壓迫西班牙的，不是別人，正是法國。

不管是波蘭還是愛爾蘭，都不是親雅各賓主義的典型例子，因爲革命的實際綱領在那裏沒有多大的感染力。它在和法國有著類似社會和政治問題的國家中，作用較大。這些國家分爲兩類：一類是本國的「雅各賓主義」有相當大的希望取得政治權力；而另一類是，只有法國的征服才能推動它們前進。低地國家，瑞士的部分地區，也許還有一、兩個義大利鄰國屬於第一類；日耳曼西部和義大利的大多數地區屬於第二類。比利時（奧屬尼德蘭）已置身一七八九年的起義之中：人們常常忘記，德穆蘭(Camille Desmoulins)把他的雜誌稱爲「法國和布拉班特的革命」(Les Révolutions de France et de Brabant)。革命者中的親法國分子(民主的凡濟茨派〔Vonckist〕)，其勢力無疑要比保守的國家經濟統制論者弱一些，但仍有足夠的力量提供眞誠的革命支持，協助法國征服這個他們所愛的國家。在聯合省(United Province)，尋求與法國結盟的「愛國者」已強大到考慮發動革命的程度，雖然若無外部援助，能否取得成功仍屬可疑。這群愛國者代表較低層的中產階級和其他人士，反對由大商人所壟斷的寡頭政治。在瑞士，一些新教州的左翼分子勢力一直很強，而法國的引力也始終很大。在這裏，法國的征服也只是加強，而不是建立地方革命勢力。

在日耳曼西部和義大利，情況有所不同。法國入侵受到日耳曼雅各賓分子的歡迎，特別是在梅因斯(Mainz)和西南部，但誰也不會說，他們已強大到足以憑自己的力量給政府製造大量事端。(法國甚至在建立衛星國，如萊茵地區共和國時，遭到失敗。)在義大利，啓蒙思想和共濟會綱領的優勢，使革命在知識階層中大得人心，但地方上的雅各賓主義可能只有在那不勒斯王國勢力比較強大，在那裏，它實際上贏得了所有開明(即反教會的)中產階級和部分鄉紳的注意，並且還更進一步地組成祕密團體和會議，這些組織在南義大利的環境下蓬勃發展。但即使在這裏，雅各賓分子在與社會革命群眾建立接觸上，也遭到徹底的失敗。當法軍向前推進的消息傳來時，一個那不勒斯共和國便輕而易舉地宣告成立，但也同樣輕而易舉地被舉著教皇和國王旗幟的右翼社會革命推翻了，因爲農民和那不勒斯的遊民(lazzaroni)，不無道理的把雅各賓分子形容爲「有四輪大馬車的人」。

因此，廣義的說，外國親雅各賓主義的軍事價値，主要是作爲法國征服的輔助力量，並在被征服地區提供政治可靠的行政官員。而事實上，那些有地方雅各賓派力量的地區都趨於變成衛星共和國，爾後如果方便的話，就歸併到法國。比利時是一七九五年被兼併的；同年，尼德蘭變成了巴達維亞共和國（Batavian Republic），最終並成了拿破崙家族王國的一分子。萊茵河左岸被兼併了，而且在拿破崙統治下，建立衛星國（像位於現今魯爾地區的伯格大公國〔Grand Duchy of Berg〕，和西發里亞〔Westphilia〕王國）和直接吞併的行動，進一步擴大到橫跨日耳曼西北部的地區。瑞士於一七九八年成了海爾維第共和國（Helvetic Republic），最終被兼併。在義大利，一連串的共和國陸續被建立——南阿爾卑斯（Cisalpine，一七九七）、利久里亞（一七九七）、羅馬（一七九八）、帕特諾普（Partenopean，一七九八），它們最後部分成了法國領土，但多半成爲衛星國（義大利王國、那不勒斯王國）。

國外的雅各賓主義有一些軍事重要性，而法國境內的外籍雅各賓黨人，則在制訂共和國的戰略中發揮重要作用，特別是薩利切蒂（Saliceti）集團。附帶說一句，該集團對義大利人拿破崙在法國軍隊中的崛起，及日後他在義大利的命運起了不少作用。但很少人會說，這個集團或其成員是具有決定性的。外國的親法運動只有在被有效地加以利用時，才能發揮決定性作用，如愛爾蘭運動。愛爾蘭革命與法國入侵的結合，特別是一七九七至九八年，英國暫時成爲對法戰場上唯一剩下的交戰國時，或許可以迫使英國議和。但是，穿越海峽入侵的技術問題是那樣困難，以致法國爲入侵行動的種種努力搖擺不定，而且計畫不周，因此，一七九八年的愛爾蘭起義雖然得到廣大群眾的支持，但組織不善，很快就被鎭壓下去。因此，花時間去推測法愛聯合作戰的理論可能性，是在白費心機。

如果說法國人得到國外革命力量的支持，那麼反法力量也享有同樣的支持。我們無法否認爲抵抗法國征服的群眾性自發運動的社會革命成分，即使農民在發動抵抗運動時，用得是好鬥的教會和國王的保守語句。有意思的是，在我們這個世紀大多與革命戰爭完全聯繫在一起的軍事戰術，在一七九二到一八一五年之間，幾乎被反法一方所獨用。在法國本土，旺代(Vendée)和布列塔尼(Brittany)的朱安黨人(chouans)，從一七九三年起展開保王黨的游擊戰，斷斷續續持續到一八〇二年。在國外，南義大利的匪黨於一七九八至九九年間，首開了反法的群眾性游擊活動。一八〇九年在共和黨人霍費爾(Andreas Hofer)領導下的提羅爾人(Tyrolese)，一八〇八年起更重要的西班牙人，以及在一定程度上還有一八一二至一三年的俄國人，都展開了抗法游擊戰，並取得相當成功。奇怪的是，這種革命戰術對反法勢力的軍事重要性，幾乎肯定要比外國雅各賓主義對法國的軍事重要性大。在法國本土疆域之外，沒有任何地區在法國軍隊失敗或撤退以後，還能夠使親雅各賓的政府維持下去；但是，提羅爾、西班牙，在一定程度上還有南義大利，在它們的正規軍和統治者被打敗之後，卻給法國帶來了比以前更爲嚴重的軍事問題。其原因很明顯：這是農民運動。但凡反法民族主義不依靠當地農民的地方，其軍事意義都微不足道。緬懷過去的愛國主義，開創了一八一三至一四年的日耳曼「解放戰爭」，但我們可以確切地說，若至今還假定這場戰爭是建立在抗法的群眾基礎之上，則只是一種善意的想像❶。在西班牙，當其軍隊被打敗時，人民阻擋住了法國人；在日耳曼，正規軍隊是用完全正規的方式打敗他們。

故而，一般而言，若說這是一場由法國及其邊界地區單獨對抗其餘國家的戰爭，實不爲過。在其與舊式強權的關係方面，其力量組合要複雜些。這裏的基本衝突是法國和英國之間的衝突，這種衝突在那個世紀的大部分時間裏，主宰了歐洲的國際關係。從英國的觀點看來，這幾乎完全是經濟衝突。他們想消滅主要競爭對手，以實現完全主宰歐洲貿易、全面控制殖民地市場和海外市場（這也意味著要控制公海）的夢想。事實上，戰爭的結果差不多就是這樣。在歐洲，這樣的目標意味著英國不具任何領土野心，除了控制在航海上具有重要性的某些據點以外，或者確保這些據點不落入那些強大到足以構成危險的國家手中。至於其他方面，英國對任何具均勢性的歐陸政策，均表歡迎。在海外，這樣的目標代表著大肆破壞其他國家的殖民帝國，使其盡納入英國治下。

這種政策本身原足以爲法國提供一些潛在盟友，因爲所有從事航海、商業和殖民的國家都會以疑慮、敵視的態度來看待英國的政策。事實上，它們的正常態度就是中立，因爲在戰時自由經商的好處是很大的，但英國傾向於把中立國的船運（完全現實地）看作在幫助法國人而不是他們，因而時常有衝突爆發，直至一八〇六年後，法國的封鎖政策才把它們推到對方陣營。由於大多數航海大國都力量薄弱，或者深居歐洲，所以，沒有給英國造成多大麻煩；但一八一二至一四年的英美戰爭，卻是這樣一種衝突的結果。

從另一方面看，法國對英國的敵視態度就要複雜一點，但其中，像英國人一樣，要求全面勝利的因素因革命而大爲加強，這次革命使法國資產階級取得了政權，而資產階級的胃口在某種程度上也和英國人的胃口一樣，是沒有止境的。要想對英國取得起碼勝利，便需破壞英國的商業（他們正確地認爲，英國仰賴於商業），而要預防英國恢復勢力的措施，便是一勞永逸地摧毀它的商業（英—法衝突和羅馬—迦太基衝突的類比，大量存在於法國人的思想中，他們的政治意象主要是古典的）。在野心大一些時，法國資產階級會指望靠著自身的政治和軍事資源抵銷掉英國明顯的經濟優勢，例如爲自己建立一個廣大而受控制的市場，把競爭對手排除在外。與其他衝突不同，這兩種考慮都會使英法衝突變得持久而又難以解決。任何一方實際上除獲得全面勝利外，都不準備解決問題（這種情況在今天雖然很常見，但在當時卻是罕有的事）。兩次戰爭之間的短暫和平（一八〇二—〇三），便因雙方都不願意維持下去而告終結。這種衝突的難以解決，因雙方在純軍事領域中的對峙局勢，而變得更明顯：從一七九〇年代末期，情況就很清楚，英國人無法在大陸上有效贏得戰爭，而法國人也不能成功突破海峽。

另一些反法強國，則忙於不那麼殘酷的爭鬥。它們都希望推翻法國大革命，雖然都不想以它們自己的政治野心爲代價，但到了一七九二至九五年後，這樣的願望顯然已難以實現。奧地利是最堅定的反法大國，因爲法國直接威脅到它的屬地，它在義大利的勢力範圍，和對日耳曼的主宰地位。因而奧地利加強了與波旁王朝的聯繫，並參加每一次重要的反法同盟。俄國參加反法戰爭則時斷時續，它僅在一七九五至一八〇〇、一八〇五至〇七和一八一二年參戰。普魯士的態度則有點游移，它一方面同情反革命勢力，一方面又不信任奧地利，而它想要染指的波蘭和日耳曼，卻需要法國的主動支持。於是，它只是偶爾參戰，並且是以半獨立的方式：如在一七九二至九五年，一八〇六至〇七年（當時它被粉碎），和一八一三年。其餘時不時參加反法聯盟的國家也表現了類似的政策搖擺。它們反對法國大革命，但是，政治歸政治，它們還另有重要的事情要做，而在它們的國家利益中，並沒有什麼東西非要它們堅定不移地敵視法國，特別是一個決心定期重劃歐洲領土的常勝法國。

歐洲國家這種長期存在的外交野心和利益，也為法國提供了許多潛在盟友：因為在相互競爭和處於緊張關係的每一個永久性國家體系中，與甲方的不和，就意謂著對反甲那方的同情。這些潛在盟友中最可靠的是地位較低的日耳曼王公們，他們有的是長期以來便將自身的利益建築在（與法國結盟）削弱皇帝（即奧地利）對各諸侯國的權力上，有的則是飽受普魯士勢力增長之苦。日耳曼西南部諸國，如構成拿破崙萊茵邦聯（Confederation of the Rhine, 1806）核心的巴登（Baden）、符騰堡（Würtemberg）、巴伐利亞，和普魯士的老對手及受害者薩克森，是這類國家的代表。實際上薩克森是拿破崙最後一個最忠實的盟友，其原因部分可用經濟利益來說明，因為薩克森是一個高度發展的製造業中心，可以從拿破崙的「大陸組織」（Continental System）中獲得好處。

即使把反法一方的分裂和法國人可資利用的盟友潛力考慮在內，根據統計數字判斷，反法聯盟還是要比法國強大得多，至少開始階段是如此。然而，戰爭的軍事記載卻是法國一連串令人震驚的勝利。在外國軍隊和國內反革命的最初聯合被打退之後（一七九三—九四），在戰爭結束前只有一個短暫時期，法國軍隊的防禦是處於危急狀態：即一七九九年，第二次反法聯盟動員了蘇沃洛夫（Suvorov）統率的俄國軍隊，這支強大而可怕的隊伍首次出現在西歐戰場上。就一切實際成果而言，一七九四到一八一二年間的戰役和地面戰鬥一覽表，實際上便是法國不斷取得勝利的記載。而其原因就在於法國的革命本身。如前所述，法國大革命在國外的政治擴散並非決定性的。我們最多只能說，它防止了反動國家的居民起而抵抗為他們帶來自由的法國人，但事實上，十八世紀正統國家的戰略戰術，並不指望也不歡迎平民參戰：腓特烈大帝(Frederick the Great)便曾斬釘截鐵地告訴那些支持他對抗俄國的柏林人，要他們遠離戰爭去做自己的事。但是大革命改變了法國人的作戰方式，並使其比舊制度的軍隊優越許多。從技術上來說，舊制度的軍隊有較好的訓練，較嚴密的軍紀，在這些素質能產生決定性作用的地方，如海戰，法國軍隊便處於明顯弱勢。他們是出色的私掠船和打了就跑的武裝快船船員，但這不足以彌補訓練有素的海員，尤其是稱職海軍軍官的缺乏。這部分人被革命殺死了一大批，因爲他們大多是保王派的諾曼第和布列塔尼鄉紳，而具有這種素質的人又無法很快拼湊起來。在英法之間的六次大海戰和八次小海戰中，法國的人員損失大概是英國的十倍❷。但在臨時編隊、機動性、靈活性、特別是十足的進攻勇氣、士氣，和計算等方面，法國人是沒有對手的。這些優勢靠得並不是任何人的軍事天才，因爲在拿破崙接管軍權前，法國人的軍事紀錄已相當令人注目，雖然法國將帥的平均素質並不突出。但這些長處多少得利於國內外核心官兵的活力恢復，而這正是任何革命的主要成效之一。一八〇六年，在普魯士強大陸軍的一百四十二名將軍中，有七十九人超過六十歲，而所有的團指揮官中，這種年齡的軍官也占了四分之一❸。但同年，拿破崙(二十四歲時任將軍)、繆拉(Murat，二十六歲時指揮一個旅)、賴伊(二十七歲時也指揮一個旅)和達弗(Davout)，卻只有二十六到三十七歲不等。

2

由於勝利一面倒向法國，因而在此無須詳細討論陸上戰爭的軍事行動。一七九三至九四年，法國人保住了大革命。一七九四至九五年，他們占領了低地國、萊茵地區、部分西班牙、瑞士、薩伏衣（和利久里亞）。一七九六年，拿破崙著名的義大利戰役使法國人贏得整個義大利，並破壞了第一次反法同盟。拿破崙對馬爾它、埃及和敍利亞的遠征（一七九七—九九），被英國的海軍力量割斷了他與其基地的聯繫，而他不在法國的這段期間，第二次反法同盟把法國人趕出了義大利，並使他們退回日耳曼。盟軍在瑞士（蘇黎士戰役，一七九九年）的大敗，使法國得以免遭入侵，而在拿破崙回國和奪取政權不久，法國人又再度處於攻勢。至一八〇一年，他們把和平強加諸其他歐陸盟國，到一八〇二年，甚至強迫英國人接受和平。此後，在一七九四至九八年被征服或被控制的地區中，法國的主宰地位一直是不成問題的。一八〇五至〇七年，一輪重新發動的抗法企圖，更把法國的影響推進到俄國邊境。一八〇五年，奧地利在摩拉維亞（Moravia）的奧斯特里茲（Austerlitz）會戰中被打敗，並被迫議和。獨自且較晚參戰的普魯士，在一八〇六年的耶納（Jena）和奧斯塔德（Auerstaedt）會戰中遭擊垮和肢解。俄國雖然在奧斯特里茲戰敗，在艾勞（Eylau, 1807）受挫，並在弗里德蘭（Friedland, 1807）再度戰敗，但仍保持軍事強國的完整性。提爾西特和約（Treaty of Tilsit，1807）以無可非議的禮遇對待俄國，儘管該約確立了法國在歐陸上的霸權——除斯堪的納維亞和土屬巴爾幹外。

一八〇九年，奧地利企圖擺脫法國控制，但在阿斯本—埃斯林(Aspern-Essling)和華格南(Wagram)會戰中被打敗。然而，一八〇八年西班牙人起義反對拿破崙兄長約瑟夫成爲他們的國王，從而爲英國人開闢了一個新戰場，經常性的軍事行動在該半島持續進行，但因英國人周期性的失敗和撤退(如一八〇九—一〇年)，而未取得重大效果。

可是在海上，法國人此時已被徹底打敗。特拉法加(Trafalgar, 1805)戰役以後，別說越過海峽入侵英國，就連在海上保持接觸的機會都消失了。除施加經濟壓力外，打敗英國的辦法似已不存在，因而拿破崙試圖透過「大陸組織」有效地實施經濟封鎖。實行封鎖的種種困難，相當大程度地破壞了提爾西特和約的穩定性，並導致與俄國的決裂，這成爲拿破崙命運的轉捩點。俄國遭到入侵，莫斯科被占領。如果沙皇像拿破崙的多數敵人那樣，會在類似的情況下進行議和，那麼這次冒險就大功告成了。但沙皇沒有這樣做，因而拿破崙面臨的問題是，要進行一場勝利無望、休止無期的戰爭，或是撤退。兩者都同樣是災難性的。如前所述，法國軍隊的致勝辦法是在足夠富庶和人口衆多，可靠該國生存的地區進行速決戰。但是，在最先產生這種戰法的倫巴底或萊茵地區行之有效，在中歐仍然行得通的策略，到了波蘭和俄國的廣大不毛之地，卻徹底失敗了。與其說是俄國的嚴冬使拿破崙招致失敗，毋寧說是他無法使他龐大的軍隊保持足夠給養所致。莫斯科撤退摧毀了這支軍隊。曾幾何時，首次穿越俄國國境、人數曾高達六十一萬的大軍隊，當再度越過國境時，卻只剩下幾萬之衆。

在這種情況下，最後一次反法同盟不僅包括法國的宿敵和受害國，更聯合了那些急於站到此刻明顯將取得勝利那方的國家，只有薩克森國王過遲地離開其原先追隨的人。一支新的、大多未經訓練的法國軍隊，在萊比錫(Leipzig, 1813)慘遭大敗，儘管拿破崙進行了令人眼花撩亂的調動，盟國軍隊還是無情地向法國本土推進，而英國人則從伊比利半島攻入法國。巴黎被占領，而皇帝則於一八一四年四月六日退位。他企圖於一八一五年恢復其政權，但以滑鐵盧會戰(Waterloo, 1815)告終。

3

在戰爭進行的這幾十年裏，歐洲的政治疆界被重新劃過幾次。在此只需考慮那些因這樣或那樣的原因，而使其持續時間超過拿破崙失敗的變動。

這些變動中最重要的是歐洲政治地圖的普遍合理化，特別是日耳曼和義大利。在政治地理方面，法國大革命宣告了歐洲中世紀的結束。經過幾個世紀的演變，典型的現代國家是受單一最高權力當局根據單一的基本行政和法律體系所治理，領土是連成一體並有明確邊界的完整區域(法國大革命以來，也設定國家應代表一個單一「民族」或語言集團，但在這個階段，有主權的領土國家尚不包含這層意思)。儘管典型的歐洲封建國家有時看起來也像是這樣，如中世紀的英國，但當時並未設定這些必要條件。它們多半是模仿「莊園」而來。好比「貝德福公爵莊園」既不意味它必須在單一的區段，也不意味它們全體必須直接受其所有者管理，或按同樣的租佃關係持有土地，或在同樣的條件下租佃，也不一定排除轉租，也就是說西歐的封建國家並不排除今天顯得完全不能容忍的複雜情況。

然而到了一七八九年，大多數國家已感受到這些複雜情況是一種累贅。一些外國的領地深處在另一個國家的腹地之中，如在法國的羅馬敎皇城亞威農（Avignon）。一國之內的領土發現自己因歷史上的某些原因也要依附於另一個領主，而後者現在恰好是另一個國家的一部分，因此，用現代詞彙來說，它們處於雙重主權之下。（這類國家在歐洲的唯一倖存者是安道爾〔Andorra〕共和國，它處於西班牙烏蓋爾〔Urgel〕主教和法蘭西共和國總統的雙重主權之下。）以關稅壁壘形式存在的「邊界」，存在於同一國家的各個省分之間。神聖羅馬帝國皇帝有他自己幾個世紀積攢下來的公國，但它們從未充分實行同一制度或實現統一（哈布斯堡家族的首領，直至一八〇四年前，甚至沒有一個單一的稱號可以涵括他對自己全部領土的統治（他只是奧地利公爵、匈牙利國王、波希米亞國王、提羅爾伯爵等等））。此外，他還可對形形色色的領土行使皇帝權力，從獨立存在的大國（如普魯士），到大大小小的公國，到獨立的城市共和國，以及「自由帝國騎士」，後者的領地常常不超過幾英畝，只是恰好沒有位居其上的領主。每個這類公侯國本身，如果足夠大的話，通常也呈現出同樣缺乏的統一領土和劃一管理，它們依據的是家族遺產的逐塊占有、分割和再統一。結合了經濟、行政、意識形態和實力考慮的現代政府概念，在當時尚未被大量採用，於是再小的領土人口，都可組成一個政府單位，只要其實力允許。因此，特別是在日耳曼和義大利，小國和迷你國仍大量存在。

革命及隨之而來的戰爭，大量清除了這類殘餘，這部分是由於對領土統一和簡單劃一的革命熱情，部分是因爲這些小國和弱國，一而再再而三地長期暴露於較大鄰國的貪婪面前。諸如神聖羅馬帝國、大多數城市國家和城市帝國之類的早期國家，都告消失。神聖羅馬帝國亡於一八〇六年，古老的熱內亞和威尼斯共和國亡於一七九七年，而到戰爭末期，日耳曼自由市已減少到四個。其他獨具特色的中世紀倖存者——獨立的教會國家——也經歷了同樣的道路：由主教團統治的侯國科隆、梅因斯、特雷弗(Treves)、薩爾斯堡(Salzburg)等，都告滅亡；只有義大利中部的教皇國殘存到一八七〇年。法國人透過吞併、和平條約和幾次會議，企圖有計畫地重組日耳曼的政治地圖(一七九七—一九八，一八〇三)，並使神聖羅馬帝國的二百三十四塊領土(不算自由帝國騎士及其類似的領地)減少到四十塊；在義大利，變化沒那麼劇烈，這裏世世代代的叢林戰已使其政治結構簡單化了，迷你國家僅存在於義大利北部和中部。既然這類變化大多有益於一些地位穩固的君主國家，拿破崙的失敗只會使他們更長久地持續下去。奧地利不再考慮恢復威尼斯共和國，因為它最初是透過法國大革命而占有其領土的，而它之所以想放棄薩爾斯堡(於一八〇三年獲得)，僅因它尊重天主教會。

在歐洲以外，戰時領土變更當然主要是由於英國大量吞併他國殖民地，以及殖民地解放運動的成果。這類解放運動，或受到法國大革命的激勵(如聖多明各)，或因與宗主國的暫時分離而成為可能(如西、葡屬美洲)。英國的制海權確保了這類變化的不可逆轉性，不管這些變化是對法國或(更多的是)反法國家的利益有損，其結果都是一樣的。

與領土變更同等重要的是，法國征服行動所直接或間接造成的體制性變革。在其權勢的巔峯時期(一八一〇年)，作為領土的一部分，法國直接統治了萊茵河左岸的日耳曼地區、比利時、尼德蘭、東至盧比克(Lübeck)的北日耳曼、薩伏衣、皮德蒙(Piedmont)、利久里亞、亞平寧山脈以西的義大利直到那不勒斯邊境，以及從卡林西亞(Carinthia)到包括達爾馬提亞(Dalmatia)在內的伊利里亞各省。屬於法國家族或衛星王國及公爵領地的地方，包括西班牙、義大利其餘部分、萊茵—西發里亞的其餘部分，和波蘭的大部。上述地區（也許華沙大公國除外），都自動實行了法國大革命和拿破崙帝國的制度，或成為地方行政的明星典範：封建主義被正式廢除，拿破崙法典被採用，如此等等。歷史證明這些變化遠不像邊界變動那樣可以逆轉。於是，拿破崙的民法法典在比利時、萊茵地區（甚至在回歸普魯士以後）和義大利仍然是，或再次成為當地法律的基礎。封建主義一旦被正式廢除，就不曾在任何地方重新建立。

既然對法國明智的對手來說，事實已經很明顯，他們已被新政治制度的優勢所擊敗，或者說至少是因為他們未能實行同等的改革而失敗，戰爭造成的變化不僅是透過法國的征服，而且也在對征服的反應中實現；在有些情況下，如西班牙，則是由於雙重作用。一方是拿破崙的合作者西班牙親法派，另一方是卡地茲(Cadiz)反法集團的自由派領袖，雙方實際上所想望的西班牙，都是沿著法國大革命改革路線實現現代化的西班牙，在這個過程中，如果一方遭到失敗，另一方就會嘗試實現它。透過反動派實現改革的更鮮明例證是普魯士，因為西班牙自由派原本便是改革家，其反法只是出於歷史的偶然。但在普魯士，一種農民解放形式的創立，一支以徵兵組建之軍隊的成立，立法、經濟和教育改革的進行，全都是腓特烈大帝的軍隊和國家，在耶納和奧斯塔德土崩瓦解的影響下所實現的，而其絕對性的目的，就是要扭轉那次敗局。

事實上，我們可以毫不誇張地說，位居俄羅斯、土耳其以西，及斯堪的納維亞以南的歐陸國家，在這二十年的戰爭期間，其國內制度沒有一個完全未受到法國大革命的影響。甚至極端反動的那不勒斯王國，在法定的封建主義被法國廢除以後，實際上也沒有再恢復過。

但是，邊界、法律和行政制度的變化，若與革命戰爭年代的第三種影響，即政治環境的深刻變化比較起來，仍算不了什麼。當法國大革命爆發的時候，歐洲各國政府相對說來仍處之泰然。當時有的僅是制度的突然改變、起義的爆發、王朝被推翻，或國王被暗殺處決。這些事實本身，並未震動十八世紀的統治者們，他們對此已習以爲常，而且他們是從這些事件對其本身的實力均勢和相對地位的影響，來看待其他國家的這些變化。法國舊制度著名的外交大臣維爾讓(Vergennes)寫道：「我從熱內亞驅逐的暴動者是英國的代理人，而美國的暴動者則與我們維持著長期友誼。我對每個國家的政策並不取決於他們的政治制度，而是取決於它們對法國的態度。這才是我的根本考慮。」❹但到了一八一五年，對革命完全不同的態度，壓倒並主宰了各強國的政策。

現在大家認識到，個別國家的革命可以是一種歐洲現象，其信條可以傳出國界，而更壞的是，其遠征大軍可以席捲一整個大陸的政治制度。現在他們知道，社會革命是可能的，現實世界中存在著多少獨立於國家的民族，多少獨立於其統治者的人民，甚至存在多少獨立於統治階級的平民。博納爾(De Bonald)在一七九六年評道：「法國大革命是歷史上的一個獨特事件。」❺這句話是錯的，法國大革命是一個普遍事件，沒有一個國家能倖免於它的影響。法國軍人從安達魯西亞出征，一直打到莫斯科；從波羅的海打到敍利亞，征戰的區域比蒙古人以來的任何一批征服者都大，當然也比之前除北蠻人(Norsemen)以外的任何歐洲軍事力量所征戰的區域爲大，他們比任何可能做到的事情，都更有效地突出了其革命故鄉的普遍性。而他們隨之帶去的，甚或在拿破崙統率下帶去的信條和制度，從西班牙到敍利亞，如各國政府所知道的那樣，也如各國人民自己很快就知道的那樣，是具有普遍影響力的信條。一位希臘愛國盜匪透徹地表達了他們的感受：

「根據我的判斷，」科洛科特羅尼斯（Kolokotrones）說：「法國大革命和拿破崙的所做所爲，打開了世界的眼界。在此之前，這些國家一無所知，而其人民則認爲國王是世間的上帝，他們一定會說，不管國王做什麼都是對的。經過現在這場變化，統治人民將會更困難了。」❻

4

我們已經看到二十餘年的戰爭，對歐洲政治結構造成的影響。但哪些是戰爭的實際過程、軍事動員、戰役，以及隨之採取的政治和經濟措施的後果呢？

矛盾的是，除幾乎肯定比其他國家傷亡更大、間接人口損失更多的法國本身以外，與實際流血關係最少的地方，反而後果影響最大。法國大革命和拿破崙時期的人們，有幸生活在兩大野蠻戰爭期（十七世紀和我們所處的二十世紀）之間，這些戰爭以眞正駭人聽聞的方式蹂躪世界。受一七九二至一八一五年戰爭影響的地區，即使是軍事行動持續時間比別的地方都長、群眾性抵抗和報復使之變得更殘酷的伊比利半島，其所受到的蹂躪也不及十七世紀「三十年戰爭」和「北方戰爭」中的中歐和西歐，不及十八世紀初的瑞典和波蘭，或二十世紀國際戰爭和內戰中的世界大部分地區。一七八九年之前的長期經濟改善，意味著饑荒及隨之而來的瘟疫和惡性流行病，不會使戰爭和劫掠的破壞過分加重；至少在一八一一年後是這樣（主要的饑荒時期發生在戰後的一八一六至一七年）。每次會戰都趨於短暫而激烈，而所用武器——相對來說爲輕型武器和機動大砲——用現代的標準來衡量，破壞力並不很大。圍攻戰不太常見。砲火可能對住宅和生產工具的破壞最大，但小房屋和農舍是很容易重建的。在工業經濟中，眞正難以很快恢復的物資是樹木、果園或橄欖園，它們需要很多年才能培植起來，但在工業地區，園林似乎並不太多。

因此，因這二十年戰爭而造成的純人力損失，按現代標準來衡量，並不顯得特別高，雖然事實上沒有一個政府試圖去計算這些損失，而我們所有的現代估算都模糊得近乎推測，只有法國和幾個特定場合的傷亡人數例外。和爲期四年半的第一次世界大戰任何一個主要交戰國的死亡人數，或一八六一至六五年的美國內戰約六十萬的死亡人數比較起來，這二十年時期一百萬人的戰爭死亡數並不算多❼。而如果我們還把當時饑荒和時疫特別厲害的致死力考慮進去，對二十餘年的全面戰爭來說，即使是死二百萬人也不顯得殺傷力特別大。據報導，西班牙遲至一八六五年的一次霍亂流行，便造成了二十三萬六千七百四十四人死亡❽。事實上，也許除法國以外，沒有一個國家在這段時期，其人口成長率呈現明顯下降。

除交戰人員以外，對大多數居民來說，這場戰爭很可能只是偶爾間接地打亂了正常生活，就算有打亂的話。珍・奧斯汀筆下的鄉村家庭照樣做他們自己的事，好像戰爭不曾發生似的。羅伊特（Fritz

Reuter)筆下的梅克倫堡(Mecklenburg)人，他們對外國占領時期的回憶，好似一件小軼事，而不是戲劇性大事；屈格爾根(Herr Kügelgen)想起他在薩克森(歐洲「鬥雞場」之一，那裏的地理位置和政治形勢吸引了各國的軍隊和戰鬥，好像只有比利時和倫巴底可與媲美)的童年時，僅回憶起軍隊向德勒斯登(Dresden)開拔或宿營的奇特時光。大家公認，捲入戰爭的武裝人員數量，要比以往戰爭的正常人數多得多，儘管按現代標準，並不算特別多。即使徵兵，也僅只徵召了應徵人數的一小部分，拿破崙執政時期，法國的黃金海岸省(Côte d'Or)只提供了三十五萬居民中的一點一萬人，或百分之三點一五，在一八〇〇到一八一五年之間，被徵召的人數不超過法國總人口的百分之七，而在短得多的第一次世界大戰期間，卻足足徵召了居民總數的百分之二十一❾。但在絕對數字上，這仍是一個很大的數字。一七九三至九四年的全民徵兵法，可能武裝了六十三萬人(來自理論上可徵召的七十七萬人)；一八〇五年，拿破崙在和平時期的兵力約四十萬人，而一八一二年對俄戰爭開始時，若不算歐洲大陸其餘地區，特別是西班牙的法國部隊，其龐大軍隊是由七十萬人所組成(其中三十萬爲非法國人)。法國的幾個敵國經常動員的人數少得多，只因(英國除外)它們持續停留在戰場的人要少得多，同樣也因爲財政上的困擾和組織上的困難，常使充分動員變得很不容易。例如，根據一八〇九年的和約，奧地利人在一八一三年有權擁有十五萬軍隊，但實際只有六萬人可用於作戰。另一方面，英國人保持了一支動員人數極爲龐大的軍隊。在其鼎盛時期，他們有足夠的撥款，可供養一支三十萬人的常備軍和十四萬人的水兵及海軍陸戰隊，在這場戰爭的大部分時間，他們所能承擔的人力負荷，要比法國人多得多❿。(由於這些數字是根據議會批准的撥款，實際徵集人數當然要少一些。)

人員損失是巨大的——儘管用我們這個世紀的傷亡標準來衡量，並不算特別大——但奇怪的是，傷亡實際上很少是敵人造成的。一七九三到一八一五年之間，英國死亡的海員中，只有百分之六或百分之七是死於法國人之手，而有百分之八十死於疾病或事故。戰死沙場是一種小風險；奧斯特里茲會戰的傷亡人數中，只有百分之二是實際戰死的，也許在滑鐵盧會戰這個比例有百分之八或百分之九。戰爭中眞正可怕的風險被忽略了，汚穢、組織不善、醫療服務的缺陷、衛生方面的無知，是這些因素屠殺了傷兵和俘虜。若在適當的氣候條件下（如熱帶），這些因素也足以使每一個人斃命。

實際的軍事行動直接間接地殺傷人員且破壞生產設施，但是如前所述，它們並沒有在多大程度上嚴重干擾鄉村生活的正常進行和發展。但是戰爭的經濟所需和經濟戰，卻有著很深遠的後果。以十八世紀的標準，法國大革命和拿破崙戰爭可謂耗資空前；而且在實際上，其金錢的耗費留給當時人的印象，也許更勝過其生命代價。滑鐵盧會戰之後的那代人，他們所感受到的財政負擔下降，肯定比人力損失的下降更引人注目。據估算，一八二〇到五〇年間的戰爭平均耗費，低於一七九〇至一八二〇年的百分之十，而年平均的戰爭死亡人數，卻保持在略低於前一時期的百分之二十五⓫。這種空前的耗費是怎樣支付的呢？傳統的辦法是通貨膨脹（發行新貨幣以支付政府帳單）、貸款和加徵最低限度的特別稅。之所以只能加徵最低限度的稅，是因為徵稅會激起公眾不滿，和（當必須由議會和三級會議批准徵稅時）引起政治上的麻煩。但是，特殊的財政需求和戰時條件，打破並改變了這一切。

首先，它們使世界熟悉了無法兌換的紙幣（事實上，在十八世紀末之前，任何類型的紙幣，不管是否可以據以要求兌換成金銀錠，都是比較不常見的）。用可以輕易印製的紙片去支付政府債務，在歐陸上，這種便宜的方法被證明是不可抗拒的。法國的指券（一七九八年），最初只不過是利息百分之五的法國國庫債券（bons detrésor），旨在提前使用最終將出售的教會土地收益。在幾個月之內，指券演變成貨幣，而相繼而來的每一次財政危機都使指券數量越印越多，這使指券貶值的幅度越來越大，公眾日漸缺乏信心，更加快了貶值的速度。到戰爭爆發時，指券已貶值約百分之四十，到一七九三年六月，已貶值約三分之二。貶值的情形在雅各賓掌政時維持得相當不錯，但熱月政變之後，經濟嚴重失控，使指券加速貶值到其票面價值的三百分之一，直到一七九七年國家正式破產，才宣告了這個貨幣事件的終結。這個事件使法國人在將近一個世紀的時間裏，都對任何類型的銀行券抱有偏見。其他國家的紙幣沒有那麼慘烈的經歷，雖然到一八一〇年，俄國紙幣已降到票面價值的百分之二十，而奧地利紙幣（一八一〇年和一八一五年兩次貶值）則降至面值的百分之十。英國人避開了這種特殊形式的財政戰爭，而且也不迴避使用他們所熟悉的銀行券。即便如此，英格蘭銀行還是無法抗拒政府巨大需求——大部分作爲貸款和補助金匯往國外——的雙重壓力：私人積攢金銀和饑饉年的特別緊張。一七九七年，銀行停止對私人顧客兌付黃金，而無法兌換的銀行券則成爲事實上的有效貨幣：一英鎊券就是其結果之一。「紙鎊」從來不曾像大陸貨幣那樣嚴重貶值——其最低線是面值的百分之七十一，而到一八一七年，它又回彈到百分之九十八——但它持續的時間卻比預期要長得多。直到一八二一年，現金支付才完全恢復。

徵稅之外的另一選擇是貸款，然而戰爭的緜長和開支的沉重，都是始料未及，而伴隨而來的公共債務增長速度，更是教人頭暈目眩，甚至嚇壞了大多數最繁榮、最富有和最善於理財的國家。在實際上靠貸款支撐戰爭五年之後，英國政府被迫採取空前而又不祥的步驟，即靠直接稅來支付戰爭，爲此目的開徵了所得稅（一七九九—一八一六）。國家迅速成長的財富使徵稅完全可行，從此，戰爭的耗費基本上便靠日常收入來滿足。如果戰爭一開始就徵收足夠的賦稅，國債就不會從一七九三年的二億二千八百萬英鎊，增至一八一六年的八億七千六百萬英鎊了，而每年的債務償付額也不會從一七九二年的一千萬英鎊，增至一八一五年的三千萬英鎊，這個數目比開戰前一年政府的總支出還多。這種貸款的社會後果非常嚴重，因爲在效果上，它像一個漏斗，透過它，主要由居民支付的稅收，以越來越高的比例，轉移到「公債持有人」這一小小富有階級的腰包中。於是貧民、小商人和農民的代言人如科貝特（William Cobbett）者，便開始在報刊上發動雷電般的抨擊。國外貸款主要是（至少反法陣營一邊是如此）向英國舉借，後者長期遵循一種資助軍事盟國的政策：一七九四到一八一四年間，英國爲此目的貸款高達八千萬英鎊。其直接受益人是國際金融機構，英國或法國的金融機構，但交易活動愈來愈傾向透過已成爲主要國際金融中心的倫敦進行。例如在這些交易中扮演中介角色的霸菱銀行（Baring）和羅思柴爾德家族銀行（House of Rothschild，該銀行創始人阿姆斯歇爾〔Amschel Rothschild〕，於一七九八年將他的兒子內森〔Nathan〕從法蘭克福派到倫敦）。這些國際金融家的黃金時代是從戰後開始的，當時貸出大量款項，旨在幫助舊制度國家從戰爭中恢復過來，而貸款給新制度國家，則是爲了鞏固自己；但是，由霸菱和羅思柴爾德主宰世界金融時代（自十六世紀偉大的日耳曼銀行建立以來，誰也未能做到此點），其基礎是在戰爭期間奠立的。

不過，戰時財政的技術細節，其影響不像資源從和平用途到軍事用途的大轉移——這是戰爭的主要遺產——那麼普遍、那麼重大。認爲戰爭的花費完全是吸吮或以犧牲民用經濟爲代價，顯然是錯誤的。武裝部隊可以在某種程度上僅動員那些不當兵就會失業，或者甚至在其經濟範圍內無力雇用的人（像瑞士那樣人口過多的山區，其人民外移擔任他國傭兵的傳統，便是建立在這樣的基礎之上）。軍事工業雖然在短期內把人力和物資從民用市場轉移出來，但長期看來，卻有助於推動那些在和平時期一般利潤考慮之下，可能會被忽視的部門。眾所周知，鋼鐵工業就是最明顯的例子，如第二章所述，鋼鐵工業無法像棉紡織業那樣迅速發展，因此向來需要依賴政府和戰爭的刺激。拉德納(Dionysius Lardner)於一八三一年寫道：「在十八世紀，鋼鐵的鑄造幾乎就等於是大砲的鑄造。」⑫因此，我們有充分的理由認爲，部分從和平用途轉移而來的資本，在本質上是對資本財工業和技術發展的長期投資。在法國大革命和拿破崙戰爭促成的技術革新中，有歐陸的甜菜製糖工業（以取代從西印度群島進口的蔗糖）和罐頭食品工業（源自英國海軍對能在船上無限期保存食物的摸索）。然而，儘管有種種保留，一場大戰還是意味著資源的重大轉移，在相互封鎖的情況下，或許甚至意味著經濟的戰時部門和平時部門，對同感缺乏的資源的直接競奪。

這種競爭的明顯後果便是通貨膨脹，十八世紀各國原本都呈緩慢上升的價格曲線，卻在戰爭的推動下全部急遽攀爬，儘管這部分是由於貨幣貶值造成的。戰時需要本身，意味或反映了所得的某種再分配，其帶來的經濟後果如：部分收入從工資勞動者轉到商人（因爲工資成長在正常情況下總是落後於價格上漲），從製造業轉到農業，因爲大家都公認農業歡迎戰時的高價。反之，戰時需要的結束，把之前用於戰爭的大量資源（包括人力）釋放到和平時期的市場，而這通常會帶來更爲緊張的重新調整問題。舉一個明顯的例子來說，一八一四到一八年間，英國軍隊裁減了約十五萬人，也就是說其裁減人數比當時曼徹斯特的總人口還要多，而小麥的價格從一八一三年一夸特一百零八點五先令，下降到一八一五年的六十四點二先令。事實上，如我們所知，戰後調整時期是整個歐洲經濟特別困難的時期之一，一八一六至一七年的農業嚴重歉收，使這種困難更形加劇。

可是，我們應該提一個更一般性的問題。因這場戰爭而發生的資源轉移，在多大程度上阻礙或延緩了各國的經濟發展？顯然，這個問題對身爲經濟兩強並承受最沉重經濟負擔的法英來說，特別具重要性。到了戰爭末期，法國的負擔主要不是戰爭造成的，因爲戰爭主要靠以戰養戰，犧牲的是其所征服的領土和所掠奪的人力物力，他們向外國人強徵人力、物力和錢款。一八〇五至一二年，義大利約有一半的稅收都給了法國[13]。這些收入或許無法完全滿足戰爭需求，但至少明顯減少了戰爭開支（實際數額和貨幣數額），否則開支會更驚人。對法國經濟的眞正破壞，源於大革命年代、內戰和混亂所致，例如，下塞納河畔（盧昂）製造業的產量，在一七九〇到九五年間，從四千一百萬降到一千五百萬，其工人數由二十四萬六千人降至八萬六千人。此外還應加上因英國控制海洋而造成的海外商業損失。英國的負擔不僅來自本國進行戰爭造成的花費，而且還包括對歐陸盟國的慣常資助，其中有些資助竟是爲了攻打法國以外的國家。戰爭期間，英國在金錢方面承擔了比其他參戰國大得多的沉重負擔：它使英國花費了相當於法國三、四倍的錢財。

對這個問題的回答，法國要比英國容易一些，因爲毫無疑問，法國經濟處於相對停滯狀態，若無這場革命和戰爭，法國的工業和商業幾乎肯定會進一步發展，速度會更快一些。儘管在拿破崙統治時期，國家經濟曾有很大的發展，但仍無法彌補一七九〇年代的倒退和推進動力的喪失。對英國人來說，答案就沒那麼顯而易見了，因爲他們的發展快如流星，唯一的問題是，如果沒有戰爭，是否會發展得更快一些。今天普遍同意的答案是肯定的[14]。對其他國家來說，這個問題一般而言沒那麼重要，那些國家就像哈布斯堡帝國的大部分地區一樣，經濟發展緩慢不定，而其戰爭花費在數量上的影響也相對較小。

當然，這樣直截了當的說法是用未經證明的假定爲論據。即使以十七、十八世紀英國人公開的經濟戰爭爲例，我們也不會認爲戰後的經濟發展，是來自戰爭本身或戰爭所帶來的刺激，而是因爲勝利，因爲消除了競爭者且奪取了新市場。這些戰爭在破壞商業、轉移資源等方面的「代價」，是對照所獲取的「利潤」來衡量的，這表現在戰後交戰雙方的消長之上。按這樣的標準，一七九三至一八一五年戰爭所得到的補償，顯然是綽綽有餘的。以稍稍降低經濟發展速度(但仍然是很快的)爲代價，英國決定性地消滅了最危險的潛在競爭者，並在兩代人的時間中，躍居爲「世界工廠」。在每一種工業或商業指數上，英國都比一七八九年時更進一步領先其他所有國家(或許美國除外)。如果我們相信，暫時消滅它的競爭對手並在實際上壟斷航運和殖民地市場，是英國進一步實現工業化的重要前提，那麼獲致這一點的代價並不算太高。就算我們辯稱，沒有一七八九年之後的長期戰爭，英國的領先地位仍足以確保它的經濟霸權，但我們還是可以確定地說，保護這項霸權不必再受到法國的政、經威脅，英國所付出的代價並不算太高。

註釋

❶ Cf. e.g. W. von Groote, *Die Entstehung d. Nationalbewussteins in Nordwestdeutschland 1790–1830* (1952).

❷ M. Lewis, *A Social History of the Navy, 1793–1815* (1960), pp. 370,373.

❸ Gordon Craig, *The Politics of the Prussian Army 1640–1945* (1955), p. 26.

❹ A. Sorel, *L'Europe et la révolution française*, I (1922 ed.) , p. 66.

❺ *Considérations sur la France*, Chapter IV.

❻ Quoted in L. S. Stavrianos, "Antecedents to Balkan Revolutions", *Journal of Modern History,* XXIX, (1957), p. 344.

❼ G. Bodart, *Losses of Life in Modern Wars* (1916), p. 133.

❽ J. Vicens Vives ed. *Historia Social de España y America* (1956), IV, ii, p. 15.

❾ G. Bruun, *Europe and the French Imperium* (1938), p. 72.

❿ J. Leverrier, *La Naissance de l'armée nationale, 1789–94* (1939), p. 139; G. Lefebvre, *Napoléon* (1936), pp. 198, 527; M. Lewis, *op. cit.,* p. 119; *Parliamentary Papers*, XVII, (1859), p. 15.

⓫ Mulhall, *Dictionary of Statistics*: War.

⓬ *Cabinet Cyclopedia,* I, pp. 55–6 ('Manufactures in Metal').

⓭E. Tarlé, *Le blocus continental et le royaume d'Italie* (1928) , pp. 3-4, 25-31; H. Sée, *Histoire Economique de la France*, II, p. 52; Mulhall, *loc. cit*.

⓮Gayer, Rostow and Schwartz, *Growth and Fluctuation of the British Economy, 1790-1850* (1953), pp. 646-49; F. Crouzet, *Le blocus continental et l'économie Britannique* (1958), pp. 868ff.

第五章
和平

（列強）目前的協調一致，是其對付在每個歐洲國家或多或少都存在的革命餘火的唯一保障；而且……最明智的做法是擱下平時的小爭端，共同支持現有的社會秩序準則。

——卡斯爾雷❶

此外，俄國沙皇是當今唯一能夠立即進行大戰的君主。他掌握著當今歐洲唯一能夠調用的軍隊。

——根茨，一八一八年三月二十四日❷

在二十多年幾乎沒有中斷的戰爭和革命之後，戰勝的舊政權面臨著尤爲困難而危急的締造和平及維持和平的問題。它們必須清理二十年的廢墟，並重新分配領土戰利品。此外，對所有明智的政治家顯而易見的是，今後任何大規模的歐洲戰爭都是無法容忍的，因爲這樣一場戰爭，幾乎意味著一次新的革命，也就是舊政權的毀滅。比利時國王李頗德(King Leopold，維多利亞女王聰明但略嫌討厭的舅父)在講述稍後的一次危機時說：「在歐洲充滿社會弊端的現狀下，發生……一場全面戰爭，其影響將會是空前的。這樣一場戰爭……必定會帶來一場原則性的衝突，我認爲這樣一場衝突，將改變歐洲的形式並推翻它的整體結構。」[3]國王和政治家既不比以前更聰明，也不比以前更愛好和平，但是他們無疑會比以前更加恐懼。

在避免全面戰爭這個問題上，他們的成就相當不凡。從拿破崙失敗到克里米亞戰爭(Crimean War, 1854-56)之間，歐洲實際上既沒有全面戰爭，也沒有在戰場上發生一個大國與另一大國的任何衝突。的確，除克里米亞戰爭外，在一八一五到一九一四年之間，沒有任何戰爭同時牽涉到兩個以上的大國。二十世紀的人民應當可以體認到此一成就的重大。而當時國際舞台的不平靜及衝突誘因的層出不窮，更教這樣的成就令人難以忘懷。革命運動(我們將在第六章加以分析)一次又一次地摧毀了得來不易的國際穩定：在一八二〇年代的南歐、巴爾幹半島和拉丁美洲，一八三〇年的西歐(尤其是比利時)，以及一八四八年革命前夕的全歐。而內有分崩瓦解的危機，外有強國——主要是英、俄，其次是法國——覬覦的威脅，土耳其帝國的衰落，使所謂的「東方問題」(Eastern Question)成爲一個持久的危機根源：一八二〇年代爆發於希臘，一八三〇年代引燃於埃及，而且儘管在一八三九至四一年一場特別尖銳的衝突後，暫時被平息下去，它仍像以前一樣具有潛在的爆炸性。英俄兩國為了近東和亞洲兩大帝國間的未被征服土地，而關係交惡。法國則十分不甘於比它一八一五年前微弱甚多的地位。不過儘管有這許許多多的陷阱和漩渦，外交之船仍然航行在艱難的水道上，並沒有發生碰撞。

我們這一代人，在國際外交的基本任務上，即避免全面戰爭之上，有著如此顯著的失敗，因而，我們傾向於用他們的直接後繼者不曾感知的敬重，來回顧那些政治家及一八一五至四八年的外交方法。一八一四至一八三五年間主管法國外交政策的塔里蘭(Talleyrand)，迄今仍是法國外交家的典範。而英國外相卡斯爾雷(Castlereagh)、坎寧(George Canning)和帕麥斯頓子爵(Viscount Palmerston)——他們分別主掌一八一二至二二、一八二二至二七和一八三〇至五二年所有非托利黨(Tory)執政期間的外交政策——更已成為令人仰嘆緬懷的外交巨人。從拿破崙戰敗便出任奧地利首相，直到一八四八年垮台為止的梅特涅(Metternich)親王，在今天通常不會只被當作是一個反對改革的強硬敵手，而更常被視為是一個維持穩定的明智之士，這和以往的看法是不同的。然而，即便信任的眼光也不能說明在亞歷山大一世(一八〇一—二五)和尼古拉一世(一八二五—五五)治下的俄國，和這個時期相對說來不那麼重要的普魯士外交大臣，是值得加以理想化的。

在某種意義上，上述的讚譽是合理的。拿破崙戰爭之後的歐洲安排，絕不比任何其他決定更公正更道德，但是，以其制定者完全反自由主義和反民族主義(即反革命)的目標來看，這種安排既現實又合理。他們不曾試圖將全面勝利加諸法國身上，以挑起法國人投入一場新的雅各賓主義。戰敗國的邊界得到了比一七八九年還要好的保護，金錢賠款並不太高，外國軍隊占領極為短暫，而到一八一八年，法國再次被承認爲「歐洲協調」(Concert of Europe)組織的正式成員。(若非一八一五年拿破崙失敗的復辟舉動，這些條款甚至會更爲溫和。)波旁家族復辟了，但可以理解的是，他們必須向其臣民的危險精神做出讓步。大革命的重大變革被接受承認，而且那個富有煽動性的憲法機制，也在復辟專制君主路易十八「慷慨賜予」的一個憲章幌子下——儘管自然極爲有限——留給了他的臣民。

歐洲地圖的重劃，既沒有考慮各國人民的願望，也沒有顧及曾被法國人在不同時候趕下台的王公權利，但卻相當關注從戰爭中崛起的五大列強的平衡：它們分別是俄國、英國、法國、奧地利和普魯士。而其中只有前三者才眞正算數。英國對歐陸沒有領土野心，它在意的是控制或保護在航海和商業上的一些重要據點。於是它保留了馬爾它、愛奧尼亞群島(Ionian Islands)和赫里戈蘭島(Heligoland)，密切注視西西里，而且顯然從丹麥將挪威移交給瑞典，以及荷蘭、比利時(前奧屬尼德蘭)的結合中得益。前者防止了波羅的海入口控制在單一國家之手，後者則把萊茵河和須耳德河(Scheldt)河口，置於一個無害但又足夠強大的國家手中，特別是在得到南方的堡壘屏障下，能夠抵抗法國對比利時眾所周知的胃口。這兩項安排都很不受挪威人和比利時人歡迎，尤其是後者，更只延續到一八三〇年革命。經過法英之間的一些摩擦之後，比利時成爲一個永久性的中立小國，而其親王則由英國選定。當然，在歐洲之外，英國的領土野心便大得多了。儘管英國海軍對海洋的全面控制，使什麼地方是否實際在英國旗幟之下，基本上無關緊要，除了印度西北部那幾個扮演大英帝國與俄羅斯帝國分界線的混亂弱國之外。但是英俄間的這種對立，對一八一四至一五年必須重新安排的地區，幾乎不具影響。對歐洲，英國僅要求不要有任一大國變得過於強大。

歐陸的決定性軍事強權俄國，由於獲得芬蘭（以瑞典爲代價）、比薩拉比亞（以土耳其爲代價）和大部分波蘭，因而滿足了其受到限制的領土野心。波蘭在一貫支持與俄國人聯盟的當地派別領導下，被賜予一定程度的自治（一八三〇至三一年的起義之後，該自治被取消）。波蘭的剩餘部分由普魯士和奧地利瓜分，只有克拉考（Cracow）這個城市共和國除外，但它也未能在一八四六年的起義後倖存。至於其他方面，俄國滿足於對法國以東的所有專制公國，行使鞭長但遠非莫及的支配權，其主要的課題是必須避免革命。沙皇亞歷山大爲此目的而發起成立神聖同盟（Holy Alliance），奧地利和普魯士加入，但是英國置身其外。在英國看來，俄國對大部分歐洲的實際霸權，也許遠非一種理想的安排，但它反映了軍事現實，而且無法阻止。除非讓法國保有比其前對手準備給予的更大程度的實力，否則無法忍受的戰爭將是其代價。法國作爲一個大國的地位顯然得到承認，但那是任何人準備接受的極限。

奧地利和普魯士只是承蒙禮貌好意才實際成爲大國，或者說人們是因奧地利在國際危機期間眾所周知的軟弱（這是正確的），及根據一八〇六年普魯士的崩潰（這是錯誤的），才如此認定。它們的主要作用是扮演歐洲的穩定者。奧地利收回了其義大利諸省，加上前威尼斯共和國的義大利領地和達爾馬提亞，並對義大利北部和中部小公國享有保護權。這些公國大多由哈布斯堡家族的親戚統治（皮德蒙—薩丁尼亞〔Piedmont-Sardinia〕除外，它吞併了前熱內亞共和國，使之成爲奧地利和法國之間一個更有效的緩衝地）。如果要在義大利任何地方維持「秩序」，那麼奧地利就是執勤的警察。

因爲其唯一關心的就是穩定——即任何將導致其瓦解的事物——因此它必須扮演一個永久性的安全警察，以對抗在歐陸製造動亂的任何企圖。普魯士受益於英國想在日耳曼西部建立一個適當強大國家的願望，該地區的公國長期以來皆傾向於支持法國，或被法國控制。普魯士還收回了萊茵地區，而這個地區的巨大經濟潛力是貴族外交家無法估計的。普魯士也從英俄衝突中獲利，英國認爲俄國在波蘭的擴張太過分了，因戰爭威脅而益爲複雜的談判結果是，普魯士將之前占領的部分波蘭地盤讓給俄國，但是收回富裕且工業發達的半個薩克森。從領土和經濟上說，在一八一五年的解決方案中，普魯士比任何其他大國獲益更多，而且在實際資源方面，它首次成爲一個歐洲大國，儘管要到一八六〇年代，政治家們才明顯認識到這點。奧地利、普魯士和一批日耳曼小邦國的主要作用，在於爲歐洲各王室提供教育良好的血統。它們在日耳曼邦聯（German Confederation）內相互提防，雖然奧地利的較高地位沒有受到挑戰。邦聯的主要作用是使小邦國保留在法國軌道之外，因爲傳統上它們很容易被吸引過去。儘管民族主義者不願承認，但它們作爲拿破崙的衛星國一點也沒感到不幸。

一八一五年的政治家們清楚地知道，儘管精心制定，但沒有任何解決辦法能長久禁得起國家對立和環境變化的壓力。因此他們藉由定期會議的方式，即一旦發生重大問題，立即開會解決的方式，從而提供一種維護和平的機制。理所當然的，在這些會議上的重大決定都是由「大國」（great power，亦即強權，這一詞彙本身就是這時期的產物）做出的。「歐洲協調」（另一個那時開始使用的詞彙）並不相當於聯合國，而是很像聯合國安全理事會的常任理事國。然而，定期會議只在前幾年裏召開過，即從法國正式重新獲准加入協調組織的一八一八年到一八二二年。

會議制度解體了，因爲它挺不過緊接在拿破崙戰爭之後的那些年代，當時因一八一六至一七年的饑荒和商業蕭條，到處都籠罩著對社會革命的強烈恐懼，其中包括英國，儘管這種恐懼最後並未得到證實。在大約一八二〇年經濟恢復穩定後，每一次違反一八一五年解決方案的事件，都僅反映出列強利益間的分歧。面對一八二〇至二二年的第一波動盪和暴動，只有奧地利堅持這類運動，都必須立即主動地加以鎮壓，以維持社會秩序和奧地利領土統一。在日耳曼、義大利和西班牙問題上，「神聖同盟」的三個君主國和法國立場一致，雖然喜歡在西班牙行使國際警察職責（一八二三年）的法國，對歐洲穩定不如前三國那麼感興趣，其更感興趣的是拓寬其外交和軍事活動領域，特別是在西班牙、比利時和義大利，因爲其大量投資都挹注在那裏❹。英國則置身事外。這部分是因爲——尤其是在靈活的坎寧代替古板反動的卡斯爾雷（一八二二年）後——英國相信在專制主義的歐洲，政治改革遲早是不可避免的，且因爲英國政治家不同情專制主義，加上警察原則的運用只會把敵對列強（特別是法國）引入拉丁美洲。正如我們所看到的，拉丁美洲是英國的經濟殖民地，而且是非常有活力的殖民地。因此英國人支持拉丁美洲獨立，正如美國在一八二三年門羅宣言（Monroe Declaration）中所主張的那樣。這個宣言沒有實際價值，但有重大的利益暗示，如果有任何東西確保了拉丁美洲獨立，那就是英國海軍。對於希臘問題，列強間的分歧甚至更大。對革命具有無限憎惡的俄國，卻無疑能從這場東正教（Orthodox Church）人民的起義中得到好處，因爲它一方面可以削弱土耳其的力量，而且必定要依靠俄國幫助（此外，俄國還擁有一項爲保護東正教基督徒得以干涉土耳其的條約權利）。對俄國單方面干涉的擔心，親希臘的壓力，經濟利益，以及雖不能阻止土耳其瓦解，但最好能有秩序地進行的普遍信念，最終導致英國從敵意轉爲中立，再轉到親希臘的非正式干預。於是，希臘因得到俄國和英國的幫助而贏得了獨立（一八二九年）。藉著把該國變成一個隨便都可找到的日耳曼小親王統治下的王國，希臘不會只變成俄國的衛星國，而國際損失也可因此減到最小程度。但是一八一五年解決方案的持久性、會議制度以及鎮壓一切革命的原則，卻因此而告崩潰。

一八三〇年革命徹底摧毀了一八一五年的解決方案，因爲革命不僅影響了小國，而且還影響了一個大國——法國本身。實際上，一八三〇年革命使萊茵河以西的歐洲全都從神聖同盟的警察行動下解脫出來。同時「東方問題」，即對土耳其無可避免的瓦解命運該採取什麼行動的問題，則把巴爾幹國家和地中海東部地區變成列強，特別是俄國和英國的角力場。「東方問題」打亂了均勢，因爲所有的圖謀都強化了俄國力量，從那之後俄國的主要外交目標，就是贏得位於歐洲和小亞細亞之間，控制著其通往地中海航道的海峽控制權。此一行動不僅具有外交和軍事重要性，而且隨著烏克蘭穀物出口的增加，也有其經濟緊迫性。像往常一樣關心通往印度航道的英國，深切擔憂俄國有可能會威脅到它的南進。英國明擺的政策便是不惜一切代價支持土耳其反對俄國擴張。（這對英國在地中海東部地區的貿易還有額外好處，在這個時期貿易有了非常令人滿意的增加。）不幸的是，這個政策完全不切實際。土耳其帝國絕不是一個沒救的軀殼，至少在軍事方面是如此，但它最多只能採取遲緩的行動，去對付由國內叛亂（它仍能輕易地加以鎮壓）、俄國，以及一個不利國際形勢所聯合而成的力量（這是它無法輕易擊敗的）。而此時，土耳其帝國尚無能力實現現代化，也沒表示出高昂意願，雖然現代化的開端已在一八三〇年代馬哈穆德二世（Mahmoud II）統治時便已開始了。所以，只有英國直接的外交和軍事支持（即戰爭威脅），才能夠阻止俄國影響力的不斷增長和土耳其在各種困擾下的瓦解命運。這使「東方問題」成爲拿破崙戰爭之後國際事務中最具爆炸性的問題，且是唯一可能導致一次全面戰爭，和唯一的確於一八五四至五六年間導致了國際戰爭的問題。然而，在這場國際賭博中，有利於俄國而不利於英國的局勢不斷加劇，但這種發展卻也使俄國趨向妥協。下列兩種方式都可使俄國達到其外交目標：或藉由擊敗、瓜分土耳其而占領君士坦丁堡及兩個海峽；或對軟弱順從的土耳其建立實際的保護關係。而不管哪一種方式都明擺在那裏。換句話說，對沙皇而言，絕不値得爲君士坦丁堡打一場大仗。因此，一八二〇年代發生的希臘戰爭雖然符合其瓜分和占領政策，但俄國並沒有從這次事件中得到它渴望得到的那麼多好處，因爲它不願過分堅持其優勢。相反的，它還在恩基爾斯凱萊西（Unkiar Skelessi, 1833）與受到強大壓力、急切意識到需要強大保護者的土耳其，簽訂了一個特別有利的條約。這項條約使英國勃然大怒，並在一八三〇年代產生一股民眾仇俄情緒，俄國是英國傳統敵人的形象，就此形成。（事實上，以經濟互補爲基礎的英俄關係，傳統上非常友好，直到拿破崙戰爭之後才開始嚴重惡化。）面對英國的壓力，俄國人自動退卻了，且在一八四〇年代轉而提出瓜分土耳其的主張。

因此，俄英在東方的對立，實際上沒有公開的戰爭叫囂（特別是英國）那麼危險。此外，英國對法國復興的更大擔憂，也減低了這種對立的重要性。事實上「大賽局」（great game）一詞，更貼切地形容了當時的情況，該詞後來逐漸用來指那些冒險家和密探們，在兩強的東方未定界中所從事的間諜活動。使形勢變得眞正危險的，是土耳其內部解放運動不可預測的進程和其他列強的干涉。列強之中，奧地利顯得興趣缺缺，它自己就是個搖搖欲墜的多民族帝國，動搖土耳其穩定的民族運動——巴爾幹斯拉夫人，特別是塞爾維亞人——也同樣威脅著它。不過，類似的威脅並不直接，雖然它們在日後成爲第一次世界大戰的直接近因。法國則比較麻煩，它在地中海東部地區有外交和經濟影響的漫長紀錄，並且每隔一段時間便試圖恢復和擴大其影響力。特別是自拿破崙遠征埃及之後，法國對埃及的影響更是強大，由於埃及國王阿里實際上是一個獨立統治者，其意願多少能夠左右土耳其帝國的瓦解或拼合。確實，一八三〇年代(一八三一—三三，一八三九—四一)的東方問題危機，基本上是阿里與其名義上宗主之間的關係危機，後來更因法國對埃及的支持而複雜化。然而，如果俄國不願爲君士坦丁堡開戰，那麼法國當然不能也不想進行戰爭。外交危機是存在的。但是最終，除了克里米亞插曲外，終十九世紀都沒有因土耳其而發生戰爭。

因此，從這一時期國際爭端的過程，我們可以清楚看出，國際關係中的易燃性材料早已存在，只不過還沒有到達引爆大戰的程度。在大國中，奧地利和普魯士過於弱小不能指望太多。英國人已得到了滿足。他們在一八一五年已贏得世界歷史上任何強國所能獲得的最全面勝利。它從二十年的反法戰爭中一躍而爲**唯一**的工業化經濟強國，**唯一**的海軍強國——一八四〇年英國海軍擁有的船艦數幾乎等於其他各國海軍的總和——和世界上**唯一**的殖民強國。似乎已沒有任何東西足以妨礙英國外交政策唯一重要的擴張主義，即英國貿易和投資的擴張。而俄國儘管並不滿足，但它只有有限的領土野心，且眼前沒有任何東西能長期(或者看起來如此)妨礙其推進。至少沒有什麼東西顯示出其有必要進行一場具有危險性的全面戰爭。只有法國是個「不滿意的」強國，而且有打亂國際穩定秩序的能力。但是法國只有在某種條件下才能這樣做，即它能再次激發國內雅各賓主義和國外自由主義及民族主義的革命活力。因爲在正統的大國競爭方面，它已受到致命的削弱。它絕不可能再像路易十四或大革命時期那樣，只靠其國內的人口和資源，在同等條件下與兩個或更多大國組成的聯盟作戰。在一七八〇年時，法國人口是英國的二點五倍，及至一八三〇年，兩國人口數之比已超過二比三。一七八〇年時，法國人口幾乎與俄國一樣多，但到了一八三〇年，法國人數卻幾乎僅佔俄國的一半。同時法國經濟發展的速度致命地落後於英國人、美國人，而且很快更落後於日耳曼人。

但是，對任何法國政府而言，利用雅各賓主義來遂行其國際野心，代價未免太大。當法國人在一八三〇和一八四八年推翻其政權，並使專制主義到處遭受動搖或摧毀之際，列強顫抖不已。它們本可以使自己免於不眠之夜。一八三〇至三一年間的法國溫和派，甚至不準備給起義的波蘭人任何一點幫助，儘管全法(以及歐洲自由派)的輿論都同情波蘭人。年老但熱情的拉法葉於一八三一年致信帕麥斯頓說：「對於波蘭，你將做什麼？我們可以爲它做點什麼？」❺答案是，什麼也不做。法國當然樂意用那些歐洲革命來加強其自身力量，而所有的革命者也的確希望它這樣做。但是這樣猛然投入革命戰爭將導致的結果，不僅使梅特涅害怕，也令溫和自由派的法國政府同感恐懼。因此在一八一五至四八年間，爲了自己國家的利益，沒有任何一個法國政府會去危及普遍的和平。

在歐洲均勢範圍之外，當然沒有任何東西會妨礙擴張和好戰。事實上，儘管白人列強的勢力極其龐大，但其實際征服的領土還是有限的。英國人滿足於一些小據點的占領，那些據點攸關著英國海軍對世界的控制和其以世界爲範圍的貿易利益，例如(在拿破崙戰爭期間從荷蘭人那裏奪取的)非洲南端、錫蘭、（在這個時期建立的）新加坡和香港。而反對奴隸貿易運動的急迫性——該運動既迎合了國內的人道主義輿論，又滿足了英國海軍的戰略利益——則使英國僅在非洲沿岸保留立足之點。總的來說，英國的觀點是，一個對英國開放貿易、並由英國海軍保護使之不受討厭者侵犯的世界，可在不花占領行政費的情況下，得到更加廉價的開發。只有一個重要例外，即印度，而且上述的一切努力，都與印度的統治有關。印度必須不惜一切代價地加以占有，即使大多數反殖民主義的自由貿易者也從不懷疑這點。由於印度市場日益重要（參見頁五二、五四），一般認爲，如果由印度人自行管理的話，英國貿易肯定會遭受損失。印度對於開闢遠東市場、毒品交易，以及歐洲商人希望從事的其他有利可圖的活動，都是一個關鍵所在。中國於是在一八三九至四二年的鴉片戰爭中被打開了大門。而英國對馬拉塔人（Mahratta）、尼泊爾人、緬甸人、拉治普特人（Rajput）、阿富汗人、信地人（Sindis）和錫克人（Sikh）所進行的一系列戰爭，則使英印帝國的版圖擴張至次大陸的三分之二地區，而且英國的影響之網，已在中東地區拉得更緊，因該地控制著通往印度的孔道。從一八四〇年起，這條通道便由P&O公司的汽船航線爲主軸，再由跨越蘇伊士地峽的陸上道路做補充。

雖然在擴張主義上俄國人的名聲要大得多（至少在英國人當中），但其實際征服卻比較有限。在這個時期，沙皇僅只設法獲得了烏拉山脈（Ural）以東吉爾吉斯（Kirghiz）草原的一些廣大未征服地帶，以及高加索一些經過激烈爭奪的山區。另一方面，美國藉由動亂和對可憐的墨西哥人所發動的戰爭，而獲得整個西部地區，加上俄勒岡邊界的南部地區。法國人則不得不將其擴張野心局限在阿爾及利亞。一八三〇年他們在那裏捏造藉口入侵，且在日後的十七年裏試圖加以征服。直到一八四七年，他們才摧毀該地的主要抵抗。

無論如何，國際和平解決方案中的一個條款必須單獨提一下，即廢除國際奴隸貿易。這項做法既有人道主義因素，也有經濟考慮：奴隸制度令人恐怖，而且極端沒有效率。此外，英國人是這一令人敬佩運動的主要國際提倡者。從英國人的角度看來，一八一五至四八年的經濟不必再像十八世紀那樣依賴於黑人和蔗糖買賣，而是取決於棉紡織品的買賣。奴隸制度的實際廢除比廢奴運動來得慢（當然，法國大革命已經將其掃除的地方除外）。英國於一八三四年在其殖民地——主要是西印度群島——廢除了奴隸制度，雖然在大規模種植農業存在的地區，不久便以從亞洲進口的契約勞工來代替。法國人直到一八四八年革命，才再次正式廢除奴隸制度。一八四八年，奴隸制度仍大量存在，因此世界的（非洲）奴隸貿易也大量殘存下來。

註釋

❶ Castlereagh, *Correspondence*, Third Series, XI, p. 105.

❷ Gentz, *Depêches inédites*, I, p. 371.

❸ J. Richardson, *My Dearest Uncle, Leopold of the Belgians* (1961), p. 165.

❹ R. Cameron, *op. cit.*, p. 85.

❺ F. Ponteil, *Lafayette et la Pologne* (1934).

第六章 革命

自由，那帶著巨人聲音的夜鶯，驚醒了大多數沉睡者……除了爲爭取或反對自由而戰，還有什麼事情值得我們關注？那些不可能熱愛人類的人，可能仍然是大人物，例如專制君主。但是，一般人怎麼可能無動於衷？

——伯爾納，一八三一年二月十四日❶

已失去平衡的各國政府感到恐懼，受到威脅，並且因社會中產階層的呼聲而陷入混亂之中，他們處於國王和臣民之間，打碎了君主的權杖並盜用了人民的呼聲。

——梅特涅致沙皇，一八二〇❷

1

很少有政府在阻止歷史進程的無能爲力上，表現得像一八一五年後那個時代那般明顯而普遍。防止第二次法國大革命，甚或一場法國模式的歐洲普遍革命，是所有剛剛花了二十多年才粉碎第一次革命的列強的最高目標，即使英國也是如此。雖然它並不同情在整個歐洲重新建立起來的反動專制主義，而且清楚地知道改革不可能也不應該避免，但是它對一場新的法國雅各賓擴張的恐懼，恐怕更甚於其他國際偶發事件。更有甚者，革命主義在歐洲歷史上從來沒有，在其他地方也很少這樣流行、這樣普遍、這樣容易便在自發感染和有意宣傳的影響下傳播開來。

在一八一五到四八年之間，西方世界有三次主要的革命浪潮。(亞洲和非洲尚未受影響，亞洲第一輪大革命，「印度兵變」(Indian Mutiny) 以及「太平天國起義」，要到一八五〇年代才發生。)第一次發生在一八二〇至二四年。歐洲地區主要局限在地中海一帶，以西班牙(一八二〇)、那不勒斯(一八二〇)和希臘(一八二一)爲中心。除希臘外，所有起義都遭鎮壓。西班牙革命使拉丁美洲的解放運動重新復活，該運動是受到拿破崙於一八〇八年征服西班牙而激發，並在最初的嘗試失敗後，淪爲少數遍遠地區的難民和盜匪活動。西屬南美的三個偉大解放者，玻利瓦(Simon Bolivar)、聖馬丁(San Martin)和奧希金斯(Bernardo O'Higgins)，各自建立了獨立的「大哥倫比亞」(包括現在的哥倫比亞、委內瑞拉和厄瓜多爾共和國)、阿根廷(但減去現在的巴拉圭和玻利維亞內陸地區，和現屬烏拉圭的東班達牛仔們與阿根廷和巴西人作戰的拉布拉他河〔River Plate〕對岸草原〕，以及祕魯。聖馬丁在英國激進貴族柯克蘭尼(Cochrane，福雷斯特《霍恩布洛爾艦長》〔C. S. Forester's *Captain Hornblower*〕的原型)統率的智利艦隊幫助下，解放了西班牙勢力的最後堡壘——祕魯總督府。到了一八二二年，西屬南美已獲解放。溫和、有遠識，且具罕見自我克制精神的聖馬丁，把解放後的南美留給玻利瓦和共和派，自己則退往歐洲隱居，靠著奧希金斯的補助金，在通常是債務纏身英國人庇護地的布倫(Boulogne-sur-Mer)度過了高貴的一生。與此同時，派去對付墨西哥殘存農民游擊隊的西班牙將軍伊圖爾比德(Iturbide)，在西班牙革命的影響下與游擊隊聯合起來共同起事，並在一八二一年奠定了墨西哥的永久獨立。一八二二年，在當地攝政領導下，巴西平靜地從葡萄牙獨立出來，該攝政是葡萄牙王室在拿破崙垮台後，重返歐洲時留駐在巴西的代表。美國幾乎立即承認了巴西這個新國家中最重要的一員；英國關心的是與他們締結商業條約，不久也承認了它們的獨立；法國人實際上在一八二〇年代之前便已撤出該地。

第二次革命浪潮發生在一八二九至三四年，而且影響了俄國以西的整個歐洲以及北美大陸，因爲傑克遜總統的偉大改革年代(一八二九—三七)，雖然與歐洲的動盪沒有直接關聯，但仍應算作其中的一部分。在歐洲，推翻法國波旁王朝的革命激起了其他各種動亂。比利時(一八三〇)從荷蘭贏得獨立；波蘭(一八三〇—三一)革命在經過重大的軍事行動後被鎮壓下去；義大利和日耳曼各地動盪不安；自由主義在瑞士盛行，那時它是一個遠不如現在太平的國家；而在西班牙和葡萄牙，則開啓了自由派和教士的內戰時代。甚至連英國也受到影響，部分是因爲其境內火山——即受到天主教解放法(一八二九)和重新展開改革鼓動的愛爾蘭——隨時都有噴發的危險。英國一八三二年的改革法案(Reform Act)相當於法國一八三〇年的七月革命，而且的確受到來自巴黎的強烈刺激。該時期是近代史上英國政治發展與歐陸同調的唯一時期，我們可以中肯的說，若非受到惠格和托利兩黨的抑制，某種革命形勢應可在一八三一至三二年的英國發展起來。而在整個十九世紀，也只有這段時期可以使上述分析不像純然虛構出來的。

因此，一八三〇年的革命浪潮要比一八二〇年那次嚴重得多。事實上，它標誌著西歐資產階級勢力對貴族勢力的最後勝利。接下來五十年的統治階級，將是銀行家、大工業家，以及有時是高級文官的「大資產階級」。他們得到不露鋒芒或同意推行資產階級政策的貴族所接受，沒有受到普選的挑戰，儘管有來自外部的小商人或不滿商家、小資產階級和早期工人運動的困擾。資產階級主導的政治制度，在英國、法國和比利時大致相似。它們都採行君主立憲，都為選舉人設下財產或教育資格的限制，以藉此確保民主的安全性。於是法國最初只有十六萬八千人具有投票資格。事實上，這與法國大革命的第一階段，也是最溫和的資產階級統治時期制定的一七九一年憲法極其相似(實際上它只具有一個比一七九一年限制更多的選舉權)。然而在美國，傑克遜式民主已比歐洲更進一步：不受限制的政治民主，因贏得邊疆居民、小農場主人和城市貧民的選票而全面得勢，擊敗了類似西歐的非民主有產者寡頭政治。這是個不祥的變革，溫和自由主義的那些思想家，充分認識到擴大普選權可能是遲早的事，因而密切地注視著這個問題。特別是托克維爾，他的《美國的民主》(*Democracy in American*, 1835)一書，曾就此問題得出悲觀的結論。但是正如我們在後面將看到的，一八三〇年同時也標示著一種甚至更加激進的政治變革：英法工人階級開始成爲一支獨立自覺的政治力量，而民族主義運動也開始在許多歐洲國家興起。

在這些重大政治變化背後，是經濟和社會發展上的重大變化。從社會的任何方面來說，一八三〇年都代表著一個轉捩點，在一七八九到一八四八年期間，這顯然是最值得紀念的一段時期。在歐陸和美國的工業化和都市化歷史上，在人類社會和地理的遷移史上，在藝術和思想史上，這個年代顯得同樣突出。而且在英國和整個西歐，它開啓了新社會發展的危機年代，這場危機結束於一八四八年革命失敗和一八五一年後的經濟大躍進。

第三次也是最大一次的革命浪潮，即一八四八年革命浪潮，便是上述危機的產物。在法國、義大利全境、日耳曼各邦、哈布斯堡帝國的大部分以及瑞士(一八四七)，革命幾乎同時爆發並(暫時)取得勝利。不算尖銳的動亂也影響了西班牙、丹麥和羅馬尼亞，並零星地影響了愛爾蘭、希臘和英國。再沒有任何事件比這場自發且全面爆裂的革命，更接近這個時期起義者夢寐以求的世界革命，這場革命革了本書討論時代的命。一七八九年由一個單一國家掀起的革命，現在看來似乎已演變成整個歐陸的「民族之春」。

2

與十八世紀後期的革命不同，後拿破崙時期的那些革命是蓄謀已久，甚至計畫完善的。法國大革命本身最重要的遺產，是它確立了一整套政治大變動的模式和典範，而這套典範已為各地起義者普遍採用。一八一五至四八年間的革命，並不像密探和警察（充分就業的一類人）彙報給他們上司的那樣，只是少數不滿的煽動者所為。革命的發生，是因為強加於歐洲的政治制度極不適合歐陸的政治狀況，而且在一個社會急遽變化的時期，便顯得愈來愈不適合；革命的發生，也因為經濟和社會的不滿是如此尖銳，以致一系列革命的爆發實際上無可避免。但是一七八九年大革命創造的政治模式，有利於提供不滿者一個特定的目標，亦即把暴動變成革命，而且要先把整個歐洲聯成一個單一的顛覆運動，或顛覆潮流。

這些模式雖然都起源於一七八九到九九年之間法國經驗，但卻呈現出幾種不同的典範。它們與一八一五年後反對派的三種主要潮流相一致：溫和自由派（或說上層中產階級和自由派貴族的派別），激進民主派（或說下層中產階級、部分新興製造商、知識分子和心懷不滿的鄉紳的派別），以及社會主義派（或說「勞動貧民」或新興的產業工人階級的派別）。順道一提，從詞源上看，這些名詞全都反映了這個時期的國際性：「自由派」起源於法語—西班牙語，「激進派」起源於英語，「社會主義派」起源於英語—法語。「保守派」也部分起源於法語，這是改革法案時期英國和歐陸政治密切聯繫的另一證明。第一種潮流的激勵力量是一七八九至九一年的革命，其政治理想類似於帶有財產資格限制、因而是寡頭代議制度的準英國君主立憲制度，一七九一年的法國憲法採用了這種制度，而且正如我們在前面已經看到的那樣，它成了一八三〇至三二年後，法國、英國和比利時憲法的標準類型。第二種潮流的推動力量可以一七九二至九三年的革命來代表，而其政治理想：帶有「福利國家」傾向和對富人的某種憎恨的民主共和國，是與一七九三年理想的雅各賓憲法相一致。但是就像主張激進民主的社會團體，是個定義模糊、面貌複雜的群體一樣，因此也很難爲法國大革命的這種模式貼上一個準確的標籤。一七九二至九三年被稱爲吉倫特主義、雅各賓主義，以及甚至無套褲漢主義的成分都結合在其中，儘管也許在一七九三年的憲法中，雅各賓主義的味道最濃。第三種潮流的推進力量是共和二年革命和後熱月黨人起義，其中最重要的是巴貝夫的平等派(Equals)密謀，那是雅各賓極端派和早期共產主義者的重要起義，後者標誌著近代共產主義政治傳統的誕生。第三種潮流是無套褲漢主義和左翼羅伯斯比主義的產兒，雖然除了從前者那裏繼承了對中產階級和富人的強烈憎恨以外，並沒有得到什麼。在政治上，巴貝夫主義的革命模式已蘊含在羅伯斯比和桑茹斯的傳統之中。

從專制主義政府的觀點看來，這所有的運動都同樣是穩定和良好秩序的顚覆者，儘管某些運動似乎比其他運動更有意識地熱中於散布混亂，而某些運動似乎比其他運動更加危險，因爲更加可能煽動無知而又貧困的群眾。(因此一八三〇年代梅特涅的祕密警察，在今日看來，似乎太過重視拉梅內〔Lamennais〕《一個信仰者的話》〔*Paroles d'un Croyant*, 1834〕的發行，因爲用非政治性的天主教語言來說，它只可能訴諸於沒受到公開無神論宣傳影響的臣民❸。)然而事實上，反對派運動之所以能聯合，只不過是因他們對一八一五年政權抱有的共同憎惡，以及所有——不管基於任何原因——反對專制君主、教會和貴族的人，一向有合組共同陣線的傳統。然而一八一五至四八年的歷史，就是這個統一戰線瓦解的歷史。

3

在復辟時期(一八一五—三〇)，反動黑幕籠罩著所有持不同政見的人士，在這樣的黑暗中，拿破崙主義者和共和主義者、溫和派和激進派之間的分歧幾乎看不出來。除英國外，至少在政治上還沒有出現自覺的工人階級革命者或社會主義者。而英國，在歐文於一八三〇年前發起的「合作運動」影響下，不論在政治上或意識形態上，一個獨立的無產階級趨勢已經出現。大多數非英國群眾的不滿還是非政治性的，要不就是如表面上的正統主義者和教權主義者那樣，對似乎只會帶來罪惡和混亂的新社會發出無聲抗議。因此除了極少數例外，歐陸的政治反對派通常局限於一小群富人或受過教育的人，而這兩者多半意味著同一群人，因爲即使在巴黎綜合工藝學校這樣強大的左翼陣營中，也只有三分之一的學生——一個突出的反抗分子群體——來自小資產階級(大多經由低層軍官和文官晉升而來)，而只有百分之零點三來自「大眾階層」。這些窮人就像自覺加入左翼的人一樣，接受中產階級革命的經典口號，雖然是激進民主派而非溫和派的形式，但仍只不過是向社會挑戰的某種暗示。英國勞動貧民一次又一次爲之團結在一起的典型綱領，只是單純的議會改革，具體表現在人民憲章(People's Charter)的「六點要求」上(1)成年男子普選權，(2)無記名投票，(3)平等選區，(4)議員有給制，(5)每年召開議會，(6)取消候選人的財產資格)。這個綱領實質上與潘恩時代的「雅各賓主義」沒有區別，且與老穆勒提出的功利主義中產階級改革家的政治激進主義完全一致(其與日益自覺的工人階級的聯繫除外)。復辟時期唯一不同的是,勞工激進分子已經更願意聽取用他們的語言所進行的宣傳——如演說家韓特(Hunt, 1773-1835)那樣善於侃侃而談的人,或者像科貝特那樣既聰明又精力旺盛的批評家,當然還有潘恩——而不是中產階級改革者的語言。

因此,在這個時期,無論是社會的甚或民族的差異,都沒有明顯地把歐洲反對派分裂成互不理解的陣營。如果我們略去大眾政治的正規形式已告確立的英國和美國(雖然在英國直到一八二〇年代還受到反雅各賓主義歇斯底里式的壓制),對歐洲所有國家的反對派來說,政治前景看起來非常相似,而達成革命的方式也幾乎一樣,因爲專制主義的統一戰線,實際上在大部分的歐洲地區排除了和平改革的可能。所有革命者都以不同的理由把自己看成是已解放的少數進步菁英,在缺乏活力、無知且被誤導的廣大群眾中活動,並爲了其最終利益而進行抗爭。普通群眾在解放到來時無疑會起而歡迎,但是不能指望他們積極參加抗爭、準備解放。他們全都(至少在巴爾幹半島的西部)認爲自己是在與單一的敵人作戰,即沙皇領導下的專制王公聯盟。因此,他們全都把革命看成是統一而不可割裂的;是單一的歐洲現象,而不是國家或地區解放的集合體。他們都傾向於採用同一類型的革命組織,甚或同一個組織:祕密暴動兄弟會。

這類兄弟會每個都有來自或仿自共濟會模式的複雜儀式和等級制度。它們在拿破崙時代後期如雨後春筍般發展起來,其中最負盛名的(因爲是最國際性的)是「好表親」或燒炭黨(Carbonari)。它們似乎是透過義大利反拿破崙的法國軍官,繼承了共濟會或類似的結社,一八〇六年後在南義大利形成,而且和其他類似團體一起向北傳播,並在一八一五年後越過地中海。這些組織本身,或其衍生組織和平行組織，連在俄國特別是希臘，都可以找到其蹤影。在俄國，這類團體聯合成十二月黨人(Decembrists)，他們在一八二五年發動了俄國近代史上的第一次起義。燒炭黨時代在一八二〇至二一年達到頂峯，及至一八二三年，大多數兄弟會實際上都被破壞殆盡。然而，(一般意義上的)燒炭黨以革命組織的主幹角色堅持了下來，也許還藉著幫助希臘爭取自由(親希臘運動)的共同任務而結合在一起，且於一八三〇年革命失敗後，透過波蘭和義大利的政治移民，把它傳播到更遠的地方。

在意識形態上，燒炭黨及其類似組織是個混雜的團體，只是因爲對反動派的共同憎恨而聯合在一起。很明顯的，激進派，其中最堅定的是左翼雅各賓派和巴貝夫主義者，對兄弟會的影響日益增強。巴貝夫的叛亂老同志布納羅蒂(Filippo Buonarroti)，是他們之中最能幹、最不屈不撓的密謀者，雖然他的信仰對大多數兄弟會和好表親而言是太過偏左。

他們是否曾致力於發動國際性的協同革命，仍是件有爭論的事，雖然它們的確堅持不懈地嘗試聯合所有的祕密兄弟會，至少在其最高和最初的層次上，組成國際型的超級密謀黨派。不管事情的眞相如何，在一八二〇至二一年間，歐洲確實發生了大量燒炭黨類型的起義。它們在法國完全失敗，那裏的革命政治條件相當缺乏，而密謀者在相關條件尚未成熟的形勢下，無法接觸到暴動的唯一有效力量，即不滿的軍隊。在當時及整個十九世紀都是行政機構一部分的法國軍隊，無論什麼樣的官方政府命令他們都得執行。他們在一些義大利邦國，而特別是在西班牙，獲得了徹底、但是暫時性的勝利。在西班牙，「純粹的」起義找到了最有效的方式——軍事政變。自組成祕密軍官兄弟會的自由派上校，命令其團隊跟隨他們一起起義，而後者則聽命行事(俄國十二月黨人密謀者於一八二五年極力發動其禁衛軍起義，但是因爲害怕走過頭而失敗）。軍官兄弟會——由於軍隊爲非貴族青年提供了職業，故而他們通常具有自由主義傾向——和軍事政變，自此成爲伊比利半島和拉丁美洲政治舞台上的固定戲碼，同時也是燒炭黨時期最持久但最值得懷疑的政治成果之一。從過往的事件中我們可以觀察到，儀式化、等級森嚴的祕密會社，如共濟會，由於可以理解的原因，非常強烈地求助於軍隊人員。西班牙的自由派新政權，於一八二三年被歐洲反動勢力支持的法國入侵推翻。

一八二〇至二二年的革命只有一次是自力維持的，部分是因爲它成功發動了一場眞正的人民起義，部分得益於有利的外交形勢，那就是一八二一年的希臘革命（參見第七章）。希臘因此成了國際自由主義和「親希臘運動」的激勵力量。親希臘運動包括對希臘有組織的支援和無數自願戰士的前往，它對團結一八二〇年代歐洲左翼的貢獻，類似於一九三〇年代晚期支援西班牙共和國的行動。

一八三〇年革命使形勢完全改觀。正如我們已看到的那樣，這些革命是一個非常時期的第一批產物，在這個時期間充滿著尖銳而廣泛的經濟社會騷動，以及急遽加速的社會變化。於是兩個主要結果從中而生。第一個結果是，一七八九年模式的群眾政治和群眾革命再次成爲可能，因此對祕密兄弟會的依賴遂變得沒那麼必要。在巴黎，波旁王朝是被復辟君主制度所經歷的危機，和經濟衰退所導致的群眾騷亂聯手推翻的典型代表。所以，群眾絕非不具行動力，一八三〇年七月的巴黎證明，街壘路障在數量和分布的面積上，都比以前或以後的任何時候還要多。（事實上，一八三〇年已使街壘路障成爲人民起義的象徵。雖然在巴黎的革命歷史上，它們的出現至少可上溯到一五八八年，但在一七八九至九四年間，卻沒有發揮過重要作用。）第二個結果是，隨著資本主義的發展，「人民」

和「勞動貧民」——即構築街壘路障的人——愈來愈等同於作爲「工人階級」的新興無產大眾。一個無產階級的社會主義革命運動，就此產生。

一八三〇年革命也爲左翼政治帶來兩項進一步變化。革命從激進派中分裂出溫和派，並且造成一種新的國際形勢。在這樣做的同時，它們不但促使運動分裂成不同的社會組構，而且更分裂出不同的民族成分。

在國際上，革命把歐洲分裂成兩大地區。在萊茵河以西，革命將反動列強的聯合控制擊成碎片，永遠無法恢復。溫和的自由主義在法國、英國和比利時取得勝利。(更爲激進類型的)自由主義在瑞士和伊比利半島沒有取得完全勝利，該地以民眾爲基礎的自由派運動和反自由派天主教運動互相對抗，但是，神聖同盟再也不能以它在萊茵河以東各地仍在進行的那種手段，來干涉這些地區。在一八三〇年代的葡萄牙和西班牙內戰中，專制主義和溫和自由主義的列強，各自支持其中一方，雖然自由主義國家稍顯得更有力些，而且得到一些外國激進志願者和同情者的幫助，這依稀預示出一九三〇年代的親西班牙運動。(英國人透過一八二〇年代接觸到的自由派西班牙難民，而對西班牙這個國家感到興趣。英國的反天主教教義，在將西班牙的抗爭時尚——保存在博羅〔George Borrow〕的《西班牙的聖經》和默里〔Murray〕著名的《西班牙手冊》中——轉移到反王室正統派〔anti-Carlist〕一事上，也發揮了一些作用。)但是基本上，各國的自由或專制課題，仍有待當地的力量平衡來加以決定，也就是說它仍懸而未決。在短暫的自由派勝利(一八三三—三七，一八四〇—四三)和保守派復興之間，動盪搖擺。

萊茵河以東的情況，表面上與一八三〇年前一樣，因爲所有的革命都被鎮壓下來，日耳曼和義大利起義被奧地利人或在奧地利人的支持下被鎮壓，更重大的波蘭起義被俄國鎮壓。此外，在該地區，民族問題繼續優先於其他所有問題。以民族的標準而言，當地所有人民都生活在不是太小就是太大的國家之下：若不是分裂成小公國的不統一民族或亡國民族(日耳曼、義大利、波蘭)的成員，便是多民族帝國(哈布斯堡、俄國和土耳其)的成員，或兩者兼是。我們不必操心荷蘭人和斯堪的納維亞人，因為他們雖然在廣義上屬於非專制地區，但因其超然於歐洲其他地方正在上演的戲劇性發展之外，因而過著相對平靜的生活。

萊因河東西兩區的革命者仍有許多共同之處，例如：他們都目睹了一八四八年革命在這兩個地區同時發生的事實，儘管並非兩個地區的所有部分都發生了革命。然而，在每個特定地區內出現的革命熱情，卻有著明顯差異。在西方，英國和比利時停止追隨一般革命的節奏；而西班牙、葡萄牙，其次是瑞士，已經陷入當地特有的國內鬥爭，除偶發事件外(如一八四七年的瑞士內戰)，其危機不再與其他地方的那些危機一致無貳；在歐洲的其他部分，則有「革命」的積極民族和消極或不熱心民族之間的明顯區別。於是哈布斯堡的密探機構，經常受到波蘭人、義大利人和(非奧地利)日耳曼人，以及永遠難以駕馭的匈牙利人的困擾，而沒有任何來自亞平寧地區或其他斯拉夫地區的危險情報。俄國只需擔憂波蘭人，而土耳其仍能指望大多數巴爾幹斯拉夫人保持平靜。

這些差異反映出不同國家的發展節奏和社會變化。這種變化在一八三〇年代和四〇年代變得日益明顯，而且對政治愈發重要。因此，英國發達的工業化改變了英國的政治節奏，而歐陸大部分地區，卻一八四六至四八年處在社會危機的最尖銳時期。英國有其同樣嚴重的危機，即一八四一至四二年的工業大蕭條(參見第九章)。反之,一八二〇年代的俄國理想青年或許有理由指望,一次軍事暴動就能在俄國贏得像在西班牙和法國那樣的勝利,但到了一八三〇年後,俄國進行革命的社會和政治條件已遠不如西班牙成熟,這是一個無法忽視的事實。

然而東西歐的革命問題是可以比較的,雖然性質不一樣:它們都使溫和派和激進派之間的緊張關係,益形加劇。在西歐,溫和自由派退出反對派的共同戰線(或退出對它的深切同情),而進入政界或潛在政界。在靠著激進派的努力(因爲除此之外,還有誰會在街壘中戰鬥呢?)取得權力之後,他們立即背叛了激進派,不再與民主或共和國那類危險東西有所牽扯。法國七月王朝的首相基佐(Guizot),是一位自由主義反對者,他曾說:「不再有合法的動機,也不再有長期置於民主旗幟下的熱情,和貌似有理的激進藉口。以前的民主將是今日的無政府主義;自今而後,民主精神便意指著革命精神。」[4]

不僅如此,在寬容與熱情的短暫間歇之後,自由派趨向於降低進一步的改革熱情。在英國,一八三四至三五年間的歐文式「總工會」(General Union)和憲章主義者,既要對抗改革法案者的敵視,也得面對許多支持者的不友善態度。一八三九年派去對付憲章分子的武裝部隊指揮官,是一位中產階級激進分子,他雖然同情憲章分子的許多要求,但還是遏制了他們。在法國,對一八三四年共和派起義的鎮壓,標誌著這項轉折點;同年,六個誠實的衛理教會(Wesleyan)勞工,因試圖組建農業勞工工會而遭到恐怖壓制(「托爾普德爾殉難者」〔Tolpuddle Martyrs〕),這個事件象徵了英國對工人階級運動的類似進攻。激進派、共和派和新興無產階級運動,因此脫離了與自由派的聯合。原屬於反對派的溫和主義者，現在開始為已成為左派口號的「民主社會共和國」感到不安。

在歐洲其他地方，革命沒有取得勝利。溫和派和激進派的分裂以及新興社會革命思潮的出現，便是起源於對失敗的探討和對勝利前景的分析。溫和派（惠格黨地主和現存的這類中產階級）將其希望寄託在相對易受影響的政府和新的自由主義大國之上，期盼前者進行改革並能贏得後者的外交支持。易受影響的政府極為罕見。義大利境內的薩伏衣王室，繼續同情自由派且日益吸引了一大批溫和派的支持，希望幫助這個國家實現最終的統一。新教皇庇護九世所提出的短命「自由主義教皇論」（一八四六），曾鼓舞一群自由派教徒，徒然妄想為同一目的而動員教會力量。在日耳曼，沒有一個邦國不敵視自由派，但這並未阻止少數溫和派（比普魯士歷史宣傳所言要少）指望普魯士能繼續有所做為，畢竟它至少曾組織一個值得誇耀的日耳曼關稅同盟（一八三四），同時也未使人們的夢想停止，夢想中期盼的是願意適度改革的君主，而非滿街革命路障。而波蘭，在沙皇的支持之下，溫和改革的前景已不再能激勵通常對此寄予厚望的權貴派（恰爾托雷斯基派〔Czartoryskis〕），但溫和派至少可以對西方的外交干涉抱一線希望。根據一八三〇到四八年的形勢看來，這些前景沒有一項是實際可行的。

激進派同樣對法國感到失望，因為它無力扮演法國大革命和革命理論賦予它的國際解放者角色。的確，這種失望加上一八三〇年代不斷發展的民族主義（參見第七章），以及各國在革命前景上方向不同的新意識，打碎了革命者在復辟時期所追求的國際主義一致性。戰略前景仍然未變。一個新雅各賓派的國際主義，也許（像馬克思認為那樣）還得加上一個激進干涉主義的英國，對歐洲解放幾乎仍是必不可少的(不大可能出現的俄國革命前景除外)❺。儘管如此,一種民族主義反動此際已逐漸展開,它係針對燒炭黨時期以法國爲中心的國際主義。這場民族主義反動是一種非常適合浪漫主義(參見第十四章)的情感,而浪漫主義則是一八三〇年後最受左派注意的風行時尚。沒有比十八世紀沉默寡言、理性主義的音樂大師布納羅蒂,和糊塗無能卻又自吹自擂的馬志尼之間的對比更鮮明的了。馬志尼成了這類反燒炭黨反動的鼓吹者。他把各民族的密謀集團(「青年義大利」、「青年日耳曼」、「青年波蘭」等等)聯合在一起,組成「青年歐洲」。革命運動非中心化在某種意義上是符合實際的,因爲在一八四八年,各國的確是個別、自發並同時起義的。然而在另一種意義上,這又不合乎實際:它們同時爆發的刺激因素仍來自法國,但因法國不願扮演解放者的角色,而使它們終歸失敗。

不管是否有些離奇,激進派出於現實和意識形態原因,排斥了溫和派對王公和列強的信任。人民必須靠自己贏得解放,因爲不會有任何人爲他們代勞,這樣的觀點,在同一時期也爲無產階級社會主義運動變通使用。激進派必須藉由直接行動來爭取解放,而這類行動大多仍以燒炭黨習用的方式呈現,至少,在群眾仍處於消極狀態的時候是這樣。因此行動的效果不是很好,儘管在馬志尼試圖進攻薩伏衣的可笑舉動,與一八三一年革命失敗後波蘭民主派不斷進行的游擊嘗試之間,有著天壤之別。然而,排除或反對現存勢力的決心,造成激進派內部的另一次分裂。分裂的焦點在於:他們要不要以社會革命爲代價來奪取政權?

4

除美國外，這個問題在任何地方都是具煽動性的。在美國，再也沒有任何人會做出或忍不住做出在政治上動員普通人民的決定，因爲傑克遜式的民主已經達成這樣的目的（當然，南方的奴隸除外。）。但是，儘管一八二八至二九年在美國出現了工人黨（Workingmen's Party），但歐洲式的社會革命在那個遼闊而快速發展的國家，還不是個嚴重問題，雖然局部的不滿依然存在。在拉丁美洲，這個問題也不具煽動性，也許墨西哥除外，不管出於何種目的，那裏沒有人會在政治上去動員印第安人（即農民和農村雇工）、黑奴，甚或「混血兒」（即小農場主人、手工業者和城市貧民）。但是在西歐，由城市貧民進行社會革命是實際可行的，而在進行農業革命的廣大歐洲地區，是否要訴諸群眾的問題，更是顯得緊迫而不可避免。

在西歐，貧民，尤其城市貧民日益增長的不滿隨處可見。甚至連皇帝駐蹕的維也納，貧民的不滿也可從大眾化的郊區劇院中反映出來，劇院內上演的戲碼，像面鏡子般忠實呈現出平民和小資產階級的心聲。在拿破崙時期，戲劇把**舒適溫和**與對哈布斯堡家族的天眞忠誠結合起來。一八二〇年代最偉大的劇場作家雷蒙德（Ferdinand Raimund），用瀰漫了童話、悲傷和懷舊情緒的舞台，去追悼那群樸實、傳統且貧窮的民眾所遺落的天眞。但是從一八三五年起，舞台被一位耀眼的明星（內斯特羅〔Johann Nestroy〕）所占據。他是知名的社會政治諷刺家、尖刻又擅辯證的才子，也是一位破壞者，並在一八四八年非常符合其個性地變成一位革命狂熱分子。甚至經由哈佛爾（Le Havre）前往美國的日耳曼移民，也把「那裏沒有國王」作爲他們移居的理由。美國在一八二〇年代開始成爲歐洲窮人夢寐以求的國家❻。

在歐洲西部，城市中的不滿情緒極爲普遍。無產階級和社會主義運動，已可在雙元革命的英法兩國見到（參見第十一章）。英國於一八三〇年左右出現這類運動，而且採取極端成熟的勞動貧民群眾運動形式。他們認爲惠格黨和自由派是他們可能的背叛者，而資本家是必然的敵人。於一八三九至四二年達到高峯，且直到一八四八年後仍保持巨大影響力的「人民憲章」運動，便是其最大成就。相較之下英國社會主義或「合作主義」的力量，便弱小得多。它們始於令人難忘的一八二九至三四年間，有的吸收大批工人階級鬥士信仰其理論（從一八二〇年代早期起，它們便已在手工業者和熟練工人中進行宣傳），有的則雄心勃勃地嘗試建立全國性的工人階級「總工會」，工人階級在歐文主義者影響下，甚至企圖繞過資本主義以建立一種全面性的合作經濟。對一八三二年改革法案的失望，導致勞工運動的大多數成員期待這些歐文主義者、合作社社員，及早期的革命工團主義者來擔任領導，但是由於他們無法具體提出一套有效的政治策略和領導方針，再加上雇主和政府有計畫的進攻，遂使一八三四至三六年的運動遭致挫敗。這次失敗使社會主義者多少淪爲勞工運動主流之外的宣傳者或教育團體，或是成爲更加溫和的消費者合作社先驅，這類合作社最早是以合作商店的形式，在一八四四年於蘭開夏的羅奇代爾（Rochdale）首次出現。因此矛盾的是，作爲英國勞動貧民群眾運動頂峯的憲章運動，在思想上卻有些不如一八二九至三四年運動那般先進，雖然在政治上要成熟一些。

儘管如此，還是無法使其免遭失敗，因爲其領導人在政治上過於無能，地區和部門之間也分歧不一，加上它們除了準備稀奇古怪的請願書外，根本無法組織全國性的一致行動。

在法國，不存在類似的工業勞動貧民的群眾運動。一八三〇至四八年的法國「工人階級運動」，其鬥士主要來自舊式城鎮的手工業者和幫工當中，且多半發生在技術行業或像里昂絲綢業這類傳統家庭工業的中心(里昂首次革命的發起人甚至不是雇傭工人而是一群小業主)。此外，各種招牌的新「烏托邦」社會主義(聖西門、傅立葉〔Fourier〕、加貝〔Cabet〕和其他人)對政治鼓動卻不感興趣，雖然它們的小型祕密集會和團體(尤其是傅立葉派)，在一八四八年革命開始時，多半扮演工人階級的領導核心和群眾運動的動員者。另一方面，法國具有政治上高度發展的強大左翼傳統，如雅各賓主義和巴貝夫主義，一八三〇年後，其主要分子都成了共產主義者。其中最令人棘手的領袖是布朗基(Auguste Blanqui, 1805-1881)，他是布納羅蒂的學生。

從社會分析和理論層面來看，除肯定社會主義的必要性，肯定被剝削的雇工無產階級是社會主義的建設者，以及確定中產階級(不再是上層中產階級)是社會主義的主要敵人等看法之外，布朗基主義對社會主義的貢獻很小。但從政治戰略和組織方面來看，布朗基主義可幫助傳統的兄弟會革命機構，適應無產階級的狀況，並將雅各賓革命、暴動和中央集權人民專政等傳統方式，融入工人們的事業之中。從布朗基分子(先後源於桑茹斯、巴貝夫和布納羅蒂)那裏，近代社會主義革命運動得以堅信，其目標是必須奪取政權，而後實行「無產階級專政」——這個詞是布朗基分子所創造的。布朗基主義的弱點便是法國工人階級的弱點。和他們的燒炭黨先驅一樣，他們有的只是一些徒勞策劃暴動的少數菁英，但因缺乏廣泛的群眾支持，因而總以失敗收場，就像一八三九年試圖舉行的起義。

因此在西歐，工人階級或城市革命看起來似乎是非常眞實的危險，雖然在實際上，大多數像英國和比利時這樣的工業國家，政府和雇主階級都以相對(而且有理由)平靜的態度處之：沒有證據顯示，英國政府曾因龐大分散、組織不良且領導低劣的憲章派對公共秩序的威脅，而感到嚴重不安❼。另一方面，農村人口在鼓勵革命者和威脅統治者方面貢獻甚少。在英國，當一股砸毀機器的騷亂浪潮，於一八三〇年底從英格蘭南部和東部的飢餓工人中迅速蔓延開時，政府曾感到一陣恐慌。在這次自發、廣泛，但被迅速平息的「最後的工人暴動」❽中，可以看到一八三〇年法國七月革命的影響，參與暴動者所受到的懲罰遠比憲章分子嚴酷許多，也許是因爲大家害怕將出現比改革法案時期更加緊張的政治形勢。然而，農業動盪很快便回復到政治上不那麼可怕的狀態。在其他經濟先進地區，除日耳曼西部以外，很難期待或想像會有任何重大的農業革命發生，而大多數革命者所秉持的純粹城市觀點，對農民也不具吸引力。在西歐(不包括伊比利半島)，只有愛爾蘭才有廣大而特有的農業革命運動，由諸如絲帶會(Ribbonmen)和白男孩(Whiteboys)之類廣泛存在的祕密恐怖會社發起。但是在社會和政治上，愛爾蘭與其鄰國是屬於不同的世界。

因此，中產階級激進派，即那群不滿的實業家、知識分子和發現自己仍在反對一八三〇年溫和自由派政府的其他人，便因社會革命問題而告分裂。在英國，「中產階級激進派」分裂爲二，其一準備支持憲章運動或與之共同奮鬥的人(例如伯明罕的全面普選聯盟〔Complete Suffrage Union〕)，其二則堅持既反對貴族也反對憲章運動(例如曼徹斯特反穀物法聯盟)。不妥協者占了優勢，他們相信其階級意識的更大一致性，相信他們大筆花費的金錢及其宣傳和廣告機構的效率。在法國，路易腓力(Louis Philippe)官方反對派的衰弱和巴黎革命群眾的創造性，動搖了兩者的分裂。激進派詩人貝朗熱(Béranger)在一八四八年二月革命後寫道：「所以我們又再次成爲共和派，這也許太早了點，太快了點……我應該更喜歡比較謹慎的程序，但是我們既沒有選擇的時間，也沒有集聚的力量，更沒有決定行進的路線。」❾在法國，中產階級激進派與極左派的決裂，要到革命後才發生。

對於可能組成西歐激進主義主要大軍的獨立手工業者、店主、農場主等小資產階級(他們與技術工人聯合一氣)來說，該問題的壓力沒那麼大。作爲小人物，他們因同情窮人而反對富人；作爲小財產擁有者，他們又同情富人而反對窮人。但是這種同情的割裂，雖會導致他們猶豫不決，卻不會帶來政治忠誠上的大變化。在關鍵時刻，他們儘管軟弱，也還是雅各賓派、共和派和民主派。在所有的人民陣線中，他們是一個動搖的成分，但也是一個不變的成分，直到潛在的剝奪者實際掌權爲止。

5

在革命歐洲的其他地方，不滿的小鄉紳和知識分子，成爲該地激進派的核心，這使問題嚴重許多。因爲群眾是農民，而農民常常與地主和城鎮居民分屬不同民族。在匈牙利，地主和城鎮居民是斯拉夫人和羅馬尼亞人，在波蘭東部是烏克蘭人，而在奧地利的部分地區則是斯拉夫人。而那些最窮、最沒效率的地主，亦即最無法放棄其地位收益的地主，往往是最激進的民族主義者。大家公認，當大批農民仍處在愚昧無知和政治消極狀態時，農民支持革命這個問題的立即性就不像它理應具有的那樣直接，但其強烈程度卻不曾稍減。及至一八四〇年代，甚至連這種消極態度也不再是理所當然。一八四六年加利西亞(Galicia)的農奴起義，是一七八九年法國大革命以來規模最大的農民起義。

儘管是像這種極具爭議的問題，在某種程度上也仍是巧言誇飾的。從經濟上看，像東歐這類落後地區，其現代化必須依靠農業改革，至少得廢除仍在奧地利、俄羅斯和土耳其帝國中頑固存在的農奴制度。從政治上看，一旦農民開始活躍，革命者無疑必須有所做爲來滿足其要求，至少在革命者正與外來統治者作戰的國家應當如此。因爲如果他們不把農民拉到自己這邊，反革命分子就會把他們吸引過去。合法的國王、皇帝和教會，總是占有戰術上的優勢，傳統農民信任的是他們而不是地主，且原則上仍準備從他們那裏獲得正義。而如果需要的話，君主們隨時準備挑動農民去反對鄉紳：一七九九年那不勒斯的波旁王朝毫不猶豫地挑動農民去反對那不勒斯的雅各賓派。一八四八年，倫巴底農民高喊「拉德茨基(Radetzky)萬歲」，並向這位鎮壓民族主義起義的奧地利將軍歡呼「處死地主」❿。在未開發的國家裏，擺在激進派面前的問題，不是要不要與農民聯合，而是他們是否能成功地贏得聯合。

這些國家的激進派因此分成兩個集團：民主派和極左派。前者(在波蘭以波蘭民主會〔Polish Democratic Society〕、在匈牙利以科蘇斯〔Kossuth〕的追隨者、在義大利以馬志尼派爲代表)承認有必要把農民吸引到革命事業當中，且必要時可以廢除農奴制度並授予小耕作者土地所有權，但是他們希望能使自願放棄封建權利(並非沒有補償)的貴族和國內農民之間，維持某種和平共處。可是，在農民暴動還沒有達到暴風驟雨的程度，或是被王公剝削的恐懼還不是很大的地區(像義大利的許多地方)，民主派都不曾爲自己提出一個具體的土地綱領或任何社會綱領，他們更傾向於鼓吹政治民主和民族解放的普遍性。

極左派公開認爲，革命鬥爭是一場既反對外來統治者亦反對國內統治者的群眾鬥爭。他們比本書所述時期的民族和社會革命者，更懷疑在皇權統治下擁有既得利益的貴族和軟弱的中產階級，懷疑他們在領導新國家走向獨立和現代化方面所具有的能力。因此，他們自己的方案受到西方新興社會主義的強烈影響，雖然他們與前馬克思主義的多數「烏托邦」社會主義者不同，他們既是社會批評家也是政治革命家。例如，一八四六年短命的克拉考共和國，便廢除了所有的農民義務，並向城市貧民許諾建立「國民工廠」。南義大利燒炭黨中的最先進分子，也採用了巴貝夫—布朗基主義的政綱。也許波蘭是個例外，極左派的思潮在這裏相對弱小，而且在動員他們如此急於吸收的農民的運動失敗後，該運動主要由學童、大學生、貴族或平民出身的落魄知識分子和一些理想主義者組成，其影響力更進一步削弱。(然而，在小農制、佃農或次佃農的少數地區，如羅馬涅或日耳曼西南部地區，馬志尼類型的激進主義在一八四八年之後，成功地組織了相當程度的民眾支持力量。)

因此，歐洲未開發地區的激進派從未有效地解決其問題，部分是因爲他們的支持者不願對農民做出充分或及時的讓步，部分是因爲農民在政治上不夠成熟。在義大利，一八四八年革命實際上是在消極的農村人口不太理解的情況下進行的。在波蘭(一八四六年起義迅速發展成受奧地利政府鼓勵的、反對波蘭鄉紳的農民起義),除普屬的波茲蘭地區(Poznania)外,一八四八年根本沒有革命發生。甚至在最先進的革命國家如匈牙利,貴族領導的土地改革的種種局限,也使充分動員農民參加民族解放戰爭,變得完全不可能。而在大部分東歐地區,穿著帝國軍人制服的斯拉夫農民,是日耳曼和匈牙利革命者的強力鎮壓者。

6

然而,雖然因當地狀況差異,因民族和階級而出現分裂,但是一八三〇至四八年的革命運動,仍保持了許多共同之處。首先,正如我們在前面已看到的,它們在很大程度上仍是中產階級知識分子密謀者的少數人組織,經常處在流亡之中,或局限於受過教育的弱小世界裏。(當然,革命爆發時,普通人民也會活躍起來。一八四八年米蘭起義的三百五十名死者中,只有約十二人是學生、職員,或出身地主階級者。七十四人是婦女、兒童,而其餘是手工業者或工人[11]。)其次,它們保有一套襲自一七八九年大革命的政治程序、戰略和策略思想等等,以及一股強烈的國際團結意識。

第一個共相很容易解釋。除了在美國、英國,或許還包括瑞士、荷蘭以及斯堪的納維亞之外,在正常時期(而非革命前後)的社會生活中,幾乎都不存在群眾運動組織和傳統;而除英國和美國之外,其他地區也不具備出現的條件。因爲一份每週發行量超過六萬份並擁有更大數目讀者的報紙,如一八三九年四月憲章派的《北星報》(*The Northern Star*)⓬,在其他地方是完全無法想像的。五千份似乎已是報紙最常見的發行量,雖然半官方報紙或(從一八三〇年代起的)娛樂性雜誌,在法國這樣的國家可能會超過二萬份⓭。而甚至是像法國和比利時這樣的立憲國家,極左派的合法動員也只被斷續承認,其組織更經常是非法的。所以,當民主政治的幻影只存在於合法享有政治權利的有限階級中時(其中一些在非特權階層中有其影響力),群眾政治的基本方法——對政府施加壓力的公眾運動、群眾組織、請願、與普通人民面對面的巡迴演講等等——便少有實行的可能。除了英國人外,大概不會有人認眞考慮透過簽名或示威的群眾運動來爭得議會普選權,或者經由群眾宣傳或壓力運動來廢除一項不受歡迎的法律,就像英國憲章運動和反穀物聯盟各自試圖做的那樣。憲法的重大變化意味著合法性的中斷,而社會的重大變化更是如此。

非法組織自然要比合法組織規模較小,而且它們的社會組成遠不具代表性。眾所公認,當一般性的燒炭黨祕密會社演化爲無產階級革命組織時,例如布朗基派,其中產階級的成員會相對減少,而工人階級成員,即手工業者和技術幫工,其人數則相應上升。一八三〇年代後期到四〇年代的布朗基派,其成員據說主要是來自下層階級⓮。日耳曼非法者聯盟(後來演變爲正義者聯盟〔League of Just〕和馬克思、恩格斯的共產主義者聯盟〔Communist League〕)也是如此,其骨幹係由流亡國外的日耳曼幫工組成。但這樣的情形在當時是相當例外的。像以往一樣,大批的密謀者主要是來自於專業階層、小貴族、大學生及中學生、記者等等,也許燒炭黨全盛期(伊比利半島國家除外),還多了一小部分年輕軍官。

此外在某種程度上，整個歐洲和美國左派繼續在與共同的敵人鬥爭，並擁有共同的願望和共同的綱領。(由「大不列顛、法國、日耳曼、斯堪的納維亞、波蘭、義大利、瑞士、匈牙利和其他國家居民」組成的)兄弟民主會(Fraternal Democrats)在其原則宣言中寫道：「我們摒棄、批判並譴責一切世襲的不平等和『種族』區分，因此我們認為國王、貴族和憑藉占有財產而壟斷特權的階級，都是篡奪者。政府由全體人民選出並對全體人民負責，是我們的政治信條。」[15]激進派或革命者對這樣的內容會不同意嗎？一個資產階級革命者，他會贊成一個在經濟上財產可以自由運用的國家，雖然財產不再能享有以往的政治特權(如一八三〇至三二年憲法中規定的選舉財產資格限制)；但如果是社會主義或共產主義革命者，那麼他一定會主張財產必須社會化。無疑，這樣的衝突時刻必將到來(在英國已見諸憲章運動時期)，到那時，以前反對國王、貴族和特權的盟友，將會變為互相抗鬥的敵人，而其基本衝突將是資產階級和工人階級之間的衝突。但及至一八四八年，在英國之外的國家，衝突的時刻尚未到來。只有少數國家的大資產階級仍公然站在政府陣營之中。甚至最自覺的無產階級共產主義者，也把自己看作一般激進和民主運動中的極左翼，而且通常認為：建立「資產階級民主」共和國，是社會主義進一步發展不可或缺的開端。馬克思和恩格斯的《共產黨宣言》，是一份將來反對資產階級戰爭的宣言，但也是(至少對於日耳曼)目前的聯合宣言。而當日耳曼最先進的中產階級——萊茵地區的工業家們——於一八四八年請求馬克思擔任其激進機關報《新萊茵報》(*Neue Rheinische Zeitung*)的主編時，他們不僅希望他接受，並希望他不要只把這份報紙編成共產主義的機關報，更要編成日耳曼激進派的代言者和領路者。

歐洲左派不僅擁有共同的革命觀點，而且還有共同的革命圖像。這種圖像源於一七八九年和一八三〇年的革命。圖像中的國家正處於一場導致暴動的政治危機當中。(除伊比利半島外，那種不考慮整體的政治或經濟氣候，便組織菁英領導暴動或起義的燒炭黨思想，日益受到懷疑。特別是在義大利類似企圖的多次失敗，例如一八三三至三四、一八四一至四五，和拿破崙姪子路易於一八三六年策動的暴動悲慘收場之後，更爲顯著。)首都將築起街壘；革命者將衝向王宮、議會，或者(在懷念一七九二年的極端分子中)衝向市政廳，升起無論什麼樣的三色旗，並且宣告成立共和國和臨時政府。然後國家將接受這個新政權。首都的極端重要性是大家普遍接受的，雖然直到一八四八年後，政府才開始對首都重新規劃，以方便部隊鎮壓革命者。

武裝公民將組成國民軍，立憲議會的民主選舉會正式舉行，臨時政府也將成爲確定的政府，而新憲法更會實施生效。新政府接著將對那些幾乎肯定也會發生的其他革命，提供兄弟般的支援。接下來發生的事，便屬於後革命時代。對於後革命時代，一七九二至九九年的法國典範，也爲該做什麼和不該做什麼提供了相當具體的模式。最激進派的革命者，自然很容易就會把重點轉向保衛革命，反對國內外反革命分子的顚覆問題上。也可以說，越是左翼的政治家，越可能贊成雅各賓派的集權和建立強大行政機構的原則，以反對(吉倫特派的)聯邦主義、非集權化或分權原則。

這種共同的觀點，因強烈的國際主義傳統而大爲加強，甚至在那些拒絕接受任何國家(即法國，或者巴黎)具有先天領導權的分裂派民族主義者當中，也殘存著國際主義。即使不將大多數歐洲國家的解放似乎就意味著專制統治失敗這一明顯事實考慮在內，所有國家的革命進程也將是一樣的。民族歧視(正如兄弟民主會所認爲的那樣，「它在任何時代都被人民的壓迫者所利用」)將在博愛的世界裏消失。建立國際革命團體的嘗試從未停止，從馬志尼的「青年歐洲」——旨在取代老式燒炭黨—共濟會的國際組織——到一八四七年的「全世界統一民主聯盟」(Democratic Association for the Unification of All Countries)。在民族主義運動中，這種國際主義的重要性逐漸下降，原因在於各國已漸次贏得獨立，而且各國人民之間的關係並不像想像中那樣友好。在那些日益接受無產階級取向的社會革命運動中，其力量則正在增強。**國際**，作爲一個組織和一首歌，在這個世紀的後期將成爲社會主義運動的一個組成部分。

有一項偶發因素使一八三〇至四八年的民族主義得到加強，那就是流亡。歐陸左派的大多數政治鬥士都曾經當過一段時間的流亡者，許多人甚至流亡長達幾十年。他們集中在相對說來極少數的幾個難民區和避難所：法國、瑞士，其次是英國和比利時(美洲對於臨時性的政治移民太爲遙遠，雖然也吸引了一些人)。這類流亡的最大隊伍，是一八三一年革命失敗後被放逐的五千到六千名波蘭移民⓰，次多的是義大利人和日耳曼人(因大量非政治移民而增加)。到一八四〇年代，一小群富有的俄國知識分子，在留學國外期間也已吸收了西方革命思想，或追求一種比尼古拉一世的地牢和操練場更合情意的氣氛。而在巴黎和相距遙遠的維也納，這兩個照耀了東歐、拉丁美洲和東地中海地區的文化大城裏，四處都可見到來自弱小或落後國家的學生和有錢人。

在難民的中心所在地，流亡者結成組織，時而討論、爭吵，時而往來、指責，並且策劃著解放自己的國家，以及他人的國家。先是波蘭人，其次是義大利人(流亡中的加里波底爲拉丁美洲各國的自由而戰），他們實際上成爲革命鬥士的國際軍團。一八三一到七一年間，歐洲各地沒有任何一次起義或解放戰爭，是在沒有波蘭軍事專家或戰鬥分隊的協助下完成的。甚至在英國憲章運動期間，唯一的一次武裝起義（一八三九），也是如此。然而，他們並非唯一這樣做的人。（自稱是）丹麥的哈林（Harro Harring）是一個相當典型的流亡人民解放者，曾先後爲希臘（一八二一）、波蘭（一八三〇—三一）而戰。身爲馬志尼的青年德意志、青年義大利，以及稍許有點模糊的青年斯堪的納維亞成員，他也曾在返歐參加一八四八年革命之前，越過重洋，爲計畫中的拉丁美洲合眾國而奮鬥，並爲此留居紐約；同時出版題爲「人民」、「血滴」、「一個人的話」和「一個斯堪的納維亞人之詩」等作品。（他非常不幸地招致馬克思的敵意。馬克思在他的〈流亡者大合唱〉中，以其銳不可當的諷刺謾罵天賦，爲後代留下了這個人的記錄。）

共同命運和共同理想，把這些流亡者和旅居者連結在一起。他們大多數面臨相同的貧困和警察監視、非法通信、間諜，以及無處不在的密探等問題。如同一九三〇年代的法西斯主義，專制主義在一八三〇至四〇年代，也將它的共同敵人團結在一起。而當以解釋世界社會危機並提出解決方案爲目的的共產主義，在一個世紀之後，將知識上的好奇者吸引到其首都巴黎時，更爲這個城市的輕亮魅力增添了一分嚴肅的吸引力（「如果沒有法國女人，生活將失去意義。但是當世界還有這麼多陰暗面時，得了吧！」⑰）。在這些避難中心，流亡者組成臨時的但經常是永久性的流亡者團體，同時策劃著人類的解放。他們並不總是喜歡或贊成對方，但卻相互了解，知道命運是共同的。他們一起準備和等待歐洲革命的到來。一八四八年，它到來了，而且失敗了。

註釋

❶ Luding Boerne, *Gesammelte Schriften*, III, pp. 130-31.

❷ *Memoirs of Prince Metternich,* III, p. 468.

❸ Vienna, Verwaltungsarchiv: Polizeihofstelle H 136/1834 , passim.

❹ Guizot, *Of Democracy in Modern Societies* (London 1838) , p.32.

❺對於一般革命戰略最透徹的討論，參見於馬克思在一八四八年革命期間發表於《新萊茵報》上的專文。

❻ M. L. Hansen, *The Atlantic Migration* (1945), p. 147.

❼ F. C. Mather, "The Government and the Chartists", in A. Briggs ed. *Chartist Studies* (1959).

❽ Cf. *Parliamentary Papers,* XXXIV, 1834.

❾ R. Dautry, *1848 et la Deuxième Rêpublique* (1848), p.80.

❿St. Kiniewicz, "La Pologne et l'Italie à l'époque du printemps des peuples", *La Pologne au Xe Congrés International Historique* (1955), p. 245.

⓫D. Cantimori in F. Fejtö ed., *The Opening of an Era: 1848* (1948), p. 119.

⓬D. Read, *Press and People* (1961), p. 216.

⓭Irene Collins, *Government and Newspaper Press in France , 1814-81* (1959).

⓮Cf. E. J. Hobsbawm, *Primitive Rebels* (1959), pp. 171-72; V. Volguine, "Les idées socialistes et communistes dans les sociétés secrètes" (*Questions d'Histoire*, II, 1954, pp. 10-37); A. B. Spitzer, *The Revolutionary Theories of Auguste Blanqui* (1957), pp. 165-66.

⓯G. D. H. Cole and A. W. Filson, *British Working Class Movements. Select Documents* (1951), p. 402.

⓰J. Zubrzycki, "Emigration from Poland", *Population Studies*, VI, (1952-3), p. 248.

⓱恩格斯致馬克思信，一八四七年三月九日。

第七章
民族主義

每個人都有其特殊使命，這些使命將攜手走向人類總使命的完成。這樣的使命構成了民族性。民族性是神聖的。

——青年歐洲兄弟守則，一八三四

這一天將會來臨……當優秀的日耳曼人站在自由和正義的青銅底座上，一隻手握著啓蒙的火炬，把文明的光束投向地球最遙遠的角落，另一手持著仲裁者的天平，人們將懇請她解決爭端，那些現在向我們高喊強權即公理，並輕蔑地用長統靴踢打我們的人們。

——摘自西本費弗(Siebenpfeiffer)在漢巴克節上的演講，一八三二

1

一八三〇年後，如我們在前面已看到的那樣，贊成革命的總運動分裂了。而分裂所導致的一項後果值得特別注意，即自覺的民族主義運動。

這場運動發展的最佳象徵，便是一八三〇年革命後由馬志尼創建或發起的「青年」運動：青年義大利、青年波蘭、青年日耳曼、青年法蘭西（一八三一—三六），以及一八四〇年代類似的青年愛爾蘭。青年愛爾蘭是芬尼亞會（Fenians）或稱愛爾蘭共和兄弟會（Irish Republican Brotherhood）的前身，它是十九世紀早期密謀派兄弟會組織當中，唯一沿續至今且獲得成功的革命團體，並因進行武裝鬥爭的愛爾蘭共和軍而聞名於世。這些運動本身並不重要，且只要有馬志尼存在，就足以使它們完全無效。但在象徵性意義上，它們卻極其重要，從日後的民族主義運動紛紛採用像「青年捷克人」或「青年土耳其人」這類標籤，即可見一斑。它們標誌著歐洲的革命運動碎裂成民族的革命運動。這類民族革命團體之間，無疑有著大致相同的政治綱領、戰略和策略等，甚至有大致相同的旗幟——幾乎總是某種形式的三色旗。他們的成員認爲：其自身的要求與其他民族的要求之間並沒有矛盾，而且他們的確設想建立一種可同時解放自身及其他民族的兄弟關係。另一方面，各個民族革命團體則傾向於透過爲大家選擇一個救世主的角色，來爲其首先關注本民族利益的心態進行辯護。藉由義大利（據馬志尼說的）、波蘭（據密茨凱維奇〔Mickiewicz〕說的），世界上受苦受難的人民將被引向自由。這是一種很容易淪爲保守政策或帝國主義政策的觀念，在那些強調自己是神聖的羅馬第三帝國的俄國親斯拉夫派，以及那些日後不斷重複著將以德意志精神治好全世界的德國人身上，我們都可以看到這種危險。大家一致認爲，民族主義這種模稜兩可的現象，可回溯到法國大革命的影響。但是在法國大革命期間，世上的確只有**一個**偉大的革命民族，而它的所做所爲也足以讓世人明白，它是所有革命的司令部和解放世界的必要原動力。因此，指望巴黎是合理的；指望一個模糊不清的(實際上由一小撮密謀派和流亡者代表的)「義大利」、「波蘭」或「日耳曼」，只有對義大利人、波蘭人和日耳曼人才具意義。

如果新興的民族主義只限於民族革命兄弟會的成員，它就不值得太多注意。事實上，它代表著更爲強大的力量，這些力量在一八三〇年代以雙元革命的結果出現，並顯露在政治自覺之中。這些力量當中，最立即且強大的是小地主或鄉紳的不滿，以及在許多國家當中突然冒出的民族中產階級、甚至低層中產階級，二者的代言人大多是專業知識分子。

小鄉紳的革命作用，也許可在波蘭和匈牙利得到最好說明。總體而言，當地的土地大亨早就發現與專制主義和外國統治達成協議，是可能且合乎需要的。匈牙利的大地主一般都是天主教徒，而且長期以來已被吸收爲維也納宮廷的社會支柱，他們之中極少有人參加一八四八年革命。對於舊日波蘭—立陶宛聯邦(Rzeczpospolita)的記憶，使波蘭的地主權貴具有更強烈的民族主義思想，但是他們之中最有影響力的準民族主義派別：恰爾托雷斯基集團，當時正對寓居巴黎朗貝爾飯店(Hotel Lambert)的奢華移民，進行活動，他們總是贊成與俄國聯合，而且喜歡外交活動更甚於起義。從經濟上看，如果不太浪費的話，他們也富裕得足以支付所需；而且，如果他們喜歡的話，甚至有財力投入足夠的資金來改善其土地，以從該時代的經濟發展中獲得好處。塞切尼伯爵(Count Széchenyi)是這個階級的少數溫和自由派和經濟進步倡導者，他曾將約六萬弗林(florins)的年收入贈予新成立的匈牙利科學院。沒有任何證據顯示他的生活水準曾因這筆無私的慷慨捐贈而受到影響。另一方面，只因出身不同而使其有別於其他貧困農民的小鄉紳(匈牙利人口中約八分之一據稱擁有鄉紳地位)，既沒有錢財能使其持有的土地有利可圖，也沒有與日耳曼人或猶太人競爭中產階級財富的意向。如果他們無法靠其地租體面生活，且衰敗的年代又剝奪他們投身軍伍的機遇，如果文化程度不算太差的話，他們或許會考慮從事法律、行政或一些知識性職業，但是不會從事資產階級活動。這類鄉紳長期以來已成爲本國專制主義、外族及巨富統治的反對堡壘，隱藏在(像在匈牙利的)喀爾文派和縣級機構的雙重支持背後。很自然的，他們的反對、不滿，以及希望獲得更多工作機會的願望，如今將引燃民族主義。

自相矛盾的是，在這個時期興起的民族商業階級，竟是個較小的民族主義因素。眾所公認，在四分五裂的日耳曼和義大利，一個統一的民族大市場，其優勢是非常明顯的。《聯合下的德意志》(*Deutschland über Alles*)的作者呼喚：

火腿和剪刀，靴子和吊襪帶，
羊毛和肥皂與紗線和啤酒。❶

民族精神所無法促成的民族統一意識，日耳曼已藉由關稅同盟達成了。然而，卻沒有什麼證據可以顯示，比如說，（日後將爲加里波底提供許多財政支持的）熱內亞的船運商對義大利民族市場的喜愛，會更甚於遠較繁榮的地中海貿易。而在多民族的大帝國中，於特定省分內發展出來的工業和貿易核心，當然會對現存的歧視表示不滿，但是在他們心底眞正喜愛的，顯然是此刻對他們開放的帝國大市場，而不是未來獨立的民族小市場。因此，波蘭工業家既有整個俄國可資利用，自然少有人會去支持波蘭民族主義。當帕拉茨基（Palacky）代表捷克人宣稱「如果奧地利不存在，那就必須造一個出來」時，他不僅是在籲請君主反對日耳曼，而且也表達了一個龐大卻很落後的帝國經濟核心地區的合理心聲。然而商業利益有時也領導著民族主義，例如像比利時，該地一支強大的工業先驅社群，基於十分奇怪的理由，認爲處在荷蘭商業集團的有力統治下，他們的地位將非常不利。比利時是在一八一五年陷入荷蘭手中的。不過這是個特殊例子。

在這個階段，中產階級民族主義的強大支持者，是下層和中層的專業、行政和知識階層，換句話說，即受過教育的階層（當然，這些人與商業階級並無明顯區隔，尤其是在落後國家，那裏的土地行政人員、公證人和律師等等，通常即等於農村財富的主要積聚者）。確切地說，中產階級民族主義的先鋒，係沿著教育進步的路線進行戰鬥，而教育進步，則顯現在大批「新人」進入當時仍被少數菁英占據的領域。學校和大學的成長顯示出民族主義的進展，因爲學校尤其是大學，正是其自覺的鬥士：日耳曼與丹麥之間，曾爲了什列斯威—好斯敦（Schleswig-Holstein）問題，先後於一八四八及六四年爆發過兩場衝突，但在此之前，基爾大學和哥本哈根大學，便曾爲了這個問題在一八四〇年代中期引發過激烈爭執。

教育的進展十分明顯，雖然「受教育者」的總數仍然很小。法國國立學校的學生人數在一八〇九到一八四二年間增加了一倍，而且在七月王朝統治之下，增長得特別迅速，但是即使如此，及至一八四二年，也只不過一萬九千人(那時所有受過中等教育的孩子，總數是七萬人❷)。俄國於一八五〇年左右，在六千八百萬總人口中只有大約二萬名中學生❸。大學生的人數儘管不斷增加，但其總數自然就更少了。很難想像，一八〇六年後那麼受解放思想煽動的普魯士大學青年，據說在一八〇五年時竟不超過一千五百人；後一八一五年的波旁王朝毀滅者，巴黎綜合工藝學校，在一八一五至三〇年間，共只訓練了一千五百八十一名青年，即每年僅招收約一百人。學生在一八四八年革命中的突出表現，使我們很容易忘記下述事實：整個歐洲大陸，包括未進行革命的不列顛群島，可能總共只有四萬名大學生❹，雖然數目仍在上升之中。俄國的大學生人數便從一八二五年的一千七百人，上升到一八四八年的四千六百人。而且即使人數沒有增長，社會和大學的變化(參見第十五章)，也爲學生賦予了一種社會團體的新意識。誰也不記得在一七八九年巴黎大學有大約六千名學生，因爲他們在大革命中沒有發揮過獨立作用❺。但是到一八三〇年，任誰也不能忽視這群年輕大學生的重要性。

少數菁英可利用外國語言活動；而一旦受過教育的幹部變得足夠多時，民族語言就會自行產生影響(如自一八四〇年代起，印度各邦爲爭取承認其語言而做的抗爭)。因此，當開始用民族語言出版教科書、報紙，或進行某些官方活動時，都代表著民族發展邁出了關鍵一步。一八三〇年代，歐洲許多地區都跨出了這一步。於是有關天文學、化學、人類學、礦物學和植物學的第一批重要的捷克文著作，便是在這十年中寫作或完成的；而在羅馬尼亞，用羅馬尼亞文代替以前流行的希臘文的第一批學校教科書，也是如此。一八四〇年，匈牙利文取代拉丁文作爲匈牙利議會的官方語言，雖然受維也納控制的布達佩斯大學，直到一八四四年才停授拉丁語課程（可是，爲爭取使用匈牙利語爲官方語言的抗爭，從一七九〇年起一直斷斷續續地進行）。在札格雷布（Zagreb），蓋伊（Gai）從一八三五年起便用迄今仍是方言綜合體的第一種書面語言，出版了他的《克羅埃西亞報》（*Croatian Gazette*，後來改名《伊利里亞民族報》〔*Illyrian National Gazette*〕）。在很早就擁有官方民族語言的國家，這種變化不太容易衡量出來的。可是有趣的是，一八三〇年後用德語（而不是拉丁語和法語）出版的日耳曼書籍，首次持續超過百分之九十，法語書籍的數量，則在一八二〇年後降到百分之四以下。（十八世紀早期，日耳曼出版的全部書籍中，只有百分之六十是用德語發表的，自那之後，這一比例平穩上升❻。）此外，出版物的普遍大增，也給予我們一個可資比較的指標。例如，日耳曼出版的書籍數量，在一八二一年和一八〇〇年大致相同，一年大約四千種；但一八四一年卻上升到一萬二千種❼。

當然，大多數歐洲人和非歐洲人仍是未受過教育的。的確，除日耳曼人、荷蘭人、斯堪的納維亞人、瑞士人和美國公民外，沒有一個民族能在一八四一年被形容成是有文化的。有幾個民族可說幾乎是文盲，像南部斯拉夫人，他們在一八二七年只有不到百分之一點五的識字率（甚至在更晚的時候招募到奧地利軍隊中的達爾馬提亞人，也只有百分之一能夠讀寫），或者像只有百分之二識字率（一八四〇年）的俄國人，像西班牙人、葡萄牙人（半島戰爭後，似乎總共僅有八千名兒童在校）以及除倫巴底和皮德蒙之外的義大利人。一八四〇年代，甚至英國、法國和比利時，也有百分之四十到五十的人是文盲[8]。文盲絕非政治意識的障礙，但事實上沒有證據指出，除了已受雙元革命改變的國家——法國、英國、美國以及（政治和經濟上依附於英國的）愛爾蘭——那種近代式的民族主義是股強大的群眾力量。

把民族主義等同於識字階層，並不是說，以俄國大眾爲例，當他們碰到非俄國的人事物時，不會產生「俄國人」的自覺。然而，對一般群眾而言，民族性的檢驗物仍然是宗教：西班牙人係以是否爲天主教徒來確定，俄國人則看是否是東正教徒。然而，與外國文化直接接觸的情形雖日漸增多，但仍屬罕見，而某些民族感情（例如義大利人的），對廣大群眾而言仍是全然陌生。他們甚至不使用共同的民族書寫語言，且說著彼此幾乎不能明白的方言。甚至在日耳曼，愛國主義神話也極端誇大了反拿破崙民族情感的程度。在日耳曼西部，尤其是法國自由徵召的戰士中，法國仍極受歡迎[9]。隸屬於教皇或皇帝的人民，或許表現出對碰巧也是日耳曼敵人的法國人的不滿，但這其中幾乎不帶有任何民族情感，更不用說建立一個民族國家的任何願望。此外，民族主義係以中產階級和鄉紳爲主幹的事實，就足以使窮人們秉持懷疑立場（像南義大利燒炭黨中比較先進的分子和其他密謀派所表現的那樣）。波蘭激進民主革命派急切地試圖動員農民，甚至到了提出進行土地改革的程度，但他們還是幾乎徹底失敗。即使這些革命派實際上宣布廢除農奴制度，加利西亞的農民在一八四六年還是會反對波蘭革命者，他們更願意屠殺鄉紳並相信皇室官吏。

民族的遠離家園，也許是十九世紀最重要的一個現象，它瓦解了深厚、古老且地方化的傳統主義。直到一八二〇年代，世上大多數地區都幾乎沒有什麼移民或出遷者，除非是在軍隊和飢餓的強制下，或在傳統上經常遷移的社會中，例如在北方從事季節性建築工作的法國中部農民，或者日耳曼的流動手工業者。遠離家園還意味著一種思想病，但不是即將成爲十九世紀特殊心理病的那種溫和形式的思鄉病（反映在無數多愁善感的流行歌曲中），而是醫生於臨床上最早用來描述旅居國外的舊式瑞士雇傭軍，那種強烈得足以致命的心理疾病。在法國大革命戰爭的徵兵中，便可發現這種疾病，特別是在布列塔尼人身上。遙遠北部森林的吸引力非常強大，它可以使一個愛沙尼亞女僕離開她那位極其仁慈的薩克森庫吉爾根（Kügelgen）雇主，在薩克森她是自由的，而回到家鄉卻將淪爲農奴。遷居和移居國外（其中移居美國的數據最方便查找）的人數，在一八二〇年代以後顯著增加，雖然直到一八四〇年代才達到很大的比例，那時有一百七十五萬人越過北大西洋（將近是一八三〇年代數字的三倍）。即使如此，不列顛之外唯一的主要移民民族仍是日耳曼人，長期以來，他們一直都遣送子孫到東歐和美國做定居農民，到歐陸做流動手工業者，並到各國充任傭兵。

實際上我們可以說，一八四八年眞正以群眾爲基礎且具有嚴密組織形式的西方民族運動，只有一次，而且即使這次，也因爲與教會這個強大的傳統支撐者秉持一致的態度，而獲致巨大好處。那就是奧康內爾（Daniel O'Connell, 1785–1847）領導下的愛爾蘭取消聯合運動（譯註：十九世紀初，愛爾蘭反對與英國組成聯合王國的民族主義運動）。奧康內爾是農民出身、嗓音宏亮的律師鼓動家，也是第一位（直到一八四八年是唯一的一位）普受歡迎的奇里斯瑪型領導人，他帶動了當時猶屬落後群眾的政治意識覺醒。(一八四八年前，唯一可與奧康內爾相比的人物是另一位愛爾蘭人奧康納〔Feargus O'Connor, 1794-1855〕，他已成為英國憲章運動的象徵；或許還有匈牙利的科蘇斯。科蘇斯可能在一八四八革命之前已獲得某些群眾聲望，雖然在一八四〇年代，其威望實際上是因身為鄉紳擁護者而獲致的，由於他後來被歷史學家奉為聖人，因此很難完全看清楚他的早期經歷)。奧康內爾的天主教聯合會(Catholic Association)，在爭取天主教徒解放(一八二九)的成功抗爭中，贏得了群眾支持和教士們的信任(這點未獲完全證實)。這個聯合會在任何情況下，都絕不與新教徒鄉紳和英裔愛爾蘭鄉紳發生關係。它是農民和那個貧困大島上的愛爾蘭下層中產階級的運動。被一次又一次的農民暴動浪潮推上領導地位的「解放者」，是貫穿愛爾蘭政治史上那個令人震驚的世紀的首要推動力。這個力量在祕密恐怖會社中被組織起來，而這些會社本身，則有助於打破愛爾蘭的地方主義。然而，奧康內爾的目標既不是革命也不是民族獨立，而是透過與英國惠格黨達成協議或談判，來實現溫和中產階級的愛爾蘭自治。事實上，他並不是民族主義者，更不是農民革命家，而是溫和中產階級的自治主義者。的確，後來的愛爾蘭民族主義者對他提出的主要批評(很像更為激進的印度民族主義者批評在其國家歷史上占有類似地位的甘地)，便是他本來能夠發動整個愛爾蘭起來反對英國人，但他卻有意地拒絕。不過，儘管如此，這並不能改變下列事實：亦即他所領導的運動，的確得到廣大愛爾蘭民眾的真正支持。

2

可是，在近代資產階級世界之外，還有反對異族統治（一般情況爲不同宗教而非不同民族的統治）的人民起義運動，有時這似乎預示著日後民族運動的走向。這類運動指得是反對土耳其帝國，高加索反對俄羅斯人，以及印度反對入侵的英國統治者的戰鬥。把諸多的近代民族主義塞入對這類民族運動的理解之中，是不恰當的，雖然在武裝好鬥的農牧人口聚居的落後地區，以部落集團爲組織，且由部落酋長、綠林英雄或先知們所發動的對外國（或更確切地說是不信任的）統治者的抵抗，採取了一種與菁英式民族運動頗爲不同、但更接近其眞義的人民戰爭形式。然而實際上，馬拉塔人（Ma-hrattas，印度的封建軍事集團）和錫克教徒（一個軍事宗教派別）分別於一八〇三至一八及一八四五至四九年所發起的抗英運動，與後來的印度民族主義幾無關聯，而且他們也沒發展出自己的民族主義。（錫克人運動迄今仍大多自成一體。在馬哈拉施特拉邦〔Maharashtra〕，當地人的戰鬥抗爭傳統，使那個地區成爲印度民族主義的早期中心，並提供了一些最早的、且是極傳統的領導人，特別是提拉克〔B. G. Tilak〕；但這頂多是印度民族運動中，一個地區性的、而非占主導地位的潮流。像馬拉塔民族主義那樣的東西，在今天可能還存在著，但其社會基礎是廣大的馬拉塔工人階級和沒有特權的下層中產階級，對抗在經濟上和直到最近仍在語言上占統治地位的古加拉特人〔Gujeratis〕。）野蠻、英勇、世仇不斷的高加索部隊，在穆里德運動（Muridism）的純淨伊斯蘭派別中，暫時找到了團結一致、反對俄國人入侵的紐帶，而且找到沙米爾（Shamyl, 1797

-1871)這個重要的領導人①。但是直到今天，高加索人仍尚未組成一個民族，而僅僅是在蘇聯一個小共和國中的一小群小山民聚集體(已具近代民族意義的喬治亞人和亞美尼亞人，並未參加沙米爾運動。被諸如阿拉伯地區的瓦哈比派(Wahhabi)和今天利比亞的賽努西教團(Senussi)等純淨宗教派別所掃蕩的貝都因人，爲了阿拉的單純信仰，反對賦稅、蘇丹和城市的營私舞弊，並爲了保有簡樸的牧民生活而戰。但是我們今日所知的阿拉伯民族主義(二十世紀的產物)，是來自於城市，而不是遊牧民族的營地②。

甚至巴爾幹各國，尤其是那些很少被馴服的南部和西部山民，他們反對土耳其人的起義行動，也不應過於簡單地用近代民族主義來加以解釋，雖然許多吟遊詩人和勇士(兩者經常是同一些人，例如門的內哥羅〔Montenegro〕的詩人—武士—主教)，會使人回憶起像阿爾巴尼亞的斯坎德培(Skanderbeg)那樣的準民族英雄的榮耀，以及像塞爾維亞人在科索沃(Kossovo)戰役中對抗土耳其人的失敗悲劇。在任何有需要或有意願的地區，起義反對當地政權或削弱土耳其帝國，都是極其自然的舉動。然而，僅只是因爲經濟上共同的落後性，才讓我們把今日所謂的南斯拉夫人視爲一個整體，甚至包括了他們居住在土耳其帝國境內的同族人，但是南斯拉夫這個概念是奧匈帝國知識分子的活動產物，而不是那些實際爲自由而戰者所欲追求的結果。(有意思的是，今天的南斯拉夫政權已將以前劃歸爲塞爾維亞的民族，分裂爲更符合實際的次民族共和國和行政單位：塞爾維亞、波士尼亞、門的內哥羅、馬其頓和科索沃—梅托希亞〔Kossov-Metohidja〕。根據十九世紀民族主義的語言學標準，他們大多屬於同一單元的「塞爾維亞」民族，只有與保加利亞人更接近的馬其頓人，以及位於科斯美特〔Kosmet〕的阿爾巴尼亞少數民族除外。但是事實上，他們從未發展成單一的塞爾維亞民族。）信仰東正教的門的內哥羅人從未被征服過，他們與土耳其人作戰，但也以同樣的熱情對抗多疑、信奉天主教的阿爾巴尼亞人，同樣多疑但團結的斯拉夫人，以及信奉伊斯蘭教的波士尼亞人。波士尼亞人則像多瑙河平原上的東正教塞爾維亞人一樣樂意，並且以比阿爾巴尼亞邊疆地區東正教「老塞爾維亞人」更大的熱情，起義反對與他們多數信仰同一宗教的土耳其人。十九世紀率先起義的巴爾幹人民，是在英勇的豬商綠林黑喬治（Black George, 1760-1817）領導下的塞爾維亞人，但是在他起義（一八〇四—〇七）的最初階段，甚至並未提出反對土耳其統治的口號，而是相反的，支持土耳其蘇丹反對當地統治者的營私舞弊。在巴爾幹西部山區的早期起義歷史中，幾乎沒有任何記載顯示當地的塞爾維亞人、阿爾巴尼亞人、希臘人和其他民族，在十九世紀早期已對那種非依民族劃分的自治公國感到不滿，該制度是由強有力的總督，人稱「亞尼納之獅」的阿里巴夏（Ali Pasha, 1741-1822），一度在伊庇魯斯（Epirus）建立起來的。

有一次，而且是唯一的一次，放羊的牧民與綠林英雄在反對**任何**實存政府的持久戰鬥中，與中產階級民族主義和法國大革命的觀念融合起來。那就是希臘的獨立戰爭（一八二一—三〇）。因此不足為奇的，希臘成了各地民族主義者和自由人士的神話和激勵力量。因為只有在希臘，全體人民用一種似乎與歐洲左派相同的方式，起來反對壓迫者；而且另一方面，以獻身希臘的詩人拜倫（Byron）為代表的歐洲左派，對希臘的最後獨立提供了非常重要的幫助。

大多數希臘人與巴爾幹半島上其他被遺忘的戰士—農民和部落非常相像。然而，一部分希臘人構成了一個國際貿易和管理階層，他們也定居在整個土耳其帝國的殖民地和少數民族社區之內，以及土耳其帝國之外;而大多數巴爾幹人所皈依的東正教會,其所使用的語言是希臘語,其領導階層則是以君士坦丁堡希臘主教爲首的希臘人。蛻變爲依附王公的希臘行政官員,統轄著多瑙河各公國(現在的羅馬尼亞)。在某種意義上,巴爾幹、黑海地區和地中海東部,所有受過教育及從事商業的階層,不管民族出身如何,都因其活動性質本身而希臘化了。在十八世紀,希臘化進程比以往更加強勁有力,主要係因爲經濟的明顯發展,擴大了希臘人在國外的散居範圍和接觸面。黑海新興繁榮的穀物貿易,把他們帶進義大利、法國和英國的商業中心,並且加強了他們與俄國的聯繫;巴爾幹貿易的擴大,把希臘人或希臘化商人帶到了中歐。第一份希臘文報紙是在維也納出版的(一七八四—一八一二)。農民起義者的定期移民和再遷移,進一步加強了流亡者社團。正是在這種世界各地都有的散居人口中,法國大革命的思想(自由主義、民族主義,和共濟會祕密會社的政治組織方式)紮下根來。早期不甚突出、多少是泛巴爾幹革命運動領袖的里加斯(Rhigas, 1760–98),不但講得是法語,還將〈馬賽曲〉改編成希臘版本。發動一八二一年暴動的祕密愛國會社同志會(Philikē Hetairía),是一八一四年在俄國新興穀物大港奧德薩(Odessa)創立的。

希臘的民族主義在某種程度上可與西方的菁英運動相比。沒有其他類比可以說明在當地希臘權貴領導下,多瑙河諸公國爲爭取希臘獨立所發動的起義;因爲在這塊可憐的農奴制土地上,唯一可以稱作希臘人的便是領主、主教、商人和知識分子。很自然,那場起義慘敗了(一八二一)。然而幸運的是,同志會也開始在希臘山區(特別是伯羅奔尼撒)招募亂世中的綠林英雄、亡命之徒和部落酋長,而且(至少在一八一八年後)比同樣想搜羅當地綠林的南義大利貴族燒炭黨,贏得更大的成功。

像近代民族主義這類概念，對這些「希臘武裝團成員」究竟有多大意義，是相當令人懷疑的，雖然他們之中許多人都有自己的「文書學者」——對書籍知識的尊重和愛好，是古希臘文化的遺風——這些文書學者用雅各賓派的詞語書寫宣言。如果說他們代表了什麼，那就是該半島傳之久遠的精神氣質——身爲男子的任務便是要成爲英雄——而據山而立抵抗政府並爲農民打抱不平的綠林好漢，正是人世間的政治理想。對於像綠林牛商科洛科特羅尼斯這種人的起義，西方式的民族主義者提供他們一套領導模式，並賦予他們一個泛希臘的，而非完全局限於地方性的規模。反過來，西方民族主義者則從他們那裏得到那種令人畏懼的獨特力量，即一個武裝起來的群眾人民起義。

新興的希臘民族主義足可以使希臘贏得獨立，雖然那種結合了中產階級領導、武裝團體叛亂，以及大國干涉的運動，產生了一些對西方自由理想的滑稽模仿——這類模仿日後在像拉丁美洲這樣的地區，會變得極爲眼熟。但是這種民族主義也有使希臘文化局限於希臘的矛盾結果，從而造成或強化了其他巴爾幹人民潛在的民族主義。當作爲希臘人只不過是識字的東正教巴爾幹人的職業需要時，希臘化是處在進步之中。一旦作爲希臘人指的是對希臘的政治支持，希臘化就開始倒退了，甚至在已同化的巴爾幹知識階層中也是如此。在此意義上，希臘獨立是其他巴爾幹民族主義發展的重要前提。

在歐洲之外，根本很難說有什麼民族主義。取代西、葡帝國的拉丁美洲各共和國（更確切地說，巴西自一八一六至八九年年間，一直是個獨立君主國），其邊界通常只不過反映了大貴族的領地分布，這些大貴族支持不同的領袖人物，於是遂形成不同的國家疆界。這些共和國開始擁有既得的政治利益和領土野心。委內瑞拉的玻利瓦和阿根廷的聖馬丁，他們最初的泛美理想是不可能實現的，雖然這份理想在這塊由西班牙語連結起來的地區中，繼續成爲一股強大的革命潮流，正如泛巴爾幹主義一樣，作爲反對回教的東正教聯盟繼承者，它到今天可能仍然存在。地理上的廣闊和多樣性，各自獨立於(決定中美洲的)墨西哥、委內瑞拉和布宜諾斯艾利斯的起義中心，以及(從外部解放的)祕魯西班牙殖民主義的獨特問題，導致了拉丁美洲的自動分裂。但是拉丁美洲革命是貴族、軍人和法國化進步分子等少數集團的事，信仰天主教的窮苦白人群眾，仍處於消極狀態，而印第安人則抱持冷漠或敵視態度。只有墨西哥獨立是由農民大眾的主動精神所贏得，該地的印第安人在瓜達鹿白(Guadalupe)聖女旗幟的領導下，發起一場獨立運動，使墨西哥從此走上一條與拉丁美洲其他國家不同、而且在政治上更加先進的道路。可是，甚至在政治上發揮決定性作用的一小部分拉丁美洲菁英中，在本書所論時期，頂多也只有哥倫比亞、委內瑞拉、厄瓜多爾等國萌發了「民族意識」的胚芽，至於其他誇大之詞，都將是時代錯置之誤。

然而，類似原始民族主義的東西，普遍存在於東歐各國之中，但矛盾的是，它採取了保守主義而不是民族主義的趨向。除在俄國和幾個未被征服的巴爾幹要塞外，斯拉夫人到處受到壓迫，但像我們已見到的那樣，他們直接面對的壓迫者並非專制君主，而是日耳曼或匈牙利地主，以及城市的剝削者。這些人的民族主義也不容許斯拉夫民族有任何存在餘地：即使在巴登(在日耳曼西南)共和派和民主派所提出的日耳曼合眾國這樣激進的綱領中，也只包括首都在義大利的港的伊利里亞(即克羅埃西亞和斯洛文尼亞)共和國、首都在奧洛穆茨(Olomouc)的摩拉維亞共和國，以及由布拉格領導的波希米亞共和國⑩。因此，斯拉夫民族主義者只能把直接希望寄託在奧地利和俄國皇帝身上。各種倡導斯拉夫人團結的呼籲，都表現出俄國傾向，並且吸引了眾多斯拉夫起義者（甚至反俄的波蘭人），特別是在類似一八四六年起義失敗後的挫折絕望時刻。克羅埃西亞的「伊利里亞主義」和溫和的捷克民族主義，則表現出奧地利傾向，而且二者都接受哈布斯堡統治者的審愼支持，哈布斯堡的主要行政官員，有些（科洛夫拉特〔Kolowrat〕和警察系統的首領塞德爾尼茨基〔Sedlnitzky〕）本身就是捷克人。一八三〇年代，克羅埃西亞的文化熱忱曾受到保護，而且到了一八四〇年，科洛夫拉特更實際指派一名克羅埃西亞籍的軍區總管，負責維護與匈牙利的軍事邊界，作爲抗衡難於駕馭的馬札兒人的一股力量⑪。這在後來的一八四八年的革命中，被證明是非常有益的做法。因此，在一八四八年作爲一名革命者，實際上就等於反對斯拉夫人的民族願望；而「進步」和「反動」民族間的暗中衝突，在很大程度上注定了一八四八年革命的失敗。

在上述地區之外，我們很難發現什麼類似民族主義的東西，因爲產生民族主義的社會條件並不存在。事實上，如果有任何日後將產生民族主義的力量，在這個階段中，它們通常都反對那種由傳統、宗教和大眾貧困結合而成的勢力，然而這三者的結合體，卻正是抵抗西方征服者和剝削者最強有力的核心支柱。在亞洲各國逐漸興起的當地資產階級分子，此際正在外國剝削者的保護下進行這類行動，孟買的祆教（Parsee）社群就是個例子。即使那些受過教育的「開明的」亞洲人，不是買辦或外國統治者或公司的小職員（與散居在土耳其的希臘人沒什麼不同），他們的首要任務也是推動西化，亦即在其同胞之中引介法國大革命和科技現代化的思想，進而反對傳統統治者和傳統被統治者組成的聯合抵抗(這種形勢與義大利南部鄉紳—雅各賓派沒什麼不同)。於是他們從兩邊把自己切離於同胞之外。民族主義神話經常模糊掉這種分離不合的現象,部分是藉由隱瞞殖民主義和當地早期中產階級之間的聯繫,部分則透過賦予早期的仇外抵抗一種晚近的民族主義色彩。但是在亞洲,在伊斯蘭世界,甚至在非洲的更多國家,開明思想與民族主義,以及二者與群眾的聯合,要到二十世紀才會出現。

東方民族主義因此是西方影響和西方征服的最後產物。這其間的關聯也許在埃及這個十足的東方國家裏,表現得最為明顯,此際的埃及,已奠定其成為第一個近代殖民地民族主義運動(愛爾蘭以外的)的基礎。拿破崙征服為埃及帶來了西方的思想、方法和技術,其價值很快就被能幹且雄心勃勃的當地軍人阿里所承認。在法國撤出後的混亂時期裏,埃及從土耳其那裏取得大權和事實上的獨立之後在法國支持下,阿里利用外國(主要是法國)的技術援助,建立了一個西化的高效率專制政府。在一八二〇年代和三〇年代,歐洲左翼為這位開明專制君主歡呼,而當他們自己國家的反動派令人心灰意冷時,他們就投身到他手下效力。聖西門派的一個特別支系,在提倡社會主義或提倡利用銀行家和工程師的投資從事工業發展之間猶豫不決,遂暫時向阿里提供了集體援助,而且為他統籌經濟發展計畫(關於這些,參見頁三五五)。這樣的援助也為蘇伊士運河(由聖西門派的雷賽布〔de Lesseps〕建成),及埃及統治者致命地依賴於互相競爭的歐洲詐騙者的大筆貸款,打下了基礎。這使得埃及在後來成為帝國主義較勁的力場,以及反帝起義的中心。阿里絕不比其他東方專制君主更傾向民族主義,但是他的西化,而非他或他人民的熱忱,卻為後來的民族主義奠定了基礎。如果說埃及開創了回教世界第一個民族主義運動，那麼摩洛哥則是最後一批之一。這是因爲阿里(因眾所周知的地緣政治原因)處在西化的主要通道上。而遠居西陲、孤立、自我封閉的穆斯林酋長國，卻沒有這樣的地緣關係，而且也沒在這方面做任何嘗試。民族主義像近代世界的許多特徵一樣，是這場雙元革命的產物。

註釋

❶ Hoffmann v. Fallersleben, "Der Deutsche Zollverein", in *Unpolitische Lieder*.

❷ G. Weill, *L'Enseignement Sécondaire en France 1802–1920* (1921), p. 72.

❸ E. de Laveleye, *L'Instruction du Peuple* (1872), p. 278.

❹ F. Paulsen, *Geschichte des Gelehrten Unterrichts* (1897), II, p. 703; A. Daumard, "Les élèves de l'Ecole Polytechnique 1815–48" (*Rev. d'Hist. Mod. et Contemp*, V, 1958). 一八四〇年代早期，日耳曼和比利時平均每學期的學生總數約一萬四千人。參見 J. Conrad, "Die Frequenzverhältnisse der Universitäten der hauptsächlichen Kulturländer" (*Jb. f. Nationalök. u. Statistik*, LVI, 1859, pp. 376ff)。

❺ L. Liard, *L'Enseignement Supérieur en France 1789–1889* (1888), pp. 11ff.

❻ Paulsen, *op.cit.*, II, pp. 690–91.

❼ *Handwörterbuch d. Staabwissenschaften* (2nd ed.) art. Buchhandel.

❽ Laveleye, *op. cit*., p. 264.

❾ W. Wachsmuth, *Europäische Sittengeschichte*, V, 2(1839), pp. 807-08.

❿ J. Sigmann, "Les radicaux badois et l'idée nationàle allemande en 1848", *Etudes d'Histoire Moderne et Contemporaine,* II, 1948, pp. 213-14.

⓫ J. Miskolczy, *Ungarn und die Habsburger-Monarchie* (1959), p. 85.

①編按：穆里德係指回教蘇非派神祕主義導師穆爾希德(Murshid)之信徒。該運動爲一泛神祕主義回教運動，盛行於中亞及巴基斯坦回教地區。沙米爾爲對抗俄國統治的高加索回教領袖，曾擔任伊瑪目(政教領袖)，因領導反對運動被捕，卒於阿拉伯半島。

②編按：瓦哈比派乃回教基本教義派，由瓦哈伯(Muhammad ibn Abd al-Wahhab)創立，是沙烏地阿拉伯的主導宗派。賽努西教團是十九世紀在阿拉伯及北非創建的回教組織，主張恢復早期回教的質樸，後發展成政治運動。

第二篇　結果

第八章
土地

我是你們的領主，而我的領主是沙皇。沙皇有權對我下令，而我必須服從，但他不能下命令給你們。在我的領地上我是沙皇，我是你們在人間的上帝，而且我必須向天堂的上帝爲你們負責……你們必須先用鐵梳把馬梳十次，然後再用軟刷刷毛。而我只須把你們粗略地梳理一下，而且誰知道我有沒有認眞用刷子。上帝用雷和電淨化空氣，而在我的農莊裏，當我認爲必要時，我也將用雷和火來淨化。

——一位俄國領主對其農奴的訓話❶

擁有一兩頭牛、一隻豬和幾隻鵝，自然會使農民興高采烈。在他的觀念中，他的地位是處於同一階層的弟兄們之上……在跟著牛群閒逛之中，他養成了懶惰的習慣……日常的工作變得令人厭惡，放縱的行爲則使他對周遭的反感與日俱增，而最後只能靠出售一頭餵得半飽的小牛或小豬，來維持他這種懶惰外加無節制的生活所需。於是牛隻接連頻繁地被賣出去，而那些可憐又教人失望的牛主人，再也不願從事日常的固定工作，並從中獲取他以前的生活所需……他只想從濟貧稅中獲取他根本不應得到的救濟。

——英國索美塞特郡農業理事會調查報告，一七八二❷

1

土地的變革決定了一七八九年到一八四八年間大多數人的生死。因而雙元革命對土地所有權、土地占有權和農業的衝擊，是本書所述時期最具災難性的現象。因爲無論是政治革命還是經濟革命，都無法忽視土地。經濟學家的第一個學派，即重農學派認爲：土地是財富的唯一來源。大家一致認爲，土地的革命性變化，即使不是一切經濟迅速發展的前提和後果，也是資產階級社會的必要前提和後果。世界各地的傳統土地制度和農村社會關係，就像一頂巨大冰帽，覆罩在經濟成長的沃土之上，因此必須不惜一切代價把這頂冰帽融化，把土地交由追求利潤的私人企業來耕作。這意味著三種變化。第一，土地必須轉變爲一種商品，由私人所有，而且可由其自由零賣。第二，土地必須轉入願爲市場開發其生產資源，且受理性的自我利益利潤所驅動的階級所有。第三，大量農村人口必須以某種方式轉移，或至少部分地轉移到日益成長的非農業經濟部門，以充任自由流動的雇傭工人。一些比較深思熟慮或更爲激進的經濟學家，還意識到第四種合乎需要的變化，雖然這項變化若非無法實現，也是很難實現。因爲在一個假定一切土地生產要素皆擁有最佳流動性的經濟中，「自然壟斷」

並不完全適合。因爲土地面積是有限的，而且其不同部分在肥沃度和可耕度上都有差別，那些擁有比較肥沃部分的人，必定不可避免地享有特殊優勢，並可向其他人徵收地租。如何消除或減輕這種差別所造成的苦惱——比如透過適當的稅收、透過反土地集中的立法，或甚至透過國有化——是個激烈爭論的問題，尤其是在工業發達的英國。（這類爭論也影響了其他的「自然壟斷」，例如鐵路。鐵路的國有化從不被認爲是與私人企業經濟不相容的，因而得以廣泛實行（在英國，一八四〇年代就曾嚴肅地提出過鐵路國有化問題）。）無論如何，這些都是資產階級社會中的土地問題。而其最迫切的工作，就是該如何處置土地。

實行這種強制徵收有兩大障礙，而且二者都需要結合政治和經濟行動，才能解決。這兩大障礙是前資本主義地主和傳統農民。在另一方面，強制徵收可用各種方式完成。最激進的是英國和美國的方式，因爲這兩國都消除了農民，而且其中一個國家還把地主也一併消除了。典型的英國解決方式，造成了一個約四千名地主擁有約七分之四土地的國家❸，這些土地（其中有四分之三是面積五十到五百公頃的農場）由二十五萬名農場主人耕種（我採用一八五一年的數字），雇用大約一百二十五萬名雇工和傭人。小地主的袖珍田地繼續存在，但除了蘇格蘭高地和威爾斯的部分地區外，只有傻瓜才會說英國還具有歐陸意義的小農階級。典型的美國解決方式，是商業性自耕農用高度的機械化來彌補雇傭勞動力短缺。赫西（Obed Hussey, 1833）和麥考密克（Cyrus McCormick, 1834）的機械收割機，彌補了純商業頭腦的農場主人或土地投機企業家的不足。這些農場主人把美國的生活方式從新英格蘭各州向西推進，搶奪土地或用最低廉的價格從政府手裏購買。典型的普魯士解決方式，一般而言是最不具革命性的。它把封建地主變成資本主義式的農場主人，而將農奴轉化成雇傭工人。地主們仍保有其賴以維生的領地控制權，長久以來，他們靠著農奴的勞動，爲出口市場耕作；但是現在，他們開始要改和那些從農奴制度及土地上「解放出來的」小農合作經營。在十九世紀末的波美拉尼亞，大約二千個大地主占有百分之六十一的土地，其餘土地分別歸六萬個中小地主所有，其他則是無地居民。這無疑是個極端的例子❹，但是實際上，在一七三三年克魯尼茲(Krünitz)出版《國內和農業經濟百科全書》之時，農村的勞動階級對「勞動者」一詞顯然完全不具重要性，以致書中根本未曾提及，然而到了一八四九年，普魯士無地或主要從事雇傭勞動的農村雇工人數，據估計約有二千萬人❺。在資本主義意義上的土地問題，其唯一的另類解決方式是丹麥模式，該模式創造了大批的中小型商業性農人。然而，這主要是導因於一七八〇年代開明專制時期的改革，因而不屬於本書的敍述範圍。

北美解決方式依靠的是自由土地供應實質上不受限制這一獨特事實，以及缺少封建關係或傳統農民集體主義的所有殘餘。實際上，對純粹個人主義農耕擴大的唯一障礙，是紅種印第安部落的輕微問題。印第安人的土地，表面上受到與英、法、美三國政府所簽訂的條約保護，通常是集體擁有，且經常被當作狩獵場。可由個人完全轉讓的財產不僅是唯一合理的安排，而且是唯一自然的安排，這種社會觀點與相反社會觀點間的全面衝突，也許在美國佬和印第安人的對抗中，表現得最爲明顯。印第安事務專員爭辯說：「(在妨礙印第安人學習文明的好處一事上)最有害最致命的是，他們以公有方式占了國家太多土地，以及他們有權獲取大量年金。這樣一來，一方面會讓他們有足夠的活動範圍可以沉溺於徙居和遊蕩的習慣，而且會妨礙他們學習財產是屬於個人所有的知識，以及定居家園的好處；另一方面則會助長他們懶散和缺乏節儉的習性，並滿足他們的頹廢品味。」❻因此，用欺詐、搶劫和任何其他合適的壓力剝奪印第安人的土地，只要有利可圖，就是合乎道義的。

遊牧的、原始的印第安人，並不是唯一一個既不理解、也不希望理解資產階級土地理性主義的民族。實際上，除少數開明者外，「強悍又有理智」的積極小農，以及上至封建領主下到窮困牧民的廣大農村人口，都一致厭惡這一點。只有針對地主和傳統農民進行政治和立法上的革命，才能創造出使理性少數成爲理性多數的條件。在我們所討論的這個時期，大部分西歐及其殖民地的土地關係史，便是這種革命的歷史，雖然其全面後果要到十九世紀後半期才會表現出來。

就像我們已看到的，革命的首要目標是把土地變爲商品。這必須打破保留在貴族領地上的限定繼承權，和其他有關出售或處理土地的禁令，如此一來可使地主因缺乏經濟競爭力而遭到破產的有力懲罰，進而可讓更有經濟競爭力的購買者來經營。尤其是在天主教和回教國家(新教國家早已這樣做)，必須將大片教會土地從中世紀非經濟性的迷信行爲中解脫出來，並開放給市場和合理開發。大批集體擁有的土地(因而也是使用不良的土地)、農村和城鎮社區的土地、公用地、公共牧場、林地等，同樣也必須能爲個人企業所用。必須把它們區分成個人用地和「圈地」，以等待他們來使用。幾乎肯定的是，新的土地購買者將是既有事業心又足夠認眞的人，於是土地革命的第二個目標便可達到。

但是，只有當多數農民無疑將從其階層中崛起時，他們才會轉變爲能夠自由運用其資源的階級，也才能自動向第三個目標跨出一步，即建立一支由那些無法成爲資產階級者所組成的龐大「自由」勞動力。因此，將農民從非經濟性的束縛和義務（農奴制度、奴隸制度、向領主繳交苛捐雜稅、強迫勞動等等）中解放出來，也是必不可少的先決條件。這樣的解放還具有額外且決定性的好處。對於自由雇工來說，鼓勵追求更多報酬或受雇於自由農場的大門一旦打開之後，人們認爲，他們可以表現出比強迫勞工（不管是農奴、奴工或奴隸）更高的效率。之後，就只剩下一個進一步的條件必須實現。對那些現在正在土地上耕作，且在以往的人類歷史中都束縛於土地上的大量人口而言，如果土地得不到有效開發，他們便會成爲剩餘人口，因此必須割斷他們的根，並允許他們自由流動。只有這樣，他們才能流入愈來愈需要他們的城鎮和工廠。換句話說，農民失去其他束縛的同時，也必須失去土地。（據估計，一八三〇年代早期可雇用的剩餘勞力人數，在城市和工業發達的英國是總人口的六分之一，在法國和日耳曼是二十分之一，在奧地利和義大利是二十五分之一，在西班牙是三十分之一，而在俄國則是一百分之一❼。）

在大部分歐洲地區，這意味著一般以「封建主義」著稱的整套傳統法律和政治結構，在那些還沒有消失的地區必須加以廢除。一般說來，從一七八九到一八四八這段時期，從直布羅陀到東普魯士，以及從波羅的海到西西里的廣大地區，大多是由於法國大革命的直接或間接作用，已經實現這一目標。中歐要到一八四八年才發生類似變化，俄國和羅馬尼亞則是在一八六〇年代。在歐洲之外，美洲表面上取得了類似成果，巴西、古巴和美國南部是主要例外，那裏的奴隸制度一直持續到一八六二至八八年。歐洲國家直接管理的幾個殖民地區，特別是印度和阿爾及利亞的一些地區，也進行了類似的法制革命。土耳其以及埃及在短時期內也這樣做了❽。

達成土地革命的實際方法大多十分類似，除了英國和其他幾個國家之外，在這幾個國家中，上述意義的封建主義不是已經被廢除就是從未眞正存在（雖然有傳統的農民共耕制）。在英國，剝奪大地產的立法既無實際需要，在政治上也不可行，因爲大地主或農場主人已經融進了資產階級社會。他們爲了抵制資產階級模式在鄉間取得最後勝利，進行了艱苦的抗爭（一七九五—一八四六），然而，雖然他們的不滿帶有一種傳統式的抗議，反對那種席捲一切的純粹個人主義利潤原則，但實際上，他們之所以不滿的最明顯原因，純粹是想在戰後蕭條時期，繼續保持法國大革命和拿破崙戰爭期間的高價格和高地租。他們的不滿是農業壓力集團而不是封建反動。因此，法律的主要利刃轉向對付殘餘的農民、佃農和雇工。根據私下和一般的圈地法，從一七六〇年起，大約有五千個「圈地」分割了大約六百萬公頃的公用耕地和公用地，並轉而成爲私人持有地，而且還有許多不太正式的法令對這些圈地法做了補充。一八三四年的濟貧法，旨在使農村貧民的生活變得無法忍受，從而強制他們遷離農村，去接受提供給他們的任何工作。而他們的確很快就開始這樣做。一八四〇年代，英國有幾個郡已處在人口**絕對**流失的邊緣，且從一八五〇年起，逃離土地的現象變得非常普遍。

丹麥一七八〇年代的改革廢除了封建制度，雖然主要受益者不是地主而是佃農，以及在廢除空地後被鼓勵把其條田合併爲個人持有地的那些土地所有者，這種類似「圈地」的過程大體完成於一八〇〇年。封建領地多半是分塊賣給以前的佃農，雖然在拿破崙戰後的蕭條時期，因小地主比佃農更難生存，遂使這個過程在一八一六到三〇年間放慢了速度。及至一八六五年，丹麥已成爲主要由獨立農民所組成的國家。瑞典不那麼激烈的類似改革，也收到類似效果，因此到十九世紀下半葉，傳統的村社耕作和條田制度，實際上已經消失。該國以前的封建地區同化到自由農民已占優勢的其他地區，就像在挪威（一八一五年後是瑞典的一部分，之前則是丹麥的一部分），自由農民已占壓倒性優勢一樣。對較大面積土地進行再分割的趨勢，在一些地區被合併持有地的趨勢所抵銷。最終的結果是農業迅速提高了生產力（丹麥在十八世紀最後二十五年，牛隻的數量增加了一倍❾），但是隨著人口的迅速成長，日益增多的農村貧民找不到工作。十九世紀中期以後，農民的貧困導致一場該世紀所有移民運動中規模最大的一次移民。農民先後從貧瘠的挪威、瑞典和丹麥移居他國（大部分前往美國中西部）。

2

正如我們已看到的，法國封建主義的廢除是革命的產物。農民壓力和雅各賓主義所推動的土地改革，超出了資本主義擁護者所希望的限度。因此法國整體上成了既不是地主和農場雇工的國家，也不是商業性農人的國家，而主要是各種類型農民土地所有者的國家。他們成為此後所有不威脅奪走土地的政治制度的主要支持者。自耕農人數增長了百分之五十以上（從四百萬增至六百五十萬），這是較早的估計，似乎是可能的，卻又不容易加以證實。我們當然知道，這類自耕農的數目沒有減少，而且在某些地區成長得比其他地區更快，但是在一七八九至一八〇一年期間，增長百分之四十的摩塞爾（Moselle）省是否比保持不變的諾曼厄爾（Norman Eure）省更為典型❿，則有待進一步研究。整體而言，土地上的狀況相當良好。甚至在一八四七至四八年，除了部分雇工外，農民並沒有遇到什麼眞正的難關⓫。因此很少有剩餘勞動力從農村流向城鎮，而這一事實則阻礙了法國的工業發展。

在大部分拉丁民族居住的歐洲地區、低地國家、瑞士和日耳曼西部，廢除封建主義的力量，是決心「以法蘭西民族的名義立即宣布……廢除什一稅、封建制度和領主權利」⓬的法國征服軍，或與之合作和受其鼓舞的當地自由派。因而在一七九九年之前，法制革命已在鄰近法國東部和義大利北部、中部的國家取得勝利，而這種勝利通常只是完成一個早已取得進展的演變。一七九八至九九年的那不勒斯革命失敗後，波旁家族復辟，使得義大利南部廢除封建主義的工作推遲到一八〇八年。英國的占領將法國勢力排除出西西里，但那個島上的封建主義，直到一八一二至四三年間才正式廢除。在西班牙，反法自由派在卡地茲成立的議會，於一八一一年廢除了封建主義，且於一八一三年廢除了某些限定繼承權，儘管通常是在那些因長期併入法國而深受法國影響的地區之外。然而，舊制度復辟延遲了這些原則的實際執行。因此，對萊茵河以東的日耳曼西北部和「伊利里亞諸省」（伊斯特利亞〔Istria〕、達爾馬提亞、拉哥沙〔Ragusa〕，後來還包括斯洛文尼亞和克羅埃西亞部分地區）的法制革命而言，法國的改革只是開始或繼續，而非完成。這些地區直到一八〇五年後，才處於法國的統治或控制下。

然而，法國大革命並不是有利於對土地關係進行徹底革命的唯一力量。贊成合理利用土地的純經濟理論，已給前革命時期的開明專制君主留下深刻印象，而且也得出類似的答案。在哈布斯堡帝國，約瑟夫二世實際上已廢除農奴制度，而且在一七八〇年代已使許多教會土地世俗化。出於類似的原因，再加上堅持不懈的起義，俄國利沃尼亞(Livonia)的農奴，正式恢復到他們較早時期在瑞典政府統治下享有的自耕農地位。然而這對他們沒有絲毫益處，因為全能、貪婪的地主很快就把解放變成一種只能用來剝削農民的工具。在拿破崙戰爭之後，農民少得可憐的法律保障被清掃一光，而且在一八一九至五〇年間，他們至少失去了三分之一的土地，而貴族領地卻成長了百分之六十到百分之一百八十⑬，現在為他們耕作的是一群無地雇工。

這三項因素，即法國大革命的影響、政府官吏的經濟合理性論據，和貴族的貪婪，決定了普魯士一八〇七至一六年間的農民解放。法國大革命的影響顯然是決定性的，因為法軍剛剛粉碎了普魯士，並且以極為戲劇化的力量彰顯出那些沒有採用現代方式——即法國方式——的舊制度的絕望無能。像在利沃尼亞，解放與廢除農民以前享有的適度法律保障，根本是一體的兩面。為了回報領主答應廢除強迫勞役和封建捐稅以及賦予他們新財產權，農民被迫在其損失之外，還要把他舊有土地的二分之一或三分之一，或是相等數目本已不多的錢財，給予先前的領主。漫長複雜的法律轉變過程，直到一八四八年離完成還有一段遙遠的距離，但是情勢已經很明顯，領主受益最大，少數小康農民因其新財產權也多少受益，多數農民顯然惡化，而且無地的雇工迅速增加。(由於缺乏地區性工業的發展和一兩種可供出口的作物產品〔主要是穀物〕，大型領地和無地雇工遂應運而生。這樣的環境很容易助長這類結構〔在俄國，當時百分之九十的出口商品穀物來自於領地，只有百分之十來自於自耕農地〕。反之，在地區性工業發達的地方，已為附近城鎮的糧食產品創造了日益成長、多種多樣的市場，因而農民或小農場主人便占有優勢。因此，普魯士解放農民的過程是剝削農奴，而波希米亞農民則從一八四八年後的解放中獲得獨立[14]。）

經濟上的結果長期看來是有益的，儘管在短期內損失嚴重，就像在重大土地變革中經常見到的一樣。到了一八三〇至三一年，普魯士的牛羊數剛恢復到該世紀初的水平，地主現在擁有較大的土地份額，而農民只有較小的份額。另一方面，在這個世紀的前半期，耕地面積大致增長了三分之一以上，而生產力則增加一半[15]。農村剩餘人口顯然在迅速上升，而既然農村狀況極其糟糕（一八四六至四八年的饑荒，在日耳曼也許比愛爾蘭和比利時之外的任何地方都要嚴重），於是移民就擁有足夠多的誘因。在愛爾蘭饑荒之前，各國人民當中，日耳曼人的確提供了最大量的移民。

因此正如我們看到的，保護資產階級土地所有權制度的實際法律步驟，大多數是在一七八九至一八一二年間實行的。除了法國和一些鄰近地區外，這些步驟的結果顯得相當緩慢，主要是因爲拿破崙失敗後社會和經濟力量的反動。總結言之，自由主義每前進一步，便將法制革命從理論向實際推動一步，而舊制度的每一次復辟，則延遲了這種革命，特別是在自由派迫切要求出售教會土地的天主教國家。因此在西班牙，一八二〇年自由主義革命的暫時勝利，帶來了一項允許貴族自由出售其土地的「解除束縛」(Desvinculacion)新法律；一八二三年的專制主義復辟，又廢除了該法律；一八三六年自由派再次勝利後，又重新加以確認，如此等等。因而，除了在中產階級購買者和土地投機商願意積極把握機會的地區外，在本書所論時期，就算我們算得出來，土地轉移的實際數量仍十分有限。在波隆那(Bologna，北義大利)平原，貴族土地從一七八九年總價值的百分之七十八，經一八〇四年的百分之六十，下降到一八三五年的百分之五十一[16]。反之，西西里全部土地的百分之九十，直到很久以後仍留在貴族手中⑰。（似乎有足夠的理由認為，「實際上指導和操控義大利統一的社會階層」，亦即強大的農村資產階級，因其本身的土地取向而傾向於理論上的自由貿易，這使英國對義大利的統一具有好感，但也妨礙了義大利的工業化⑱。）

這裏有個例外，即教會土地。這些幾乎總是低度利用、放任不管的廣大領地（據稱一七六〇年前後，那不勒斯王國有三分之二的土地是教會的⑲），其中幾乎沒有看護人，只有無數的野狼在遊蕩。甚至在約瑟夫二世的開明專制崩潰後，在信仰天主教的奧地利專制主義反動中，也沒有人提議要交還已經世俗化和已分配的教會土地。於是在羅馬涅（Romagna，義大利東北）的一個自治社區裏，教會土地從一七八三年占該地區土地面積的百分之四十二點五，下降到一八一二年的百分之十一點五，但是失去的土地不僅轉到資產階級地主手中（從百分之二十四上升到百分之四十七），而且還轉到貴族手中（從百分之三十四上升到百分之四十一⑳）。因此不足為奇的是，即使在信仰天主教的西班牙，時斷時續的自由主義政府，於一八四五年前也得以售出一半以上的教會土地，而在教會財產最集中或經濟最先進的省分尤為明顯（在十五個省分當中，超過四分之三的教會領地已被出售㉑）。

對自由主義經濟理論來說，不幸的是，這種土地的大規模再分配，並沒有如預期中確定的那樣，創造出一個具有的企業精神、進步積極的地主或自耕農階級。在經濟不甚發達和交通難以到達的地區，中產階級購買者（城市律師、商人或投機者）為什麼要自找麻煩地投資土地，並費力把它經營成良好的商業性事業，而不輕輕鬆鬆地從前貴族或教士地主那裏，取得他迄今仍被排斥在外的地位，然後再將這些地位所擁有的權力，行使在金錢而非傳統和習俗之上。在南歐的廣大地區，一批更加粗放的新「男爵領地」，更加強了舊貴族特色。大型領地的集中現象，在有的地方略微減輕，如義大利南部；有的沒有變化，如西西里；有的甚至加強，如西班牙。在這類社會中，法制革命就這樣用新封建加強舊封建；而且小購買者，特別是農民更是如此，因爲他們幾乎沒有從土地出售中獲益。可是，在南歐的大部分地區，古老的社會結構仍是那麼強大，甚至使大量移民的設想都不可能。男子和婦女生活在祖先生息之地，而且如果他們別無他法，就餓死在那裏。義大利南部的大規模人口外移，是半個世紀以後的事。

但是，即使農民實際獲得土地，或被確認具有所有權，像在法國、日耳曼一些地區或斯堪的納維亞一樣，但他們卻沒有像預期的那樣，自動轉變爲富進取心的自耕農階級。而正是因爲這一單純原因，當農民想要土地時，他很少也想要一個資產階級式的農業經濟。

3

對傳統舊制度而言，儘管它是暴虐、低效的，但也還是具有相當的社會必然性，而且在最低層次上也具有某種經濟保障，更不用說它被習俗和傳統奉爲神聖了。周期性饑荒，令男人四十而衰、女人三十而衰的勞動重負，都屬於天災；只有在異常艱困的荒年或革命年代，才會成爲那些該爲此負責者所造成的人禍。以農民的觀點來看，法制革命除了一些合法權利外，什麼都沒有給，但卻拿走了許多。因此在普魯士，解放賦予農民三分之二或一半的舊有耕地，並使他們擺脫強迫勞役和其他賦稅；但解放同時也正式剝奪了農民如下的權利：歉收和牛瘟時要求領主幫助的權利；在領主森林採集或購買便宜燃料的權利；修建住房時要求領主幫助的權利；窮困潦倒時請求領主幫助繳稅的權利；在領主森林裏放牧牲畜的權利等等。對一個窮苦農民來說，這似乎是個極其嚴苛的成交條件。教會土地可能經營得很差，但這一事實本身倒頗受農民歡迎，因爲他們可以在那塊土地上享有根據傳統而獲得的權利。公地、牧場、森林劃分和圈地等政策，都只是從窮苦農民或佃農那裏奪走他(寧可說他作爲社區的一部分)有權享有的資源和保留地的手段。自由土地市場，意味著農民可能必須賣掉土地以維生；農村企業家階層的形成，則意味著一個最冷酷精明的階層取代了舊領主，或在舊領主之外繼續剝削農民。總之，在土地上引入自由主義，就像某種無聲的轟炸，粉碎了農村以往的社會結構，而除富人以外，什麼也沒有留下：這是一種喚作自由的與世隔絕。

因此，最自然不過的反應，便是窮苦農民或整個農村人口盡其可能的進行抵制，而且是以傳統社會的穩定象徵，亦即以教會和正統國王的名義進行抵制。如果我們把法國的農民革命排除在外(而且即使在一七八九年，一般來說它既不反對教會也不反對君主)，在本書所述時期，所有不針對**外國**國王或教會的重要農民運動，顯然都有利於教士和統治者。南義大利農民和城市無產階級，一起在一七九九年以神聖宗教和波旁家族的名義，進行了一次反對那不勒斯雅各賓派和法國人的社會反革命運動；而這也是反對法國占領的卡拉布里亞和阿普里亞綠林游擊隊的口號，就像稍後反對義大利統一時一樣。教士和綠林英雄也在西班牙的反拿破崙游擊戰中，扮演農民的領導者。教會、國王以及在十九世紀早期也極端得古怪的傳統主義，在一八三〇年代和四〇年代，激勵著巴斯克(Basque）、那瓦爾、卡斯提爾（Castile）、里昂（Leon）和亞拉岡（Aragon）的王室正統派游擊隊，從事其似無止境的反自由派戰爭。瓜達鹿白的聖女，在一八一〇年領導農民起義。一八〇九年，教會和皇帝在提羅爾共和派霍費爾（Andreas Hofer）的領導下，與巴伐利亞人和法國人作戰。俄國人在一八一二至一三年，爲沙皇和神聖的東正教而戰。加利西亞的波蘭革命者知道，他們發動烏克蘭農民的唯一機會，便是透過希臘正教或聯合東方天主教派（Uniate，編按：該派一方面承認羅馬教宗的權威，一方面仍保留希臘正教的儀式和習慣）的教士們；結果他們失敗了，因爲農民寧願要皇帝而不要貴族。在法國，共和主義和拿破崙主義在一七九一到一八一五年間，吸引住很重要的一部分農民；而且甚至在革命之前，教會在許多地方都呈衰弱之勢。除法國外，很少地區（也許最明顯的，是那些教會長期以來扮演著不受歡迎的外來統治者的地區，如教皇統治的羅馬涅和艾密利亞〔Emilia〕）曾出現我們今天所稱的左翼農民運動。甚至在法國，布列塔尼和旺代仍是歡迎波旁王室的堡壘重鎮。歐洲農民階級不願和雅各賓派或自由派——即律師、店主、土地經理人、官員和地主——共同起事，注定了一八四八年革命在下列國家的失敗：農民未從法國大革命中獲得土地的國家，或雖然獲得土地，但卻擔心會得而復失的國家，或因已感滿足而同樣不積極的國家。

當然，農民並不會爲那些他們知之甚少的眞實國王而奮起抗爭，他們爲的是理想中的正義國王，只要正義國王知道其下屬和領主的越權行爲，便一定會起來懲罰他們。不過農民們卻經常起來爲實際的教會而戰。因爲農村教士是他們當中的一員，聖徒當然是他們而不是其他任何人的，而且即使是那些搖搖欲墜的僧侶階級，有時也是比貪婪俗人更加寬容的地主。在農民擁有土地和自由的地方，如提羅爾、那瓦爾，或瑞士的天主教各州，其傳統主義是保護相對的自由，而反對自由主義的滲入。在農民沒有土地和自由的地方，農民的革命性會高一些。抵抗外國人和資產階級征服的任何號召，不但是教士、國王還是其他什麼人發動的，不但可能使城內士紳、律師的住屋遭到洗劫，農民們甚至會帶著鑼鼓和聖徒旗幟，浩浩蕩蕩地前去瓜分地主的土地、屠殺地主、強暴其婦女並燒毀法律文件。農民認為他們的貧窮無地，無疑是違背耶穌基督和國王的眞實意願。正是這種社會革命的堅實基礎，使農民革命在實施農奴制度和大領地的地區，或私有土地面積狹小且不斷細分的地區，變成很不可靠的反動同盟。促使農民從形式上的正統革命轉變到形式上的左翼革命，所需要的一切，就是意識到國王和教會已倒向當地富人那邊，以及一個像他們那樣的人、用他們自己的語言說話的革命運動。加里波底的民眾激進主義，也許是第一個這類運動，但那不勒斯的綠林在熱烈頌揚他的同時，仍繼續讚頌神聖的教會和波旁家族。馬克思主義和巴枯寧主義(Bakuninism)，或許是更富戰鬥力的一種，但是在一八四八年前，農民起義幾乎尚未開始從政治上的右翼轉向左翼。因為那種促使地方性的農民反抗轉變成全國起義的力量，亦即資產階級經濟對土地的巨大影響，要到十九世紀中期以後，特別是一八八〇年代農業大蕭條之後，才開始表現出來。

4

對歐洲大部分地區來說，正像我們在前面所看到的那樣，法制革命像是從外部、從上方強加而來的東西，亦即是一種人爲的地震而不是長期鬆動的滑陷。當法制革命強加於那些完全臣服於資產經濟的非資產經濟地區(如非洲和亞洲)時，這種情況甚至更加明顯。

在阿爾及利亞，前來征服的法國人面對一個擁有中世紀特徵的社會，一個穩固確立且相當繁榮的宗教學校制度，這些學校是由許多虔誠的基金會資助(這些宗教土地，相當於中世紀基督教國家出於慈善或儀式目的捐給教會的土地)——據說法國農民士兵的識字率，還不如被他們征服的人民[22]。結果學校被視爲是迷信養成所而遭關閉；宗教土地允許由那些既不知其用處、也不知其依法不可轉讓的歐洲人購買；而學校教師——通常是具有影響力的宗教兄弟會成員——則移居到未被征服的地區，從而加強了阿布杜卡迪爾(Abd-el-Kader)領導下的起義力量。土地開始制度化地轉變成可自由買賣的純私人財產，雖然其全面後果要到稍晚才表現出來。在一個像卡比利亞(Kabylia)這樣的地區中，由私人和集體權利義務所結成的複雜網絡，防止了土地瓦解的混亂狀況，使土地不致碎烈成僅夠個人種植無花果樹的零星地塊。然而，歐洲自由派人士如何能理解這種複雜的網絡呢？

阿爾及利亞到一八四八年尚未被征服。印度的廣大地區那時已被英國直接治理了一代人以上。因爲歐洲居民沒人覬覦印度的土地，所以沒有產生完全剝奪的問題。自由主義對印度農村生活的影響，首先是英國統治者對方便有效的土地徵稅法的一系列探索。正是這種結合了貪婪和合法的個人主義，爲印度帶來了災難。在英國征服之前，印度土地所有權的複雜程度，就像印度社會中的所有事物一樣，傳統但非一成不變。不過一般來說，這種土地所有權係依賴於兩個堅實支柱：即土地(法律上或事實上)屬於自治集團(部落、氏族、農村社群、同業組織等等)，以及政府能得到其一部分產品。雖然有些土地在某種意義上是可以轉讓的，而有些土地可以解釋成佃耕制，有些農村納款也可理解爲地租，但是事實上，它們既沒有地主、佃農和個人地產，也沒有英國意義上的地租。這是一種令英國管理者和統治者無法理解且極度討厭的狀況，因此他們著手用其熟悉的方式來整頓農村。孟加拉是在英國直接統治下的第一個大地區，當地的蒙兀兒帝國是靠收稅農或政府委任的稅吏(柴明達爾，Zemindar)來徵收土地稅。這些人必定相當於英國的地主，依其領地總數繳納定額稅收(像當代英國的土地稅)，必定是一個透過收稅而形成的階級，他們對土地收益的興趣必定會帶動土地改良，他們對外國政權的支持也必定會賦予其穩定性吧？日後的泰格茅思勳爵(Lord Teignmouth)在一七八九年六月十八日的備忘錄中寫道：「我認爲，作爲土地所有者的柴明達爾，應擁有其透過繼承權繼承而來的土地財產……經由出售或抵押來處置土地的特權，皆來源於這一基本權利……。」[23]各式各樣的柴明達爾制度，後來應用於英屬印度大約百分之十九的地區。

是貪婪而不是方便，決定了第二種稅收制度，即萊特瓦爾(Ryotwari)，這項制度應用於英屬印度的半數地區。當地的英國統治者認爲自己是東方專制主義的繼承者，而根據非他們獨創的觀點，專制統治者是一切土地的最高地主，而農民則被視爲小自耕農，或更確切地說是佃農，所以他們試圖承擔對每個農民進行單獨課稅的艱巨任務。套用能幹官吏習用的簡潔語言，在這項制度背後的原則，是最純粹的土地自由主義。用戈德密德(Goldsmid)和溫蓋特(Wingate)的話來說，其原則是「把連帶責任制限制在少數幾種情況上，即土地是共同持有或由共同繼承人再分配的地方；承認土地財產權；土地所權人享有完全的經營自由，包括從轉租人那裏收取地租和買賣土地；經由土地課徵的分擔，使土地能更有效地買賣和轉讓」[24]。村社組織被完全繞過，儘管馬德拉斯(Madras)稅務局強烈反對。他們正確地認識到，村社是私有土地的最佳保護者，而與村社集體結算賦稅將遠比單獨課稅來得實際。結果教條主義和貪婪占了上風，而「私有土地的恩惠」則留給了印度農民。

這項制度的缺點非常明顯，以致隨後征服或占領的北印度各地區(包括後來英屬印度大約百分之三十的地區)，土地問題的解決方法又回到一種修正過的柴明達爾制度，除了做了一些承認現存集體制度的嘗試，最明顯的例子在旁遮普(Punjab)。

自由主義信條和毫不憐憫的掠奪相結合，遂爲備受壓榨的農民帶來了新的壓力：農民的稅負劇增(孟買的土地稅收在該邦被征服後的四年裏，增加了一倍多)。透過功利主義領袖人物穆勒的影響，馬爾薩斯和李嘉圖(Ricardo)的稅務學說，遂成爲印度稅收政策的基礎。該學說把來自土地的稅收，看成是與價值毫無關係的一種純粹剩餘。它之所以會產生，僅是因爲一些土地比其他土地更肥沃，而且被地主挪爲己有，並爲整個經濟造成日益有害的後果。因此，沒收所有土地對一個國家的財富並不會造成影響，唯一的例外，也許是會妨礙那些土地貴族靠勒索實業家以自肥。在像英國這樣的國家裏，土地利益的政治力量會使如此激進的解決方法(等於實質上的土地國有化)無法實行；但是在印度，一個意識形態征服者的專制權力，卻能強制做到這點。在這個問題上，有兩條自由主義的路線正在交鋒。十九世紀的惠格黨行政官員和老派的商業利益集團，通常抱持常識性觀點，認爲處在勉強維持生存邊緣的無知小農，絕不會積累土地資本，進而改進經濟。因此他們贊成孟加拉類型的「常年結算」(Permanent Settlements)，因爲它有利於稅率永遠固定(即不斷下降的比率)的地主階級，從而可以鼓勵他們儲蓄和改進土地。以著名的老穆勒爲代表的功利主義行政官員，較喜歡土地國有化和一大群小佃農，以避免再度出現土地貴族的危險。如果印度只有一點點像英國，惠格黨的觀點當然更具壓倒性的說服力，而在一八五七年的印度兵變之後，由於政治原因它確已變得如此。其實，這兩種觀點都同樣與印度農業無關。然而，隨著工業革命在國內開展，老牌東印度公司的小我利益（即要有一個適度繁榮的殖民地供其剝削），日益從屬於英國工業的總體利益（即要把印度作爲一個市場、一種收入來源，而不是一個競爭者）。於是，功利主義政策得到優先考慮，因爲它可確保英國的嚴格控制和高額的稅款收益。在英國統治以前，傳統賦稅限額平均占歲收的三分之一；而英國課徵的標準基礎，卻高達歲入的一半。及至教條的功利主義政策造成明顯的貧困和一八五七年的起義之後，賦稅才降低到一個不那麼橫徵暴斂的稅率。

把經濟自由主義運用於印度土地之上，既沒有創造出一群開明的土地所有者，也沒有形成一個強大的自耕農階層。只是帶來了另一種不確定因素，另一個農村寄生蟲和剝削者（例如，英國統治時期的新官員[25]）的複雜網絡，一次土地所有權的大量轉移和集中，以及農民債務和貧困的加劇。在東印度公司剛接管坎普爾（Cawnpore）地區（北方邦）時，該地有百分之八十四以上的土地爲世襲地主所擁有。到一八四〇年，約有百分之四十的土地被其所有人購得，一八七二年更上升到百分之六十二點六。此外，到一八四六至四七年，西北諸省（北方邦）的三個區，有三千多筆土地或村莊（大致是總數的五分之三）從最初的所有者那裏易手，其中超過七百五十個轉移到放債人手中[26]。

功利的主義的官僚們，在這段期間確立了英國統治，他們所採行的開明且制度化的專制主義，頗值得一提。這種專制統治帶來了和平、多項公共服務發展、行政效率、可靠的法律，以及較廉潔的政府。但在經濟上，它們顯然失敗了。印度不斷被奪取無數生命的饑荒所折磨，其規模之大，遠超過任何在歐洲政府、歐洲類型的政府，甚至帝俄管轄下的所有地區。也許(儘管缺乏較早時期的統計資料)，隨著那個世紀的漸進尾聲，饑荒卻日益嚴重。

除了印度之外，只有另一個大型殖民(或前殖民)地曾經嘗試施行自由主義的土地法，此即拉丁美洲。在那裏，只要白人殖民者能夠得到他們想要的土地，舊式的西班牙封建殖民，從來不曾對印第安人的土地財產制度，表現出任何偏見，就算它們多半是屬於部落集體共有的。然而，各國的獨立政府卻按照它們深受激勵的法國大革命和邊沁主義的精神，致力實現自由化。例如，玻利瓦在祕魯下令將村社土地分給個人所有(一八二四)；而且大多數新興共和國，也以西班牙自由派的方式廢除了限定繼承權。貴族土地的自由化可能造成土地的某種重組和分散，雖然廣大的莊園(estancia, finca, fundo)仍是大多數共和國的土地主導形式。對於部落土地財產的抨擊，只收到極小的成效。實際上，直到一八五〇年後，這個問題才眞正迫切起來。其政治經濟的自由化，事實上仍像其政治制度的自由化一樣，是人爲的。儘管有議會、選舉、土地法等等，拉丁美洲大體上仍以非常類似從前的方式，繼續存在下去。

5

土地所有權的革命，是傳統農業社會解體的政治面相；新的農村經濟和世界市場的滲入，則是其經濟面相。在一七八七到一八四八年間，這種經濟面的轉變尚不完全，這可用非常有限的移民率來衡量。直到十九世紀晚期的農業大蕭條之後，鐵路和汽船才開始建立一個單一的世界農業市場。因此，地方農業大體上沒有受到國際甚或省際的競爭。工業競爭幾乎尚未嚴重衝擊到無數的農村手工業和家庭製造業，如果有，也只是使其中一些轉而面向更廣闊的市場生產。在成功的資本主義農業地區之外，新的農業方式只能以非常緩慢的速度滲入農村。雖然由於拿破崙對（英國）蔗糖和新糧食作物（主要是玉米和馬鈴薯）的歧視，使得新的工業作物取得了引人注目的發展，特別是甜菜製成的糖。新的農村經濟和世界市場，採取一種特別的經濟結合，例如高度工業化和抑制正常發展的緊密結合，透過純經濟的手段，在農業社會裏造成一次眞正的大變動。

這樣的結合的確存在，而這樣的大變動也的確在愛爾蘭，以及程度較輕的印度出現過。在印度發生的變動，只是單純的毀滅。曾經繁盛一時，作爲農村收入補貼的家庭和鄉村工業，在幾十年間全然毀滅；換句話說，即印度的非工業化。一八一五到三二年間，該國出口的棉紡織品總值，從一百三十萬英鎊降到不足十萬英鎊，而英國棉紡織品的進口則增長了十六倍以上。到了一八四〇年，一位觀察家已經對將印度變成「英國農場」的災難性後果提出警告：「她是個製造業發達的國家，她的各種製成品已存在好幾個世紀，而且如果允許公平競爭，她也從未受到過任何國家的挑戰……現在使她淪爲一個農業國家，對印度而言，是十分不公正的行爲。」㉗這樣的描述會使人產生誤解，因爲在印度就像在其他許多國家一樣，製造業的潛在影響力，在許多方面都是農業經濟的一個組成部分。非工業化的結果，將使得農村更加依賴於變化莫測的收成運氣。

愛爾蘭的情況更具戲劇性。當地那些人口不多、經濟落後、僅夠維生的農耕、極無保障的小佃農，得向一小撮不事耕作、通常不住在當地的外國地主，繳納他們所能負擔的最高租稅。除東北部（厄斯特地區〔Ulster〕）以外，這個國家作爲英國的殖民地，已在英國政府重商主義的政策下，長期被非工業化，爾後更因英國工業的競爭而更加嚴重。一項簡單的技術革新，即用馬鈴薯代替以前盛行的主要作物，已使人口巨幅成長成爲可能，因爲一公頃種植馬鈴薯的土地，遠比一公頃種植牧草，或實際上種植其他大多數作物的土地，能養活更多人。由於地主們需要最大數量的納租佃農，加上後來爲了出口到日益擴大的英國糧食市場，需要更多的勞動力投入新農場，於是遂帶動了無數小型持有地的增加：到了一八四一年，不算無計其數、面積低於一公頃的小耕地，康瑙特地區（Connacht）的大型耕地中，有百分之六十四面積在五公頃以下。於是，當十八世紀和十九世紀早期這些小面積土地上的人口呈倍數增加後，每人每天僅能靠十至十二磅馬鈴薯和（至少直到一八二〇年代）一些牛奶，以及偶爾品嘗一點鱈魚維生，其貧困狀況在西歐是無與倫比的㉘。

既然沒有替代的就業方式（因爲工業化被排除了），這種發展的結局無疑是可以預見的。一旦人口增加到連最後一塊勉強可耕沼澤地的最後一片馬鈴薯都不能養活的時候，災難就降臨了。反法戰爭結束不久後，前兆就出現了。食物匱乏和疾病流行，再次開始使人口大量死亡，其中絕大多數是因爲無法從土地上得到滿足，這點顯而易見，無須說明。一八四〇年代的歉收和農作物病蟲害，不啻是雪上加霜。沒有人知道或準確知道，一八四七年愛爾蘭大饑荒到底造成了多少人死亡。這是本書所論時期，歐洲歷史上最嚴重的人類災禍。粗略的估計指出，大約有一百萬人因飢餓而死亡。而在一八四六到五一年間，另有一百萬人從這個災難的島上移民出去。一八二〇年愛爾蘭只有不到七百萬的居民，一八四六年也許有八百五十萬人，一八五一年減少到六百五十萬，而且自此以後，其人口因移民而不斷減少。「嗚呼，可憐的農民！」㉙一位教區神父以中世紀黑暗時代編年史家的口吻寫道：「嗚呼，災年肆虐，永不可忘！」在那幾個月裏，高威省(Galway)和馬約省(Mayo)沒有任何一個孩子來受洗，因爲沒有任何嬰兒出生。

一七八九到一八四八年期間，印度和愛爾蘭也許對農民來說是最糟糕的國家，但是如果可以有選擇機會的話，也沒有一個人願意當英國的農場雇工。人們普遍認爲，這個不幸階級的生存狀況，在一七九〇年代中期以後明顯惡化，部分是因爲經濟力量的作用，部分也是因爲致人貧困的「斯品漢姆蘭制度」(一七九五)。這是個立意良善卻嘗試錯誤的制度。原想用濟貧稅的補助金，保證工人擁有最低工資，不料其主要結果卻是鼓勵農場主人降低工資，並使雇工道德敗壞。雇工們愚笨無力的反抗騷亂，表現在一八二〇年代日益增多違法行爲，一八三〇和四〇年代的縱火和破壞財產。但其中最重要的，還是絕望無助的「雇工的最後起義」。這個從肯特郡自發流傳開來的暴動，在一八三〇年底蔓延到許多郡區，並遭到殘酷鎮壓。經濟自由主義者以其向來尖刻無情的方式，提出其解決雇工問題的方法，即強迫雇工在低工資下求職或遷移。一八三四年的「新濟貧法」，是一項極其殘忍的法規。其中規定，只有在新建的貧民習藝所工作，才能發給濟貧補助(在那裏，貧民必須與妻子兒女分開居住，以便遏止不加考慮和沒有節制的生育)，並撤銷教區的最低生活保障。如此一來，實施濟貧法的花費急遽下降(雖然到我們所論時期的尾聲，至少仍有一百萬英國人是窮人)，而雇工們則開始慢慢遷移。由於農業蕭條，雇工處境仍然非常悲慘。直到一八五〇年代，情況才大有好轉。

農場雇工的境況在各個地方都明顯惡化，儘管在最隔絕的落後地區，其情況沒有一般現象來得糟。馬鈴薯這項不幸的發現，使得歐洲北部廣大地區農村雇工的維生標準非常容易下降，而他們處境的實質性改善，以普魯士為例，要等到一八五〇和六〇年代才略見曙光。自給自足的農民可能要好得多，雖然小自耕農在饑荒時期的處境，還是非常令人絕望。像法國那樣的農民國家，比其他國家來說，可能更少受到繼拿破崙戰爭繁榮之後農業全面蕭條的影響。的確，一個法國農民若將眼光越過海峽彼岸，把自己一七八八年的狀況與一八四〇年英國農場雇工的狀況相比，幾乎不會懷疑兩者中究竟哪一個過得較好。(「因為我長期處在國內外農民和雇工階級之中，我必須老實說，一個比法國農民更有教養、更整潔、勤勞、節儉、認眞，或穿著更好的人，在那些處在目前處境的人群中……我從不曾發現。在這些方面，法國農民與絕大部分過分邋遢的蘇格蘭農業雇工形成鮮明對比；與奴性十足、心灰意懶且物質生活極端窘迫的英格蘭農業雇工，也形成鮮明對比；與衣不蔽體、處在悲慘境況中的窮苦愛爾蘭雇工，同樣形成鮮明對比……。」H. Colman, *The Agricultural and Real Economy of France, Belgium, Holland and Switzerland*, 1848, pp. 25–26.)在此同時，在大西洋彼岸注視著舊世界農民的美國農場主人，會慶幸自己擁有不屬於舊世界的好運。

註釋

❶ Haxthausen, *Studien...ueber Russland* (1847), II, p. 3.

❷ J. Billingsley, *Survey of the Board of Agriculture for Somerset* (1798), p. 52.

❸ 這個數字是根據一八七一至七三年的《新土地清丈册》之記載。但我們沒有理由認爲這個數字無法反映一八四八年的情況。

❹ *Handwörterbuch d. Staatswissenschaften* (Second ed.), art . Grundbesitz.

❺ Th. von der Goltz, *Gesch. d. Deutschen Landwirtschaft* (1903), II; Sartorius v. Waltershausen, *Deutsche Wirtschaftsgeschichte 1815–1914* (1923), p. 132.

❻ Quoted in L. A. White ed., *The Indian Journals of Lewis, Henry Morgan* (1959), p. 15.

❼ L. V. A. de Villeneuve Bargemont, *Economie Politique Chrétienne* (1834), Vol. II, pp. 3ff.

❽ C. Issawi, "Egypt since 1800", *Journal of Economic History*, XXI, 1, 1961, p. 5.

❾ B. J. Hovde, *The Scandinavian Countries 1720–1860* (1943), Vol. I, p. 279. 平均的穀物收穫量從一七七〇年的六百萬噸，增加到該世紀末的一千萬噸。見 *Hwb. d. Staatswissenschaften,* art. Bauernbefreiung。

❿ A. Chabert, *Essai sur les mouvements des prix et des revenus 1798–1820* (1949) II, pp. 27ff; F. l'Huillier, *Recherches sur l'Alsace Napoléonienne* (1945), p. 470.

⓫E.g. G. Desert in E. Labrousse ed., *Aspects de la Crise... 1846–51* (1956), p. 58.

⓬J. Godechot, *La Grande Nation* (1956), II, p. 584.

⓭A. Agthe, *Ursprung u. Lage d. Landarbeiter in Livland* (1909), pp. 122–28.

⓮俄國部分，參見 Lyashchenko, *op. cit.*, p. 360。普魯士和波希米亞比較部分，參見 W. Stark, "Neidergang und Ende d. Landwirtsch. Grossbetriebs in d. Boehm. Laendern" (*Jb. f. Nat. Oek.* 146 , 1937, pp. 434ff)。

⓯F. Luetge, "Auswirkung der Bauernbefreiung", in *Jb. f. Nat. Oek.* 157, 1943, pp. 353ff.

⓰R. Zangheri, *Prime Ricerche sulla distribuzione della proprietà fondiaria* (1957).

⓱E. Sereni, *Il Capitalismo nelle Campagne* (1948), pp. 175–76.

⓲Cf. G. Mori, "La storia dell'industria italiana contemporanea" (*Annali dell'Instituto Giangiacomo Feltrinelli,* II, 1959, pp. 278–79); and the same author's "Osservazioni sul libero-scambismo dei moderati nel Risorgimento" (*Rivista Storica del Socialismo,* III, 9, 1960).

⓳Dal Pane, *Storia del Lavoro in Italia dogli inizi del secolo XVIII al 1815* (1958), p. 119.

⓴R. Zangheri ed., *Le Campagne emiliane nell'epoca moderna* (1957), p. 73.

㉑J. Vicens Vives ed., *Historia Social y Economica de España y America* (1959), IVii, pp. 92,95.

㉒M. Emerit, "L'état intellectuel et moral de l'Algérie en 1830", *Revue d'Histoire Moderne et Contemporaine,* I (1954), p. 207.

㉓R. Dutt, *The Economic History of India under early British Rule* (n.d. Fourth ed.), p. 88.

㉔R. Dutt, *India and the Victorian Age* (1904), pp. 56–57.

㉕B. S. Cohn, "The initial British impact on India", *Journal of Asian Studies*, 19, 1959-60, pp. 418-31.

㉖Sulekh Chandra Gupta, "Land Market in the North Western Provinces (Utter Pradesh) in the first half of the nineteenth century" (*Indian Economic Review*, IV, 2, August 1958). 參見同作者另一精采且開創性的論文"Agrarian Background of 1857 Rebellion in the North-west Provinces" (*Enquiry*, N. Delhi , Feb. 1959)。

㉗R. P. Dutt, *India Today* (1940), pp. 129-30.

㉘K. H. Connell, "Land and Population in Ireland", *Economic History Review*, II, 3, 1950, pp. 285, 288.

㉙S. H. Cousens, "Regional Death Rates in Ireland during the Great Famine", *Population Studies*, XIV, 1, 1960, p. 65.

第九章
邁向工業世界

千眞萬確，這是工程師的光輝時代。

——蒸汽鎚發明者內史密斯(James Nasmyth)❶

哦，進步的人們，
面對如此之多的見證，
向我們誇耀火車頭的力量，
向我們誇耀蒸汽和鐵路。

——波米葉(A. Pommier)❷

1

在一八四八年之前，唯有英國經濟實際完成了工業化，並且因此支配世界。大約到一八四〇年代，美國、西歐和中歐的大部分地區，都已經開始或正在進行工業革命。已有充分理由確信，美國最終將成爲英國必須認眞對待的競爭對手（科布登〔Richard Cobden〕於一八三〇年代中期指出，這種情況在二十年之內便可見到❸）。此外，在一八四〇年代之前，日耳曼人也已在致力於本國工業的迅速發展。但是，前景並不等於成就。及至一八四〇年代，非英語世界的實際工業變革仍是有限的。例如，一八五〇年時，在整個西班牙、葡萄牙、斯堪的納維亞、瑞士及巴爾幹半島，鐵路線總長度不超過一百哩，而在歐洲之外的各個大陸（美國除外），鐵路線的總和還不足此數。如果我們略去英國和其他少數地區，就可以很容易看出，一八四〇年代世界的經濟和社會，與一七八八年相差無幾。世界人口的絕大多數，此時猶如以往一樣，仍是農民。在一八三〇年時，畢竟仍只有一個西方城市（倫敦）有一百多萬居民，一個城市（巴黎）有五十多萬居民。而且，如將英國除外，只有十九個歐洲城市有十萬以上的居民。

在英國以外的世界，這種變革的緩慢性，意味著經濟活動繼續受著千百年來收成豐歉的舊周期控制，而不是工業景氣和不景氣交替出現的新周期，這種情況一直持續到我們所論的這個時期結束。一八五七年的危機，可能是第一個既是世界性又是由農業災禍以外的事件所造成的危機。順道一提的是，這一事實具有極爲深遠的政治後果：工業地區和非工業地區的變革節奏，在一七八〇至一八四八年間分道揚鑣了。（工業部分的世界性勝利，又使變革的節奏再次同步，不過，卻是出以一種不同的方式。）

在一八四六至四八年間，造成歐洲大多數地方惶恐不安的經濟危機，是一次以農業爲主導的舊式蕭條。在一定意義上，它是經濟**舊制度**的最後一次崩潰，或許也是最嚴重的一次。但英國的情況卻非如此。在英國早期的工業主義階段中，最糟糕的一次衰退發生於一八三九至四二年間，這次衰退純粹是出於「現代」原因，而且其時間正好與相當低廉的穀物價格時期相吻合。英國內部自發性的社會騷動，在一八四二年夏季表現爲無計畫的憲章派大罷工（即所謂的「塞子暴動」①）。在同樣的騷動於一八四八年降臨歐陸之時，英國正在承受的，只是漫長維多利亞擴張世紀的第一次周期性蕭條，另一個工業或多或少比較發達的歐洲國家比利時，其經濟情況亦是如此。一場沒有在英國發生相應運動的歐陸革命，如馬克思所預見的那樣，注定失敗了。馬克思未預見到的，是英國與歐陸的不均衡發展，將迫使歐陸獨自起義。

然而，在一七八九至一八四八年間，值得注意的不是以日後的標準而言規模很小的經濟變化，而是當時正在明顯發生的根本變革。其中最重要的就是人口變化。世界人口——特別是處於雙元革命軌道上那些地區的人口——已經開始了前所未有的「爆炸性成長」，人口數在約一百五十年的時間中成倍增加。由於在十九世紀之前，沒有幾個國家保留下相當於人口普查的任何資料，即使有這樣的資料，也大都很不可靠（英國的第一次人口普查在一八〇一年；首次較爲充分的人口普查是一八三一年），因而我們無法準確地知道這一時期的人口成長速度到底有多快。其成長速度在經濟最爲發達的地區，是空前未有、極端驚人的(或許像俄國這種人口不足以塡補其無人地區及迄今未開發地區的國家，應排除在外)。美國的人口(在大量移民和一塊無空間和資源限制的領土鼓舞下)已在一七九〇至一八五〇年間增加了六倍以上，從四百萬躍升到二千三百萬之多。一八〇〇至一八五〇年間，英國的人口幾乎增加了一倍，若從一七五〇計，則幾乎增加了兩倍。一八〇〇至四六年，普魯士(以一八四六年邊界爲準)的人口也幾乎增加了一倍，歐俄部分(芬蘭除外)亦是如此。挪威、丹麥、瑞典、荷蘭和義大利大部分地區的人口，在一七五〇至一八五〇的百年之間，也幾乎增加一倍，但是在本書所論時期，其增長速度沒那麼顯著；西班牙和葡萄牙的人口也在同一時期增加了三分之一。

歐洲之外，我們所知較少。不過，中國人口看來在十八世紀到十九世紀早期曾迅速增加，直至歐洲干涉和中國政治史上傳統的周期性運動，導致滿淸王朝興盛的統治走向崩潰爲止(在這個時期，該王朝正處於其行政效率的巓峯階段)。(中國一般的王朝周期，可持續大約三百年；清朝在十七世紀中期開始掌權。)在拉丁美洲，人口成長速率大概與西班牙相當❹。亞洲的其餘地區，沒有任何人口激增的跡象。非洲的人口可能依然保持穩定。唯有在一些白人殖民者居住的空曠地區，人口才以眞正特別高的速率增長，如澳大利亞，一七九〇年時實際上尚無白人居住，可是到一八五一年，白人人口已達五十萬。

人口的這種顯著增長，自然極大程度地刺激了經濟。不過，我們應將這種人口增長視爲經濟革命的結果之一，而不是其外在原因，因爲若非如此，這般迅速的人口成長，不可能在一段很有限的時間之後，繼續維持下去(以愛爾蘭爲例，由於沒有持續的經濟革命予以補強，人口成長的現象也就沒有維持下去)。人口成長帶來了更多的勞動力，特別是更多的**青年**勞動力，以及更多的消費者。這個時期的世界，是一個比以往任何時候都更為年輕的世界：極目盡是兒童、盡是正處於生命全盛期的年輕夫妻或年輕人。

第二個重大變化是交通。鐵路在一八四八年時尚處於公認的幼年時期。不過，在英國、美國、比利時、法國和日耳曼，鐵路已經具有相當重要的實際意義了，甚至在修建鐵路之前，依從前的標準來看，交通的改良也十分驚人。例如，奧地利帝國(匈牙利除外)已在一八三〇至四七年間，增加了三萬哩以上的公路，其公路里程也因此擴充了二又三分之一倍❺。比利時在一八三〇至五〇年間，幾乎將其公路網增加了一倍；甚至於西班牙，也將其原本微不足道的公路里程增加了幾乎一倍——這大多得感謝法國的占領。美國則是一如既往，在其交通事業方面要比任何其他國家更為龐大，其郵車道路網擴充至八倍以上，從一八〇〇年的二萬一千哩，增加到一八五〇年的十七萬哩❻。正當英國完成其運河網系統時，法國也開挖了二千哩的運河(一八〇〇—四七)，而美國則開通了至關重要的伊利運河(Erie)、齊沙皮克(Chesapeake)和俄亥俄間的運河等水路。從一八〇〇至一八四〇年代初期，西方世界的航運總噸位增加了一倍多，而且已有汽船往返於英、法兩國之間(一八二二)，並定期航行於多瑙河上。(一八四〇年時，約有蒸汽輪船三十七萬噸，帆船九百萬噸，不過，實際上，汽船可能已負擔了大約六分之一的運輸量。)為了擁有最大的商業船隊，美國再次勝過世界其他國家，甚至快要趕上英國。(在鐵甲船再次使英國獲得優勢以前，美國到一八六〇年時幾乎實現了他們的目標。)

我們也不能低估當時已告實現的速度和運載能力的全面改進。無疑，那種能在四天之內(一八三四），將全體俄國人民的沙皇從聖彼得堡送到柏林的馬車運輸，是普通人難以企望的；但是，新的快速郵車卻是他們搭得起的，在一八二四年後，快速郵車可在十五個小時內從柏林直驅馬格德堡（Magdeburg），無須再花費兩天半的時間。鐵路，加上希爾（Rowland Hill）於一八三九年首倡的郵政標準化收費創舉（一八四一年又因發明了黏貼郵票而更爲完善），使得郵件數量成倍增加。但是，甚至在這兩項發明之前，在不如英國那樣發達的各個國家中，郵件的成長也非常迅速：一八三〇至四〇年間，法國每年發出的信件數量，從六千四百萬件增至九千四百萬件。帆船不僅更爲快捷，而且更爲安全可靠，其平均噸位也更大❼。

從技術層面看，這些改進當然不如鐵路那樣鼓舞人心。不過，那些凌越江河大川的壯麗橋樑、巨大的人工水道及船塢，尤其是如飛燕展翅的快船，以及優美漂亮的新式郵車，依然得以列名最出色的工業設計產品。作爲便利旅行交通，連接城鄉、貧富地區的手段，其效率更是令人讚嘆。人口成長在很大程度上要歸因於交通運輸的改進，因爲在前工業時代，抑制人口的因素與其說是通常很高的死亡率，還不如說是饑荒和缺乏糧食的周期性災難（經常是地方性的）。如果說這個時期西方世界的饑荒變得沒那麼可怕（像一八一六至一七和一八四六至四八年那種幾乎是普遍的歉收年除外），主要是因爲有了這類交通運輸的改進，當然，還包括政府和行政管理效率的普遍改進（參見第十章）。

第三項重大變化，自然而然地表現在商業和移民的絕對數量方面。無疑，並非處處都是如此。例如，沒有跡象顯示卡拉布里亞或阿普里亞的農民準備遷徙，每年運往下諾夫哥羅德（Nijniy Novgorod）大市場的貨物量，也沒有增至任何令人驚訝的程度❽。但是，綜觀整個雙元革命的世界，人口和貨物的流動已有排山倒海之勢。一八一六至五〇年間，約有五百萬歐洲人離開祖國移民他邦（其中近五分之四前往美洲），而且在各國內部，人口遷移的洪流也變得更爲巨大。一七八〇至一八四〇年，西方世界的國際貿易總額增至三倍，在一七八〇至一八五〇年間，更增加至四倍多。以日後的標準來看，這些數字無疑是很平常的（一八五〇至八八年，共有二千二百萬歐洲人向外移民；一八八九年的國際貿易總額，已接近三十四億英鎊，相比之下，一八四〇年僅有六億英鎊），但是，若依照早期的標準來看——那畢竟是當時人用以比較的標準——這些表現全都超越了他們最狂放的夢想。

2

研究這個時期的歷史學家，無論他感興趣的具體領域是什麼，都無法忽略一八三〇年這個轉折點。更爲重要的是，在這個轉折點之後，經濟和社會的變革速率明顯而迅速地加快。在英國以外的地區，相對於一八三〇年的快速變革，法國大革命及其引發的戰爭時期，幾乎沒有帶來什麼立即性的進步。唯有美國例外，它在獨立戰爭之後大步邁進，至一八一〇年時，其耕地面積已增加了一倍，船隊噸位增至七倍，並且在整體上顯示了它的未來潛力（美國在這段時期的進步，不僅有軋棉機，還有汽船及一貫作業生產線的早期發展——伊文斯〔Oliver Evans〕成立了裝有傳送帶的麵粉廠）。在拿破崙統治下的歐洲，日後工業的絕大部分基礎已經奠定下來，特別是重工業，但這些基礎在戰爭結束時，大多已蕩然無存，戰爭的結束爲各國帶來了危機。從整體上看，一八一五至三〇年間，是一個挫折時期，至多也只是一個緩慢的恢復時期。各個國家都在整頓它們的財政，通常採取的措施都是嚴厲地緊縮通貨(俄國於一八四一年成爲最後一個這麼做的國家)。在國內危機和國外競爭的雙重打擊下，各個工業部門搖搖欲墜，美國棉紡織業所受的打擊更是異常嚴重。都市化進展緩慢：直到一八二八年，法國鄉村人口的成長速度已與城市人口不相上下。農業步履蹣跚，停滯不前，日耳曼尤爲如此。觀察這一時期的經濟成長，甚至是強勁擴張的英國之外的經濟成長，無人會傾向於悲觀，但卻也很少有人會認爲除了英國，可能還包括美國之外，有任何國家已開始進行工業革命。以新興工業的一項明顯指數爲例：在英、美、法三國之外，世上其餘地方的發動機數量和馬力，在一八二〇年代，幾乎都不可能引起任何統計學家的注意。

一八三〇年後(或在此前後)，形勢急速改變；其變化如此之大，以致到了一八四〇年，工業體系所特有的社會問題——新興無產階級、極速都市化失控的危險——已成爲西歐嚴肅討論的普遍問題，也是政治家和行政管理者的噩夢。一八三〇至三八年，比利時的發動機數目增加了一倍，馬力增加了兩倍：從三百五十四部發動機(一點一萬匹馬力)增至七百一十二部(三萬匹馬力)。至一八五〇年，這個幅員雖小卻已高度工業化的國家，已擁有了近二千三百部發動機，六十六萬匹馬力❾，還有近六百萬噸的煤產量(幾乎是一八三〇年產量的三倍)。在一八三〇年時，比利時採礦業中還沒出現合股公司，但到了一八四一年，幾乎有半數的煤產量是來自這種股份公司。

在這二十年中，法國、日耳曼諸邦、奧地利或其他奠定了現代工業基礎的國家和地區，都有相似的數據可供引用：例如，日耳曼克魯伯家族(Krupps)於一八三五年安裝了第一部發動機；一八三七年，巨大的魯爾煤田開挖了第一批礦井；一八三六年，在捷克重要的鋼鐵中心維多科維斯(Vitkovice)設置了第一批焦炭煉鐵爐；一八三九至四〇年，倫巴底有了法爾克(Falck)的第一個軋鋼廠。若要一一列舉這些類似資料，難免單調乏味。由於眞正大規模的工業化時期，要到一八四八年後才開始，因而列舉這些資料就顯得更加單調乏味，只有比利時，可能還有法國例外。一八三〇至四八年這個時期，標示著各工業地區和迄今仍然著名的工業中心和企業的誕生，但是，此時幾乎還談不上是它們的青春期，更遑論成熟期了。回顧一八三〇年代，我們就能了解令人興奮的技術實驗，和不滿足於創新的企業精神意味著什麼了。它意味著美國中西部的開發；但是，麥考密克的第一部機械收割機(一八三四)和一八三八年從芝加哥東運的第一批七十八蒲式耳小麥，只是因爲它們導致了一八五〇年後發生的那些事情，才得以名垂青史。一八四六年，那家冒險生產了一百部收割機的工廠，直至今日仍應爲它的大膽而受到稱讚，當時：「要找到敢冒風險且有勇氣和精力的夥伴，來投資生產收割機這種高風險事業，實在很困難，要說服農民使用收割機，或者讚許這項新發明，也是相當困難的事情。」❿同時它也意味著有計畫地興建歐洲的鐵路和重工業，以及碰巧發生的投資技巧革命；但是，如果皮爾耶(Pereire)兄弟沒有在一八五一年後成爲工業金融的偉大冒險家，他倆於一八三〇年徒勞地呈交給法國新政府的那項計畫——「**一個負責借貸的政府部門**」，工業家可在此經由最富有的銀行家中介擔保，以最優惠的條件向所有擁有資本的人借款——也就幾乎不會引起我們的注意了⓫。

在英國，是消費產品(通常是紡織品，但有時也包括食品)帶動了工業化的突發；但是，比起英國工業革命，此時資本財（鐵、鋼、煤等）已顯得更爲重要了：一八四六年，比利時工業雇員中有百分之十七受雇於資本財工業，而英國則在百分之八至九之間。至一八五〇年，比利時有四分之三的工業用蒸汽動力，係用在採礦業和冶金業上⓬。猶如英國一般，大多數的新工業設施（工廠、鐵廠或礦場）規模都很小，由一大群不成熟的勞工負責操作，他們多半是價格低廉、技術陳舊的家庭代工，或從事原料加工和轉包的工人。這類勞工隨著工廠和市場的需要而誕生，最終也將爲這兩者所摧毀。在比利時（一八四六），毛紡、亞麻和棉紡工廠平均勞工數目分別只有三十人、三十五人和四十三人；在瑞典（一八三八），每個紡織「工廠」的平均勞工數目不過只有六至七人⓭。另一方面，此際的工業化有著比英國大得多的集中程度，在那些如人們所預期日後將成爲工業區的地方，有時像是被農地包圍的一小塊領土，人們正運用著拓荒者的經驗，以更加高度發達的技術爲基礎，並經常享受著來自政府有計畫的大力支持。在波希米亞（一八四一），四分之三的棉紡工人就業於百人以上的工廠中，而且其中幾乎有半數就業於十五個二百人以上的工廠⓮。（另一方面，實際上所有的織布工作，在一八五〇年代前仍是在手工織布機上完成的。）在此時已占顯著地位的重工業中，情況自然更是如此：比利時的鑄造工廠（一八三八）平均有八十名工人，比利時的煤礦區則平均約有一百五十名工人（一八四六）⓯，至於像瑟蘭（Seraing）的科克里爾那樣的工業巨人（該廠雇用了二千名工人），就更不在話下。

這樣的工業景象，頗似島嶼星羅棋布的湖泊。如果我們把一個國家的整體視作一個湖泊，湖中諸島就是工業城市、工業地區或鄉村複合體（如在日耳曼中部和波希米亞山區中常見的製造業村莊網)：在法國有諸如米盧斯(Mulhouse)、里耳(Lille)和盧昂這樣的紡織城鎮，在普魯士有埃伯費爾德巴門(Elberfeld-Barmen)，和克累費德(Krefeld)，比利時南部和薩克森。如果我們把廣大的獨立工匠、在冬季製做產品以求出售的農民，以及家庭代工或從事原料加工的工人看作是湖泊，那麼島嶼就是工廠、礦場和大大小小的鑄造廠。在這片風景中，大部分地方依然是水域；或者說——採用稍稍更接近於眞實的隱喻說法——是環繞在工商業中心周圍，小規模生產或依附性生產的蘆葦草。稍早建立起來作爲封建制度附屬物的家庭工業和其他工業，也依然存在。其中大多數——例如西利西亞的亞痲工業——處於悲劇性的迅速衰落之中[16]。大城市幾乎根本沒有進行工業化，儘管城內有大量的勞工和工匠人口，用以滿足消費、交通和各種服務業的需要。世上超過十萬居民的城市中，除了法國的里昂外，唯有英、美兩國的城市，明顯地包羅了工業中心。以米蘭爲例，一八四一年時，全城只有兩部小型蒸汽機。事實上，典型的工業中心(在歐陸和英國都一樣)，只是中小規模的城市或是村莊複合體。

然而，在一個重要的層面上，歐陸——以及在某種程度上還有美國——的工業化並不同於英國。亦即以私營企業推動工業化自發進展的前提條件，在歐陸遠不如英國那般有利。如我們所知，英國在經歷了約二百年的緩慢準備後，並不存在任何生產要素的眞正短缺，實際上也沒有阻止資本主義充分發展的體制性障礙。在其他國家，情況就不是這樣。例如，日耳曼有明顯的資本短缺。日耳曼中產階級那種非常樸素的生活方式，便顯示了這種短缺。雖然如此，這種樸素的生活方式卻完美地化身爲比德邁(Biedermayer)風格，一種迷人而又穩重的室內設計。人們常常忘記，根據當時日耳曼的標準，歌德確實是一個非常富有的人。他在威瑪(Weimar)的房屋，比起英國克拉珀姆(Clapham)地區節儉銀行家的舒適標準，要綽綽有餘(卻也好不了太多)。在一八二〇年代的柏林，宮廷貴婦，甚至公主，終年都穿著簡樸的密織棉布衣裙。如果她們擁有一套絲綢服裝，通常都留到特殊場合才穿上[17]。由師傅、幫工和學徒組成的傳統行會制度，仍然阻礙著工商企業的發展，阻撓著技術工人的流動，而且實際上阻礙著一切經濟變革：普魯士於一八一一年廢除了手工工匠必須歸屬行會的義務，卻沒有廢除行會本身，而且，行會成員還由於這個時期的城市立法，而在政治上得到了加強。直到一八三〇和四〇年代，行會的生產模式幾乎依然如舊，未受觸動。於是全面引進「自由行業」，不得不等到一八五〇年代。

一大批各有控制權力和既得利益的小邦國，阻止了工業化的合理發展。唯一的勝利是建立了一個全面性的關稅同盟。這個同盟不包括奧地利。普魯士出於自己的利益，運用它在一八一八至三四年間所具有的戰略地位，成功地建立了該同盟。每一個政府，無論是重商主義的還是父權專制的，爲了社會穩定，都向卑微的臣民頒布了猶如傾瀉般的大量規章和行政條例，但同時卻也激怒了私營企業家。普魯士政府控制著手工業生產的質量和價格、西利西亞家庭亞麻織布業的活動，以及萊茵河右岸礦業的經營。人民必須取得政府的許可才能開辦礦場，而在開張經營後，政府的許可也可能被撤回。

顯然，在這種情況之下(許多其他國家也相似)，工業發展不得不以與英國不同的方式進行。因而在整個歐洲大陸，政府在相當大的程度上都插手工業發展，這不僅是因爲政府已經慣於此道，也因爲它不得不這麼做。一八二二年，荷蘭聯合省國王威廉一世創立了「荷蘭全國工業促進總會」，他不但捐贈國家土地，還認購了百分之四十左右的股票，且向其他認購者擔保百分之五的紅利。普魯士政府繼續經營該國相當大部分的礦場。新的鐵路系統即使不是由政府實際建造，也無一例外是由政府規劃、提供有利的土地使用權，並擔保投資以資鼓勵。事實上，到此時，唯有英國的鐵路是完全由承擔風險和謀求利潤的私人企業所興建，投資者和企業家沒有得到政府的津貼和擔保。規劃最早和最好的鐵路網絡在比利時，係於一八三〇年代初期進行規劃，旨在使這個新獨立國，從以荷蘭爲基地的交通系統（主要是水路）中分離出去。一八三三年，法國議會決定興建法國鐵路網，但是，政治上的困難和大資產階級不情願以安全投資換取投機性投資，延遲了鐵路網的系統性建設。一八四二年，奧地利政府決定興建鐵路網，普魯士也有相似計畫，但都因資源貧乏而延後。

出於類似原因，歐陸上的企業要遠比英國企業更依賴於足夠現代化的實業、商業和銀行業的立法，以及金融機構。實際上，法國大革命已經產生了上述二者。拿破崙法典，以其重視合法保障的契約自由、承認匯票和其他商業票據，以及對合股企業（如股份有限公司和合資公司，全歐洲都採用，除了英國和斯堪的納維亞）的安排處理，而成爲世界通用的模式。此外，金融業的各種發明創造，也在國外廣受歡迎，這些創見出自那些主張革命的年輕聖西門主義者和皮爾耶兄弟富想像力的頭腦。他們最偉大的勝利，要等到一八五〇年代的世界繁榮時代才告實現；但是，早在一八三〇年代，比利時的蘇塞特集團（Société Général）就已經開始將皮爾耶兄弟所預見的那種投資銀行付諸實踐，荷蘭的金融家（雖然大部分實業家尚未聽過他們）也採用了聖西門主義者的主張。實質上，這些主張旨在把各種各樣的國內資本源動員起來。這些資本原本是不會自發地透過銀行或投資信託公司，而流向工業發展，就算資本擁有者想要投資，也不會知道該投向何處。一八五〇年後，歐陸產生了大銀行既是銀行家又是投資者的獨特現象(日耳曼尤爲如此)，因而大銀行也支配了工業，並且促進了工業的早期集中。

3

然而，這一時期的經濟發展有一個巨大的矛盾體：法國。在理論上，沒有其他國家能比它發展得更快。如我們所知，法國有十分適合資本主義發展的體制；法國企業家的天賦和創造性，在歐洲堪稱無與倫比。法國人發明了或首次發展了百貨公司、廣告，以及在遙遙領先的法國科學指導下的技術革新和技術成就——照相術(與尼埃普斯〔Nicéphore Nièpce〕和達蓋爾〔Daguerre〕有關)、勒布朗(Leblanc)的蘇打製程、貝托列(Berthollet)的氯漂白法、電鍍法、鍍鋅法等。法國金融家在世界上是最富有創新精神的。法國擁有大量的儲備資本，可在其專業技術協助下，向整個歐洲大陸輸出，甚至在一八五〇年後，與倫敦大公共馬車公司(London General Omnibus Company)這樣的機構合作，向英國輸出資本。至一八四七年，大約有二十二點五億法郎已輸往國外⑱——這一數額僅次於英國，與任何其他國家相比，簡直是天文數字。巴黎是一個國際金融中心，僅稍次於倫敦，實際上，在一八四七年這樣的危機時代，它甚至比倫敦看起來更強大一些。一八四〇年代，法國企業建立了歐洲的煤氣公司網（如在佛羅倫斯、威尼斯、帕多瓦〔Padua〕、威羅納〔Verona〕），還取得了在整個西班牙、阿爾及利亞、開羅和亞歷山大港建立煤氣公司的特許狀。法國企業還打算資助並建設歐陸（日耳曼和斯堪的納維亞除外）的鐵路。

不過在事實上，法國經濟發展的基礎面，明顯慢於其他國家。國內的人口平穩增長，卻沒有急遽猛增。城市只有不算大的發展（巴黎例外），實際上在一八三〇年代初期，有些城市還縮小了。其工業力量在一八四〇年代晚期，無疑要大於其他歐陸國家——它所擁有的發動機馬力等於其餘歐陸國家的總和——但是，它已相對落後於英國，又將相對落後於日耳曼。事實上，儘管法國具有優勢，起步早，卻從未變成可與英國、日耳曼和美國相匹敵的主要工業強國。

對此矛盾現象的解釋是，如我們所知，原因在於法國大革命本身，大革命透過立憲會議之手所創造的大部分成果，卻又在羅伯斯比的手中取消斷送。法國經濟中的資本主義，部分是建立在不可動搖的農民和小資產階級之上的上層結構。沒有土地的自由勞動力，只是以細流之姿流進城市；在別的國家促使進步工業家大發其財的規格化廉價貨物，在法國卻沒有足夠大和不斷擴展的市場。大量的資本剩餘下來，但是，爲什麼要投資於國內工業呢⑲？聰明的法國企業家製造奢侈品，而不製造大眾消費品；聰明的金融家用資金去促進外國工業而不是本國工業。在其他國家，唯有經濟成長爲私營企業提供了高於其他生意的利潤時，這兩者才會攜手發展。在法國卻不是這樣，儘管他國的經濟成長是透過法國的推動。

站在與法國相反極端的是美國。這個國家遭受到資本短缺之苦。但是，它準備引進任何數量的資本，而且英國樂於輸出資本。這個國家也面臨了勞動力短缺之苦。但是，不列顚群島和日耳曼在一八四〇年代中期的大饑荒後，爲它輸出了成百萬剩餘人口。這個國家缺乏足夠的技工，但是，就算是下列技工——蘭開夏的棉紡織工人、威爾斯的礦工和鐵匠——也可以從世上已經實現工業化的地方輸入。而且，美國特有的才能就在於發明節省勞動力的機械，尤其是簡化勞動的機械。這種才能已經得到充分發展。美國所缺少的，只是得以開發一望無際的領土和資源所需的墾殖和交通。美國的殖民者、政府、傳教士和商人，已經橫貫大陸擴張到太平洋，或者說，在世上最具活力的第二大商船隊支持下，已將他們的貿易推向各大洋，從印度洋的桑吉巴島(Zanzibar)直到夏威夷；儘管如此，單是內部的擴張過程，就足以使美國經濟保持幾乎是無限的成長。太平洋和加勒比海地區，已是美利堅帝國選上的意中之地。

這個新興共和國的所有制度都鼓勵儲蓄、才智和私營企業。巨大數量的新來人口，定居在沿海城市和新近占據的內地各州，他們需要同樣規格的個人、家庭、農場物品與裝備，並且提供了一個理想的同質市場。發明和創業的報償非常豐厚：蒸汽船(一八〇七—一三)、大頭針(一八〇七)、螺絲車床(一八〇九)、假牙(一八二二)、絕緣線(一八二七—三一)、左輪手槍(一八三五)、提出打字機和縫紉機的創見(一八四三—四六)、滾筒式印刷機(一八四六)，以及一大批農業機械的發明者，都在追求這些豐厚的報酬。雖然美國經濟眞正的昂首奮進，要等到一八六〇年之後，但是即使在這個時期，也沒有其他國家的經濟發展比美國來得更快。

美國成爲世界經濟強國指日可待。然而，在這項轉變中有一個重大阻礙：即工業發達的北方與半殖民式的南方之間的衝突。長久以來，北方作為一個獨立的經濟體，得益於歐洲的資本、勞力和技術，尤其獲利於英國；但極少輸入這些資源的南方，則呈現一種典型依附於英國的經濟。就像澳大利亞必須依靠羊毛，阿根廷必須依靠肉類那樣，南方的成功之處，在於用它出產的、幾乎全數的棉花去供應英國蘭開夏繁榮異常的棉織工廠，但正是這種成功使它的依附性無可扭轉。南方主張自由貿易，因為自由貿易使它能向英國出售產品，並以所得購回廉價的英國貨；而北方，幾乎從一開始（一八一六）就極力保護本國工業資本家，抵制所有會與自己廉價競爭的外國人，即英國人。北方和南方相互爭奪西部領土，一個是為了發展奴隸制度的莊園經濟和落後且自給自足的墾居方式，另一個則是為了發展機械收割機和大規模屠宰場。直到橫貫北美大陸的鐵路時代到來之前，控制著密西西比河三角洲（中西部的主要出海口）的南方，手中握有較強有力的經濟牌。一八六一至六五年的南北內戰，實際上是由北方資本主義所進行和主導的美國統一戰爭。至此，美國經濟的前途才確定下來。

世界經濟的另一個未來巨人是俄國。雖然有遠見的觀察家已經預言俄國的巨大幅員、人口和資源，遲早會顯示出力量，但此際它在經濟上尚無足輕重。十八世紀歷代沙皇創立起來的採礦業和製造業，因是以地主或封建商人為雇主，以農奴為勞工，所以正在逐漸走向衰落。新的工業（家庭工業和小規模的紡織工廠），要等到一八六〇年代才開始有真正顯著的發展。而即使是從肥沃的烏克蘭黑土區向西方出口糧食，也只有幅度不大的進展。俄屬波蘭倒是相當發達，但是，它也猶如東歐其他地方（從北方的斯堪的納維亞直至南方的巴爾幹半島），重大的經濟變革時代尚未到來。義大利南部和西班牙亦是如此，只有加泰隆尼亞和巴斯克的小塊地區例外。甚至在義大利北部，那裏的經濟變化要大得多，但這些變化卻更明顯地表現在農業（農業在這個地區總是資本投資和商業企業的一條主要出路）、商貿和航運業中，而不是製造業上。然而，在整個南歐，工業經濟發展都受制於煤的短缺。當時，煤仍是工業動力的唯一重要能源。

於是，這個世界的一部分迅速成爲工業強國，而另一部分則落後了。但是，這兩種現象並非彼此互不關聯。經濟停滯、遲緩，甚或衰退，都是經濟進步的產物。因爲，經濟相對落後的國家如何能抵擋新興財富和工商中心的力量，或在某些情況下的誘惑呢？英國和某些歐洲國家，只要憑低價銷售便足以抵制一切競爭對手。世界工廠的頭銜是非常適合它們的。對那些不甚發達的地區而言，看起來再「自然」不過的做法，便是應該生產糧食或礦物，然後用這些非競爭性的貨物換取英國或其他西歐國家的製成品。科布登告訴義大利人說：「你們的煤就是太陽。」[20]在大地主，或甚至開明的農場主人或牧場主人掌握地方權力的地區，這種交換是兩全其美的。古巴的種植園主人相當樂意以蔗糖賺錢，願意進口外國貨物，因爲這可使外國人有錢購買他們的蔗糖。在當地製造業者可以說話算數的地方，或當地政府讚賞經濟平衡發展的好處或只是意識到依賴性害處的地方，事情就沒那麼樂觀了。日耳曼經濟學家李斯特（Frederick List）通常帶有抽象哲學的愜意打扮，他拒絕那種實際上會使英國成爲首要或唯一工業強國的國際經濟，因而要求實行保護主義，而且，如我們所見，美國人也這樣認爲，只是他們沒有這種哲學。

上述種種說法皆假定該經濟體在政治上是獨立的，並且強大到足以接受或拒絕由世上一小部分最早進行工業化的地區派定給他們的角色。在那些並非獨立的地區，如殖民地，就別無選擇。如我們所知，印度正處於非工業化的過程中。埃及是這種非工業化過程更為生動的實例。因為在埃及，當地的統治者阿里，實際上已經開始有計畫地使他的國家轉變為現代經濟，特別是工業經濟。他不僅鼓勵為世界市場種植棉花(從一八二一年起)，而且至一八三八年，已將一千二百萬英鎊這一極可觀數目的資金投入工業，工業雇用了大約三萬到四萬名工人。如果讓埃及走自己的路，將會是怎樣一種光景?這個答案我們無從知曉。確實發生的歷史是，一八三八年的英國—土耳其公約(Anglo-Turkish Convention)，將外國商人強加給這個國家，並因此破壞了阿里藉以操持的對外貿易壟斷；而在一八三九至四一年間，西方國家擊敗了埃及，逼迫埃及削減軍隊，因而也就消除了曾引導埃及走向工業化的大多數激勵因素[21]。十九世紀，西方的砲艦不是第一次，也不是最後一次迫使一個國家向外國貿易「開放」，換言之，向世界工業化地區的優勢競爭開放。看到十九世紀末作為英國保護國的埃及，誰會想到早在五十年前，這個國家曾是為了擺脫經濟落後狀態而走上現代化道路的第一個非白人國家呢?(埃及的現代化曾令科布登感到憎惡，他說：「他們這樣做簡直是在浪費最好的原棉，這些原棉本來應該是賣給我們的。……浪費的還不只是原棉，那些被逼去從事製造業的勞工，本來是應該在棉田裏工作的。」Morley, *Life of Cobden*, Chapter 30.)

在雙元革命時代的所有經濟後果中，這種「進步國家」和「未開發國家」之間的分歧，被證明是影響最深遠最持久的。大致而言，至一八四八年，已經可以清楚看出哪些國家是屬於第一集團，它們包括西歐(伊比利半島除外)、日耳曼、北義大利、中歐的一些部分、斯堪的納維亞、美國，可能還有英語世界的移民拓居地。但是，同樣很淸楚的是，世界的其餘部分，除了一小塊地區外，在西方進出口貨物的非正式壓力下，或在西方砲艦和遠征軍的軍事壓力下，正在淪爲或變成西方的經濟附庸地。這道橫在「落後」國家與「進步」國家之間的鴻溝，直到一九三〇年代俄國人發展出跨越的手段之前，仍是不可動搖、無法橫越，而且日益分隔著世上的少數居民和大多數人口。沒有其他事實比這件事對二十世紀歷史的發展，更具決定性。

註釋

❶ Quoted in W. Armytage, *A Social History of Engineering* (1961), p. 126.

❷ Quoted in R. Picard, *Le Romantisme Social* (1944), pt. 2, cap. 6.

❸ J. Morley, *Life of Richard Cobden* (1903 ed), p. 108.

❹ R. Baron Castro, "La poblacion hispano-americana", *Journal of World History*, V, 1959-60, pp. 339-40.

❺ J. Blum, "Transportation and Industry in Austria 1815-48", *Journal of Modern History*, XV (1943), p. 27.

❻ Mulhall, *op. cit.*, Post Office.

❼ Mulhall, ibid.

❽ P. A. Khromov, *Ekonomicheskoe Razvitie Rossi v XIX-XX Vekakh* (1950), Table 19, pp. 482-83. 但銷售量增加得

相當快。參見 J. Blum, *Lord and Peasant in Russia*, p. 287。

❾ R. E. Cameron, *op. cit*., p. 347.

❿ Quoted in S. Giedion, *Mechanisation Takes Command* (1948) , p. 152.

⓫ R. E. Cameron, *op. cit*., pp. 115ff.

⓬ R. E. Cameron, *op. cit*., p. 347; W. Hoffmann, *The Growth of Industrial Economies* (1958), p. 71.

⓭ W. Hoffmann, *op. cit*., p. 48; Mulhall, *op. cit*., p. 377.

⓮ J. Purs, "The Industrial Revolution in the Czech Lands", *Historica,* II (1960), pp. 199-200.

⓯ R. E. Cameron, *op. cit*., p. 347; Mulhall, *op. cit*., p. 377.

⓰ H. Kisch, "The Textile Industries in Silesia and the Rhineland", *Journal of Economic History*, XIX, December 1959.

⓱ O. Fischel and M. V. Boehn, *Die Mode, 1818-1842* (Munich 1924), p. 136.

⓲ R. E. Cameron, *op. cit*., pp. 79, 85.

⓳ G. Lefebvre, *La révolution française et les paysans* (1932), reprinted in *Etudes sur la révolution française* (1954).

⓴ G. Mori, "Osservazioni sul liberoscambismo dei moderati nel Risorgimento", *Riv. Storic. del Socialismo,* III, 1960, p. 8.

㉑ C. Issawi, "Egypt since 1800", *Journal of Economic History* , March 1961, XXI, p. 1.

①譯按：憲章派呈遞第二次憲章請願書時，罷工工人拔掉蒸汽鍋爐的塞子，以迫使工廠停工，故此次罷工又名「塞子暴動」(plug riots)。

第十章

向才幹之士開放的職業

某天，我與這些中產階級紳士中的一位走進曼徹斯特。我向他提及令人慚愧和不衛生的貧民區，想引他注意這個城市的工廠工人，其居住地區是如何令人作嘔。我表示我生平從未看過建得這樣糟糕的城鎮。這位紳士耐心地傾聽，然而卻在我們分手告別的那條街道的街角上評論說：「但是這裏有很多錢可賺啊。早安，先生！」

——恩格斯《英國工人階級的狀況》❶

新金融家們以在報紙上公布晚餐菜單和來賓名單爲炫耀的習尚。

——卡布菲格❷

被革命推翻或建立的正式體制很容易識別，但是，它們無法衡量革命的作用。法國大革命的主要結果是廢除了貴族社會，但廢除的不是階級意義上的「貴族」——那種以爵位和其他排斥性的醒目標記加以區分，且經常以「血緣」貴族這樣的階級爲自己塑形的社會地位。建立在個人發跡之上的社會，歡迎這種醒目和既定的成功標誌。拿破崙甚至重建了一個正式的貴族階層，它在一八一五年後，與殘存下來的舊貴族連成一氣。貴族社會的結束並不意味著貴族影響力的終結。新興階級自然會傾向於依據先前上層集團所確立的舒適、奢侈或浮華的標準，來看待他們自己的財富和權力象徵。英國柴郡(Cheshire)那些賺了錢的布商妻子們，會在許多關於禮儀和體面生活的書籍指導下，變成「女士」。也是基於這種目的，這些書籍從一八四〇年代起成倍增加。出於同樣原因，在拿破崙時代發戰爭財的那群謀利者，也十分看重男爵頭銜，並喜愛在資產階級的沙龍中，擺滿「天鵝絨、黃金、鏡子、路易十五時代座椅的拙劣仿製品，以及其他家具。……徒有講究僕人和馬匹的英式時髦風尚，卻沒有貴族精神。」一位不知道靠什麼發跡的銀行家誇口道：「當我出現在劇院中的專屬包廂時，所有的長筒望遠鏡都轉向我身上。我得到了近乎皇家所得到的喝采歡迎。」還有什麼比這種誇口更爲驕傲呢❸？

而且，像法國這種在宮廷和貴族的習染薰陶下所形成的文化，是不會失去其印記的。因此，那種特別沉醉於爲私人關係做微妙心理分析的法國散文（其源頭可溯至十七世紀的貴族作家），或那種已將性愛活動及情人情婦標準化的十八世紀文學模式，都成了「巴黎式」資產文明的成分之一。先前是國王們有正式的情婦，現在則加進了成功的股票經紀人。高級名妓不僅將其收入豐厚的寵愛投給那些敗家的年輕貴族子弟，也投向出得起價錢的銀行家，以作爲他們成功的活廣告。事實上，在許多方面，法國大革命以一種異常純粹的形式，保留下法國文化中的貴族特點；出於同樣原因，俄國大革命也以異常的忠誠，保留了古典芭蕾和十九世紀資產階級對待「美好文學」的典型態度。這些特質被革命接受同化，視作令人想望的歷史遺產，因而受到革命的保護，而非蝕毀。

然而，舊制度還是死亡了。儘管一八三二年時，布勒斯特（Brest）的漁夫認爲：天降霍亂是上帝對他們廢黜合法國王的懲罰。除了信仰雅各賓的南法和一些長期實行脫基督教化的地區，形式上的共和制度在農民之中的擴展速度相當緩慢。但是，在一八四八年舉行的第一次眞正普選中，正統主義的勢力已經只局限於西部和較貧窮的中部省分。今日法國鄉村的政治地理，在當時已大體可以辨認出來。在更高的社會層次上，波旁王朝的復辟並沒有恢復舊制度，或者正相反，當查理十世力圖這麼做時，他就被推翻了。復辟時代的社會，是巴爾札克筆下資本家和野心家的社會，是斯丹達爾（Stendhal）筆下朱利安（Julien Sorel）的社會，而不是返鄉流亡貴族的社會。一個如地質變動般的新世紀，分隔了復辟社會與塔里蘭所回顧的一七八〇年代「甜蜜生活」。巴爾札克筆下的拉斯蒂涅（Rastignac）更接近於莫泊桑（Maupassant）筆下的《情婦》（*Bel-Ami*）一書中的杜洛亞，一個一八八〇年代的典型人物，甚或更近似於一九四〇年代好萊塢電影的典型人物薩米·格里克（Sammy Glick），而不像一七八〇年代非貴族的成功者費加洛(Figaro)。

簡言之，革命後的法國社會在結構上和價值觀念上都是資產階級社會，是暴發戶的社會，換言之是自我造就者的社會。不過，當時這種情形還不十分明顯，除非政府本身便是由暴發戶統治，即實行共和主義或拿破崙主義的政府。一八四〇年時，有半數的法國貴族屬於舊貴族家庭，在我們看來這種現象似乎不夠革命，但是在當時的法國資產階級眼中，半數貴族在一七八九年時曾是平民這一事實，卻是非常驚人的，特別是在他們目睹了歐陸其他國家的階級排外性後，更顯震驚。「善良的美國人死後，就上巴黎去」，這句話表明巴黎在十九世紀的形象，儘管要到第二帝國時期，巴黎才完全成爲暴發戶的天堂樂園。倫敦，或者特別是維也納、聖彼得堡和柏林，都不是金錢可以買到一切的城市，至少在第一代暴發戶時是如此。在巴黎，卻幾乎沒有什麼有價值的東西是用錢買不到的。

新社會的支配優勢並非法國獨有的現象，但是，如果將民主的美國除外，在表面上，這種優勢在法國的確更爲明顯、更爲正式，儘管實際上不如在英國和低地國家那樣深刻。在英國，名廚仍是爲貴族服務，如卡雷姆(Carême)爲威寧頓公爵服務那樣(他先前曾爲塔里蘭服務)；或是爲寡頭俱樂部服務，如「改革」俱樂部的索耶爾(Alexis Soyer)。在法國，於大革命中失去工作的貴族家庭廚師，已經建立了開辦高價餐館的穩固傳統。一本法式烹飪指南經典的封頁，暗示著世界的一項變化。它是這樣寫的：「(作者)博維耶(A. Beauvillier)，普羅旺斯伯爵老爺的前任官員，……現任飯店老闆，郎德斯大酒店，李希留路二十六號。」❹美食家是王政復辟時期的創造物之一，並經由一八一七年創刊、布里亞薩瓦林(Brillat-Savarin)編寫的《美食家年鑑》而不斷繁衍。他們已絡繹前往英式咖啡館或巴黎式咖啡店，去品嘗沒有女主人主持的晚餐去了。在英國，報刊依然是指導、咒罵和施加政治壓力的工具。但正是在法國，吉拉丹(Emile Girardin)於一八三六年創辦了現代報紙：《報界》(*La Presse*)，這份報紙是政治性的，卻也是廉價的，旨在積聚廣告收入，以閒話、連載小說和各式各樣的其他噱頭吸引讀者。(一八三五年，《辯論報》〔*Journal des Débats*，發行約一萬份〕的年平均廣告收入約二萬法郎。一八三八年，《報界》第四版以一年十五萬法郎租出去，一八四五年漲到三十萬法郎❺。)英語中的「新聞」(journalism)和「宣傳」(publicity)、德文中的「宣傳」(Reklame)和「廣告」(Annonce)，這些詞彙都會使人想起法國人在這些混沌初開的領域中的先驅之舉。巴爾札克筆下所讚美的時裝、百貨商店和公共商品櫥窗，也都是法國人的發明，是一八二〇年代的產物。(「從馬德蓮大道〔Modeleine〕到聖丹尼門〔Porte Saint-Denis〕，商品都在以五光十色的節奏歌唱，歌唱出一首宏大的詩歌。」)法國大革命還將向才幹人物開放的職業——劇院——帶進了「良好社會」(在此同時，該種職業的社會地位在貴族統治下的英國，仍然類似於拳擊手和騎師的地位)：拉布拉什(Lablache)、塔爾馬(Talma)和其他戲劇界人士，在拉菲特別墅(Maisons-Lafitte，以一位使該郊區變得時髦起來的銀行家姓氏命名)這幢莫斯科親王的豪華住宅旁，確立了他們自己的地位。

工業革命對資產階級社會結構的影響，在表面上不那麼劇烈，在實際中卻更爲深遠。因爲工業革命創造出與官方社會並存的資產階級新**集團**，這些集團是如此之大，以致無法爲官方社會所吸收，只接納了其頂層的少數人。但這個新集團是如此地具有自信和活力，他們並不希望被吸收，除非是在依他們所提的條件基礎上。在一八二〇年的英國，我們尚難在國會大廈和海德公園附近，發現眾多般實富商的身影。在國會大廈裏，貴族及其家人依然控制著尚未改革的議會；而海德公園內，仍是那些完全不守禮儀的上流仕女們，如哈麗葉·威爾遜（Harriete Wilson，她甚至在拒絕裝扮成殘花敗柳時也顯得很不正經）。她們駕著四輪敞篷馬車，身旁簇擁著打扮入時的傾慕者，他們來自軍隊、外交使團和貴族階層，其中也有不屬資產階級的「鐵公爵」威靈頓（Wellington）。十八世紀的商人、銀行家，甚至於工業家，其人數甚少，足以同化在官方社會中。事實上，以老皮爾爵士（Sir Robert Peel）爲首的第一代棉紡業百萬富翁們，可說是相當堅定的托利黨人，只不過較爲溫和穩健而已。老皮爾的兒子還正在接受日後成爲首相的訓練。然而，在北方布滿雨雲的天空下，工業化使實業家的實力成倍增大。曼徹斯特不再肯向倫敦屈服讓步。在「曼徹斯特今日所思，就是倫敦明日所想」這一戰鬥口號下，曼徹斯特準備將自己的要求強加給首都倫敦。

這些來自各個地方的新貴，是一支可畏的大軍，而當他們日益意識到自己是一個「階級」，而不是塡補上層和下層階級空隙的「中等階層」時，就更加令人生畏。到了一八三四年，小穆勒（John Stuart Mill）已經可以抱怨說：社會評論家「在他們那個關於地主、資本家和勞工的三角關係中百思不解，直到他們似乎領悟到，社會好像已在上帝的安排下，區分成這三個階級」❻。他們不僅是一個單純的階級，更是一支戰鬥的階級大軍。最初他們是爲了反對貴族社會，而與「勞動貧民」合作組織（他們認爲這些貧民一定會追隨自己的領導〔「處於中等階級以下的那個階級，他們的見解和思想，是由這個明智有德行的階層形塑指導的。他們與下層階級人們有最直接的接觸。」老穆勒：《政府論》，一八二三年〕）；後來，他們既反對無產者也反對地主，這在「反穀物法同盟」這個最具有階級意識的團體中，表現得最爲顯著。他們是白手起家，或者至少是出身平凡的人們，極少得到出身、家庭或正規高等教育的庇蔭。就像狄更斯《苦難時代》(*Hard Times*)中的那位邦德比先生，他們並非不願誇耀這種事實。他們富有，而且在那個年代變得更爲富裕。他們先是充滿極爲強烈和強悍有力的自信心，這種自信心是因爲他們屬於這種人：其親身經歷已向他們表明，天命、科學和歷史已經匯聚在一起，準備將世界完全交給他們。

白手起家且頌揚資本主義的報界人士兼出版家——《里茲信使報》(*Leeds Mercury*, 1774-1848)的貝恩斯(Edward Baines)、《曼徹斯特衛報》(*Manchester Guardian*, 1791-1844)的泰勒(Jonh Edwart Taylor)、《曼徹斯特時報》(*Manchester Times*, 1792-1857)的普倫蒂斯(Archibald Prentice)，以及斯邁爾斯(Samuel Smiles, 1812-1904)——他們將「政治經濟學」轉化成幾個簡單的教條式命題，並藉此賦予中產階級知識上的確切性。而除了易動情感的美以美教派外，清教異端中的獨立派、唯一神派、浸信會和教友派，則賦予他們精神上的確切性，以及對無用貴族的輕蔑。一位不爲恐懼、憤怒甚或憐憫所打動的雇主，告訴他的工人說：

> 上帝確立的公正公平法則，人類無權侵犯。若有人膽大妄爲欲加阻撓，或遲或早，必定會受到相應的懲罰……。因此，當主人們放肆聯手，以其聯合力量更有效地壓迫僕人時，他們就是以此行爲侮辱上帝，上帝的詛咒將降臨在他們身上。然而，另一方面，若僕人聯合起來向雇主敲詐只應屬於主人的那份利潤時，他們也同樣破壞了這條公平法則。❼

宇宙仍然具有秩序，但不再是過去的秩序。宇宙只有唯一眞神，祂的名字叫蒸汽，而祂的使者則是馬爾薩斯、麥克庫洛赫和所有的機器使用者。

不管是持十八世紀不可知論的偏激知識分子，或是爲中產階級代言的自學學者和作家，都不應當掩飾下列事實：即絕大多數的中產階級只顧忙於賺錢，以致無暇關心一切與賺錢無涉的事。他們讚賞他們的知識分子，甚至如科布登那般，在他們還沒成爲特別成功的實業家時便是如此，只要這些知識分子能迴避掉不講求實際和過於深奧的思想，因爲他們本身就是缺乏教育、講求實際的人，這使他們懷疑一切超出經驗太遠的事情。科學家巴貝奇(Charles Babbage, 1792-1871)向他們提議自己的科學方法，但卻徒勞無功。科爾爵士(Sir Henry Cole)是工業設計、技術教育和交通運輸合理化的先驅者，他在英女王的日耳曼裔丈夫難以估量的幫助下，爲中產階級豎立起最光輝的紀念碑：一八五一年的大博覽會。但是，由於愛好官僚政治和愛管閒事，他被迫退出公眾生活。官僚政治，像一切的政府干涉那樣，在無法直接幫助他們獲取利潤時，就爲他們所痛恨。斯蒂芬生是一位自學而成的煤礦技師，是他把舊式馬車的軌距轉用到鐵路之上——他從未考慮過其他代替品——而不是那位富有想像力、老練精幹且大膽的工程師布魯內爾(Isambard Kingdom Brunel)。在斯邁爾斯所創建的工程師萬神殿中，並沒有布魯內爾的紀念碑，責難的話倒有一句：「以求實謀利的結果來衡量，像斯蒂芬生這類人物，無疑是更可信賴的模仿對象。」❽為了培訓以科學爲基礎的新興工業技工，哲學派的激進分子，盡其努力地建立了一個「技工講習所」網絡——在這些講習所中，技工們一定得聆聽那些與其目的無關的言論，例如如何清除政治上的災難性錯誤。到了一八四八年，大多數講習所都行將倒閉，因爲大家不認爲這種技術教育可以教給英國人（以區別於日耳曼人或法國人）任何有用的知識。有一些聰明、有實踐頭腦，甚至是有教養的製造業財主，一窩蜂地參加新成立的「英國科學促進協會」(British Association for the Advancement of Science)的各種會議。但是，若認爲該協會代表了該階級的規範準則，那就錯了。

這樣的一代人，是成長於一八〇五年特拉法加之戰到一八五一年大博覽會之間的歲月。他們的前輩，由於成長於有教養且具理性的地方商人和異端牧師的社會組織中，成長於惠格黨世紀的智識框架中，因此少了一些粗俗之氣：陶業大王威奇伍德是皇家學會和古董學會的會員，是鮑爾頓、他的合夥人瓦特，以及化學家兼革命者普里斯特利共同組成的「新月學會」成員。（他的兒子托瑪斯做過攝影術實驗，發表過科學論文，資助過詩人柯立芝。）這位十八世紀的製造業大亨，很自然地依照喬治時代建築師的設計去建造他的工廠。這一代人的後繼者，如果不是更有教養，便是更爲奢侈揮霍，因爲到了一八四〇年代，他們已擁有足夠的金錢，隨意花在仿造豪華宅第、仿哥德式和文藝復興式的市政廳上，以及重建垂直式風格或古典風格的小教堂。但是，在喬治和維多利亞這兩個時代之間，資產階級和工人階級的黑暗時代來臨了。它們的概貌已在狄更斯的《苦難時代》中，有了令人難忘的描述。

虔誠的清教主義，支配著這個淒涼荒蕪的時代：刻板嚴厲、自以爲是、愚鈍無知、對倫理道德的沉迷，已到了只有僞君子才配稱爲其夥伴的地步。如揚氏(G. M. Young)所說：「美德正以一道寬廣的無敵戰線，向前推進」，將不貞潔者、弱者、有罪者(即那些既沒有賺到錢、也沒有控制住情感和財政開支的人)踩在泥中，他們只配享有這種境遇，至多也只能企盼得到居上位者的慈悲施捨。在這樣的觀念中，蘊涵著一些資本主義的經濟意義。如果小企業家要想變成大企業家，就不得不將大部分利潤用作再投資。在最嚴厲的勞動紀律之下，新的無產大眾被迫屈從於工業的勞動節奏，或者，如果他們拒不接受，就只有等死。即使是在今日，目睹那一代人創造出的景色，仍令人心頭爲之顫慄❾：

> 在科克鎮，你什麼都看不到，只有嚴厲的勞動景象。如果某個教派的成員在那裏建起一座小教堂——已有十八個教派成員這麼做了——他們也會把它變成一座紅磚式的虔敬貨棧，有時(但這只是在精心裝飾的例子中)，在鳥籠般的房頂尖還保有一口鐘。鎮上所有的公共銘文，都是漆成黑白兩色的嚴峻字體。監獄可能就是醫院，醫院也許就是監獄；市政廳可能是監獄，也可能是醫院，或兩者兼是，或者是與建造它們的宏偉用意相反的任何東西。現實、現實、現實，這個城鎮的一切物質面都是以現實爲依歸；現實、現實、現實，一切非物質面也都是以現實爲依歸……。一切事物都是處於臥病其中的醫院與墓地之間的現實，而你無法以數字表達的東西，或無法表明在最廉價的市場上可買到的東西，以及在最昂貴的市場上可售出的東西，都是不存在的，並且永遠不應當存在。世界無窮無盡，阿門！(參見 Léon Faucher, *Manchester in 1844*, 1844, pp.24-25。「這個城鎮在一定程度上實現了邊沁的烏托邦理想。一切事物都以功利標準衡量其結果；如果美麗

的、偉大的，或高尚的事物能在曼徹斯特扎根，它們也將照這種標準發展。」）

這是對資產階級功利主義的信仰悲歌。福音派教徒、淸教徒，以及十八世紀不可知論的「哲學激進分子」，他們都信仰功利主義，這些激進分子還將功利主義以符合邏輯的語言表達出來。這種信仰在鐵路、橋樑和貨棧中，產生了它自己的實用美，也在一排排煙薰火烤、一列列灰黑紅色的小房屋中，發展出它獨有的那種浪漫恐怖，而工廠堡壘就居高臨下俯瞰著這些小房屋。新興資產階級居住在小屋外圍（如果積聚起足夠錢財搬遷），他們發號施令、推行道德教育、捐助傳教士在海外黑種異教徒中的傳教活動。男人們將金錢人格化，因爲金錢證實了他們統治世界的權利；女人們——由於丈夫的金錢甚至剝奪了她們實際操持家務的滿足——則將這個階級的道德也人格化了，這些道德就是：愚蠢（「做個甜美的女人，誰想更聰明就讓她去吧」）、沒學問、不求實際、理論上不談性欲、沒有資產、受人保護。她們是這個節儉自助時代允許自己擁有的唯一奢侈品。

這個階級最極端的榜樣，就是英國的製造業者，但是在整個歐陸上，還有一些較小的同類集團：法國北方或加泰隆尼亞紡織業地區的天主教徒、亞爾薩斯地區的喀爾文教徒、萊茵地區的路德教虔信派教徒，以及遍及中歐和東歐的猶太教徒。他們的強硬與英國製造業者極爲相似，因爲他們也相當大程度地脫離了更陳舊的城市生活和家長統治傳統。福謝（Léon Faucher）儘管持有教條主義式的自由信仰，也被一八四〇年代曼徹斯特的景象所震驚。對此，歐陸上的觀察者就不震驚嗎❿？但是，他們與英國人一樣都深具信心，這種信心來自穩定增加的富裕（一八三〇至五六年間，里耳當塞特

〔Dansette〕家族的嫁妝，從一萬五千法郎增至五萬法郎⑪），來自對經濟自由主義的絕對信念，來自對非經濟活動的拒絕。直到第一次世界大戰前夕，里耳的紡織王朝仍一直維持著對軍伍生涯的完全輕蔑。米盧斯的陶爾菲斯(Dollfus)家族之所以勸年輕的恩格斯不要念著名的工藝學院，就是因爲他們擔心這可能引導他走上軍伍生涯，而不是實業生涯。貴族制度及其血統家系，起初並沒有對他們產生極度引誘，猶如拿破崙的元帥們那樣，他們就是他們自己的祖先。

2

因而雙元革命的決定性成就，就是它們打開了有才之士的進身之路，或者至少說是向精力、精明、勤奮，以及貪婪，打開了進身之路。並不是說所有的進身之路都已敞開，也不代表它們全都能通往社會階級的頂端，或許在美國是例外。然而，這些機遇是多麼非凡！昔日靜止不變的階級制度理想，已經遙遙地遠離十九世紀！漢諾威王國的謝爾(Kabinettsrat von Schele)，曾拒絕一位貧寒的年輕律師申請一個政府職位，其理由是這位年輕律師的父親是一名訂書匠，他理當繼承父業。而今，這個理由顯得既不充分又極荒唐⑫。然而謝爾所做的，只不過是奉行穩定的前資本主義社會中的古老格言，而且在一七五〇年時，一位訂書匠的兒子的確只有繼承父業一途。現在，他卻不再非這麼做不可。在他面前敞開了四條成功之路：實業、教育(並可藉此轉向政府公職、政治及自由業三個目標)、藝術，以及戰爭。戰爭在革命時期和拿破崙時期的法國是很重要的，但在隨後數代人的長期和平中，便不再具重要性，也因此不再是非常吸引人的。第三條道路是新近才出現，因爲此時有比以往大得多的公共獎賞，鼓勵那些能令大眾歡娛或感動的非凡才能，舞台的社會地位日益上升，便表明了這點。這種地位的上升，在愛德華時代的英國，最終產生了相互關聯的景象：封爲騎士的男演員和娶合唱隊女孩爲妻的貴族。甚至在後拿破崙時期，就已經產生了富有特色的現象：被當作偶像崇拜的歌唱家（如「瑞典夜鶯」琳德〔Jenny Lind〕）或舞蹈家（如埃爾絲勒〔Fanny Elssler〕），以及被奉爲若神明的音樂藝術家（如帕格尼尼〔Paganini〕和李斯特〔Franz Liszt〕）。

實業和教育都不屬於向所有人開放的坦途，即使是在那些充分擺脫了習俗和傳統束縛的人們當中，也是如此。這些人相信「像我這樣的人」將爲他們容納，也知道在一個個人奮鬥的社會中如何活動經營，或者承認「自我完善」是值得的。想走上這兩條路的旅行者必須交付通行費：沒有**一些**起碼的資財，無論限額多麼小，便很難在成功之路上啓步。這種通行費對想踏上教育之路的人來說，無疑要比進入實業之路更高，因爲即使是在建立了公共教育體系的國家中，初等教育一般仍受到忽視，而且，即使在有初等教育存在的地方，出於政治原因，也僅只教授最低程度的識字、算術和道德服從。不過，非常矛盾的是，乍看起來，教育之路似乎要比實業之路更有吸引力。

這種認知並不奇怪，因爲教育只需要人們在生活的習慣和方式上做一點小小的革命。學識，如果只是教士學習的那種學識，早已在傳統社會中擁有了爲人所認可、爲社會所重視的地位，而且實際上，比它在純正的資產社會中的地位更爲顯著。家庭中有一位教士、牧師或猶太學者，可能就是窮人所能企望的最大榮幸，也值得爲此做出巨大犧牲。一旦開放這樣的進身之路，這種社會傾慕可以輕易地轉向世俗學者、官吏或教師，或者在最好的情況下，轉向律師和醫生。此外，學識不像實業那樣，具有明顯的反社會傾向。受過教育者不會像無恥自私的商人和雇主那樣，主動攻擊他的同類。實際上經常看到的情形是，他們（尤其是教師）明顯地是在幫助同胞擺脫看來是他們苦難之源的愚昧無知和黑暗。比起對個人實業成功的普遍渴求，對教育的普遍渴求更容易實現，而且，學校教育比可賺錢的奇怪藝術更容易取得。在那些幾乎完全是由小農夫、小商販和無產者所組成的社區中，如威爾斯，人們一方面會渴望將兒子送去從事教學或傳教工作，但同時卻對財富和實業本身有著痛苦的社會怨恨。

然而，在一定意義上，教育代表著個人主義式的工作競爭、「向才幹之士開放的職業」，以及實力戰勝出身和關係。在此，教育的效用完全與實業不相上下，而且是透過競爭性的考試來實現的。如同往例，考試制度最具邏輯性的表現方式，也是產生於法國大革命之中，類似等級制度的考試，迄今仍在從學術優勝者中挑選出知識菁英分子，去管理和教導法國人民。學識和競爭性考試，也是英國最具資產階級意識的思想學派的理想。這個學派就是邊沁主義的「哲學激進派」，他們最終（但不是在本書所述時期結束之前）會將這種理想以一種極為純淨的形式，強加在英國內政部和印度事務部之上，以反對貴族的激烈抵抗。憑實力取才，如經由考試或其他教育檢定，已成為公認的理想典範。只有最為陳腐的歐洲公職，如羅馬教廷和英國外交部，或最民主的文官制度，如美國，不在此列。最民主的文官制度，傾向於以選舉而不是考試作為選拔公職人員的標準。雖然，像其他形式的個人主義競爭一樣，考試是一種自由主義的方法，卻不是民主的或平等主義的方法。

因此，教育向有才之士開放所產生的首要社會結果，是矛盾的。它所產生的不是自由競爭的「開放社會」，而是官僚制度的「封閉社會」；但是，這兩者——以其多樣的方式——都是資產階級自由主義時代中最富特色的體制。十九世紀高等文官的**氣質**，基本上仍是十八世紀啓蒙運動時的那種氣質：在中歐和東歐是共濟會式和「約瑟芬式」（Josephinian），在法國是拿破崙式，在其他拉丁語系國家是自由主義式和反教士的，在英國則是邊沁主義式。衆人一致公認，一旦有實力者在文官制度中鞏固了地位，競爭就轉變爲自動晉升，不過，一個人究竟能晉升得多快和多高，仍取決於（在理論上）他的實力，除非有規定的平均主義強迫純粹憑資歷晉升。因此，乍看起來，官僚制度非常不同於自由主義社會的理想。然而，憑實力選才的意識、普遍的廉潔風氣、講求實際的效率、一定的教育程度，以及非貴族的出身，都將公職文官聚爲一體。就算是刻板嚴厲的堅持自動晉升（尤其是在那個非常中產階級的英國海軍部中，其延續的時間已達到了荒唐程度），至少也有以下的好處：排斥典型的貴族徇私或君主偏袒的習性。在經濟發展停滯落後的社會中，公職向新興的中產階級提供了一種替代的中心點。（巴爾札克小說中的所有官員，看來都是出身於小企業家庭或即將變成小企業家庭。）一八四八年的法蘭克福國會（Frankfurt Parliament）中，百分之六十八的議員都是文官或其他官員，只有百分之十二的議員是「自由業者」，百分之二點五是實業家，這種情況並非偶然⑬。

因此，對有意追求名利的人來說，有幸的是，後拿破崙時期幾乎在所有地方都是政府機構和政府活動明顯擴張的時期，不過，這種擴張很難大到足以吸納日益增多的識字公民。一八三〇至五〇年間，平均每人的公共開支在西班牙增加了百分之二十五，在法國增加百分之四十，在俄國增加百分之四十四，在比利時增加百分之五十，在奧地利增加百分之七十，在美國增加百分之七十五，在荷蘭增加百分之九十以上(只有在英國、英屬殖民地、斯堪的納維亞國家和幾個落後國家，按人口分攤的政府開支維持穩定或下降，而這個時期正是經濟自由主義如日中天之時⑭)。這種增加的情況，部分可歸因於軍隊這個顯而易見的賦稅消費者。儘管沒有發生重大的國際戰爭，軍隊在拿破崙戰爭結束之後卻還是比之前要龐大得多：以一八五一年主要大國的軍隊總數為例，其中唯有英法兩國的數字，低於一八一〇年拿破崙力量臻於頂峯之際。其他大國，如俄國、日耳曼和義大利諸邦國，以及西班牙，實際上擁有更龐大的軍隊。這種增加情況，也可歸因於國家舊職能的發展以及新職能的取得。認為自由主義敵視官僚制度，是一種基本的錯誤觀念(那些具邏輯思想的資本主義擁護者：激進的邊沁學派，並不曾犯這種謬誤)。自由主義只敵視缺乏效率的官僚制度，敵視政府干涉那些最好是留給私營企業去辦的事情，以及敵視過多過濫的稅收。使政府的作用降到只具守夜更夫的功能，這種庸俗自由主義的口號，掩蓋了下列事實：剪除了無效率和干涉性功能的政府，會是一個比過去更為強大且更有雄心的政府。例如，及至一八四八年，只有政府才擁有現代、且經常是全國性的警察武力：法國始於一七九八年，愛爾蘭始於一八二三年，英格蘭始於一八二九年，西班牙始於一八四四年；除英國之外，通常也只有政府才擁有公共教育體系；除了英國和美國，公共鐵路服務也歸或將歸政府所有；在任何地方，都是由政府經營日益擴大的郵政服務，用以滿足急速增大的商務和私人通訊需求。人口成長迫使國家維持一個更大的司法系統；城市成長和城市社會問題也要求一個範圍更大的市政管理系統。無論政府的職能是新增還是舊有，都日益依靠一個由專職官員組成的、單一的、全國性的文官體系去執行，其中的高級官員，係由各國的中央權威任意調遣和升遷。但是，這種有效率的服務雖然可以大量減少官員數量、消除腐敗和兼職差役，並可降低行政單位的成本花費，然而卻會創造出一個遠令人可畏的政府機器。自由主義國家的大多數基本職能，看來都超出了大多數前革命專制國家最狂放時的夢想，例如聘用給付薪酬的官吏或維持一支全國性的常規地方警力，去有效地評估和徵收稅款。徵稅的水準也超過從前甚多，甚至也曾間歇實行累進所得稅率，而這正是自由主義政府得以維持的原因：實行自由主義的英國，其一八四〇年的政府開支，竟相當於獨裁俄國的四倍之多。（在英國，累進所得稅是在拿破崙戰爭時臨時徵收，從一八四二年起常年徵收；一八四八年前，沒有其他重要國家仿效此一先例。）

傳說拿破崙的士兵會在軍用背包裏攜帶軍官肩章，作爲他最終取得元帥權杖的第一步。然而，那些新的官僚職位卻很少在實際上等同於這些軍官肩章。一八三九年時，法國計有十三萬名文職官員⑮，其中大多數是郵遞員、教師、低層徵稅官、司法官員，以及類似人員；甚至於內政部的四百五十名官員和外交部的三百五十名官員中，大多也是普通辦事員，從狄更斯到果戈里的文學作品，都把這一類人描寫得淋漓盡致。除了公職特權外，他們難得有什麼值得嫉妒的，他們所得到的保障，只是可以用一種穩定的節奏終身挨餓受窮。只有寥寥可數的官職，夠稱上是一份中產階級的好職業，從經濟上看，誠實的官員不可能在過得去的舒適之外，指望更多東西。十九世紀中期的改革者，在英國文官制度中設計了「行政管理級」官員，以作爲適合中產階級的級別，但即使是到今天，該級行政官員也不會多於三千五百人。

雖然小官吏或白領工人的情況簡樸若此，但若比起勞動貧民，他們還是像山巒般高高在上。這些人不需從事體力勞動。儘管只是象徵性的，但他潔淨的雙手和雪白的衣領，都使他偏向富人那邊。他們身上通常都帶有公共權威的魔力。男男女女在他面前，只能排隊領取登記著他們生活的文件，他對這些人是呼之即來揮之即去，他可以告訴這些人什麼是不可以做的。在較落後的國家（以及民主的美國），兄弟子姪可指望透過他找到一份工作；在許多不那麼落後的國家，他不得不受賄。對於無數的農民或勞工家庭，對於不太可能以其他方式提高社會地位的人來說，小官吏、教書和神職人員至少在理論上是可以觸及的，這座喜馬拉雅山是他們的兒子有可能攀登的。

自由業很少在他們的考慮範圍之內，因爲要想成爲一名醫生、律師、教授（在歐陸上意味著當一名中學校長或大學教師），或者成爲一名「從事各種職業的受過教育者」[16]，都需要有多年的教育或出眾的才華和機遇。一八五一年的英國，有大約一萬六千名律師（不算法官）和不過一千七百名的法律學生（歐陸上律師的數目和比例通常更多）；大約一萬七千名醫生和外科醫生，以及三千五百名醫學學生和助手；不足三千名建築師；和大約一千三百名「編輯和作家」（法文的新聞記者〔Journalist〕一詞，尚未得到正式認可）。法律和醫學是兩個具有長遠傳統的職業，第三個則是教士。教士提供的出路少於人們所指望的，如果只是因爲它的擴張程度遠慢於人口的成長，那也還好，但實際的情況卻是，由於各個政府的反教士熱情，使得這門職業正在萎縮而不是擴張。約瑟夫二世查禁了三百五十九座男女修道院，西班牙在其自由主義時期也極力查禁所有的修道院。

只有一條眞正的出路存在：即由世俗者和教會人士充任小學教師。教師這行的主要成員多半是農夫、工匠和其他簡樸家庭的下一代，其數目在西方國家中絕非微不足道：一八五一年，英國有大約七萬六千名男女自稱是校長或普通教師，這還不包括二萬名左右的家庭教師。對於身無分文而又受過教育的女孩而言，若她們不能或不願以不太體面的方式謀生，家庭教師就是她們眾所周知的最後出路了。而且，教學不僅是龐大的，也是正在擴張中的一門職業。教師的收入很低，但是，除了英國和美國這種市儈盛行的國家外，小學教師是極受歡迎的人物。因爲在平凡男女第一次發現愚昧無知是可以驅除的時代，如果有任何一個人代表了這個時代的理想典範，那麼這個男人或女人的生活及呼喚，必定能夠提供孩子們他們父母從未有過的機遇，能夠爲孩子們敞開世界，能夠以眞理和道德浸潤他們。

當然，實業是向才幹之士開放的最明顯職業，而且在一個迅速發展的經濟中，實業的機會自然相當豐富。許多企業的小規模性質、盛行的轉包制、小規模的買賣，都使他們相對容易從事。但是，無論是物質、社會還是文化條件，都不利於窮人。首先，成功者經常忽略一個事實，那就是相要發展工業經濟，就必須創造出一群比雇主或自行創業者更多的工資勞動者。每有一個人向上升入實業家階級，就必須有更多人滑落下去。第二，經濟獨立必須具有技術能力、思想準備或財政資源(無論是多麼有限)，而這些全都是大多數人所沒有的。那些足夠幸運擁有這些條件的人——如處於少數地位的宗教派別成員，社會學家熟知他們從事這類活動的才幹——都表現得相當出色：在「俄國的曼徹斯特」伊凡諾弗(Ivanovo)，那些成爲紡織業者的農奴，大多數都屬於「老信徒」(Old Believers)教派⓱。但是，若要是指望那些並不擁有這些特長的人們，例如大多數俄國農民，去做同樣的事情，甚或在同樣的條件上竭力仿效他們，都是完全不切實際的。

3

在各類群體當中，沒有比少數派更熱情歡迎向才幹之士開放晉身之途，無論這些職業是什麼，因爲這些少數派群體在當時尚不被允許躋身顯著地位。這不僅因爲他們出身不佳，也因爲他們遭到官方和集體的歧視。法國新教徒以無比的熱情投身於大革命期間和之後的公共生活，這種熱情唯有西方猶太人所迸發的那種才幹可與媲美。十八世紀的理性主義爲這種解放進行了準備，法國大革命則將它付諸實行。在此之前，猶太人邁向成功的道路只有兩條：一是商業或金融，一是解說神聖律法，但這兩者都使他局限在狹小且被隔離的猶太聚居區中。只有一小批「宮廷猶太人」或其他富有者，半隱半現地浮出其聚居區外，但即使是在英國和荷蘭，他們也要小心謹慎，不可走得太遠，以免陷入危險和不得人心的境地。即使是這樣有限的嶄露，也只有在那些殘橫昏醉的不信宗教者當中，才不顯得不受歡迎，但總體而言，這些不信教者也擺明並不歡迎猶太解放。世世代代的社會壓抑，使得猶太聚居區也實行自我封閉，拒絕任何違離嚴密正統之外的行動，並將其視爲不信和反叛。在十八世紀，日耳曼和奧地利的猶太解放運動先驅，尤其是門德爾松(Moses Mendelssohn, 1729-86)，都被罵成是叛逃者和無神論者。

大批猶太人居住在舊波蘭王國東部和立陶宛的猶太區內，這些猶太區迅速增長。區內的猶太人繼續在充滿敵意的農民當中，過著自我約束和教人猜疑的生活，只有在教派信仰上，才能使他們有所分歧，一派效忠於立陶宛正統派學識淵博的拉比，另一派則虔信忘我入神卻備受窮困折磨的哈錫德派。一八三四年，奧地利當局逮捕了四十六名加利西亞革命者，其中只有**一名**猶太人，這是非常典型的情形⑱。但是，在西方更小的社區中，猶太人雙手緊緊抓住他們的新機遇，無論如何也要得到官員職位，即使不得不爲此付出名義上受洗的代價，在那些半解放的國家中，經常就是如此。實業家想要得到的，甚至不止是官職。羅思柴爾德家族是國際上的猶太之王，他們不止是有錢而已。他們本來可以更早發跡致富，儘管這一時期的政治軍事變化，爲國際金融提供了前所未有的機遇。此際也**已被視爲**有錢人，具有一種與他們的財富大致相稱的社會地位，甚至渴望成爲貴族。事實上，歐洲的王公們已從一八一六年開始授予他們貴族爵位（一八二三年，他們成爲世襲的哈布斯堡男爵）。

比猶太人的財富更令人吃驚的，是在世俗的藝術、科學和各種職業中，猶太人才華橫溢的表現。以二十世紀的標準來衡量，這種才華的展露還很有限。不過，到了一八四八年，十九世紀最偉大的猶太思想家和最成功的政治家，都已雙雙達到成熟時期。他們分別是馬克思和狄斯累里（Benjamin Disraeli, 1804–81）。此時尚無猶太籍大科學家，只有幾位雖不是第一流卻也有顯著地位的數學家。梅耶貝爾（Meyerbeer, 1791–1864）和孟德爾頌（Mendelssohn-Bartholdy, 1809–47）還稱不上是當代最傑出的作曲家；不過在詩人當中，海涅（Heinrich Heine, 1797–1856）的詩作流傳下來，評價甚高。此時也還沒出現偉大的猶太演奏家和指揮家，沒有重要的猶太畫家，唯一重要的戲劇演員，就是女演員拉舍爾（Rachel, 1821–58）。事實上，天才的產生並不是衡量一個民族獲得解放的尺度，反倒是從大批並非最卓越的猶太人才突然湧現，並且加入到西歐的文化和公眾生活之中——尤其是法國，最重要的是日耳曼諸邦——更能看出這種解放。這些人才的湧現，爲來自偏遠內地的猶太移民提供了語言和意識形態，用以逐漸塡平橫隔在中世紀與十九世紀之間的鴻溝。

雙元革命賦予猶太人在基督教統治之下所曾享受到的、最接近於平等的東西。那些抓住機會的猶太人，所希望的莫過於「同化」到新社會之中，而且出於明顯的原因，他們的歸屬感幾乎全都是自由主義的。然而，即使是煽動性政治家還沒有認眞利用流行於被剝削大眾中的反猶主義（到此際，勞工大眾已經可以把猶太人視作資本家），猶太人的處境仍是捉摸不定、令人不安的。（日耳曼強盜「屠夫」畢克勒〔Johannes Bueckler, 1777–1803〕專以猶太人爲犧牲品，並因此名聲大噪；在一八四〇年代布拉格的工人騷動中，也有反猶太的情形。）在法國和日耳曼西部（尙不及於別處），一些年輕的猶太人發現自己正夢想著一個更爲完美的社會：有一種明顯的猶太特質存在於法國的聖西門主義中（羅德里格斯〔Olinde Rodrigues〕、皮爾耶兄弟、阿列維〔Léon Halévy〕、戴希塔爾〔d'Eichthal〕），並在較小程度上存在於日耳曼的共產主義中（赫斯〔Moses Hess〕、詩人海涅，當然還有馬克思，不過，他對他的猶太出身，表現出一種徹底的冷淡）。

猶太人所處的地位，使他們格外樂意融入資產階級社會。他們是少數族群。他們之中的極大多數已居住在城市中，在很大程度上已對城市化的種種疾病有了免疫力。統計學家已經注意到他們在城市中的死亡率和患病率較低。他們之中極大多數是識字者，不從事農業；且很大一部分人已經在從事商業或各種專門職業。只要察覺到新形勢新思想所具有的潛在威脅，他們本身所處的形勢就會不斷地迫使他們去思考這些新形勢新思想。但在另一方面，對世上大多數的民族而言，適應新的社會並不是件容易的事。

這種不適應，部分是因爲頑固的舊習使他們幾乎不可能理解新社會對他們的期待。如在一八四〇年代，年輕的阿爾及利亞紳士，被送到巴黎接受歐洲教育。他們吃驚地發現自己受邀參加這個皇都中的任何活動，除了國王和貴族的社交宴會。此外，新社會也不比舊社會更容易適應。那些接受中產階級文明洗禮和行事方法的人們，可以自如地享受其好處；但那些拒絕或無力這麼做的人們，簡直就無可指望。堅持選舉權必須有財產資格限制，是一八三〇年時各個溫和自由主義政府的特色，其中的偏見不僅是政治上的，他們認爲無法表現出積聚財富能力的人，稱不上是一個完整的人，因而也很難說算是一個完整的公民。這種態度在歐洲中產階級與異教徒的接觸當中，表現得最爲極端。歐洲中產階級致力於透過明智純眞的傳教士，說服異教徒皈依基督教、信仰商業並穿上褲子（其間無法劃出明顯界線），或是想把自由主義的立法眞理強加給他們。只要他們接受了這些，自由主義（至少在革命的法國人當中）就準備授予他們具有一切權利的公民身分，或者如在大英帝國的子民當中，完成他們有朝一日成爲一名英國人的希望。這種態度充分反映在拿破崙三世的參議院中。在本書所論時代結束但仍受其影響的數年中，法國參議院向阿爾及利亞人開放了公民身分：「根據他的要求，他被允許享有法國公民的權利，因此，他必須遵守法國的民法和政策。」⑲阿爾及利亞人所必須放棄的，實際上就是回教信仰；如果他不想這麼做——極少有人這樣做——那麼，他就仍是一個人民而不是公民。

「文明人」對「野蠻人」(包括國內大量的勞動貧民⑳)的眾多輕蔑，都建立在這種露骨的優越感上。中產階級世界對所有人都是自由開放的。那些未能進入其中的人，要不是因爲缺乏才智、道德或精力，而罪有應得；便是受到歷史或種族遺產的拖累，否則，他們早已充分利用他們的機會了。這種發展約在該世紀中期達到頂點，於是那段時間也就變成一個史無前例的冷酷時期。這不僅是因爲當時的富人對其周遭令人震驚的貧困完全視若無睹，那種恐怖的貧窮現象，只會對外來訪客造成衝擊(今日印度貧民窟的情況亦然㉑)；更因爲他們提起窮人的態度，就好像談到外國的野蠻人一樣，根本不把他們當人看。如果他們的命運是要成爲工業勞工，他們也只會是一群烏合之眾，要以絕對的強制、嚴厲的工廠紀律，輔之以國家的幫助，強迫他們適應恰當的紀律模式(頗有特色的，倒是當時的中產階級認爲：在法律面前人人平等的原則與明顯具歧視性的勞工法典之間，並無矛盾之處；在這樣的法典中，如一八二三年英國的「主僕法」，工人違背合同要處以監禁，雇主違背合同卻只處以少量罰金，如果眞有其事的話)。窮人應當讓他們一直處在飢餓的邊緣上，因爲若非如此，他們就不願工作，就不會具有堪稱爲「人」的動機。雇主們在一八三〇年代後期對維勒梅說：「工人們爲了自己著想，應該使自己經常受需求所迫，因爲這樣他才不會給孩子們樹立壞榜樣。而且，貧困也可以確保他的良好行爲。」㉒然而，對中產階級來說，窮人還是太多了，他們只能指望馬爾薩斯的人口法則能夠發揮作用，去餓殺足夠多的窮人，以建立生存人口的最大限量；當然，除非每一個不具理性的窮人都能節制生育，理性地確立他們自己的人口控制。

這種態度與正式承認的不平等，只不過是五十步與百步的差別。一八五三年，巴德里拉爾(Henri Baudrillart)在法蘭西學院的就職演說中提出：不平等是人類社會的三大支柱之一，另外兩個是財產和繼承權㉓。於是，階級社會就這樣在形式平等的基礎上重建起來。失掉的只是昔日它所寬容的那些東西：認爲人既有責任又有權利的普遍社會信念，以及美德善行絕不僅等於金錢的信念：下層階級雖然卑微，也有在這塊上帝召喚他們前來的地方，過一種簡樸生活的權利。

註釋

❶ F. Engels, *Condition of the Working Class in England,* Chapter XII.

❷ M. Capefigue, *Histoires des Grandes Operations Financières,* IV (1860), p. 255.

❸ M. Capefigue, *loc. cit.*, pp. 254, 248-49.

❹ A. Beauvilliers, *L'Art du Cuisinier* (Paris 1814).

❺ H. Sée, *Histoire Economique de la France,* II, p.216.

❻ A. Briggs, "Middle Class Consciousness in English Politics 1780-1846", *Post and Present*, 9, April 1956, p. 68.

❼ Donald Read, *Press and People 1790-1850* (1961), p. 26.

❽ S. Smiles, *Life of George Stephenson* (1881 ed.), p. 183.

❾ Charles Dickens, *Hard Times.*

❿Léon Faucher, *Etudes sur l'Angleterre,* I (1842), p. 322.

⓫M. J. Lambert-Dansette, *Quelques familles du patronat textile de Lille-Armentières* (Lille 1954), p. 659.

⓬Oppermann, *Geschichte d. Königreichs Hannover*, quoted in T. Klein, *1848, Der Vorkampf* (1914), p. 71.

⓭G. Schilfert, *Sieg u. Niederlage d. demokratischen Wahlrechts in d. deutschen Revolution 1848-49* (1952), pp. 404-05.

⓮Mulhall, *op. cit.*, p. 259.

⓯W. R. Sharp, *The French Civil Service* (New York 1931), pp. 15-16.

⓰*The Census of Great Britain in 1851* (London, Longman, Brown, Green and Longmans 1854), p. 57.

⓱R. Portal, "La naissance d'une bourgeoisie industrielle en Russie dans la première moitié du XIX siècle", *Bulletin de la Société d'Histoire Moderne*, Douzième série, II, 1959.

⓲Vienna, *Verwaltungsarchiv,* Polizeihofstelle, H 136/1834.

⓳A. Girault et L. Milliot, *Principes de Colonisation et de Législation Coloniale* (1938), p. 359.

⓴Louis Chevalier, *Classes Laborieuses et Classes Dangereuses* (Paris 1958), III.

㉑D. Simon, Master and Servant in J. Saville ed., *Democracy and the Labour Movement* (1954).

㉒P. Jaccard, *Histoire Sociale du Travail* (1960), p. 248.

㉓P. Jaccard, *op. cit.*, p. 249.

第十一章 勞動貧民

每一個工廠主人，就像殖民地的種植園主人生活在他們的奴隸中那樣，生活在自己的工廠裏，他一個人要面對成百個工人，而里昂的破壞活動，就像是聖多明各的那種暴動……威脅社會的野蠻人既不在高加索，也不在蒙古草原，而是在我們工業城市的郊區……中產階級應認清這種局勢的性質；他應當知道他是站在何處。

——吉拉丹，《辯論報》一八三一年十二月八日

想要做官掌權，
總得披大氅，掛綬帶。
我們爲你們大人物紡紗織布，
死後卻不包裹屍布就草草掩埋。
　我們是織布工，

卻赤身裸體，無遮無蓋。
你們的統治行將結束，
我們掌權的日子就要到來。
我們爲舊世界織好了裹屍布，
造反的吼聲已響徹天外。
我們是織工，
從此衣冠整齊，有穿有戴。

——里昂絲織工人歌謠

1

因此，對那些發現自己正處在資產社會道路上的貧民來說，在他們面前展現出三種可能性，而且他們在當時仍難以進入的傳統社會領域內，再也得不到有效的保護。這三種可能性是：他們可以爭取成爲資產階級；或讓自己忍受折磨；或起而造反。

如我們在前面已經看到的那樣，第一條道路對那些身無分文得以賺取財產或接受教育的人來說，不僅實行起來有困難，而且也頗令人厭惡。純功利式的個人主義社會行爲制度，秉持的信條是資本主義社會的「人不爲己，天誅地滅」，這種理論上看似合理的叢林競爭法則，在成長於傳統社會之人的眼中，無異於淫亂的魔鬼。一八四四年，絕望的西利西亞麻布手織工，爲了與自己的命運抗爭，發動了一場失敗的起義。起義工人中有人說道：「在我們這個時代，人們發明了各種巧妙無比的技巧，用來削弱和破壞別人的生計。唉！但再也沒有人會想到聖經第七條戒律的訓示：你不能偷盜。他們也沒記住路德（Luther）對這一條戒律的評注，路德說：我們應當敬畏上帝，我們不能拿走鄰居的錢財，不能用假貨和欺詐的交易去獲取錢財，相反的，我們應當幫助鄰人保護並增加其生計和財產。」❶這段話代表了所有發現自己簡直是被地獄的力量拖入深淵之人的所有心聲。他們要求的並不多。（「富人常給窮人以施捨，而窮人過著極簡樸的生活，因爲在那時，下層人不像他們今天那樣，很少需要誇示用的衣著和打扮。」）但即使這麼卑微的地位，如今也被剝奪了。

因此，他們對資本主義社會的抵制，即使經過最合理的計畫，也少不了野蠻的行爲。以濟貧稅救助低薪勞工的斯品漢姆蘭制度，由鄉紳主導實行，並深受勞工依賴，雖然經濟學上對這種制度的反對已成定論。作爲緩和貧困的一種方式，基督徒式的施捨毫無助益，就像在大量興辦慈善事業的教皇國可以見到的那樣。但它不僅在傳統的富人當中普受歡迎，而且也在傳統的窮人當中普受歡迎。富人把它看作防止邪惡平權的手段（這種平權觀念是「那些堅持自然創造的眾人都是平等的，而社會差別純粹只有在公共效益中才能找到」的夢想家所提出的❷），而窮人深信，他們有權獲取富人餐桌上的麵包屑。在英國，有一道鴻溝把互助會（Friendly Society）中產階級提倡者和貧民分隔開來，前者認爲互助會完全是個人自助的一種形式，而後者還把它們當作，並且根本常常當作是舉行歡樂聚會、儀式、宗教祭典和慶祝活動的**社會團體**，這對互助會的健全是有害的。

甚至連資產階級也認爲，在這些方面，純粹自由競爭並未給他帶來實際好處，因而加以反對，這使那種抵制更爲強化。誰也不比頑強的美國農場主人和工廠主人更熱心於個人奮鬥精神，沒有一部憲法像美國憲法那樣——或者他們的法學家直到我們這個世紀以前還認爲的那樣——反對類似聯邦童工立法那種對自由的干預。但是如我們所見，卻也沒有誰比他們更堅定地致力於對其實業的「人爲」保護。新式機械是私人企業和自由競爭的主要好處之一。但是，不僅勞工盧德派奮起搗毀機器，當地的小商人和農民也同情他們，因爲他們也認爲改革者破壞了他們的生計，而政府則不得不於一八三〇年發出措詞嚴厲的通告，指出「機器應像其他任何形式的財產那樣，受到法律的保護」❸。在資產階級自由派深具信心的堡壘之外，新興企業家懷著動搖和疑惑的心情，著手完成他們破壞社會和道德秩序的歷史任務，這更加強了窮人的信念。

當然，也有一些勞動者極力躋身於中產階級，或者至少是遵循節儉、自助和自我改善的訓誡。在中產階級激進主義的道德書和說教讀物、戒酒運動和致力傳道的新教當中，隨處可見到把斯邁爾斯視爲其荷馬的那類人，而事實上，這樣的團體吸引了，或許還鼓勵了雄心勃勃的年輕人。一八四三年創立的羅頓節欲院(Royton Temperance Seminary，局限於小伙子，大部分是棉紡織工人，他們發誓戒酒、不賭博，並養成良好的道德情操)，在二十年裏培養了五個紡紗廠老闆、一名教師、兩名俄國棉紡廠經理，「和不少取得諸如經理、監工、機械工工頭、合格校長之類的體面職位，或變得體面的店鋪老闆。」❹顯然，在盎格魯撒克遜世界以外，這種現象不那麼普遍，在那些地區，工人階級以外的道路(除了移民)要狹窄得多，即使在英國，這樣的道路也不特別寬廣；而激進中產階級對熟練工人的道德和理智影響，也要小一些。

另一方面，顯然有更多人面臨他們無法理解的社會災難，遭受貧困和剝削，麕集於淒涼污穢的貧民窟或正在擴大的小規模工業複合村，因而陷於道德淪喪。失去了傳統制度和行爲指南之後，人們怎能不淪入以權宜之計臨時餬口的深淵呢？許多家庭在每週發薪日之前，不得不把他們的毛毯典當出去（一八五五年，典當給利物浦當鋪老闆的所有物品中，有百分之六十價值在五先令以下，百分之二十七在二先令六便士以下）。而酒精則是擺脫曼徹斯特、里耳或博里納日(Borinage)等工業大城的捷徑。酗酒大眾幾乎已成爲輕率失控的工業化和城市化的伴生現象，「酒瘟」開始在全歐蔓延❺。也許那個時代無數感嘆酗酒日益嚴重，妓女或男女淫亂日益敗德之人，有些誇大其詞。不過，一八四〇年左右，在英國、愛爾蘭和日耳曼，有計畫的戒酒宣傳突然大增，有中產階級的，也有工人階級的，這種情形顯示，對世風日下的擔憂既非學究專屬，也不限於任何單一階級。其直接成就十分短暫，但在該世紀的其餘時間，不管是開明的雇主還是勞工運動，對烈酒的厭惡仍然是共通的。（這種厭惡並不適用於啤酒、葡萄酒或已成爲人們日常慣用飲食的其他飲料。這種運動以盎格魯撒克遜新教徒爲主力。）

但是，悲嘆新興城市和工業區貧民世風日下的同時代人，當然並不是在誇大其詞。而這些事件加在一起，使得情況更加惡劣。城鎮和工業區在沒有計畫和監管的情況下迅速發展，一些最起碼的城市生活服務設施，例如，街道的清掃、飲用水供應、衛生，更別提工人階級的住屋了，都完全跟不上城市發展的步伐❻。這種城市狀況惡化的最明顯後果，便是傳染性疾病再度出現（主要是水源性傳染病）、廣泛流行，特別是**霍亂**。霍亂從一八三一年起再度征服歐洲，並在一八三二年橫掃從馬賽到聖彼得堡的歐洲大陸，後來還曾再度爆發。舉一個例子來說，在格拉斯哥，「一八一八年前，斑疹傷寒並未被當做什麼流行疾病而引起注意」[7]。此後，斑疹傷寒的發病率不斷增加。至一八三〇年代，該城有兩種主要流行病（斑疹傷寒和霍亂），一八四〇年代有三種（斑疹傷寒、霍亂和回歸熱），一八五〇年代上半期兩種，一直到一整代人忽視城市衛生的情況改善爲止。忽視城市衛生的可怕後果，復因爲中產階級和統治階級未曾親身感受，而更形嚴重。本書所論時期的城市發展，以飛快的速度將不同階級隔離開來，新興的勞動貧民，被推入政府、商業中心及新闢的資產階級專門住宅區之外，溺陷於黑暗的苦難深淵。在這一時期發展起來的歐洲各大城市，幾乎普遍地劃分爲「豪華」的西區和「貧窮」的東區。（「迫使工人遷出巴黎市中心，一般而言，都對他們的行爲舉止和道德產生了令人悲嘆的影響。在舊時，他們通常住在建築物的上層，其下層由商人和相對來說屬小康階級的其他成員占用。在同一棟建築物中賃屋而居的人，產生了一種團結友愛的精神。鄰居在小事上互相幫助，工人生病或失業時，也可以在樓中鄰里找到援手。另一方面，一種身爲人的尊嚴感，也始終規範著工人階級的行爲。」[8]）除了勞工自己主動興辦的設施外，在這些新興的勞工聚居區裏，除了酒館，或許還包括小教堂外，此外根本沒有公共設施。一直要等到一八四八年後，當新的流行疾病從貧民窟蔓延出來，開始造成富人的死亡；以及在貧民窟中長大的絕望群眾，以社會革命嚇壞了當權者的時候，有計畫的城市改建和改善才開始進行。

酗酒還不是世風日下的唯一象徵，殺嬰、賣淫、自殺和精神錯亂等社會現象，都與這場社會和經濟的大災難有關。這項發現主要得感謝當時代人對我們今日稱爲社會醫學所進行的開拓性工作。（我們對那個時代（及隨後的改進）的了解，大多歸功於許許多多的醫生，他們與資產階級輿論普遍的自鳴得意和強硬態度，適形成鮮明對照。此外，維勒梅和《公共衛生年鑑》〔*Annales d'Hygiène Publique*, 1829〕的英國撰稿人：凱伊〔Kay〕、撒克拉〔Thackrah〕、西蒙〔Simon〕、蓋斯克爾〔Gaskell〕和法爾〔Farr〕，還有日耳曼的幾個人，都值得我們給予更廣泛的紀念。）刑事犯罪和日益增多且經常是無目的的暴力犯罪，也是出於同樣的原因，暴力犯罪是個人對威脅著要吞噬馴服者之力量的盲目宣洩。盛行於此時的天啓教派、神祕教派和其他形形色色的迷信（參見第十二章），在在表明：對毀滅人類的社會大震動，人們表現出類似的無能爲力。例如，霍亂的流行在信奉天主教的馬賽以及信奉新教的威爾斯，都同樣造成了宗教復興。

在社會行爲的各種扭曲形式之間，有一點是共同的，且恰好都與「自助行動」有關。這些形式都是逃脫貧民勞工命運的企圖，或者至多是接受或忘記貧困和羞辱的企圖。那些相信來世的人，酒鬼、小盜賊、精神病患、流浪乞丐，或雄心勃勃的小業主，都對其集體狀況視而不見，並且（小業主除外）都對採取集體行動的能力漠不關心。在這一時期的歷史上，這種群眾性的冷漠態度所起的作用，比人們經常認定的大得多。下述的那種情況絕非偶然：技術最不熟練、受教育最少、最無組織性、因而也最沒希望的貧民，在當時和後來都是政治態度最冷漠的人。在一八四八年普魯士哈勒（Halle）城的選舉中，有百分之八十一的獨立手工業師傅和百分之七十一的石匠、木匠和其他熟練建築工人參加投票，而在工廠和鐵路工人、雇工和家務代工當中，只有百分之四十六的人參加投票❾。

2

逃避和失敗之外的另一選擇就是暴動。當勞動貧民，特別是已成為貧民核心的工業無產階級面臨這種局面的時候，暴動不僅是可能的，而且實際上是迫不得已的。十九世紀上半葉，沒有什麼比出現勞工運動和社會主義運動，而且實際上是群眾性的社會革命騷動，更不可避免的事。一八四八年革命便是其直接後果。

一八一五至四八年間的勞動貧民處境，著實令人震驚，這一點是任何通情達理的觀察家都無法否認的，而這樣的人所在多有。眾人普遍認定，貧民的處境正在日漸惡化。在英國，馬爾薩斯的人口理論便是基於這樣的假定，而認為人口的成長必然會超過生活所需的增長，並得到李嘉圖派經濟學家的支持。那些對工人階級前景持樂觀看法的人，比抱悲觀看法的人少一點，才能也要差一些。在一八三〇年代的日耳曼，至少有十四種不同的出版物，是以人民的日漸貧困作為討論主題。而且，關於「日益貧困和食物短缺的抱怨」是否得到證實的問題，也被提出來作為學術獎勵的論文題目。十六位競爭者中，有十位認為已得到證實，只有兩位認為這些抱怨沒有得到證實⑩。從這類意見占有的壓倒性多數，便可看出貧民普遍陷於令人絕望的苦難之中。

無疑，鄉村實際存在的貧困狀況，顯然是最糟糕的，特別是在無地的工資勞動者，鄉村家庭作坊工人，當然還有擁有土地但很貧困的農民，或靠貧瘠土地生活的那些人中間。那些發生在一七八九年、一七九五年、一八一七年、一八三二年、一八四七年的歉收，仍然造成實際的饑荒，就算沒有額外災難的干預，諸如破壞了西利西亞家庭亞麻工業基礎的英國棉紡織品競爭，情況也是如此。一八一三年的倫巴底歉收，造成許多人僅靠吃肥料和乾草、吃豆葉和野果製的麵餅維持生命⓫。甚至在瑞士這樣的穩定國家裏，像一八一七年那樣的歉收年，也會造成實際死亡人數超過出生人數的慘況⓬。與愛爾蘭饑荒的大災難（參見頁二三七—八）比起來，一八四六至四八年的歐陸飢民也顯得黯然失色，但這樣的饑荒已經夠現實的了。在普魯士的東部和西部（一八四七），三分之一的居民已沒麵包可吃，僅靠馬鈴薯維生⓭。在日耳曼中部山區，簡樸、貧窮的製造業村莊裏，男男女女坐在圓木和長凳上，很少有簾子或桌巾，因沒玻璃杯而用陶器或錫杯喝水，居民已有點習慣了馬鈴薯飲食和淡咖啡，在饑饉期間，救濟工作者不得不教居民吃他們提供的豌豆和稀粥⓮。因飢餓而產生的斑疹傷寒，在法蘭德斯和西利西亞的鄉村肆虐，在那裏，農村的麻布織工與近代工業進行著注定要失敗的鬥爭。

但事實上，除去愛爾蘭那樣的全面災難之外，吸引大多數人注意的苦難——許多人都認爲程度日益加重——是城市和工業區的苦難，那裏的貧民不像農村那般消極地挨餓，也不像他們那麼不顯眼。他們的實際收入是否下降，仍是歷史上有爭論的問題，儘管如我們所見，城市貧民的一般處境無疑是惡化了。不同地區之間，不同種類的工人之間，以及各個經濟時期之間，情況千差萬別，再加上統計數據方面的缺陷，使這些問題很難得出肯定的答案。不過在一八四八年以前（英國也許在一八四四年以前），任何顯著的普遍改善都不曾發生，而富人和窮人之間的鴻溝，肯定是越來越大，越來越明顯。當羅思柴爾德伯爵夫人佩戴價值一百五十萬法郎的珠寶出席奧爾良公爵的化裝舞會時（一八四二），正是布賴特（John Bright）這樣描述羅奇代爾婦女的時候：「二千名婦女和少女唱著聖歌走過街道，這是非常獨特、非常令人吃驚的場面。這支奇異的隊伍走近了——她們是可怕的飢民——麵包被狼吞虎嚥地吞食下去，其狀難以形容，即使那些麵包上幾乎沾滿了泥土，也會被當作美食般吞食下去。」[15]

事實上，在歐洲廣大地區，工人階級的生活狀況可能都有某種程度的普遍惡化。不僅（如我們所見）城市設施和社會服務無法與城市輕率而又無計畫的發展同步，在一八一五年到鐵路時代來臨之前，貨幣工資（經常是實際工資）趨於下降，許多大城市的食品生產和運輸價格也隨之下降[16]。那個時代馬爾薩斯主義者的悲觀論調，就是建立在這樣的時間差之上。但除了這種時間差之外，光是飲食習慣從前工業時期的傳統三餐，變爲城市化和工業化時期的不加重視或無錢購買，就足以導致營養惡化，恰如城市生活和工作條件很可能導致健康惡化一樣。工業人口和農業人口（而且當然也是上層、中等和工人各階級之間）在身體和健康上的特大差異，顯然都是因爲這一緣故。法國和英國的統計學家，特別重視研究此一課題。一八四〇年代，維特郡（Wiltshire）和拉特蘭（Rutland）鄉村雇工（未必是一個飽足的階級）出生時的平均預期壽命，要比曼徹斯特和利物浦勞工的預期壽命高一倍，但那時，僅舉一個例子來說，「直到刀剪行業改用蒸汽動力之前，亦即直到十八世紀末，在雪菲爾德（Sheffield）刀剪業中，還不知道什麼叫做磨工病。」但到了一八四二年，因罹患這種疾病而翻腸嘔吐的磨刀工比例，三十多歲年齡層中有百分之五十的人，四十多歲有百分之七十九，五十歲以上更達百分之百⑰。

此外，經濟上的變化使廣大勞工階層發生了轉移或取代，這種變化有時對他們有利，但更多時候是使他們感到悲哀。廣大居民群眾因尚未被新的工業部門或城市吸收，仍舊永遠處在一個貧困無告的底層，甚至更多的群眾，被周期性的危機推向失業深淵，這種危機幾乎還不曾爲人所認識，它們既是暫時性的，也是反覆發生的。一次這樣的經濟蕭條，可以使博爾頓(一八四二)或魯貝(Roubaix，一八四七)三分之二的紡織工人失去工作⑱。百分之二十的諾丁漢(Norttingham)居民，三分之一的佩斯利(Paisley)人口，實際上可能都是貧民⑲。像英國憲章主義那類運動，因其政治上的軟弱性，會一次又一次地遭受失敗；但一次又一次的嚴重饑荒——壓在千百萬勞動貧民身上不堪忍受的重負——又將使它一次次復活。

在這些一般性的衝擊之外，還要加上特殊類型勞動貧民所面對的特殊災難。如我們所見，在工業革命初期，並沒有把所有勞工都推進機械化的工廠中。相反，在少數已機械化和大規模生產的地區周圍，增加了許多前工業革命的手工業者、某些種類的技術工人，以及家庭和作坊的勞工大軍，工業革命常常改善了他們的處境，特別是在勞動力長期短缺的戰爭期間。一八二〇和三〇年代，機器和市場的無情發展，開始把他們甩到一旁。在這樣的過程中，獨立人變成了依附者，人則變成了「人手」。在經常是極其苛刻的條件下，產生了許許多多喪失社會地位、貧困無告，以及忍飢挨餓的人群——手織工、網狀織物編織工等等——他們的處境甚至使多數鐵石心腸的經濟學家都感到恐懼。這些人並不是技術不熟練或愚昧無知的下等人。類似在一八三〇年代被搞得七零八落的諾威治

(Norwich)和鄧弗姆林(Dunfermline)織工，過去透過談判確定的「價目單」已變成廢紙片的倫敦家具製作工，已沉淪於血汗工場泥淖、已變成流浪無產者的歐陸技術工人，以及已喪失其獨立性的手工業者等等，這些人都曾經是技術最熟練，教育程度最高，最能自立的工人，是勞動人民的菁英。(一八四〇年，在一百九十五名格洛斯特郡成年織工中，只有十五人既不能讀，也不會寫；但一八四二年，在蘭開夏、柴郡和斯塔福德郡逮捕的暴亂者中，只有百分之十三的人可以好好讀寫，百分之三十二的人讀寫不全。)他們不知道，他們周遭到底發生了什麼事。很自然，他們會尋求出路，甚至更自然的是，他們會抗議。(「我們的工人人口中，約有三分之一……是織工和雇工，他們的平均所得若無教區補助，根本不足以養家餬口。這一群人，在他們生活的大部分時間裏都是體體面面的，受人尊敬的，現在卻飽受工資下降之苦和時代之難。特別是爲了這群貧困夥伴，我願意推薦這種合作制度。」F. Baker, *First Lecture on Co-operation*, Bolton 1830.)

在物質上，新興的工廠無產階級可能多少有所改善。但同時他們卻是不自由的，要在老闆或監工的強力控制下，忍受極其嚴苛的紀律管束，他們得不到法律援助來對付老闆監工，因爲公共保護才剛剛起步。他們不得不在老闆規定的鐘點和輪班時間工作，接受老闆爲了加強或增加利潤而施行的懲罰和罰款。在一些閉塞的地區和行業中，他們不得不在老闆的商店裏購物，還常常得被迫領取**實物工資**(這樣可使厚顏無恥的雇主賺取更多利潤)，或住在老闆提供的房子裏。無疑，農村小伙子或許會認爲這種生活比起他們的父輩，依賴性可能小一點，情況或許還要好一些；而在歐陸那種帶有強烈家長制傳統的行業裏，老闆的專橫，至少部分被安全感、教育及有時提供的福利設施所抵銷。但對自由人來說，進入這樣的工廠充當一個「人手」，無異於陷入一種奴隸狀態，因此除非快要餓死，否則他們都寧可避而遠之。即使進了工廠，他們在抵制嚴厲紀律方面，也要比女工和童工頑強得多。所以工廠主人多半傾向於招收女工和童工，當然，在一八三〇年代和四〇年代的部分時間裏，即使是工廠裏的無產階級，他們的物質狀況也趨於惡化。

不管勞動貧民的實際狀況如何，毫無疑問的，他們當中每一個稍會思考的人——即那些不接受窮人命該受苦受難，不相信命運無法改變的人——都認爲：勞工是受到富人的剝削才變得窮困，富人越來越富，窮人愈來愈窮，而窮人受苦就是因爲富人受益。資產階級的社會機制，根本就是殘酷不公且不合人道。《蘭開夏合作者》（*Lancashire Co-operator*）一書寫道：「沒有勞動就沒有財富。工人是一切財富的源泉。是誰種植、飼養了一切食品之源？是吃得半飽的窮苦勞工。是誰建造了被不事勞動和不事生產的富人所占有的房屋、倉庫和宮殿？是工人。是誰紡出了所有紗線和織出了所有布匹？是紡紗工和織布工。」然而，「勞工始終是窮人和赤貧者，而那些不幹活的卻是有錢人，並且擁有過分充足的財富。」⑳而絕望的農村雇工（甚至到今天，黑人福音歌手還在逐句地重複吟唱），說得雖沒那麼清晰，但也許更加深刻：

如果生命可以用金錢來買的話，
那麼富人可以活，窮人就該死。㉑

3

勞工運動向窮人的呼聲做了回應。我們不應把勞工運動和歷史上經常可見的集體反抗相混淆，後者所反對的只是難以忍受的苦難；甚至也不應與已成爲勞工特有的罷工或其他鬥爭形式相混淆。勞工運動的歷史可以追溯到工業革命之前。但十九世紀勞工運動的新現象，是階級覺悟和階級抱負。「窮人」不再討好「富人」。一個特定的**階級**，勞工、工人或無產階級，面對著另一個階級，雇主或資本家階級。法國大革命賦予這個新興階級信心，工業革命則使它銘記經常動員的必要性。適當的生活，並不是偶爾的抗議便能實現的，那種抗議只能恢復早已穩定、但暫時被打亂的社會平衡。它需要的是永遠保持警惕、加強組織並進行活動的「運動」——工會、互助會或合作社、工人階級學校、報刊或宣傳鼓動。但是，那種不斷翻新、快速更動且幾乎吞噬他們的社會變革，促使勞工們以自身的經驗和其與壓迫者相抗衡的理想爲基礎，從全面改造社會這個角度進行思考。合理的社會應當是合作的，而非競爭的；是集體主義的，而非個人主義的。應該是「社會主義的」。而且它代表的不是自由社會的永恆理想，而是一種長久且切實可行的現存社會替代物。窮人總是把自由社會的理想置諸腦後，只有在個別情況下，他們才會考慮進行普遍的社會革命。

這種意義上的工人階級意識，在一七八九年，或者說實際上在法國大革命期間，都尚未形成。在英國和法國以外的國家，甚至到了一八四八年，這種意識即使存在，也極爲罕見。但在體現雙元革命的這兩個國家，在一八一五至四八年間，特別是在一八三〇年左右，工人階級的覺悟的確已經形成。「工人階級」(working class) 一詞(不同於不那麼特定的「勞工階層」(the working classes))，於滑鐵盧戰後不久，也許還要更早一些，便在英國的勞工著作中出現了；而在法國工人階級的著作中，一八三〇年後，也可看到同樣的句子[22]。在英國，把全國勞工都組織到「總工會」之下的企圖，於一八一八年正式展開，並在一八二九至三四年間非常熱烈地進行嘗試。組織總工會的目的，在於打破特定工人群體的部門或地域區隔，而將所有工人組織到全國性的團結組織當中。與「總工會」相配合的是總罷工，在這段時期，它被當做工人階級的一種觀念，和一種有計畫的戰術，班鮑(William Benbow)在《偉大的國定假日與生產階層的盛會》(一八三二)一書中，曾加以詳細陳述，而憲章派也曾把它視做一種政治方法，認眞討論過。同時，英、法兩國知識分子的討論，在一八二〇年代既產生了「社會主義」的觀念，也創造了這一詞彙。它立即被工人所接受，在法國規模較小(如一八三二年的巴黎同業公會)，在英國程度便大得多，英國人不久即推動了由歐文領導的廣大群眾運動，對於這樣的運動，歐文個人是難以勝任的。簡言之，到一八三〇年代早期，工人的階級意識和社會抱負已經形成了。與他們的雇主在大約相同時期所形成或表現出來的中產階級意識比較起來，工人階級的意識無疑是微弱多了，也不具那樣大的效力。但，它們已經出現了。

無產階級意識與那種最好是稱作雅各賓意識的東西，強有力地結合在一起，並受其增強。雅各賓意識是指一整套由法國(還有之前的美國)大革命滲透給有思想有信心之窮人的抱負、經驗、方法和道德觀念。就像作爲新興工人階級，其實際表達方式是「勞工運動」，其思想體系是「平民合作」

一樣，作爲普通人民、無產階級，或其他被法國大革命推上歷史舞台的行動者而非純受難者，其實際表達方式便是民主革命。「外表寒酸的公民，和以前不敢出現在舉止高雅者專屬場合的人，現在都昂首和富人走在一起。」㉓他們需要尊敬、承認和平等地位。他們知道這些都可以實現，因爲在一七九三至九四年間，他們已經做到了。這樣的公民並非全是工人，但所有有自覺的工人卻都是這類人。

無產階級意識和雅各賓意識相互補充。工人階級的經驗，賦予勞動貧民日常自衛的主要機構：工會和互助會；以及集體鬥爭的主要武器：團結一致和進行罷工（其本身又意味著組織和紀律）。（罷工對工人階級的存在而言，是非常自發且符合邏輯的結果，以致大多數的歐洲語言都有各自表示罷工的當地詞彙〔例如，grève, huelga, Sciopero, zabastovka〕，而表示其他機構的詞彙則常常是互相借用的。）雖然如此，這些發展在歐陸各國，一般說來還很微弱、不穩定且限於局部地區；即使在不那麼弱、不那麼不穩定和不那麼受局限的國家，其範圍也受到嚴格的限制。利用純工會和互助會模式的企圖，不僅是要替有組織的部分工人爭取更高工資，更是爲了粉碎整個現存社會，並建立一個新社會。一八二九至三四年間，在英國曾進行過這樣的嘗試；憲章運動期間，又部分進行過。嘗試失敗了，並破壞了相當成熟的早期無產階級社會主義運動達半個世紀之久。把各個工會組織成全國性的合作生產者聯盟（如一八三一至三四年的建築工人聯合會及其「建築工人議會」和「建築工人行會」）的嘗試失敗了；以其他方式建立全國合作生產和「公平勞動交易所」的嘗試也失敗了。那種龐大得足以包羅所有工人的「總工會」，在尚未被證明比地方工會和行業工會來得強大之前，倒先被證明是軟弱又難以運作，雖然這主要不是因爲總工會本身固有的缺陷，而是因爲缺乏紀律、組織和領導經驗。在憲章運動期間，總罷工被證明是難以實行的，只有(一八四二)那種自發蔓延式的飢民騷動例外。

相反，屬於雅各賓主義和一般激進主義，但並不特別屬於工人階級的政治鼓動方法，被證明是既有效又靈活：透過報紙和宣傳手册等手段所進行的政治運動、公共集會和遊行示威，必要時舉行暴動和起義。的確，當這類運動目標定得太高，或者把統治階級嚇得太過分時，它們就容易流於失敗。在一八二〇年代那段歇斯底里的時代裏，統治者傾向於調動武裝部隊來鎭壓任何重大的遊行示威(如一八一六年鎭壓倫敦斯帕廣場〔Spa Fields〕的遊行，或一八一九年曼徹斯特的「彼得盧」(Peterloo)大屠殺，當時有十名示威者被殺害，幾百人受傷)。一八三八至四八年間，幾百萬人簽名的請願書，並未使「人民憲章」更接近於實現。不過，對一個正面較窄的戰線而言，政治運動是有效果的。如果沒有這樣的運動，就不會有一八二九年的天主教解放令，不會有一八三二年的國會改革法，當然，甚至也不會有針對工廠條件和工作時間所制定的有效立法。於是，我們一次又一次地發現，組織軟弱的工人階級，利用政治激進主義的鼓動方法彌補了自身的弱點。一八三〇年代，英格蘭北部的「工廠鼓動」(Factories Agitation)彌補了地方工會的弱點，恰似一八三四年後，因逐放「托爾普德爾殉難者」(見頁一七四)所引起的群眾性抗議運動，多少可拯救一下正在土崩瓦解的「總工會」免遭覆滅一樣。

可是，雅各賓傳統反過來又從新興無產階級所特有的緊密團結和忠誠中汲取了力量，吸收了前所未有的持續性和群眾性。無產階級之所以緊密凝結，不僅是因爲他們在同樣的處境上忍受貧窮，而且還因爲他們的生活就是和許多人一起工作、一起協力，並互相依存。堅不可摧的團結，是他們的唯一武器，因爲只有這樣，他們才能展示其唯一但具有決定性意義的資本——無與倫比的集體性。「不准破壞罷工」（或產生類似效果的話）是——而且一直是——他們道德法典中的第一戒律；破壞團結者（「工賊」〔blackleg〕一詞便帶有道德上的「黑色」之意）是他們群體中的猶大。一旦他們形成了哪怕是隱隱約約的政治意識，他們的遊行示威就不再只是偶爾發作的「暴民」憤怒，是沒那麼容易就可以平息下來的。他們是一支活躍的大軍。在像雪菲爾德那樣的城市裏，一旦中產階級和工人階級之間的鬥爭，變成地方政治中的主要問題（如一八四〇年代初期），一個強大穩定的無產階級集團就會立即出現。到一八四七年底，在該市議會中已有八名憲章派代表，而一八四八年憲章運動的全國性失敗，幾乎沒有對該城市的憲章運動產生任何影響，那裏有一、二萬人爲該年發生的巴黎革命高聲歡呼。至一八四九年，憲章派幾乎奪得了該市議會席位的半數㉔。

在工人階級和雅各賓傳統之下，有一種更古老的傳統基礎，使兩者都得到加強，那就是暴動者或絕望者偶爾進行公開抗議的傳統。直接行動或騷亂，搗毀機器、商店和富人房屋，已有很悠久的歷史。一般來說，這種騷亂反映了全面饑荒或人們在山窮水盡時的情緒，例如在受到機器威脅而衰落的手工業中，搗毀機器的浪潮幾乎是定期席捲（一八一〇至一一年和一八二六年，席捲英國紡織業，一八三〇年代中期和四〇年代中期，則侵襲歐陸紡織工業）。有時，如在英格蘭，騷亂是有組織工人施加集體壓力的一種公認形式，它並不代表對機器的敵視，如礦工、某些熟練的紡織工人或刀剪工人，他們結合了政治上的溫和態度和有計畫的恐怖行動，以對抗不屬於工會的同僚。傳統的抗爭還反映了失業工人或飢民的不滿。當革命走向成熟之時，由政治意識還不成熟的匹夫匹婦所發動的這類直接行動，可能會轉變成一支決定性力量，特別是行動發生在首都或其他政治敏感地區更是如此。在一八三〇和一八四八兩年，就是這類運動在本來是無關大局的不滿發洩那端，投下一枚巨大砝碼，於是抗議遂變成了起義。

4

因此，這一時期的勞工運動在組成上，在其思想觀念和綱領上，都不是嚴格的「無產階級」運動——即產業工人和工廠工人的運動——甚至也不是僅限於工資勞動者的運動。更確切地說，它是一種代表(主要是城市的)勞動貧民所有勢力和傾向的共同戰線。這樣的共同戰線早已存在，但遲至法國大革命時，其領導和鼓舞力量仍來自自由主義的激進中產階級。如我們所見，是「雅各賓主義」而不是「無套褲漢主義」(且不管不成熟無產者的願望)，將它所具有的那種統一性，賦予巴黎的民眾傳統。但一八一五年後的新形勢卻是，那個共同戰線除了針對國王和貴族之外，也愈來愈針對自由中產階級，並從無產階級的行動綱領和意識形態當中，吸取其統一性。儘管當時產業工人階級和工廠工人階級幾乎還不存在，而且整體上說，其政治成熟度也遠不如其他勞動貧民。窮人和富人都傾向於把處於「社會中等階層之下的城市民眾」㉕，在政治上劃歸成「無產階級」或「工人階級」。認爲社會現狀的確存在著內部矛盾，且已無法繼續下去的看法㉖，正日漸普遍，凡對此感到憂慮的人，都傾向於社會主義，認為那是唯一經過深思熟慮且合乎理智的判斷和選擇。

新興運動的領導權，反映了事物的類似狀態。最積極、最富戰鬥性和最具政治覺醒的勞動貧民，並非新興工廠無產階級，而是技術熟練的手工業者、獨立工匠、小規模的家庭作坊工人，和其他生活及工作基本上認同於前工業革命、但卻遭受到更大壓力的那些人。最早的工會幾乎毫無例外都是由印刷工、製帽工、縫紉工及類似工人組織而成。像里茲這樣的城市，憲章運動的領導核心——而這是很典型的——是由一位轉行到手織工的細木工、兩位熟練印刷工、一位書商和一位梳毛工所組成。採納歐文先生合作信條的人，大多數是這類「工匠」、「機械工」和手工工人。最早的日耳曼工人階級共產主義者，是遊方的熟練手工業者——縫紉工、細木工、印刷工等。一八四八年，巴黎奮起反抗資產階級者，仍是巴黎近郊聖安東尼(Faubourg Saint-Antoine)老手工業區的居民，而不是(如一八七一年的巴黎公社)無產階級聚居的貝爾維爾(Belleville)居民。直至工業發展破壞了這些「勞工階級」的意識堡壘，早期勞工運動的力量才招到致命打擊。例如，一八二〇至五〇年期間，英國工人運動創建了工人階級自我教育和政治教育機構的稠密網絡——「技工講習所」、歐文派的「科學堂」和其他機構。至一八五〇年，英國(政治性質較明顯的機構不計)有七百個這樣的機構——僅約克郡就有一百五十一個——另有四百間報刊閱覽室㉗。但是，此際它們已呈衰落之勢，且在幾十年後，大部分不是消失就是萎靡不振。

只有一個例外。唯有在英國，新興無產大眾開始組織起來，甚至開始產生自己的領袖：愛爾蘭歐文派棉紡工人多爾蒂(John Doherty)、礦工赫伯恩(Tommy Hepburn)和祖德(Martin Jude)。

工人組成了憲章運動的戰鬥部隊，其中不僅包括技術熟練的工匠和不景氣的家庭手工業者，工廠工人也是其主要鬥士，有時更是其領導者。但在英國以外的國家，工廠工人和礦工仍然主要扮演著受害者，而不是行動者。直到該世紀末，他們才得以參與塑造自己命運的工作。

勞工運動是自衛組織、抗議組織和革命組織。但對勞動貧民來說，它不僅是一種鬥爭工具，而且也是一種生活方式。自由的資產階級社會並沒有帶給他們任何東西；歷史則使他們脫離了傳統的生活，雖然保守派曾徒勞無功地企圖讓他們維持或恢復那樣的生活。對他們日漸被捲入的生活方式，他們沒有什麼能力加以改變。但勞工運動卻可以，或更確切地說，勞工爲自己鑄造的生活方式，那種具有集體性、公共性、戰鬥性、理想性和孤立性的生活方式，暗含著這種能力，因爲鬥爭就是其本質。而反過來，該運動又賦予其凝聚的力量和目的。自由主義的神話假定，工會是由一些無意識的鼓動者煽動那些無責任心的勞工所組成的，但事實上，無責任心的勞工根本很少參加工會，而最有才智、最稱職的工人，才是工會的最堅定支持者。

在那段時期，這類「勞工世界」高度發展的最佳典範，也許仍然是那些古老的家庭代工。有像里昂絲綢工人那樣的社群，他們總是不斷造反——一八三一年起義，一八三四年又再次起義，而且還引用米歇萊(Michelet)的話表示：「因爲這個世界不會在其陰暗潮濕的巷弄裏，把自己改變成另一個充滿甜蜜夢幻的道德天堂。」㉘還有類似蘇格蘭麻紡工人那樣的團體，他們接受共和主義和雅各賓主義的純淨信條，信仰斯維登堡(Swedenborg)①的異端邪說，他們建有工會圖書館、儲蓄銀行、技工講習所、圖書館和科學俱樂部，也設立畫廊、傳教集會、戒酒聯盟、嬰兒學校，甚至還創辦花藝協會和文學雜誌（鄧弗姆林的《氣表》〔*Gasometer*〕），當然他們也支持憲章運動。階級意識、戰鬥性、對壓迫者的仇恨和蔑視，就像他們織布的機器一樣，都是他們生活的一部分。除了工資以外，他們不欠富人任何東西。他們生活中所擁有的一切，都是他們的集體創造。

但是，這種自我組織的無聲過程，並不局限於這類比較舊式的工人。也見諸於以當地原有的美以美教會爲基礎的「工會」之中，見諸諾森伯蘭(Northumberland)和達蘭的礦工之中。同時，也可在新興工業區高度集中的互助會和互濟會中，看到這種發展，特別是蘭開夏地區。（一八二一年，蘭開夏互濟會成員的人口比例〔百分之十七〕，遠高出別郡；一八四五年，幾乎有半數的祕密共濟會分部，係設在蘭開夏和約克郡[29]。）最重要的是，它反映在成千上萬的男、女、小孩身上，他們高舉火炬，成群結隊，川流不息地從蘭開夏的工業小鎮湧向荒野，去參加憲章派的示威遊行；它也反映在新興的羅奇代爾合作商店身上，這些商店在一八四〇年代，以極快的速度大肆蔓延。

5

然而，當我們回顧這一時期，我們可以看到：在富人懼怕的勞動貧民力量、籠罩他們的「共產主義幽靈」，和他們實際有組織的力量之間，存在著明顯的巨大差距，更別提新興工業無產階級的力量了。他們公開表達抗議的方式，從字面意義來說，是「運動」，而不是組織。即使以群眾性最強，全面性最廣的政治宣示——憲章運動（一八三八—四八）——爲例，將勞動貧民聯繫在一起的，也僅是少數傳統的激進口號，幾位強有力的演說家和如奧康納那樣成了窮人代言人的新聞工作者，以及幾份像《北星報》那樣的報紙。反對富人和大人物是他們的共同命運，對此，老戰士們回憶說：

> 我們有一隻叫羅德尼的狗。我的祖父不喜歡這個名字，因爲她有點稀奇古怪地使人想起海軍上將羅德尼(Rodney)，他在晉封貴族之後，就開始敵視人民。有個老女士也小心翼翼地向我解釋說，科貝特和科布登是兩個不同的人——科貝特是英雄，而科布登只是一個中產階級的擁護者。我記得最久的一幅畫——位於華盛頓瓷像不遠的樣品和版畫旁邊——是佛洛斯特(John Frost，一八三九年在新港起義失敗的憲章派領袖)的畫像。該畫頂端有一行字指出，它屬於「人民之友肖像畫畫廊」的系列作品之一。畫面上方是頂桂冠，下方則表現出佛洛斯特先生以衣衫襤褸的悲慘流浪者形象，呼喚正義……我們的參觀者中，最常見的是一位跛足的鞋匠……(他)每個星期天早晨都帶著一份剛從印刷機上拿下來墨跡未乾的《北星報》，像時鐘一樣準確地出現在那裏，目的是要聆聽我們家人爲他和其他人朗讀「費格斯書信」。報紙先要在火前烤乾，然後再仔細整齊地剪下來，以免損壞幾乎是神聖產品的每一行字。一切準備就緒後，拉里便平靜地抽著短菸斗，偶爾把菸斗伸進壁爐，像教堂裏的信徒那樣，全神貫注地靜聽偉大費格斯的音訊。㉚

領導或合作的情形相當少見。一八三四至三五年的「總工會」，野心勃勃地企圖將運動轉變成組織，但卻可悲又迅速地失敗了。最好的情形——在英國和歐陸——便是地方勞工群體的自發團結，那些如同里昂絲綢工人的勞動貧民，願意爲了生存奮戰到死。使勞工運動凝聚的力量是飢餓、悲慘、仇恨和希望，而使其招致失敗的因素，則是組織的缺乏和未臻成熟。窮人的挨餓、眾多和絕望，足以使他們奮起抗爭，但組織的缺乏和未臻成熟，則使他們的起義淪爲社會秩序的暫時危機。英國的憲章運動如此，歐陸的一八四八年革命亦然。在一八四八年之前，勞動貧民運動尚未發展出等同於一七八九至九四年革命中產階級雅各賓主義那樣的東西。

註釋

❶ Alexander Schneer, *Ueber die Noth der Leinen-Arbeiter in Schlelesien*... (Berlin 1844), p. 16.

❷ The theologian P. D. Michele Augusti, *Della libertà ed eguaglianza degli uomini nell'ordine naturale e civile* (1790), quoted in A. Cherubini, *Dottrine e Metodi Assistenziali dal 1789 al 1848* (Milan 1958), p. 17.

❸ E. J. Hobsbawm, "The Machine Breakers", *Past and Present*, I, 1952.

❹ "About some Lancashire Lads" in *The Leisure Hour* (1881).

❺ "die Schnapspest im ersten Drittel des Jahrhunderts", *Handwoerterbuch d Staatswissenschaften* (Second ed.), art. 'Trunksucht'.

❻ L. Chevalier, *Classes Laborieuses et Classes Dangereuses*, passim.

❼ J. B. Russell, *Public Health Administration in Glasgow* (1903), p. 3.

❽ Chevalier, *op. cit*., pp. 233-34.

❾ E. Neuss, *Entstehung u. Entwicklung d. Klasse d. besitzlosen Lohnarbeiter in Halle* (Berlin 1958), p. 283.

❿J. Kuczynski, *Geschichte der Lage der Arbeiter* (Berlin 1960), Vol . 9, pp. 264ff; Vol. 8 (1960), pp. 109ff.

⓫R. J. Rath, "The Habsburgs and the Great Depression in Lombardo-Venetia 1814-18", *Journal of Modern History*, XIII, p. 311.

⓬M. C. Muehlemann, "Les prix des vivres et le mouvement de la population dans le canton de Berne 1782-1881.", *IV Congrès International d'Hygiène* (1883).

⓭F. J. Neumann, "Zur Lehre von d Lohngesetzen", *Je. f. Nat. Oek.* 3d ser. IV 1892, pp. 374ff.

⓮R. Scheer, *Entwicklung d Annaberger Posamentierindustrie im 19. Jahrhundert.* (Leipzig 1909), pp. 27-28, 33.

⓯N. McCord, *The Anti-Corn Law League* (1958), p. 127.

⓰R. Philippe in *Annales* 16, 3, 1961, p.567; E. J. Hobsbawm. "The British Standard of Living", *Economic History Review*, X, I, 1957.

⓱S. Pollard, *A History of Labour in Sheffield* (1960), pp. 62-63.

⓲H. Ashworth in *Journal Stat. Soc.* V (1842), p. 74; E. Labrousse, ed. *Aspects de la Crise... 1846-51* (1956), p. 107.

⓳*Statistical Committee appointed by the Anti-Corn Law Conference... March 1842* (n.d.), p. 45.

⓴Quoted in A. E. Musson, "The Ideology of Early Co-operation in Lancashire and Cheshire", *Transactions of the*

Lancashire and Cheshire Antiquarian Society, LXVIII, 1958, p. 120.

㉑A. Williams, *Folksongs of the Upper Thames* (1923), p. 105.

㉒A. Briggs, "The Language of 'class' in early nineteenth century England", in A. Briggs and J. Saville ed., *Essays in Labour History* (1960); E. Labrousse, *Le mouvement ouvrier et les Idées sociales,* III (Cours de la Sorbonne), pp. 168-69; E. Coornaert, "La pensée ouvrière et la conscience de classe en France 1830-48," in *Studi in Onore di Gino Luzzato,* III (Milan 1950), p. 28; G. D. H. Cole, *Attempts at General Union* (1953), p. 161.

㉓A. Soboul, *Les Sansculottes de Paris en l'an II* (1958), p. 660.

㉔S. Pollard, *op. cit.,* pp. 48-49.

㉕Th. Mundt, *Der dritte Stand in Deutschland und Preussen...* (Berlin 1847), p. 4, quoted by J. Kuczynski, Gesch. d. Lage d. Arbeiter 9, p. 169.

㉖Karl Biedermann, *Vorlesungen ueber Socialismus und sociale Fragen* (Leipzig 1847), quoted Kuczynski, *op. cit.,* p. 71.

㉗M. Tylecote, *The Mechanics' Institutes of Lancashire before 1851* (Manchester 1957), VIII.

㉘Quoted in *Revue Historique* CCXXI (1959), p. 138.

㉙P. Gosden, *The Friendly Societies in England 1815-75* (1961), pp. 23, 31.

㉚W. E. Adams, *Memoirs of a Social Atom,* I, pp. 163-65 (London 1903).

①譯按：斯維登堡，瑞典科學家，哲學家兼宗教作家，其宗教思想特色爲堅持耶路撒冷教義。

第十二章 意識形態：宗教

給我一個其熱情和貪婪已被信仰、希望與仁慈所平定的民族；一個視塵世生涯如朝聖之旅，而將彼岸人生視爲眞正故土的民族；一個崇拜基督教英雄主義之極度貧窮與苦難的民族；一個熱愛與崇拜耶穌基督這位一切被壓迫者的先驅，以及他的十字架(普遍得救之工具)的民族。我說，給我一個用主的模式鑄造的民族，那麼社會主義不僅很容易挫敗，而且不可能被人們想起……

——〈天主教文明〉❶

但是，當拿破崙開始向前推進時，他們(莫洛肯派〔Molokan〕異教徒農民)相信，他就是約沙法(Jehoshaphat)峽谷裏的那頭獅子，如同他們的古老讚美詩所說的那樣，他注定要推翻那位虛假的沙皇，而恢復眞白沙皇(White Tsar)的皇位。因此，坦博夫省(Tambov)的莫洛肯教徒從他們中間選出了一個代表團，穿著白色服裝去迎接他。

——哈克斯特豪森《關於……俄國的研究》❷

1

關於這個世界，人們思考的東西是一回事，而他們藉以思考的術語則是另一回事。對大部分歷史和大部分世界(中國也許是個主要例外)來說，除了少數受過教育和思想解放之人，其他所有人藉以思考這個世界的術語，都是傳統宗教的術語，以致在某些國家，「基督教徒」一詞根本就是「農民」或「人」的同義詞。在一八四八年前的某個階段，歐洲的某些地方情況已不再如此，儘管在受到雙元革命影響的地區之外，這種情況並未改變。宗教原本像是無垠的天際，覆蓋眾人、包含萬物，地面上的一切皆無所逃遁；如今卻像是人類蒼穹中的一堆雲朵，只是一片廣大、有限且變化不斷的景致。在所有的意識形態變化中，這是最爲深刻的，儘管其實際後果比當時人們所想像的要模糊一些，不確定一些。但無論如何，它仍是最史無前例的變化。

當然，史無前例的是群眾的世俗化。在不受束縛的貴族當中，他們一方面對宗教秉持紳士式的冷漠態度，另一方面卻又謹小慎微地履行宗教義務、參與宗教儀式(爲下層階級樹立榜樣)，這種情形早已司空見慣❸，儘管貴族婦女們，如同其他女性一般，依舊要虔誠得多。文雅而有教養的人們表面上可能是一位最高主宰的信仰者，儘管這個最高主宰除了存在之外並無任何功能，並且肯定不會干預人類活動，或要求除了真心承認之外的任何崇拜形式。但實際上，他們對傳統宗教的看法卻是相當侮慢，且常常是公然敵視。即使他們準備宣布自己是坦誠的無神論者，他們的觀點也不會有什麼差別。據說，拿破崙問偉大的數學家拉普拉斯(Laplace)，在他的天體力學中上帝被置於何處，拉普拉斯回答說：「先生，我一點也不需要這樣的假設。」公開的無神論者仍然比較少，但是，在那些樹立了十八世紀後期知識風尚的開明學者、作家和紳士之中，公開的基督教信仰者甚至更爲稀少。如果說在十八世紀後期的菁英之間，有一種欣欣向榮的信仰的話，那一定是理性主義、啓蒙思想和反教會的共濟會主義。

在文雅而有教養的階級男性中，脫基督教的過程可上溯到十七世紀末或十八世紀初。它所造成的公眾影響相當驚人且相當有益：曾經折磨西歐和中歐達數世紀之久的巫術審判，如今已交由死後世界去執行，單憑這一點就足以證明脫基督教的正義性了。但是，在十八世紀早期，脫基督的現象幾乎未曾影響到下層甚至中等階級。不以聖母、聖徒和「聖經」語調說話的意識形態，依然與農民無涉，當然更不用說那些至今仍戴著基督教假面的古老神祇和精靈了。在那些以前會被異端吸引的手工業者當中，存在著非宗教思想的湧動。皮匠是勞動階級智識分子中最頑固的一群，曾出現過像伯梅(Jacob Boehme)這樣的神祕主義者，他們似乎已開始對任何神靈抱持懷疑。無論如何，在維也納，他們是唯一同情雅各賓派的手工團體，因爲據說這些雅各賓派不信上帝。不過，這些仍只是偶見的小漣漪。城市裏絕大多數的非熟練工人和形形色色的窮人(也許像巴黎和倫敦這類北歐城市除外)，依然是極其虔誠迷信的。

甚至在中等階層之中，對宗教的公然敵視也不普遍，儘管一場具有理性主義進步思想和反傳統的啓蒙運動，已出色地勾畫出一個上升中的中產階級輪廓。這個輪廓會令人聯想起貴族階級以及屬於貴族社會的不道德行爲。十七世紀中期的放蕩者和不信教者（libertin），堪稱是最早的「自由思考者」，他們的確實踐了其名稱的普遍涵義：莫里哀的《唐璜》（*Don Juan*），不僅描繪出他們將無神論與性自由相結合，更描繪出備受敬重的資產階級對它的恐懼。那些在理智上最大膽，因而可預測出日後中產階級意識形態的思想家，例如培根（Bacon）和霍布斯（Hobbes），卻也正是這個古老腐朽社會的一份子，這種矛盾現象的存在（在十七世紀尤爲明顯）是有其理由的。正在興起的中產階級大軍，需要一種具有強烈眞誠美德的紀律和組織，以推動他們進行戰鬥。在理論上，不可知論或無神論與這種需求極其融洽，而基督教信仰則是不需要的；十八世紀的**哲學家**孜孜不倦地證明，「自然的」道德（他們在高尚的野蠻人當中找到例證）和個別自由思想家的高尚人品，遠比基督教信仰更好。但是在實踐上，舊式宗教已經證明的優越性，以及揚棄超自然信仰的可怕風險，都十分巨大。不僅對那些非得以迷信驅使的勞動貧民是這樣，對於中產階級本身也是如此。

透過盧梭信徒「對最高主宰的崇拜」（一七九四年的羅伯斯比），透過建立在理性主義的脫基督教基礎之上，但仍保持著儀式與禮拜外殼的多種假宗教（聖西門主義者，以及孔德〔Comte〕的「人道宗教」），革命後的數代法國人，累次企圖創造一種相當於基督教道德規範的資產階級道德。最終，保持舊宗教禮拜外殼的企圖被放棄了，但並未放棄建立一種正式的世俗道德（基於諸如「團結友愛」等各種道德概念之上），特別是一種與教士職位相抗衡的世俗職位——學校教師。貧窮、無私的法國小學教師，以革命共和所倡導的羅馬道德教誨每個村落的學童，作爲鄉村教區牧師的正式對抗者，他們直到第三共和建立之後才贏得勝利，該共和同時也解決了在社會革命的基礎之上，建立資產階級穩定性的政治問題，只是距離問題發生已有七十年之久。雖然如此，但早在一七九二年孔多塞(Condorcet)的法律之中，就已出現了「小學教師」這個名稱。該法條中規定：「負責小學教育的人將被稱爲小學教師(instituteur)」，之所以選用 instituteur 這個字，是爲了呼應西塞羅(Cicero)和薩盧斯特(Sallust)所說的：「建立共和」(instituere civitatem)和「建立共和道德」(instituere civitatem mores)❹。

因此，資產階級在意識形態上，依然分爲少數日益公開的自由思想家，和多數信仰新教、猶太教和天主教的虔誠信徒。但新的歷史發展是，在這兩派之中，自由思想派具有更無窮的活力與效能。雖然純就人數而言，宗教依然極爲強大，並且，如後面將要談到的一樣，越來越強大，但是，它已不再是(用一種生物學的類比)顯性的，而是隱性的了。直至今日，在這個已被雙元革命改頭換面的世界之上，依然如此。新成立的美利堅合眾國，其大部分公民幾乎毫無疑義是某種宗教的信仰者，大多數是新教徒，但是，儘管他們做了種種努力企圖改變，其共和國憲法在宗教問題上依然秉持不可知論的立場。毫無疑問，在本書所論時期，英國中產階級的新教虔信者，不論在數量和後勢發展上，都遠超過持不可知論的激進少數派。但是，在形塑其時代的實際制度方面，邊沁的影響要比威爾伯福斯大的多。

世俗意識形態戰勝宗教意識形態的最明顯證據，也就是它的最重要成果。隨著美國獨立革命和法國大革命的爆發，主要的政治和社會變革都世俗化了。在十六、十七世紀，荷蘭及英國的革命出版物，仍以基督教、正教、教會分立論或異端的傳統語言進行討論爭辯。然而在美國和法國的革命意識形態當中，基督教第一次與歐洲的歷史不再相關。一七八九年的語言、符號和服裝，純粹是脫基督教的，除了某些懷古民眾企圖在已死的無套褲漢英雄中，創造出類似於對舊時聖徒和殉教者的崇拜。事實上，革命的意識形態是羅馬式的。同時，這場革命的世俗主義，表明了自由中產階級令人注目的政治霸權，這個階級將其特有的意識形態形式，加諸於一場更廣泛的群眾運動之上。如果說法國大革命的精神領導，有一丁點是來自實際上發動革命的平民大眾，那麼，我們無法想像革命意識形態中的傳統主義跡象，會像它實際所呈現的那麼少（事實上，只有該時期的流行歌曲才偶爾借用了天主教術語）。

資產階級的勝利，就這樣以十八世紀啓蒙運動的不可知論或世俗道德的意識形態，浸染了法國大革命；而既然那場革命的習慣用語，已變成了後來所有社會革命運動的普遍語言，於是這種世俗主義也就因此傳遞了下去。除了少數不重要的例外，特別是像聖西門主義者那樣的知識分子，或像裁縫魏特林（Weitling, 1808-71）那樣的復古基督教共產主義分子，十九世紀新興的工人階級和社會主義運動，其意識形態從一開始就是世俗主義的。潘恩的思想具體表達了小工匠和貧困技工的激進民主願望，其代表作《人權》（*Rights of Man*, 1791）一書使他一舉成名，而他以大眾語言撰寫的《理性的時代》（*The Age of Reason*, 1794），也同樣使他聲名遠播，該書首次指出：《聖經》並非上帝的語言。一八二〇年代的機械論，不僅繼承了歐文對資本主義的分析，而且也繼承了他的無信仰，在歐文主義崩潰很久之後，他們的「科學堂」仍在城市裏面廣布理性主義的宣傳運動。自古至今都不乏信仰宗教的社會主義者，而且有一大批人既信仰宗教，又是社會主義者。但是，在現代勞工和社會主義運動中占支配地位的意識形態，如其所聲稱的一樣，是以十八世紀的理性主義為基礎。

如我們已看到的那樣，更令人吃驚的是，群眾絕大多數依然是信仰宗教的。對成長於傳統基督教社會的群眾而言，當其自然的革命慣用語是一種反叛的（社會異端、千禧年論等等）語言之時，《聖經》就將成為一部具有高度煽動性的文件。但是，盛行於新興勞工和社會主義運動之中的世俗主義，是建立在同樣新鮮、且更為根本的事實基礎之上，亦即新興無產階級的宗教冷漠。以現代的標準而言，在工業革命時期成長起來的工人階級和城市群眾，無疑是受到宗教的強烈影響。但以十九世紀上半葉的標準來看，他們對有組織宗教的疏遠、無知和冷漠，則是史無前例的。任何不同政治傾向的觀察者，都會同意這一點。一八五一年的英國宗教普查，也可證明這一點，不過當時人曾為此大感驚恐。群眾對宗教的疏遠，大多可歸因於傳統的國教教會完全無法掌握各種新式聚合體（大城市和新工業居民區）和社會階級（無產階級），在他們的慣例和經歷之中，這兩者是十分陌生的。到一八五一年時，只有百分之三十四的雪菲爾德居民有教堂可去，在利物浦和曼徹斯特，擁有教堂的居民僅占百分之三十一點二，伯明罕更只有百分之二十九。對一位農村教區牧師來說，他的困難在於他不知如何拯救一個工業城鎮，或扮演城市貧民窟的靈魂領路人。

於是，國教會忽略了這些新社區和新階級，從而幾乎將他們全數（尤其是在天主教和路德派國家）留給了新興勞工運動的世俗信仰，這種信仰在十九世紀尾聲，終於征服了他們。無論如何，在諸如英國這類教派林立已成為既定現象的國家，新教的發展通常較為成功。然而，有大量證據顯示，在那些社會環境最接近傳統小城鎮或小村莊的地方，比如在農場雇工、礦工和漁民當中，即使是各小教派也都欣欣向榮。但在工業勞動階級之中，各教派卻始終只居於少數地位。工人階級這個群體，無疑比以往歷史上的任何窮人團體，更少被有組織的宗教所觸動。

因此，從一七八九到一八四八這段時期，整體的趨勢是強有力的世俗化。當科學冒險闖入進化領域（參見第十五章）之時，它發現自己正處於與《聖經》日益公開的衝突之中。歷史學的知識以前所未有的程度應用在《聖經》研究之上（尤其是自一八三〇年代，蒂賓根〔Tuebingen〕的教授首開風氣之後），於是這部由上帝感召（如果不是寫作的話）而成的唯一文本，遂被解析成不同時期的歷史文件集，並具有人類文獻的種種缺陷。拉赫曼（Lachmann）的《新約》（*Novun Testamentum*, 1842-52），否定「福音書」是一種目擊事實的記錄，並懷疑耶穌基督是否曾企圖創立一個新宗教。斯特勞斯（David Strauss）備受爭議的《耶穌傳》（*Life of Jesus*, 1835），則將相關傳記中的超自然因素盡數去除。及至一八四八年，受過教育的歐洲幾乎已成熟到足以承受達爾文帶來的衝擊。眾家政權開始直接攻擊國家教會及其僧侶，或其他掌管教會儀式者的財產和司法特權，而日漸強大的政府或其他世俗機構，也逐步取代前此主要由宗教機構承擔的功能（尤其〔在羅馬天主教國家〕是教育和社會福利），凡此種種都使這股潮流更形澎湃。在一七八九到一八四八年間，從那不勒斯到尼加拉瓜，各地的修道院都被解散，財產則被賣出。正在歐洲之外征服其他民族的白種人，自然也會對其臣民或受害者所信仰的宗教，發動直接攻擊。例如一八三〇年代的英國駐印官員，便下令禁絕焚燒寡婦（suttee）的傳統習俗。這些攻擊，有的是出於反對迷信、堅信啓蒙的理念，有的則只是因爲無知，無知於他們的措施將會對受害者帶來什麼影響。

2

單從數量上來看，顯然所有宗教，都可能隨著人口的增加而擴大，除了那種實際上正在萎縮的宗教之外。然而在本書所論時期，有兩種宗教表現出特強的擴張能力，那就是回教和新教宗派主義。儘管其他基督教(天主教和新教)在歐洲以外的傳教活動急遽增加，並越來越得到歐洲軍事、政治和經濟擴張力量的支持，它們卻還是遭到明顯失敗，若把前二者的擴張情勢與後者的失敗相對比，就更加引人注目了。事實上，在法國大革命和拿破崙統治的那些年代，有系統的新教傳教活動，已在盎格魯撒克遜人的主導下展開。浸信宣教會(Baptist Missionary Society, 1792)、由各教派共同組成的倫敦宣教會(London Missionary Society, 1795)、福音派教會宣教會(Church Missionary Society, 1799)、英國及外國聖經公會(British and Foreign Bible Society, 1804)，均被美國國外傳教者委員會(American Board of Commissioners for Foreign Missions, 1810)、美國浸信會(American Baptists, 814)、衞理教會(Wesleyans, 1813-18)、美國聖經公會、蘇格蘭教會(一八二四)、聯合長老會(一八三五)、美國美以美聖公會(一八一九)，以及其他組織所追隨。儘管有尼德蘭宣教會(一七九七)和巴塞爾宣教士團(一八一五)這類先驅，但歐陸的新教徒在發展傳教活動方面，仍然有些落後：柏林和萊茵河流域的宗教會社遲至一八二〇年代才開始，瑞典、萊比錫和不來梅在一八三〇年代，挪威則到一八四二年。而傳教活動向來遲緩馬虎的羅馬天主教，甚至恢復得更晚。基督信仰和貿易之所以大量湧入異教地區，除與歐美的宗教、社會有關，也與其經濟史脫不了干係。在此我們僅需指出，及至一八四八年，除了在某些像夏威夷一樣的太平洋島嶼之外，它的成果仍然微不足道。它只在非洲沿岸的獅子山(Sierra Leone，在一七九〇年代的反奴宣傳中，此地曾吸引眾人的目光)和賴比瑞亞(Liberia，一八二〇年代獲得解放的美國黑奴在此建國)據有少數立足點。在南非的歐洲人聚居區周圍，海外宣教者(但不是已在當地奠定地位的英國國教和荷蘭新教)已開始使一定數量的非洲人皈依。但是，當著名的傳教士兼探險家利文斯頓(David Livingstone)，於一八四〇年航行到非洲內陸之時，該大陸的原住民實際上仍未受到任何形式的基督教影響。

與基督教的情況相反，回教此時正在繼續其緩慢無聲但不可逆轉的擴張。在這場擴張背後，並沒有有組織的傳教努力和強迫皈依的武力支持，那原是回教傳教的一貫特色。然而它還是向東擴展到了印度尼西亞和中國西北部，又向西從蘇丹傳至塞內加爾(Senegal)，並且在小得多的程度上，從印度洋沿岸向內陸擴展。當傳統社會對某些事物造成的改變如同宗教那般根本時，很清楚的，它們必定會面臨一些重大的新問題。壟斷了非洲對外貿易並使這種貿易日漸繁興的穆斯林商人，有助於使回教引起新民族的注意。破壞部落生活的奴隸貿易，則使回教更具吸引力，因爲它是重新凝聚社會結構的強有力工具。在此同時，由穆罕默德所創的這種宗教，對半封建性的蘇丹軍事社會，也極具吸引力；而其所特有的獨立、好戰和優越意識，則使它成爲對抗奴隸制度的有效力量。穆斯林黑人通常都是桀驁不馴的奴隸：進口到巴西的非洲豪薩族人(Haussa)(和其他蘇丹人)，在一八〇七到一八三五年的大起義之間，總共反叛了九次，事實上，直到他們大部分被殺或遣回非洲之後，他們的反叛行動才告停止。自此，奴隸販子學會了避免從這些剛剛開放奴隸貿易的地區進口奴隸❺。

雖然非洲回教世界對白人的抵抗力量顯然很小（幾乎沒有什麼），但在東南亞的抗爭傳統上，回教卻具有決定性的地位。在東南亞的香料群島，回教（又是由商人打先鋒）早已在打擊地方宗教和日漸衰落的印度教方面取得了進展，而其成功的理由，主要是因爲它扮演了抵抗葡萄牙和荷蘭人的有效手段，代表了一種前民族主義，以及一種民眾對印度教王公貴族的抗衡力量❻。當這些王公日漸成爲荷蘭人的依附者或代理人時，回教在民眾中的根基便日益加深。反之，荷蘭人也知道，若能與回教宗教導師取得合作，印度尼西亞的王公們便能發動一場普遍的人民起義，由日惹王（Prince of Djogjakarta）發動的爪哇戰爭（一八二五—三〇）便是一例。於是他們只能一次又一次地被迫退回到一種與當地統治者緊密聯合或間接統治的政策。同時，隨著貿易和船運增長，東南亞穆斯林與麥加之間的聯繫更形緊密，這不但有利於朝聖人數的增加，也使印度尼西亞的回教更具正統性，甚至使它得以接受阿拉伯回教瓦哈比派的好戰和復興主義影響。

回教內部的改良和復興運動，在本書所論時期，賦予該宗教許多深入人心的力量，這類運動可視爲對衝擊下的反映，衝擊的力量來自於歐洲的擴張，也來自於伊斯蘭古老社會（特別是土耳其和波斯帝國）的危機，也許還包括中華帝國日益加深的危機。十八世紀中葉，嚴守戒律的瓦哈比派在阿拉伯興起。一八一四年時，他們已征服全阿拉伯，並準備進占敍利亞，雖然最後仍受阻於正在西化的埃及統治者阿里與西方軍隊組成的聯合力量，但他們的教義已東傳到波斯、阿富汗，以及印度。在瓦哈比主義鼓舞下，一位阿爾及利亞聖者賽努西(Ali el Senussi)，發動了一場類似的運動，自一八四〇年代起，該運動逐漸從的黎波里(Tripoli)傳至撒哈拉沙漠。阿爾及利亞的阿布杜卡迪爾，以及高加索地區的沙米爾，各自發動了抵抗法國人和俄國人的宗教政治運動(見第七章)，這類運動預示了一種泛伊斯蘭主義的誕生，不僅尋求回歸到先知時代的原始純淨，也企圖吸收西方的創新。在波斯，甚至有一種更爲明顯的民族主義和革命異端於一八四〇年代興起，此即阿里穆罕默德所領導的巴布泛神主義(bab)運動。該運動的企圖之一，便是要回復某些古代波斯拜火教的習俗，並要求婦女不戴面紗。

從純宗教史的角度來看，回教在一七八九到一八四八年的騷亂擴張，已足以使這段時期被定位成世界性的回教復興。在非基督教的其他宗教之中，都不曾發生類似的群眾運動，儘管在這段時期行將結束之際，偉大的太平天國起義已蠢蠢欲動，在這場起義中，我們可以見到宗教群眾運動的諸多特徵。大國治下的小規模宗教改革運動，在英屬印度首先發難，其中最著名的是洛伊(Ram Mohan Roy, 1772-1833)的梵天運動(Brahmo Samaj)。在美國，被擊敗的印第安部落開始發起抵抗白人的宗教社會運動，例如十九世紀前十年在杜堪士(Tecumseh)領導之下的印第安人聯盟戰爭，以及漢森湖(Handsome Lake)宗教運動(一七九九)。前者是平原印第安人有史以來規模最大的聯盟戰爭；後者則是爲了維護易洛魁族(Iroquois)的生活不受白人社會破壞。幾乎未受啓蒙影響的傑佛遜，曾經以官方力量支持那位採納了部分基督教、尤其是教友派特質的印第安先知，這點相當值得嘉許。但是，先進的資本主義文明和信仰泛靈論的民族之間，仍然沒有足夠的直接接觸，仍不足以產生二十世紀典型的先知運動和千禧年運動。

與回教的情形不同，新教宗派主義的擴張運動幾乎完全局限於先進的資本主義國家。其程度無法測度，因爲這類運動有些(例如日耳曼虔信派或英國福音派)依然存在於既定的國家教會框架之內。不過，其規模是不用懷疑的。一八五一年時，差不多有半數英格蘭和威爾斯新教信徒，參加了不同於英國國教的宗教儀式。各種教派這種異乎尋常的勝利，主要是自一七九〇年來，或更準確地說是自拿破崙戰爭末期以來，宗教發展的自然結果。一七九〇年時，英國衞理派僅有五萬九千名領受聖餐的成員，然而一八五〇年，該會及其各種分支的成員人數已差不多是上述數目的十倍❼。在美國，一個很相似的群眾改宗過程，也增加了浸信會或衞理教徒的數量，並且在較小程度上增加了長老派信徒的數量，而這一切，都是以削弱以往占支配地位的教會爲代價。一八五〇年時，幾乎四分之三的美國教會都屬於這三個教派❽。國家教會的瓦解，各種教派的析出和興起，也是這一時期蘇格蘭(一八四三年的「大崩潰」)、尼德蘭、挪威和其他國家宗教史的特徵。

新教宗派主義受限於地理和社會的理由十分明顯。羅馬天主教國家不可能爲公眾教派提供空間與傳統。在當地，若想與國家教會或占支配地位的宗教斷絕關係，可能採取的方式是群眾性的脫基督教化(尤其在男人當中)，而不是教派分離的形式(相反地，盎格魯撒克遜國家的新教反教權主義，則常是歐陸國家無神論者反教權主義的精確對等物)。因此，宗教復興主義傾向於在羅馬天主教已被接受的框架之內，採用某種感性崇拜的形式，或某種創造奇蹟的聖者或朝聖形式。在本書所論時期，這類聖者當中有一、兩位已十分廣爲人知，例如，法國阿爾斯的本堂神父(Curé d'Ars, 1789–1859)。

東歐的希臘正教更適於產生宗派主義，在俄國這個自十七世紀後期即日漸走向崩潰的落後社會，早已產生了大批教派。其中有些是十八世紀後期和拿破崙時期的產物，例如自我閹割的苦行派(Skopt-si)、烏克蘭的捍衛靈魂派(Doukhobors)和莫洛肯派；有些則始自十七世紀，例如「老信徒教派」。但是，整體說來，這類宗派主義訴求的階級多半是小技工、商人、商業性農夫，以及其他資產階級先驅，或已經覺醒的農民革命者，這些階層的人數仍不夠多，不足以產生一場大規模的宗派運動。

在新教國家，形勢則不一樣。這些國家受到商業和工業社會的衝擊最爲強烈(至少在英國和美國是如此)，而宗派傳統卻早已形成。新教的排他性和堅持人與上帝之間的個人交流，以及其道德上的嚴肅性，吸引了或教導了正在竄起的企業家和小業者。而其嚴厲的地獄譴責說，以及素樸的個人得救論，則吸引了那些在惡劣環境下過著艱苦生活的人們：拓荒者和水手、小自耕農和礦工、受剝削的技工等等。這種教派很容易轉化成一種民主平等的信仰代表，由於它們沒有社會或宗教上的等級制度，因而對普通人具有相當的吸引力。由於它憎惡繁文縟節和艱深教義，遂帶動了業餘的預言和佈道。長久以來的千禧年傳統，有助於以一種原始的方式表現出社會反叛。最後，它與情感強烈的個人「皈依」攜手並行，共同爲一種激情澎湃的群眾宗教「復興運動」開闢了道路。在其中，男人和女人能夠從一個未能爲群眾情緒提供任何新發洩口，甚至還把舊發洩口毀滅了的社會的壓抑之中，找到一種可喜的解脫。

「復興運動」的最大影響力在於促進教派蔓延。新教異端的復興與擴張，其推動力正是來自於具有強烈情感色彩，信仰非理性主義個人得救論的衞理(John Wesley, 1703-91)及其信眾，至少在英國是如此。基於此一理由，這類新教派和新趨勢最初都非常厭惡政治，甚至（像衞理教派）非常保守，由於他們主張脫離邪惡的外在世界，轉而追尋個人得救或壓抑自我的群體生活，這也就意味著，他們拒絕對其世俗安排進行集體改變。他們的「政治」能量一般多用於道德和宗教方面，例如推廣海外傳教、反對奴隸制度和宣傳戒酒等。在美國獨立革命和法國大革命期間，於政治上表現積極、立場激進的宗派，多半都是更早期、更嚴肅且更平靜的異端和清教團體。他們是十七世紀的殘存者，其主張若非停滯不前，便是在十八世紀理性主義影響之下，向一種知識分子的自然神論靠攏：長老派、公理會、唯一神教派、教友派。以新的衞理公會形式出現的宗派主義，是反革命的，有些人甚至誤以爲：英國之所以能在本書所論時期倖免於革命之火，便是由於這類反革命教派的發展。

然而，這些新教派的社會特徵，使得它們的神學理論不容易脫離塵世。在富人權貴與傳統平民的中間地帶，它們傳播得最快，諸如那些行將升格爲中產階級，或行將淪落成無產階級平民，以及介於他們之間，各式各樣地位卑下但人身獨立的群眾。這些人的政治態度，基本上多半傾向於雅各賓式或傑佛遜式的激進主義，至少也是一種溫和的中產階級自由主義。因此，英國的「非國教主義」(Nonconformism)以及美國流行的新教教會，便趨近於採取左翼政治立場，儘管英國的衞理派信徒，要到結束於一八四八年、長達半個世紀的分裂與內部危機之後，才正式放棄其創始人的保皇派立場。

只有在那些極其貧窮或遭受巨大衝擊的人們身上，我們才可看到早期那種對於現存世界的排斥。但是，經常有一種原始的革命性排斥，以千禧年的預言形式出現，而後拿破崙時期的苦難，則似乎(與「啓示錄」相符)預示末世即將來臨。英國的歐汶派(Irvingites)宣布末日將於一八三五至三八年來到;米勒(William Miller)這位美國「安息日基督復臨派」(Seventh Day Adventists)創始人,則預言末日將於一八四三至四四年降臨,到那個時候,據說會有五萬人跟從他,三千名佈道者支持他。在那些穩定的小個體農業和小商業,直接受到資本主義經濟衝擊的地區,如紐約州北部,這種千禧年學說尤爲騷動。其最戲劇性的產物便是末世聖徒派(Latter-Day Saints,摩門教派〔Mormons〕),該派是由先知史密斯(Joseph Smith)所創。史密斯在一八二〇年代,於紐約柏米納(Palmyra)附近獲得啓示,之後便領導他的大批信徒出發尋找遙遠的天國,最後把他們帶入了猶他沙漠。

通常也是在這類團體當中,群眾佈道大會的集體狂熱,具有最大的吸引力,不論是由於集會紓解了他們艱難、單調的生活(「當不能提供其他娛樂之時,佈道大會有時會取代娛樂的地位」,一位女士這樣評論埃塞克斯紡織工廠的女孩子們[9]),還是因爲宗教上的集體性在完全不同的個體之間,創造了一種暫時共同體。現代形式的宗教復興運動,是美國邊疆的產物。「大甦醒」於一八〇〇年左右在阿帕拉契山區展開,其特色是盛大的「營地集會」和難以想像的狂歡熱情。在肯塔基康恩嶺(Kane Ridge)的某次營地集會中(一八〇一),在四十名牧師率領之下,共集合了一到兩萬名群眾。男女信徒盡情「扭動著」,跳舞跳到筋疲力竭,成千上萬人處於癡迷狀況,「用舌頭說話」或像狗一樣吠叫。地處偏遠的疏離感,以及嚴酷的自然、社會環境,在在促進了這類宗教復興運動,而遊方牧師又將之帶往歐洲,因而導致了無產階級民主派在一八〇八年後脫離美以美教派(所謂的原始衞理教派),

在英國北部的礦工、小農，北海的漁民、雇工，和中部的家庭代工當中，該派特別盛行。在本書所論時期，這類宗教狂熱周期性地波波湧現——以南威爾爲例，這種狂熱便曾於一八〇七至〇九、一八二八至三〇、一八三九至四二、一八四九，以及一八五九年不斷爆發⑩——而各種教派在數量上也都有巨大成長。這種現象無法歸咎於任何單一的猝發因素。有些是與尖銳的緊張騷動期重合(在本書所論時期，衛理派擴張速度特快的幾個高峯期皆與此吻合，只有一次例外)，但有時也與蕭條之後的迅速復甦同步，偶爾，也會被像霍亂瘟疫般的社會性災難所刺激——這類災難在其他基督教國家也造成過類似的宗教現象。

3

從純宗教角度來看，我們必須將本書所論時期視爲一個整體。在這段期間，日益增強的世俗化和(歐洲的)宗教冷漠，以最不妥協、最不理性，也最訴諸情感的方式，力抗宗教復興運動。如果潘恩代表兩極中的一端，那麼米勒這位基督復臨主義者則代表另一端。德國哲學家費爾巴哈(Feuerbach, 1804-72)公然揭示的無神派機械唯物論，在一八三〇年代對抗著「牛津運動」的反智青年，後者極力爲中世紀早期的聖徒行蹟抗辯，他們認爲相關的文學記載都是正確的。

但是，這種向舊式宗教的回歸，具有三個不同面相。對於群眾而言，這種回歸主要是一種手段，用以應付在中產階級自由主義掌控之下，日益慘無人道的社會剝削。用馬克思的話來說(不過他並非唯一使用這種話的人），那是「一個沒有心靈的世界的心靈，因爲它是沒有精神的環境中的精神……是人民的**鴉片**。」⓫更有甚者，它試圖在什麼也沒有提供的環境之中建立社會，甚至還包括教育和政治機構；並教導在政治上尚未開化的人民，以原始方式表達他們的不滿和願望。它的拘泥文字、強調情感和迷信崇拜，既是要反對由理性主導的整體社會，也是要抗議以自己的想像來破壞宗教的上層階級。

對於從這類群眾中崛起的中產階級而言，宗教扮演了強有力的道德支柱，不但確認了他們的社會地位，擋掉了來自傳統社會的輕蔑憎惡，同時更爲他們提供了擴張發展的動力。如果他們隸屬特定宗派的話，它還可使他們從社會的桎梏中解放出來。宗教可爲他們的追求利潤披上道德外衣，讓他們看起來比自私營利者偉大些；宗教也使他們對被壓迫者的嚴酷態度變得合法；而宗教與貿易的結合，則把文明帶給野蠻，把銷售帶給商務。

對於君主、貴族，以及事實上所有居於社會金字塔頂端的人來說，宗教保障了社會穩定。他們已從法國大革命中認識到，教會是王權最強大的支柱。虔誠而沒有文化的民族，比如南義大利人、西班牙人、提羅爾人以及俄國人，都曾經奮起武裝，在牧師的支持，有時甚至是領導下，保衛他們的教會和統治者，並反抗外來者、異端和革命分子。虔誠而沒有文化的人民，會滿足於生活在貧困之中，上帝召喚他們來此，置身於天意爲他們安排的統治者之下，過著合乎簡樸、道德、秩序的生活，並擺脫理性所具有的破壞性影響。對於一八一五年後的保守政府來說——哪一個歐陸政府不是如此呢？——助長宗教情緒和支持教會，就如同維護警察機關和新聞出版審查制度一樣，是政府政策當中不可或缺的一部分，因爲牧師、警察和審查官，正是當時反對革命的三大支柱。

對於大多數已獲承認的政府來說，雅各賓主義威脅了王權，而教會則保護了它們，只此一點就夠了。但是，對於一群浪漫的知識分子和空想家來說，王權與祭壇的聯盟，還有著一種更爲深刻的意義：它保持了一種舊式的、有機的、活生生的社會，以抵抗理性和自由主義的侵蝕，而個人則發現這種聯盟在表達自己悲慘處境方面，比理性主義者所提供的任何方式都更合適。在法國和英國，對於王權與祭壇聯盟的類似辯護，則不具什麼政治價值。對於悲劇性、個人式宗教的浪漫追求，亦復如是。(在當時，探求人類心靈奧祕的最重要代表人物，首推齊克果〔Dane Soren Kierkegaard, 1813-85〕，他出身於一個小邦國，只有少數當代人注意到他，其名聲完全是身後之事。)但是，在日耳曼諸邦和在俄國這種君主政治的反動堡壘裏，浪漫而又反動的知識分子，卻以文官和宣言綱領起草者的身分，在政治上發揮了一些作用。而在那些君主本身往往容易精神失常(比如俄國的亞歷山大一世和普魯士的威廉四世)的地方，他們則充任私人顧問。但是，整體說來，根茨和繆勒(Adam Müller)之流，只不過是些小人物而已，他們信仰中的中世紀遺風(梅特涅就不相信這套)，僅是傳統主義的曇花一現，預告了國王所依靠的警察和審查官員即將來臨。將要在一八一五年後維持歐洲秩序的俄、奧、普神聖同盟，其力量並不在於空有其名的十字軍神祕主義，而是在於用俄、普、奧三國軍隊鎮壓任何反叛運動的決心。更有甚者，眞正的保守政府都傾向於不信任知識分子和思想家，即便他們是反動的，因爲一旦他們接受了思考原則而不是服從原則，政府末日也就不遠了。正如根茨(梅特涅的祕書)於一八一九年寫給繆勒的信中所言：

我將繼續捍衛以下觀點：「爲了不讓出版業被濫用，在以後的……歲月裏，什麼東西都不要印出來。句號。」如果這個原則可以強制的方式加以應用，將只有極少數的例外能獲得極明智的上級法庭允許，如此一來，在短時間內，我們將會發現我們已重返上帝和眞理之路。⓬

雖然反自由思想人士對政治的影響力不大，但他們卻發揮了相當大的宗教感染力，因爲他們對神聖過去的回歸，在上層階級的敏感青年當中，帶動了羅馬天主教的顯著復興。新教本身不就是個人主義、理性主義和自由主義的直接先驅嗎？如果一個眞正的宗教社會確能獨力醫好十九世紀的痼疾的話，那麼除了像基督教中世紀那種唯一純粹的天主教社會之外，還會有別的嗎？（在俄國，東正教式的純基督教社會依然興盛，但這同樣的潮流卻較少轉向過去的潔淨莊嚴那面，而多退回到東正教現有的、無限深奧的神祕主義之中。）如同往常一樣，根茨以一種不適合這一主題的清晰性，表達了天主教的吸引力：

新教是最初的、眞正的、唯一的萬惡之源，我們今日便是在這些罪惡的重壓之下呻吟。如果它能將自身局限於說理範圍之內，我們原本可以並且應該加以寬容，因爲說理爭辯的個性植根於人類的本質之中。但是，一旦政府同意接受新教作爲一種合法的宗教形式，一種基督教的表現方式，一種人的權利；一旦政府……在國家之內、在唯一眞正的教會之外，甚或在它的廢墟之上授予它們一個位置，那麼，這個世界的宗教、道德和政治秩序，便會立時解體……。法國大革命，以及就要在日耳曼爆發的更嚴重革命，都是來自這同一源頭。⑬

一批批情緒昂揚的年輕人因此拋開對知識的恐懼，而投身到羅馬伸開的雙臂之中，以一種放縱的熱情擁抱獨身主義、禁欲苦修的自我折磨、早期基督教作家的著述，或僅僅是溫暖而又在美學上讓人滿足的教會禮儀。如眾人所料，他們大多數來自新教國家：日耳曼的浪漫主義者通常都是普魯士人。對於盎格魯撒克遜讀者來說，一八三〇年代的「牛津運動」是這類現象當中最令人熟悉的，儘管它帶有英國特徵。在英國，只有少數年輕的狂熱信徒會實際加入羅馬教會，這些人藉此表達了最蒙昧、最反動的大學精神，其中的風雲人物當推才華橫溢的紐曼(J. H. Newman, 1801–90)。其他人則以「儀式主義者」的身分，在英國國教會內尋得一個權宜的安適之處，他們聲稱國教會才是眞正的天主教會堂，並且，令「低級」和「粗俗」僧侶們大爲恐懼的是，他們還試圖用法衣、薰香以及其他的天主教可厭之物來加以裝飾。對於那些以宗教爲家徽的傳統天主教貴族和紳士家族，對於日漸成爲英國天主教主體的愛爾蘭移民勞工來說，這些新皈依者令他們不知如何是好；而另一方面，他們的高貴熱情也並不完全被謹愼而又現實的梵蒂岡教會官員看重。但是，既然他們來自優秀的家族，加上上層階級的皈依可能會帶動下層階級的皈依，因而他們仍然備受教會歡迎。

然而，即使在有組織的宗教之內——至少在羅馬天主教、新教和猶太教等宗教之內——自由主義的掘墓者仍在發揮作用。在羅馬教會當中，他們的主要戰場是法國，最爲重要的人物是拉梅內。他從浪漫的保守主義成功地轉變成人民的革命理想，這使他較接近於社會主義。拉梅內的《一位信仰者的話》(*Paroles d'un Croyant*, 1834)曾在政府部門引起喧囂，因爲他們幾乎沒有意料到，像天主教這樣可靠的現存制度維護者，竟會在他們的背上插上一刀。拉梅內很快就被羅馬宣布爲有罪。不過，自由的天主教卻在法國生存了下來。這個國家總是願意容納與羅馬教會稍有不同的流派。在義大利，一八三○年代和四○年代的強大革命洪流，也將一些天主教思想家捲入漩渦之中，比如羅斯米尼(Rosmini)和喬貝帝(Gioberti, 1801-52)，後者主張在教皇領導之下建立自由的義大利。但無論如何，教會的主體是好鬥的，並且越來越傾向於反自由。

新教少數派和各宗派自然更親近自由主義，至少在政治上是如此。作爲一名法國于格諾新教徒(Huguenot)，實際上就意味著至少是一名溫和的自由派分子(路易腓力的首相基佐就是這樣一個人)。像信仰英國國教和路德教這樣的新教國家，教會雖然在政治上更爲保守，但是它們的神學理論對《聖經》學和理性主義侵蝕的抵抗力，顯然低得多。猶太人當然直接暴露在這股自由主義洪流的全面衝擊之下，畢竟他們的政治和社會解放，全都得藉助自由主義。文化同化是所有獲得解放的猶太人的目標。在先進國家當中，最極端的人士放棄了他們的舊宗教而轉向基督教或不可知論，就像馬克思的父親或詩人海涅(但是他發現，猶太人不上猶太會堂，並不表示他們就不再是猶太人，至少對於外面世界是如此)。不那麼極端的人則發展出一種稀釋過的自由主義猶太教。只有在小城鎮的猶太聚居區內，以猶太經文和法典所支配的生活，才得以繼續保持。

註釋

❶ Civiltà Cattolica II, 122, quoted in L. Dal Pane, "il socialismo e le questione sociale nella prima annata della Civiltà Cattolica" (*Studi Onore di Gino Luzzato*, Milan, 1950), p. 144.

❷ Haxthausen, *Studien ueber... Russland* (1847), I, p. 388.

❸ Cf. Antonio Machado's portrait of the Andalusian gentleman in *Poesias Completas* (Austral ed.), pp. 152–54.

❹ G. Duveau, *Les Instituteurs* (1957), pp. 3–4.

❺ A. Ramos, *Las Culturas negras en el mundo nuevo* (Mexico 1943), pp. 277ff.

❻ W. F. Wertheim, *Indonesian Society in Transition* (1956), p. 204.

❼ *Census of Great Britain 1851: Religious Worship in England and Wales* (London 1854).

❽ Mulhall, *Dictionary of Statistics*: 'Religion'.

❾ Mary Merryweather, *Experience of Factory Life* (Third ed. London 1862), p. 18. 此處所指係一八四〇年代的情形。

❿ T. Rees, *History of Protestant Nonconformity in Wales* (1861).

⓫ Marx-Engels, *Werke* (Berlin 1956), I, p. 378.

⓬ *Briefwechsel zwischen Fr. Gentz und Adam Müller*, Gentz to Müller, 7 October, 1819.

⓭ 根茨致繆勒信，一八一九年四月十九日。

第十三章
意識形態：世俗界

（邊沁先生）練習著將木頭器具放在車床裏鏇，他以爲也能用這種方法來改造一個人。他對詩歌無甚愛好，幾乎不能從莎士比亞的作品中吸取任何教益。蒸汽使他的房子變得溫暖而明亮。他是那種偏愛人工製品勝於自然產物，並認爲人類智慧無所不能的人。他極爲輕蔑戶外景色，輕蔑綠色的田野和樹林，並且永遠以功利性來度量所有事物。

——黑茲利特（W. Hazlitt）《這個時代的精神》（一八二五）

共產黨人不屑於隱瞞自己的觀點和意圖。他們公開宣布：他們的目的唯有使用暴力全盤推翻現存的社會制度才能達到。讓統治階級在共產革命面前顫抖吧。無產者在這場革命中失去的將只是手鐐腳銬。他們獲得的將是整個世界。

世界各地的無產階級，聯合起來！

——馬克思和恩格斯《共產黨宣言》（一八四八）

1

對一七八九到一八四八年的世界而言，其意識形態的數量榮銜仍應授予宗教界；而質量寶座，則應歸於世俗界。除了極少數例外，在本書所論時期，所有具分量的思想家，不管他們私人的宗教信仰爲何，他們所使用的都是世俗語言。有關他們的思考內容（以及普通人未經自覺思考卻視爲理所當然的內容），大部分將在下面的科學和藝術專章中加以探討。在本章中，我們將集中討論雙元革命所帶來的最主要論題：社會的本質，以及它正在走和應該走的道路。對於這個關鍵問題有兩大分歧意見：其一是對當前的世界走向表示認同者，其二則是不表認同者；換言之，亦即相信進步者和不相信進步者。因爲，在某種意義上，當時只有一種具有主流意義的世界觀，而無數的其他觀點，不管其優點爲何，基本上都只具有消極的批判意義：批判那種在十八世紀大獲全勝的、理性的、人道的「啓蒙運動」。啓蒙運動的捍衛者堅信，人類歷史是上升的，而不是下降的，也不是水平式波浪起伏的。他們能夠觀察到人類的科學知識和對自然的技術控制日益增進。他們相信人類社會和個人發展都同樣能夠運用理性而臻於至善，而且這樣的發展注定會由歷史完成。對於上述論點，資產階級自由人士和無產階級社會革命分子的立場是相同的。

直到一七八九年，對於這種進步意識最有力、最前進的表達方式，當推古典的資產階級自由主義。事實上，其基本體系在十七、十八世紀已經詳細闡明，不屬於本卷的討論範圍。那是一種狹隘、清晰且鋒利的哲學，其最完美的倡導人，如我們所料，是出現在法國和英國。

資產階級自由主義是嚴格的理性主義，同時也是世俗的，也就是說，在原則上它確信人類有能力用理性來理解所有事物並解決一切問題，確信非理性的行爲和制度（其中包括傳統主義和一切非理性的宗教）只會把事情弄得更昏暗不明，而無法令人得到啓發。在哲學上，它傾向唯物主義或經驗主義，這與它作爲一種從科學（在這裏主要是指十七世紀科學革命中的數學和物理學）中汲取力量和方法的意識形態，極爲相稱。它對於世界和人類的一般看法體現出深刻的個人主義，這種個人主義主要是基於中產階級的內省或其行爲觀察，而不是它所宣稱的**先驗**原則；並以一種心理學（儘管這個詞在一七八九年時仍不存在）的方式表現出來，這種所謂的「聯想式」心理學派，是十七世紀機械論的呼應者。

簡而言之，對於古典自由主義來說，人類世界是由具有某些內在熱情和驅力的獨立個體所構成的，每個個體的首要目的便是尋求最大限度的滿足，而將其不滿降至最低，在這一點上，所有人都是一樣的。（偉大的霍布斯強烈地贊成——基於實用的目的——所有人在各個方面徹底平等，除了「科學」之外。）同時，每個個體也都會「與生俱來地」認爲其欲望衝動應該是沒有限制且不容干涉的。換言之，每一個人都「與生俱來地」擁有其生命、自由和對幸福的追求，如同美國「獨立宣言」所指出的那樣，儘管最講究邏輯的自由思想家寧可不把這一點放進「天賦權利」之中。在追求這種自我利益的過程中，每個處於無政府狀態下的平等競爭者，發現他無可避免地會與其他個體建立某些聯繫，且這種聯繫經常是有利的，這套複雜的安排（常用「契約」這個坦率的商業術語來表述）遂構成了社會以及社會或政治群體。當然，這類安排和聯繫，意味著與生俱來的那種無限制且隨心所欲的自由將有某種程度的減少，而政治的任務之一，便是要把對自由的這種干預降低到實際可行的最低限度。也許除了諸如父母和子女這類不可能再縮小的性群體之外，古典自由主義的「人」（其文學上的象徵是魯賓遜），只有在大量共存這一點上才是一種社會動物。社會目標因而也就是個人目標的總和。幸福（這個詞為其定義者所帶來的麻煩與其追求者一樣多）是每個個體的至上目標；「最大多數人的最大幸福」顯然就是社會的目標。

事實上，公然宣稱**所有**的人類關係皆可歸結到上述模式之中的純**功利主義**，只局限於極不機智的哲學家或極其自信的中產階級捍衛者，前者以十七世紀偉大的霍布斯為代表，後者則包括那些與邊沁、老穆勒有關的英國思想家或政論家，其中尤以古典政治經濟學派最具代表。造成這種局限的原因有二。首先，純功利主義的意識形態——除了對自我利益的理性計算外，其餘一切淨是「誇張做作的廢話」（邊沁語）——與中產階級某些強有力的行為本能相衝突。（不應該認為「自我利益」就必定意味著反社會的利己主義。仁道且關心社會的功利主義者認為，個人所追尋的最大滿足包括，或者經過適當教育後可能包括，「仁慈」，亦即幫助同伴的衝動。問題在於，這不是一種道德義務或社會存在的一個面向，而是某種使個人幸福的東西。霍爾巴赫在他的《自然體系》第一卷第二六八頁論述道，「利益只不過是我們每一個人認為自身幸福所必須的東西。」）因此，我們可以說，合理的自我利益與「天賦自由」——做他想做的事及保有他掙得的東西——之間的衝突性，遠大於其一致性。（其著作被英國功利主義者虔敬地蒐集出版的霍布斯早已表明，自我利益阻止對國家權力施以任何先驗限制；而邊沁主義者在考慮到官僚化的國家管理保障了最大多數人的最大幸福時，就像擁護自由放任主義一樣，欣然地擁護官僚化的國家管理。）因此，那些尋求保障私有財產、私有企業和個人自由的人，常常寧可對「天賦權利」給予一種形而上的許可，而不是對「功利」給予易受攻擊的許可。更有甚者，一種藉由合理計算徹底將道德和義務排除在外的哲學，很可能會削弱社會穩定所賴的基礎，亦即無知窮人對於是非善惡的固定意識。

基於這些理由，功利主義從未壟斷過中產階級的自由意識形態。它提供了最爲鋒利的激進斧頭，以砍倒不能回答如下問題的傳統制度：它是合理的嗎？它是有用的嗎？它有益於最大多數人的最大幸福嗎？不過，它既未強大到足以激起一場革命，也未強大到足以防止一場革命。庸俗自由主義最寵愛的思想家，依舊是哲學性薄弱的洛克，而非出色的霍布斯，因爲他至少把私有財產歸作最基本的「天賦權利」，而使它得以置身干預和攻擊的範圍之外。法國的革命家發現，最好是將他們對於自由企業的要求（「每一個公民都可以因爲他認爲合適和對自己有利，而自由利用他的雙手、技能和資本……因爲他喜歡而且可以生產他所喜歡的東西」❶），置於天賦權利的普遍形式之中（「每個人僅在保障社會其他成員也享有同樣權利的範圍內，行使其天賦權利」❷）。

在其政治思想中，古典自由主義就這樣背離了使之成爲一種強大革命力量的大膽與嚴厲。不過，在其經濟思想中，它則較少受到限制，這部分是由於中產階級對於資本主義取得勝利的信心，遠遠大於對資產階級能否凌駕專制主義或無知民眾並取得政治優勢的信心；部分是由於有關人類本質和自然狀態的古典假定，對市場特殊狀況的適應性，也遠優於對人類普遍狀況的適應性。因此，古典的政治經濟學就因霍布斯而成爲自由意識形態最爲感人的智識紀念碑。它的輝煌時代比本書所論時期略早。亞當・斯密《國富論》(*Wealth of Nations*, 1776)的發表標誌著它的開始，李嘉圖《政治經濟學原理》(*Principles of Political Economy*, 1817)的發表代表著它的頂峯，而一八三〇年則是它衰落或轉變的開始。但是，其庸俗化的版本，在本書所論的整個時期當中，仍繼續在實業家間贏得追隨者。

亞當・斯密政治經濟學的社會論點，堪稱既優雅又流暢。的確，人類基本上是由具有特定心理素質，在互相競爭中追求其自我利益的獨立個人所組成。但是，我們可以說明如下：當競爭行爲盡可能不受制約地發揮作用時，其所產生的就不僅是一種「自然的」社會秩序(區別於由貴族階級的既得利益、蒙昧主義、傳統，或無知的干預所強加的人爲秩序)，而是「國家財富」盡可能的快速增加，亦即所有人的舒適和福利，以及隨之而來的幸福。這種自然秩序的基礎，就是勞動的社會分工。正像可以用科學證明最能滿足英國和牙買加各自利益的方式，是由一方製造成品，另一方提供原糖；同理，也可以科學方法**證明**，一個擁有生產手段的資本家階級的存在，對大家，包括受雇於資本家的勞動者階級，都是有好處的。因爲國家財富的增加，是由擁有財產的私有企業運作和資本的積累所推動的，而且科學也可以證明，任何其他獲取財富的方式，必定會使國家財富增加的速度變慢甚或停頓。更有甚者，那種經濟上極不平等的社會——人類自然運作不可避免的後果——與所有人與生俱有的平等，或與正義，並非不能相容。因爲，除了保障甚至最窮困的人過一種比他在別的情況下更好的生活之外，這個社會是建立在所有關係中最爲平等的關係之上，亦即建立在市場等價物交換的基礎之上。正如一位近代學者指出的那樣：「沒有人依賴別人的施捨；一個人從任何人那裏得到的每一樣東西，他都付出了一件等價物以作爲交換。而自然力量的自由發揮，會摧毀所有不是建立在對共同福祉貢獻之上的地位。」❸

進步因此就如同資本主義一樣「自然」。搬掉過去由人爲豎立的進步障礙，進步就必定會發生，而且明擺在眼前的是，生產的進步恰與工藝、科學和文明的普遍進步並肩前進。不要認爲持有這類觀點的人，純粹是在爲既得利益的實業家辯護。他們是根據那個時代的大量歷史推斷，因而才相信資本主義是人類進步的必然之路。

這種過於樂觀的觀點，不僅來自於人們深信以演繹推理所證明的經濟學定理，也來自於十八世紀資本主義和文明的明顯進步。相反的，它之所以開始動搖，不僅是由於李嘉圖發現了亞當・斯密所忽視的制度內在矛盾，而且也由於資本主義實際的經濟和社會後果不如預期的那麼好。政治經濟學在十九世紀上半葉成了「沉悶的」而非充滿希望的科學。人們自然仍可這樣認爲，那些(如同馬爾薩斯在其一七九八年發表的著名《人口論》(*Essay on Population*)中所論證的那樣)合該徘徊在飢餓邊緣的窮人們，或者那些(如李嘉圖所論證的那樣)因採用機器而受苦之人的不幸，仍然構成最大多數人的最大幸福，只是這種幸福碰巧遠比所希望的要小而已。但是，這類事實，以及從大約一八一〇年到一八四〇年代這段時期資本主義擴展所存在的明顯困難，都給樂觀主義潑了一瓢冷水，並激起了批判性的探索研究，尤其是對「分配」的研究。這與亞當・斯密那代人主要關注的「生產」，恰成對比。

李嘉圖的政治經濟學，堪稱推演嚴密的傑作，就這樣把大量的不和諧因素引入了早期經濟學家下注預言的自然和諧之中。它甚至比亞當・斯密更強調某些因素，這些因素可如預期般經由減少必備的燃料供給，而使經濟進步的發動機停步不前，例如利率的下降趨勢。更重要的是，他提出了基本的一般勞動價值學說，這一學說只需稍加發展，就將成爲反對資本主義的強有力理論。然而，李嘉圖不僅擁有如思想家般的精湛工業技術，同時也熱情地支持大多數英國實業家所贊成的實際目標(自由貿易和反對地主)，因此有助於在自由主義的意識形態中給予古典政治經濟學一個比以前更爲堅實的地位。基於實際的目的，後拿破崙時代的英國中產階級改革突擊隊，遂用邊沁的功利主義和李嘉圖的經濟學作爲武裝。反過來，受到英國工業和貿易成就支持的亞當・斯密和李嘉圖的成就，又使政治經濟學變成基本上是英國人的學科，使法國經濟學家(他們至少在十八世紀也同處領先地位)退居於過時者或輔助者的次要地位，也使非古典的經濟學家變成零星分散的游擊者。更有甚者，它們還使政治經濟學成爲自由進步的重要象徵。巴西於一八○八年(遠早於法國)爲這個學科設立了教授席位，並由亞當・斯密學說的推廣者賽伊(J. B. Say，卓越的法國經濟學家)和功利主義的無政府主義者戈德溫(William Godwin)出任。一八二三年，當布宜諾斯艾利斯的新大學開始以李嘉圖和老穆勒的著作作爲教授政治經濟學的教本時，阿根廷才剛剛取得獨立。不過，阿根廷還是落後於古巴，古巴早在一八一八年就設立了第一個政治經濟學教授席位。拉丁美洲統治者的實際經濟行爲，使歐洲的金融家和經濟學家毛骨悚然。而這一事實與他們所執著的正統經濟學毫無關係。

在政治學中，如我們已看到的那樣，自由主義的意識形態既不嚴密又不一貫。理論上，它依然分爲功利主義和順應古老自然法和天賦權利的兩個派別，而後者占主導地位。在其實際綱領中，它仍掙扎於兩種信念之間。一種是對人民政府，即多數人統治的信念。這符合於它的邏輯，並且也反映了下述事實，即實際造成革命並且在改革層面施加有效政治壓力的，並不是中產階級的論點，而是群眾的動員。（孔多塞的思想實際上是資產階級開明人士的縮影，他因巴士底獄的陷落而將自己對有限選舉權的信念轉變爲對民主的信念，儘管他仍強烈保護個人與少數。）另一種是對有產階級菁英控制的政府的普遍信念。用英國人的話來說，它是介於「激進主義」和「惠格主義」之間。因爲，如果政府眞的是人民的，如果多數人眞的實行了統治（亦即，如果少數人的利益在邏輯上不可避免地要爲它犧牲），那麼，能夠依賴這個事實上的多數（「最多最窮的階級」❹）來保障自由，來實施顯然與中產階級自由派綱領相吻合的理性命令嗎？

在法國大革命之前，這種現象之所以使人驚恐，主要是因爲總是在神父與國王支配下的勞苦大眾，實在是太無知、太迷信了。革命本身引進了一種左翼的、反資本主義計畫的附加危險，例如在雅各賓專政的某些方面就暗含著（而有些已十分明顯）這種危險。在國外的溫和惠格黨人早就注意到這種危險：在經濟思想上尊奉純亞當·斯密學說的柏克（Edmund Burke）❺，在政治上卻公開退回到信仰傳統美德、連續性以及緩慢而有機成長的非理性主義，並自此爲保守主義提供了主要支柱。歐陸各地的自由主義現實派，多半迴避了政治民主，而偏好那種對選舉權施以財產限制的君主立憲制，或者，必要時，任何能保障他們利益的舊式專制主義都行。在一七九三至九四年之後，只有極端不滿或者極端自信的資產階級，諸如英國的資產階級，才準備和老穆勒一起相信：即使在一個民主共和國之中，他們仍擁有獲得勞苦大眾恆久支持的能力。

後拿破崙時期的社會不滿、革命運動和社會主義意識形態，都加劇了這種困境，而一八三〇年的革命，更使之尖銳化。自由主義和民主看起來是敵人而非盟友，法國大革命的三個口號：自由、平等、博愛，看起來似乎是表達了一種矛盾而不是聯合。不足爲奇的是，這種矛盾在革命的故鄉法國，看起來最爲明顯。托克維爾以其驚人的睿智專注於美國民主的內在趨向分析（一八三五），以及後來對法國大革命的內在趨向分析。他留下了這一時期最精采的溫和自由主義民主批評，或者毋寧說，他已檢定出特別適合於一九四五年後西方世界的溫和自由主義。看一看他的下述格言，也許就不會覺得奇怪了：「從十八世紀以來，流出了兩條好像出於共同源頭的河流。一條把人類帶向自由制度，另一條則帶向專制權力。」❻在英國，老穆勒對資產階級民主的固執信心，也與他兒子約翰·斯圖亞特·穆勒對於保護少數人權利以免受多數人侵害的關切與焦慮，形成驚人的對比。這種關切與焦慮，籠罩了這位慷慨大度而又憂心忡忡的思想家的《自由論》（*On Liberty*, 1859）一書。

2

當自由主義的意識形態就這樣失去其最初的自信衝勁時（甚至進步的必然性和受歡迎性也開始遭到一些自由主義者質疑），一種新的意識形態——社會主義——卻再造了十八世紀的古老眞理。理性、科學和進步是其堅實的基礎。本書所論時期的社會主義者，與周期性出現於歷史文獻中的那些公有制完美社會的禮讚者，其不同之處在於，前者對工業革命持有無條件的認同，因爲它創造了近代社會主義的可能性。聖西門伯爵傳統上被歸類爲「烏托邦社會主義者」的先驅，儘管他的思想實際上處於一種更爲模糊的位置。他是「工業主義」和「工業主義者」(聖西門新造的兩個詞)最早和最熱烈的鼓吹者。他的信徒成了社會主義者、喜歡冒險的技術專家、金融家和實業家，或者接連兼任這些身分。因此，聖西門主義在資本主義和反資本主義發展的歷史上，都占有特殊地位。英國的歐文，本身就是一位很成功的棉紡工業先驅。他對建立一個更美好社會的信心，不僅來自於堅信人類可透過社會而達到完善的信念，而且也根源於工業革命對潛在富有社會的可見創造。恩格斯儘管不太情願，也是從事棉紡織業的經營。沒有任何新社會主義者想讓社會進化的時鐘倒轉，儘管他們的許多追隨者這樣做了。甚至傅立葉這位對工業主義最不抱樂觀態度的社會主義奠基人，也認爲解決之道是超越工業，而非落在它之後。

更矛盾的是，建立了資本主義社會的古典自由主義，卻正也是最容易用來攻擊資本主義社會的思想理論。如同桑茹斯所說的那樣，幸福的確是「歐洲的一個新觀念」❼，但是，人們最容易看到的，顯然是並未實現的最大多數人的最大幸福，就是窮苦勞動者的幸福。另外，如同戈德溫、歐文、霍奇斯金(Thomas Hodgskin)以及其他邊沁崇拜者所做的那樣，把對幸福的追求與自私的個人主義設想分別開來，也是不困難的。歐文寫道，「一切存在之根本目標就是幸福」，「但是，幸福不能由個人獨自獲得；期盼孤立的幸福是無用的；幸福必須由全體民眾共享，否則，少數人也絕對享受不到」❽。

更能說明問題的是，以李嘉圖學說形式出現的古典政治經濟學，竟會轉變成反對資本主義的理論；這一事實曾使得一八三〇年後的中產階級經濟學家，以驚恐萬分的眼光審視李嘉圖，或者像美國的卡賴(Carey, 1793-1879)那樣，把他視爲社會破壞者和動亂者的精神源泉。如果像政治經濟學所論證的那樣，勞動是一切價值的泉源，那麼，爲什麼創造價值的廣大群眾卻生活在赤貧的邊緣呢？因爲，如李嘉圖所表明的(儘管他覺得不便從他的理論中得出這些結論來)，資本家以利潤的形式占有工人生產的、超出其以工資形式領回的那部分剩餘價值(地主也占有這種剩餘的一部分，但這一事實對該問題並無重大影響)。也就是說，資本家剝削了工人。因此，唯一要做的就是不要資本家，從而消滅剝削。一群李嘉圖的「勞工經濟學家」很快就在英國興起，他們進行分析，並提出其道德標準。

如果資本主義眞的達到人們在政治經濟樂觀時期所預期的那些東西的話，那麼，這類批評就會缺少共鳴。與人們通常的假設相反，在窮人中，幾乎沒有「提高生活水平的革命」。但是，在社會主義的形成階段，即在歐文的《新社會觀》(*New View of Society*, 1813-14)[9]和《共產黨宣言》的發表之間，經濟衰退、貨幣工資下降、嚴重的技術性失業，以及對未來經濟前景的懷疑，實在太突出了(「社會主義」一詞便是一八二〇年代創造出來的)。因此，批評家不僅能夠注意到經濟的不公正，而且也注意到經濟運行的許多缺陷及其「內在矛盾」。由反感而變得敏銳的眼睛，因此便發現了這種內在的周期性波動，或所謂的資本主義「危機」(西斯蒙第、韋德〔Wade〕、恩格斯)。資本主義的支持者忽略了這種危機，而事實上，與賽伊這個名字相連的「法則」，根本不承認這種危機的可能性。批評家很難不注意到，這段時期國民收入分配日趨不平衡(「富者愈富，窮者愈窮」)的現象並非偶然，而是資本主義制度運行的產物。簡言之，他們不僅能夠證明資本主義是不公正的，而且能夠顯示它運作得很糟糕，更有甚者，它的運作結果也與其捍衞者所預期的背道而馳。

到目前爲止，新社會主義者的主張，只不過是把英法古典自由主義的論點推進到資產階級自由主義者想要達到的境界之外。他們所鼓吹的新社會，並不堅持拋棄古典人道主義和自由主義理想的傳統。每一個所有人都享有幸福、每一個人都能充分而自由地實現他或她的潛能的社會，一個由自由主宰、而專制政府消失無蹤的社會，既是自由主義者的終極目標，也是社會主義者的終極目標。從人道主義和啓蒙運動傳承下來的意識形態家族，其各個成員——自由主義者、社會主義者、共產主義者，或無政府主義者——之間的差異點，不是溫和的無政府狀態，那是他們共同的烏托邦，而是實現它的方式。在這一點上，社會主義與古典自由主義的傳統，開始分道揚鑣。

首先，社會主義與自由主義的下述假定徹底決裂：社會是個別的原子單純地聚集或結合而成；社會的動力是個體的自我利益和競爭。在這場決裂中，社會主義者退回到人類最古老的意識形態，亦即「人類天生就是共同生活」的信念。人們自然地生活在一起並互相幫助。社會並不是會削弱無限天賦權利的必要制度，而是他的生命、幸福和個性的居所。亞當・斯密學派所主張的市場等價交換以某種方式保障了社會公正的觀點，對社會主義者而言，是既難理解又不道德。大多數普通人都持這種看法，甚至在他們無法表達的時候也是這樣。許多資本主義的批評者藉由譴責文明、理性主義、科學和技術的整個歷程，來批判資本主義社會明顯的「非人道化」（黑格爾主義者和早期馬克思使用的專業術語「異化」，反映了把社會作爲人的「家」，而不僅僅是毫無關聯的個人行爲場所的古老概念)。而新的社會主義者——不像詩人布萊克和盧梭這類舊工匠型的革命者——小心翼翼地避免這樣做。不過，他們不僅吸收了把社會當做人們的家的傳統理念，而且也吸收了下列這種古老概念，即在階級社會和私有財產制度出現之前，人們曾以某種方式生活於和諧之中。盧梭藉由對原始人的理想化表達了這一概念，而欠成熟老練的激進小冊子作者，則透過下述神話傳說來表達：曾幾何時，人們曾自由而友愛地生活著，只是後來被外來統治者征服了(撒克遜人被諾曼人征服，高盧人被條頓人征服)。傅立葉說：「天才必須重新發現那種原始幸福之路，而使之適應於現代工業環境。」[10]原始共產主義經過數世紀的發展，終於爲未來的共產主義提供了一種模式。

其次，社會主義採取了一種進化的和歷史的論證形式，而這種形式如果不是處於古典的自由傳統範圍之外的話，也是雖在其內卻未受到很大的重視。對於古典自由主義者，以及事實上最早的近代社會主義者來說，他們的社會計畫是自然而合理的，有別於由無知與暴政所強加的那種人爲的不合理社會。既然啓蒙時代的進步思想已告訴人們什麼是合理的，那麼，剩下要做的就是掃除阻礙公認的前進障礙物。的確，「烏托邦」社會主義者(聖西門主義者、歐文、傅立葉，以及其餘的人)傾向於如此堅信：眞理一經宣布，馬上就會被所有受過教育且通情達理的人所接受，在開始之初，他們要把自己實現社會主義的努力局限於以下兩個方面。首先是針對有影響的工人階級進行宣傳，雖然工人無疑會因而受益，但卻注定是一個無知而落後的群體。二是如他們所做的那樣，建設社會主義的拓荒工廠：共產主義村落和合作企業。它們大多數都位於美洲的開闊空地上，那裏沒有歷史上的落後傳統擋住人們進步的道路。歐文的「新和諧」(New Harmony)村位於印第安納州。美國容納了三十四處從國外輸入或土生土長的傅立葉式「法倫斯泰爾」(Phalanstère，編按：傅立葉夢想要建立的社會基層組織)，以及眾多在基督教共產主義者加貝和其他人鼓勵下建立的聚居村落。較少從事社會實驗的聖西門主義者，從未停止找尋一位可能實行他們的社會規劃的開明專制者，而且，有一段時間他們相信已經找到了，他就是埃及的統治者穆罕默德阿里，這位不大可能幫助他們的人。

在這種尋找美好社會的古典理性主義事例中，帶有一種歷史進化的因素。因爲進步的意識形態也就意味著，進化的觀念可能是經由幾個歷史發展階段而必然進化的觀念。不過，在馬克思將社會主義理論的重心從其合理性或合意性轉至其歷史必然性之後，社會主義才獲得其最爲可怕的精神武器，爲了對抗它，人們至今仍在構築論戰防線。馬克思從法英和德國意識形態傳統(英國的政治經濟學、法國的社會主義、日耳曼的哲學)的結合中，引伸出這種論證方法。對於馬克思來說，人類社會已不可避免地突破原始共產主義而劃分爲階級；必然會經由階級社會的依次更替而進化。每一個階級社會儘管存在著不公正，但都曾經是「進步的」，每一個階級社會都包含著「內在的矛盾」，這些矛盾在一定時候會成爲其進一步發展的障礙，並產生出取代它的力量。資本主義是這些階級社會中的最後一個，馬克思不但一點也沒加以攻擊，而且還運用其令世界驚嘆的滔滔雄辯，宣揚其歷史成就。但是，資本主義的內在矛盾可用政治經濟學來加以證明，這些矛盾必然會在一定時候成爲其進一步發展的障礙，並使其陷入不能解脫的危機之中。並且，資本主義(如也可以用政治經濟學表明的那樣)也必然會創造出它自身的掘墓人——無產階級。無產階級的人數和不滿必定會增加，而經濟力量卻集中在越來越少的人手中，使得資本主義更易於被推翻。因此，無產階級革命必定會將其推翻。

但是，這也表明了，符合工人階級利益的社會制度，就是社會主義或共產主義。正如資本主義不單是因爲它比封建主義更合理，而是由於資產階級的社會力量才盛行起來一樣，社會主義也將經由勞動者的必然勝利而盛行。如果認爲要是人們夠聰明的話，就可在路易十四的時代實現永恆的社會主義理想，這種看法是愚蠢的。社會主義是資本主義的產兒。在爲社會主義創造條件的社會變革到來之前，它甚至還沒有以適宜的方式表述出來。但是，一旦條件成熟，其勝利就是肯定的了，因爲「人類總是只給自己提出自己能夠解決的任務」⓫。

3

與這些條理清楚的進步意識形態相比，那些反對進步的意識形態幾乎不能稱之爲思想體系。毋寧說，它們是一些觀念，是一些缺乏一種共同思想方法、依賴於它們對資產階級社會弊病的敏銳洞察，以及其信念是來自生活而非自由主義的一些觀念。因此，它們只需相對稍加注意就行了。

這些觀念的重心是，自由主義破壞了人們視爲生活根本的社會秩序或社會群體，並用所有人反對所有人的競爭（「人不爲己，天誅地滅」）、難以容忍的無政府狀態，和市場的非人道化取而代之。在這一點上，保守和革命的反進步主義者，或者富人和窮人的代表們，甚至都趨向於同意社會主義者，這是一種趨同的現象，在浪漫主義者（見第十四章）中尤爲顯著，並產生了諸如「保守的民主」或「封建社會主義」這樣的奇怪綱領。保守主義者愛將理想的社會秩序（或者既接近理想又實際可行的社會秩序，因爲生活舒適之人，其社會抱負總是比窮人要溫和節制一些）與受到雙元革命威脅的任何政權，或與過去的特定體制，例如中世紀的封建制度，視作同一回事。自然，他們也強調其中的「秩序」因素，因爲正是這一點保護了社會層級中的上層對抗社會層級中的下層。如我們已見到的那樣，革命者寧可懷念過去那些更爲遙遠的黃金時代，那時人們的處境很好，而現世根本不存在眞正令窮人滿意的社會。他們也強調遙遠的黃金時代，人與人之間那種互相幫助和如同一體的感情，而不強調它的「秩序」。

不過，兩者都同意，在某些重要方面，舊制度曾經或依然比新制度來得好。在舊制度下，上帝使人們貴賤有序（這一點讓保守主義者高興），但又將義務（不管執行得多麼不充分和多麼糟糕）加之於貴者。人是不平等的，但不是根據市場行情定價的商品。最重要的是他們生活在一起，生活在社會和個人關係的緊密網絡之中，受習慣、社會制度和義務的清晰引導。無疑，在梅特涅的祕書根茨和英國激進的狂熱記者科貝特心中，有著非常不同的中世紀理想。但是兩人都同樣攻擊宗教改革。他們認爲，宗教改革引進了資產階級社會的原則。甚至恩格斯這位最堅定的進步信仰者，也曾以令人嚮往的田園詩畫來比喻被工業革命所破壞的十八世紀古老社會。

由於沒有縝密的演化理論，反進步的思想家發現他們很難判定到底是什麼東西「出了毛病」。他們最愛攻擊的罪魁便是理性，或更確切地說，是十八世紀的理性主義，因爲它讓愚蠢和邪惡來干預那些對人類的理解和組織而言已是過於複雜的事情：社會不能像機器那樣加以計畫。柏克寫道，「最好是永遠忘記《百科全書》和所有的經濟學家，而回歸到那些使王公們偉大和國家幸福的規矩和原則。」⑫直覺、傳統、宗教信仰、「人的本性」、「眞正的」而非「虛假的」理性，這些東西依思想家的知識癖好而被組織起來，去反對系統的理性主義。但是，其最重要的征服者是**歷史學**。

若說保守的思想家沒有歷史進步意識，但是他們對在歷史過程中自然而漸進地形成和穩定下來的社會，與突然「人爲」建立起來的社會之間的區別，倒有非常敏銳的意識。若說他們不能解釋歷史的衣服是怎樣裁剪的，且根本就否認有裁剪這回事的話，但他們倒是能夠令人羨慕地解釋這件衣服是怎樣經由長期的穿著而變得使人舒服的。反進步意識形態最爲嚴肅的智識追求，便是投入對往昔歷史的分析和修復，投入對與革命相反的歷史連續性的探究。因此，保守陣營最重要的闡釋者，就不是諸如博納爾和邁斯特(Joseph de Maistre, 1753-1821)這類捉摸不定的法國流亡者——他們總是以近似瘋狂的理性論證企圖使死亡的往昔重新活過來，即使他們的目標是恢復非理性主義的美德，他們也這樣做——而是像柏克這樣的英國人，和日耳曼法理學家的「歷史學派」——該派致力於在歷史的延續性上爲現存的舊制度建立合法性。

4

現在，剩下要考察的是這樣一組意識形態：它們奇怪地徘徊於進步分子和反進步分子之間，或者用社會術語來說，徘徊於以工業資產階級和無產階級爲一邊，以貴族、商人階級和封建群體爲一邊的兩部分人之間。它們最重要的信仰者是西歐和美國的激進「小人物」，以及中南歐地位卑微的中產階級，他們舒服地，但又並非完全滿意地置身於一個貴族的和君主的社會結構之中。這兩者都在某些方面相信進步，但兩者都不打算追隨進步自然會導致的自由主義或社會主義歸宿。前者是因爲這些歸宿將注定要把小手工業者、店主、農民和商人，或者變爲資本家，或者變爲勞動者；後者則是因爲他們自身太過虛弱，他們在雅各賓專政經歷之後被嚇怕了，無法向其王公們的權力挑戰，因爲他們當中的許多人就是這些王公的官員。因此，這兩群人的觀點就結合了自由主義（前者還暗含著社會主義）和反自由主義的成分，進步的和反進步的成分。並且，這種本質上的複雜性和矛盾性，使他們比自由主義的進步主義者或反進步主義者，更能深入洞察社會的本質；這也迫使他們採用辯證法。

第一類小資產階級激進分子最重要的思想家（或不如說是直覺的天才），早在一七八九年就已壽終正寢，此人即盧梭。徘徊於純粹的個人主義和人只有在群體當中才是其自身這一信念之間；基於理性的國家理想和反「情感」的理性懷疑之間；在承認進步是不可避免的和進步破壞「自然」原始人和諧的必然性兩者之間，盧梭表達了他個人以及其階級的困境，這些階級既不能接受工廠主人對自由主義的確信，又無法認同無產者對社會主義的確信。這位難以相處、神經質、但卻又相當偉大的人物，無須我們詳細探討，因爲並沒有盧梭主義的專屬思想學派，或政治學派——除了羅伯斯比和共和二年的雅各賓分子。盧梭思想的影響相當普遍而強大，尤其在日耳曼和浪漫主義者之間，但那不是一種體系的影響，而是一種觀念和熱情的影響。他在平民和小資產階級激進分子中的影響也是巨大的，但是也許僅僅在諸如馬志尼和與他同樣的民族主義者這類思想最模糊的人中間，他才占有支配地位。整體而言，它更常與諸如傑佛遜和潘恩這類十八世紀理性主義正統思想的改編物融合在一起。

近來的學術風尚對盧梭的誤解愈來愈深。他們諷刺那種把他與伏爾泰和百科全書派，一道歸於啓蒙運動和法國大革命先驅之列的傳統，因爲盧梭是他們的批判者。但是，對那些受其影響的人來說，在當時的確他視爲啓蒙運動的一部分，那些十九世紀早期在小工廠裏重印其著作的人，也自動地把他與伏爾泰、霍爾巴赫(d'Holbach)和其他人一併視作啓蒙運動的一部分。最近的自由主義批評家，把盧梭攻擊成左翼「極權主義」的鼻祖。但是，事實上他根本沒有影響過近代共產主義和馬克思主義的主要傳統。(在將近四十年的通信中，馬克思和恩格斯僅三次偶然地，並且相當否定性地提到過盧梭。不過，附帶地，他們倒是相當欣賞他預先爲黑格爾所示範的辯證方法。)他的典型追隨者在本書所論時期及其之後，都是雅各賓派、傑佛遜主義者和馬志尼這一類小資產階級激進分子，他們信奉實行民主、民族主義，以及平等分配財產並設有某些福利制度的小型獨立政權。在本書所論的時期裏，一般人皆認爲他是倡導平等；倡導自由，反對暴政和剝削(「人生而自由，但無往不在桎梏之中」)；倡導民主，反對寡頭政治；倡導未被富人和受過教育之人的世故圓滑污染的單純「自然人」；倡導「情感」，反對冷酷的計算。

第二群人，也許最好被稱之爲日耳曼哲學團體，他們要複雜得多。並且，由於其成員既無力推翻他們的社會，又無經濟資源去進行一場工業革命，於是傾向於集中精力建造精心構築的普遍思想體系。在日耳曼，古典自由主義者相當罕見。威廉・洪堡(Wilhelm von Humboldt, 1767-1835)這位大科學家的兄弟，是最爲有名的一個。在日耳曼中層和上層階級知識分子中間，對進步的必然性信念和對科學及經濟進步好處的信念，與對開明家長制或官僚制的行政管理和上層階級的責任意識相互結合，這種態度非常普遍，相當適合一個有著如此眾多文官和受雇於政府的教授階級。偉大的歌德，自己就是一個小邦的部長和樞密顧問官，他曾將他的看法做了極佳的闡明⑬。中產階級的要求——經常在哲學上被形容爲歷史趨勢的必然產物——由一個開明的政府加以執行，這些要求充分代表了日耳曼溫和的自由主義。日耳曼諸邦在其最好的狀態下，總是採取富有活力和效果的主動措施，來促進經濟和教育的進步，徹底的自由放任主義對日耳曼實業家並不是特別有好處的政策，但卻也未曾因此削弱這種觀點的吸引力。

但是，儘管我們能夠把日耳曼中產階級思想家（體諒到他們歷史地位的特殊性）的務實世界觀，與其他國家和他們持相反立場的那些人的世界觀進行類比，我們並不肯定就能以這種方式解釋整個日耳曼思想界對於古典自由主義的明顯冷淡。自由主義的老生常談（哲學上的唯物主義或經驗主義，牛頓、笛卡兒的分析等等），完全不適合大多數日耳曼思想家的胃口；明顯吸引他們的是神祕主義、象徵主義和對有機整體的廣泛概括。在十八世紀早期占支配地位的日耳曼民族主義對法國文化的反感，有可能強化了日耳曼思想中的這種條頓主義。但這更可能是延續自上一個世紀的思想氛圍，在那個世紀，日耳曼在經濟上、思想上，以及某種程度的政治上，都屬於優勢地位。因爲，從宗教改革到十八世紀後期這一階段的衰落，維持了日耳曼思想傳統的古風，正像它一成不變地保存了日耳曼小城鎮的十六世紀舊貌一樣。無論如何，日耳曼思想（不管是在哲學、科學還是藝術中）的基本氛圍，顯然不同於西歐十八世紀的主要傳統。（這種推論不適用於奧地利，它經歷了一段非常不同的歷史。奧地利思想的主要特徵是，沒有一點可值得一提的東西，儘管在藝術〔尤其是音樂、建築和戲劇〕和某些應用科學方面，奧地利帝國是非常傑出的。）在十八世紀的古典觀點正走向其極限之時，這種古風賦予日耳曼思想某些優勢，也有助於解釋它在十九世紀日漸重要的思想影響。

它最不朽的表現形式便是日耳曼古典哲學，即在一七六〇到一八三〇年之間，與日耳曼古典文學一同被創造出來、並且密切相關的一整套思想（一定不可忘記，詩人歌德是一位傑出的科學家和「自然哲學家」，詩人席勒不僅是一位歷史學教授，而且是哲學論著的傑出作者）。康德和黑格爾是其中最傑出的兩位偉大人物。一八三〇年以後，如我們在前面已談到的那樣，在古典的政治、經濟學（十八世紀理性主義的思想之花）內部同時發生的瓦解過程，也在日耳曼哲學中出現了。它的產物便是「青年黑格爾派」，最後是馬克思主義。

必須始終牢記，日耳曼古典哲學是一種徹底的資產階級現象。它的所有主要人物（康德、黑格爾、費希特、謝林）都為法國大革命歡呼，並且實際上在很長的一段時間裏仍忠實於它（黑格爾遲至耶納會戰時仍支持拿破崙）。啟蒙運動是康德思想的框架，以及黑格爾思想的出發點。兩人的哲學都充滿了進步觀念：康德的第一個偉大成就是提出了太陽系起源和發展的假說，而黑格爾的整個哲學就是進化（或者，用社會術語來說是歷史性）和必然進步的哲學。因此，雖然黑格爾一開始就憎惡法國大革命的極左翼，並且最終成為徹底的保守派，但他一刻也未曾懷疑過作為資產階級社會基礎的那場革命的歷史必然性。並且，不像大多數後來的學院式哲學家那樣，康德、費希特，特別是黑格爾，都曾研究了一些經濟學(費希特研究了重農學派的經濟學，康德和黑格爾研究了英國的經濟學理論)，我們有理由相信，康德和年輕的黑格爾已把他們自己看作是受過亞當·斯密影響之人⓮。

日耳曼哲學的資產階級傾向在康德身上一方面相當明顯，他終身都是一個自由主義左派——在他最後的著作(一七九五)中，他高尙地呼籲，透過建立一個放棄戰爭的共和國世界邦聯，來實現普遍的和平——但另一方面卻又比在黑格爾身上來得模糊。由於康德僻居於偏遠的普魯士科尼斯堡，獨處在陳設簡陋的教授住處中，以致在英國和法國思想界如此獨特的社會內容，在康德的思想中卻變爲一種冷峻的(如果說是崇高的話)抽象，尤其是「意志」的道德抽象。(因此，盧卡奇〔Lukacs〕表明，亞當·斯密有關「看不見的手」的那種非常具象的悖論，在康德那裏，則成了「非社會的社會性」這樣一種純粹的抽象。)如同所有讀者都曾痛楚體認過的那樣，黑格爾的思想是夠抽象的了。然而，至少在開始時，他的抽象是與社會(資產階級社會)達成妥協的企圖；並且實際上，在他對人性的基本要素——勞動——的分析中，黑格爾以一種抽象的方式，使用了古典自由主義經濟學家使用過的相同工具，並在無意間爲馬克思的學說提供了基礎。(如同他在其一八〇五至〇六年的講演中所說的那樣，「人製造工具，因爲他是有理性的，這是他**意志**的最初表現。」⓯)

但是，從一開始，日耳曼哲學就在某些重要方面不同於古典自由主義，這在黑格爾那裏比在康德那裏表現得更爲明顯。首先，它是成熟縝密的理想主義哲學，否定古典傳統的唯物主義或經驗主義。其次，康德哲學的基本單位是個人(即使是在個人良心的形式上)，而黑格爾的出發點則是集體(亦即共同體)。他明顯地看到，在歷史發展的影響下，集體正化解爲個體。而且事實上，黑格爾的著名**辯證法**，這種透過永無止境地解決矛盾而實現進步（在任何領域）的理論，可能就是從個人和集體之間充滿矛盾的這種深刻感受，而獲得其最初的靈感。更進一步，由於日耳曼哲學家在全心全意的資產階級自由派大學進占的領域中處於極邊緣的地位，加上也許是他們完全無能參與這種進步，使得日耳曼思想家更容易了解其中局限性和矛盾。無疑這是必然的，在帶來巨大收穫之時，不也就帶來巨大的損失嗎？它不是反過來又必須被取代嗎？

因此，我們發現古典哲學，但尤其是黑格爾哲學，奇怪地類似於盧梭進退兩難的世界觀；儘管，與盧梭不同，哲學家們做出了巨大的努力，以把其矛盾包容於單一的、無所不包的、在理論上縝密的體系之中（盧梭碰巧對康德產生一種巨大的感情影響。據說康德一生只有兩次打破過他固定的在下午散步的習慣，一次是因爲巴士底獄的陷落，一次是〔持續了幾天〕因爲讀盧梭的《愛彌兒》）。在實踐上，這些失意的哲學革命家面臨著「順從」現實的問題，黑格爾在經過數年猶豫之後，採取了把普魯士政府理想化的形式。直到拿破崙垮台之後，像歌德一樣，他對解放戰爭毫無興趣，而對普魯士依然是三心二意的。在理論上，注定會被歷史毀滅的社會短暫性，也嵌入了他們的哲學之中。沒有絕對的眞理。歷史過程的發展本身，便是經由矛盾的辯證法而發生，又透過辯證的方式而得到理解，至少一八三〇年代的「青年黑格爾派」是做出了這樣的結論。如同在一八三〇年以後，他們準備重新走上其前輩們或已拋棄，或（像歌德那樣）從未選擇的革命道路那樣，他們也準備追隨日耳曼古典哲學的邏輯，在這方面，他們甚至要超越其偉大導師黑格爾本人都想止步的地方（因爲他有些不合邏輯地急於以對絕對理念的認知來結束歷史）。但是，一八三〇至四八年的革命問題，已不再是簡單的對中產階級自由權力加以征服的問題。而從日耳曼古典哲學解體中湧現出的思想革命派，並非一個吉倫特派或一個哲學上的激進派，而是馬克思。

就這樣，在雙元革命時期，既看到了中產階級自由主義及小資產階級激進主義意識形態的勝利，和其最詳盡闡述的表現形式，也看到它們在其親自建立，或至少是廣受歡迎的政權和社會的衝擊下宣告瓦解。一八三〇年標誌著西歐主要的革命運動在後滑鐵盧年代的靜寂之後，重新復活，也代表了自由主義和激進主義危機的開始。它們將在這場危機中殘存下來，雖然是以一種萎縮了的形式。在日後的階段中，再沒有任何一位古典自由主義經濟學家，有著亞當·斯密或李嘉圖那樣的高深（當然不包括小穆勒，從一八四〇年代起，他就成了代表性的英國自由主義經濟學家兼哲學家），也沒有任何一位日耳曼古典哲學家會有康德和黑格爾的眼界和才能。一八三〇年、一八四八年及以後的法國吉倫特派和雅各賓派，與他們在一七八九至九四年的前輩比起來，只不過是侏儒而已。正因爲如此，十九世紀中葉的馬志尼之輩，是無法和十八世紀的盧梭們相提並論的。但是，這一偉大的傳統（自文藝復興以來思想運動的主流）並沒有死去，它變成了其自身的對立物。就其深度和方法而言，馬克思是古典經濟學家和哲學家的繼承人。但是，他希望成爲其預言家和建築師的那個社會，卻與他們的社會大不相同。

註釋

❶ *Archives Parlementaires* 1787-1860 t. VIII, p. 429.

❷ Declaration of the Rights of Man and Citizen 1798, paragraph 4.

❸ E. Roll, *A History of Economic Thought* (1948 ed.), p. 155.

❹ *Oeuvres de Condorcet* (1804 ed.) XVIII, p. 412; (*Ce que les citoyens ont le droit d'attendre de leur représentants.*) R. R. Palmer, *The Age of Democratic Revolution,* I, (1959), pp. 13-20.

❺ Cf. C. B. Macpherson, "Edmund Burke" (*Transactions of the Royal Society of Canada,* LIII, Sect. II, 1959, pp. 19-26).

❻ Quoted in J. L. Talmon, *Political Messianism* (1960), p. 323.

❼ Rapport sur le mode d'exécution du décrêt du 8 ventôse, an II (*Oeuvres Complètes,* II, 1908, p. 248).

❽ *The Book of the New Moral World,* pt. IV, p. 54.

❾ R. Owen, *A New View of Society: or Essays on the Principle of the Formation of the Human Character.*

❿ Quoted in Talmon, *op. cit.*, p. 127.

⓫ K. Marx, *Preface to the Critique of Political Economy.*

⓬ *Letter to the Chevalier de Rivarol,* June I, 1791.

⓭ 歌德的「政治信仰宣言」，參見 Eckermann, *Gespraeche mit Goethe,* 4. I. 1824。

⓮ G. Lukacs, *Der junge Hegel,* p. 409 for Kant, passim, esp. II, 5 for Hegel.

⓯ Lukacs, *op. cit.*, pp. 411-12.

第十四章
藝術

總是會有一種時髦的興趣：對駕駛郵車的興趣——對扮演哈姆雷特的興趣——對哲學講演的興趣——對奇蹟的興趣——對純樸的興趣——對輝煌的興趣——對陰鬱的興趣——對溫柔的興趣——對殘忍的興趣——對盜匪的興趣——對幽靈的興趣——對魔鬼的興趣——對法國舞蹈演員和義大利歌手以及日耳曼肥鬚和悲劇的興趣——對在十一月分享受鄉下生活和在倫敦過冬的興趣——對做鞋的興趣——對遊覽風景名勝區的興趣——對興趣本身，或對論興趣的隨筆的興趣……

——皮科克(T. L. Peacock)《險峻堂》(*Melincourt*, 1816)

與該國的財富相比，大不列顛堪稱著名的建築物實在少得可憐！……投入博物館、繪畫、寶石、古玩、宮殿、劇院，或其他不可複製的東西的資金是那麼地少！外國旅遊者和我們自己的期刊作者，都常常以作爲大國主要基礎的這一方面，當作我們不如別國的證據。

——萊恩(S. Laing)《一位旅行家對於法國、普魯士、瑞士、義大利和歐洲其他地區社會和政治狀況的札記》，一八四二❶

1

對任何試圖考察雙元革命時期藝術發展概況的人來說，給他印象最深的第一件事，就是其欣欣向榮的狀況。一個包括了貝多芬和舒伯特(Schubert)、成熟和年老的歌德、年輕的狄更斯、杜思妥也夫斯基(Dostoievski)、威爾第(Verdi)和華格納(Wagner)、莫札特(Mozart)的最後日子，以及哥雅(Goya)、普希金(Pushkin)和巴爾札克的一生或大半生的半個世紀，且不說一大批在任何其他人群中都會是巨人的那些人，這半個世紀堪與世界歷史上相似時段的任何時期相媲美。這份非凡的業績大部分要歸功於各種藝術的復興，這些藝術在實際上擁有它們的所有歐洲國家中，吸引了大批具有文化教養的公眾(那些非歐洲文明的藝術在此不予考慮，除非它們受到雙元革命的影響，而在這個時期它們幾乎沒有受到什麼影響)。

與其以一串長長的名錄來煩擾讀者，或許還不如隨便挑選這整個時期的一些橫斷面，來說明這次文化復興的廣度和深度。例如，在一七八九至一八〇一年間，對藝術創新饒有趣味的市民，可以欣賞到華滋華斯和柯立芝的英文《抒情歌謠集》(*Lyrical Ballads*)，歌德、席勒、保羅(Jean Paul)

和諾瓦利斯(Novalis)用德文創作的作品，同時，也可以聆聽到海頓(Haydn)的清唱劇《創世紀》和歌劇《四季》，以及貝多芬的第一交響曲和第一弦樂四重奏。在這些年中，大衛(J-L David)完成了他的《荷卡米耶夫人肖像畫》，哥雅完成他的《國王查理四世的家族肖像》。在一八二四至二六年間，他(或她)可能已讀過幾本史考特(Walter Scott)的英文小說、萊奧帕爾迪(Leopardi)的義大利文詩歌和曼佐尼(Manzoni)用義大利文創作的《約婚夫婦》(*Promessi Sposi*)、雨果(Victor Hugo)和維尼的法文詩歌，如果運氣好的話，還可以看到普希金以俄文寫作的《尤金·奧尼金》(*Eugene Onegin*)的早期部分，以及新編古代斯堪的納維亞傳說。貝多芬的《合唱交響曲》、舒伯特的《死神與少女》、蕭邦的第一部作品、韋伯(Weber)的《奧伯龍》、德拉克洛瓦(Delacroix)的繪畫《希阿島的屠殺》和康斯塔伯(Constable)的《乾草車》，也出自這些年代。十年之後(一八三四—三六)，文學中產生了果戈里的《欽差大臣》(*Inspector-General*)和普希金的《黑桃皇后》(*Queen of Spades*)；在法國產生了巴爾札克的《高老頭》和繆塞(Musset)、雨果、戈蒂埃(Théophile Gautier)、維尼、拉馬丁(Lamartine)和大仲馬(Alexander Dumas the Elder)等的作品；在日耳曼產生了布希納(Buechner)、格拉貝(Grabbe)、海涅等的作品；在奧地利產生了格里爾帕策(Grillparzer)和內斯特羅的作品；在丹麥產生了安徒生(Hans Anderson)的作品；在波蘭有密茨凱維奇的《塔杜施先生》(*Pan Tadeusz*)；在芬蘭有民族史詩《卡勒瓦拉》(*Kalerala*)的初訂版；在英國產生了勃朗寧(Browning)和華滋華斯的詩集。音樂界則提供了義大利的貝里尼(Bellini)和唐尼采蒂(Donizetti)、波蘭的蕭邦、俄國的葛令卡(Glinka)等的歌劇。康斯塔伯在英格蘭作畫，弗里德里希(Caspar David Friedrich）在日耳曼作畫。在一八三四至三六的前後一兩年中，我們可以讀到狄更斯的《匹克威克外傳》（*Pickwick Papers*）、卡萊爾的《法國大革命》、歌德的《浮士德》第二部、普拉滕（Platen）、艾興多夫（Eichendorff）和默里克（Mörike）的詩歌、法蘭德斯文（Flemish）和匈牙利文學的重要著作，以及法國、波蘭和俄國主要作家的更多出版物；音樂方面則可聽到舒曼（Schumann）的《大衛同盟舞曲集》和白遼士（Berlioz）的《安魂曲》。

從這些隨便舉出的例子中，有兩件事是顯而易見的。第一是，藝術成就在這些國家之中異常廣泛的傳播。這是一種嶄新的現象。在十九世紀前半期，俄國文學和音樂突然竄升成一股世界潮流；美國文學雖然相形見絀，但隨著庫珀（Fenimore Cooper, 1787-1851）、愛倫・坡（Edgar Allan Poe, 1809-49）和梅爾維爾（Herman Melville, 1819-91）的出現，也展現了一股世界性力量。波蘭和匈牙利的文學和音樂，以及北歐和巴爾幹諸國的民歌、童話和史詩，也是如此。而且，在幾種新創造的文學文化中，其成就不但立即顯見而且美妙絕倫：例如普希金依然是俄羅斯第一流的詩人，密茨凱維奇是偉大的波蘭詩人，裴多菲（Petofi, 1823-49）是匈牙利民族詩人。

第二個顯而易見的事實是，某些藝術和藝術風格獲得了異乎尋常的發展。文學即是一個合適的例子，而文學中又以小說最爲突出。歷史上或許從不曾在短短半個世紀裏集中出現過這麼大一群不朽的小說家：法國的斯丹達爾和巴爾札克，英國的珍・奧斯汀、狄更斯、薩克萊（Thackeray）和白朗黛姊妹（the Brontes），俄國的果戈里、年輕的杜思妥也夫斯基和屠格涅夫（Turgenev）（托爾斯泰的第一部作品於一八五〇年代問世）。音樂甚至可以說是一個更引人注目的例子。直到今日，一般音樂會的演奏曲目絕大部分仍依賴活躍於這個時期的作曲家——莫札特和海頓（儘管他們實際上屬於前一個時期）、貝多芬和舒伯特、孟德爾頌、舒曼、蕭邦和李斯特。器樂的「古典」時期主要是日耳曼和奧地利單獨成就的，但歌劇的興盛比其他任何音樂形式更廣泛，且或許更爲成功：在義大利有羅西尼(Rossini)、唐尼采蒂、貝里尼和年輕的威爾第，在日耳曼有韋伯和年輕的華格納（且不提莫札特的最後兩部歌劇），在俄國有葛令卡，以及法國的幾個較次要的人物。另一方面，視覺藝術的成績卻要稍微遜色一些，除了繪畫之外。大家公認，在西班牙間歇出現的偉大藝術家之中，此時期的哥雅堪居歷來最傑出的畫家之流。也許有人會認爲，英國的繪畫（由於特納〔J. M. W. Turner, 1775-1851〕和康斯塔伯的出現）在這個階段達到其成就的頂峯，而且其獨創性也稍高於十八世紀，當然也因之比之前和此後更具國際影響力；也許會有人認爲，此期的法國繪畫（由於大衛、傑里柯〔J-L Géricault, 1791-1824〕、安格爾〔J-D Ingres, 1780-1867〕、德拉克洛瓦、杜米埃〔Honoré Daumier, 1808-79〕和年輕的庫爾貝〔Gustave Courbet, 1819-77〕的出現）如同其歷史上所曾有過的卓越繪畫一樣傑出。另一方面，義大利的繪畫事實上已走到達幾世紀之久的輝煌盡頭，日耳曼的繪畫則遠遠落後於日耳曼的文學或音樂的獨特成就，或者其本身在十六世紀取得的無與倫比的成就。在所有國家裏，雕塑的成就皆明顯遜於十八世紀，在建築方面，儘管在日耳曼和俄國出現過一些值得注意的作品，但情況也如雕塑一樣。實際上，這個時期最偉大的建築成就，無疑是工程師的傑作。

不管是哪個時期，那些決定各類藝術興衰的因素仍然不很清楚。可是，毋庸置疑，在一七八九至一八四八年間，答案肯定要先從雙元革命的影響中去尋找。假使要用一句令人誤解的句子去概括這個時代藝術家和社會的關係，我們可以說，法國大革命以自身爲榜樣鼓舞了他們，工業革命以其恐怖喚醒了他們，而因這兩種革命而生的資產階級社會，則改變了他們本身的生存狀態和創作方式。

這個時期的藝術家直接受到公共事務的激勵並捲入其中，這一點是毫無疑問的。莫札特爲高度政治性的共濟會儀式寫了一部宣傳性的歌劇（一七九〇年的《魔笛》），貝多芬將《英雄交響曲》獻給法國大革命的繼承人拿破崙，歌德起碼算得上是一位頗具影響力的政治家和文職官員。狄更斯寫了幾部小說攻擊社會弊端，杜思妥也夫斯基在一八四九年因革命活動幾乎被判處死刑。華格納和哥雅遭到政治流放，普希金因捲入十二月黨人的活動而受到懲罰，而巴爾札克的《人間喜劇》已成爲社會覺醒的紀念碑。再也沒有比把有創造力的藝術家描繪爲「中立者」更不符合實情的事了。那些洛可可式宮殿、閨房的高雅裝飾家，或專門爲英國老爺們提供收藏品的供應商，他們所代表的藝術恰恰是走向衰微的那種：我們當中有多少人記得弗拉戈納爾（Fragonard）在大革命後還活了十七年呢？甚至藝術中顯然最不帶政治色彩的音樂，也和政治緊密聯繫。歷史上也許只有這個時期曾把歌劇寫成政治宣言或用以激發革命。（除了《魔笛》，我們還可舉威爾第早期的幾部歌劇爲例，它們因表達了義大利的民族主義而大受歡迎；奧貝爾〔Auber〕的《波蒂奇的啞女》〔*La Muette de Portici*〕引發了一八三〇年的比利時革命；葛令卡的《爲沙皇獻出生命》〔*A Life for the Tsar*〕，以及諸如匈牙利的《匈牙利王拉佐洛》〔*Hunyady László*〕之類的「民族歌劇」，都因其與早期民族主義的聯繫，而依然在當地的演出劇目中占有一席之地。）

公共事務和各類藝術之間的聯繫，在民族意識和民族解放或統一運動正在發展的國家中尤爲牢固（參見第七章）。在日耳曼、俄國、波蘭、匈牙利、斯堪的納維亞諸國以及其他地區，這一時期的文藝復興或誕生，是與維護本國語言和本國人民在文化上的最高地位，以反對使用外國語言的世界性貴族文化的主張相一致——事實上它經常是這種主張的最初表現形式——這種情形顯然並非偶然。很自然的，這樣的民族主義在文學和音樂中能夠找到其最明顯的文化表達，這兩種形式都是大眾藝術，且能夠吸收一般人民強有力的創造性遺產——語言和民歌。同樣可以理解的是，慣常依賴於固有統治階級、宮廷和政府佣金的藝術類別——建築和雕塑，其次是繪畫——則較少反映這些民族化的復興。（在歐洲大部分地區，由於缺乏足夠具有文化教養和政治意識的居民，限制了諸如平版印刷術這樣新創且可複製的廉價藝術的利用。但是，偉大的革命藝術家以這種和類似的媒介取得的傑出成就——例如，哥雅的《戰爭的災難》和《狂想曲》，布萊克的插圖，以及杜米埃的版畫和報紙上的漫畫——證明了這些宣傳手段是多麼富有吸引力。）作爲大眾藝術而非宮廷藝術的義大利歌劇，空前繁榮；但同時，義大利的繪畫和建築則衰落了。當然我們不應忘記，這些新興的民族文化仍然是局限於少數受過教育的中上層階級之中。或許除了義大利歌劇和可複製的書畫刻印藝術，以及一些較短的詩歌或歌曲外，這個時期還沒有什麼重大的藝術成就是不識字的人或窮人所能接觸到的，在大規模的民族或政治運動將他們轉變爲共同象徵之前，歐洲大部分居民幾乎肯定不知道這些藝術成就。當然，文學總是會得到最廣泛的傳播，儘管主要仍限於正在形成中的新興中產階級，他們爲小說和長篇敘事詩提供了一個特別受歡迎的市場（尤其在他們有閒暇的女眷中間）。成功的作家難得享有比這段時期相對而言更大的財富：拜倫（Byron）因他的《哈羅德遊記》（*Childe Harold*）前三個詩章獲得了二千六百英鎊。戲劇儘管在社會上受到較多限制，但也擁有成千上萬的觀眾。演奏樂就沒那麼幸運了，只有在英國和法國那樣的資產階級國家和美洲各國那樣的文化飢渴國家是爲例外，在那些國家裏，舉辦大型公開的音樂會已是相當普遍的情形(因此，幾個歐陸作曲家和演奏家將目光牢牢地盯住有利可圖的英國市場，如果在其他方面並沒什麼差別的話)。在其他地方，這個領域依然是由宮廷樂師、由少數地方貴族維持的贊助性音樂會，或被私人和業餘愛好者的演出所占據。當然，繪畫注定是屬於私人買主的，在爲出售或私人買主舉辦的公開展覽會上做過最初展示之後，畫作便從人們的視野中消失了，儘管舉行這樣的公開展覽會已成慣例。在這段時期，爲公眾建立的或開放的博物館和美術館(例如，羅浮宮和建於一八二六年的大英博物館)，所展示的都是過去的藝術品，而不是當代的藝術品。另一方面，蝕刻畫、版畫、平版畫，則由於價格低廉而無處不在。當然，建築主要仍是爲私人或公家委託而效力(除一定數量的投機性住宅建築以外)。

2

但是，即使是社會上極少數人的藝術，仍會發出震撼全人類的驚聲巨響。本書所論時期的文學和各類藝術便是如此，其表現結果就是「浪漫主義」。作爲藝術的一種風格、一種流派和一個時代，再沒有比「浪漫主義」更難用形式分析的方法來加以定義甚或描述的了，甚至連「浪漫主義」立誓反叛的「古典主義」，也沒有這麼難以定義和描述。就連浪漫主義者本身也幾乎幫不了我們什麼忙，因爲儘管他們對其所遵循之事物的描述是確定無疑的，但卻常常缺乏合理內容。對雨果來說，浪漫主義「就是要依自然之所爲，與自然的創造物相融合，而同時又不要把什麼東西都攪和在一起：即不要把影與光、奇異風格與宏偉壯麗——換言之，軀體與靈魂、肉體上的與精神上的東西——混淆在一起。」❷對諾迪埃(Charles Nodier)而言，「厭倦了普通情感的人類心靈的最後依託，就是被稱爲**浪漫主義**風格的東西：奇妙的詩歌，相當合乎社會的道德條件，合乎沉緬於渴求轟動性事件而不惜任何代價的那幾代人的需要……」❸。諾瓦利斯認爲，浪漫主義意味著賦予「習以爲常的東西以更高深的意義，爲有限的東西添上一副無限的面貌。」❹黑格爾認爲，「浪漫主義藝術的本質在於藝術客體是自由的、具體的，而精神觀念在於同一本體之中——所有這一切主要在於內省，而不是向外界揭示什麼。」❺我們無法指望從這樣的說明中得到多少啓發，因爲浪漫主義者喜歡朦朧不清和閃爍其辭，偏好漫無邊際的解釋，而厭惡清晰的闡述。

當分類學者試圖確定浪漫主義的年代時，會發現它的起始和終結都令人難以捉摸；而當試圖爲它下定義時，其標準又變成無形的泛論。然而，儘管它使分類者大惑不解，但卻沒有任何人會認眞地懷疑浪漫主義的存在或者我們分辨它的能力。從狹義上說，作爲富有自我意識和戰鬥性傾向的浪漫主義，出現於一八〇〇年左右的英國、法國和日耳曼，以及滑鐵盧戰役後的歐洲和北美廣大地區。在雙元革命之前，其前導(又是以法國和日耳曼爲主)有盧梭的「前浪漫主義」和日耳曼青年詩人的「狂飆運動」(storm and stress)。或許在一八三〇至四八年這段革命時期，它在歐洲流行得最爲廣布。從廣義上講，浪漫主義支配了法國大革命以來歐洲幾種富有創造性的藝術。在這個意義上，像貝多芬這樣的作曲家、哥雅這樣的畫家、歌德這樣的詩人和巴爾札克這樣的小說家，他們身上的「浪漫主義」成分，是他們之所以偉大的決定性要素，就像海頓或莫札特、弗拉戈納爾或雷諾茲(Reynolds)、克勞狄烏斯(Mathias Claudius)或拉克洛(Choderlos de Laclos)的偉大之處不在此一樣(他們都活到本書所論時代)；然而，他們當中沒有人能被認爲是完全的「浪漫主義者」或想要把自己說成是「浪漫主義者」。(既然「浪漫主義」往往是有限的幾個藝術家團體的口號和宣言，那麼，如果我們將其完全限定在他們身上，或者完全排除那些與他們持不同意見者，我們就會冒了賦予其一個非歷史的有限意義的風險。)在更廣泛的意義上，帶有浪漫主義特徵的藝術和藝術家取向，往往變成十九世紀中產階級社會的標準取向，而且直至今日仍具有很大的影響力。

然而，儘管人們根本不清楚浪漫主義贊成什麼，但它反對什麼卻是相當明白的，那就是中間派。無論其內容如何，浪漫主義都是一種極端的信條。人們可以在極左翼發現狹義的浪漫主義藝術家或思想家，像詩人雪萊(Shelley)；在極右翼有夏多布里昂和諾瓦利斯；從左翼跳到右翼的有像華滋華斯、柯立芝和眾多法國大革命的失望擁護者；而雨果則是從保皇主義跳到極左立場的代表。但幾乎不可能在理性主義核心的溫和派或惠格—自由黨人當中，即事實上的「古典主義」堡壘中，找到浪漫主義者。老托利黨人華滋華斯說，「我對惠格黨人毫不敬重，但在我的心目中，憲章主義者占有很大分量。」❻將浪漫主義稱爲反資產階級的宣言是有點言過其實，因爲在這個年輕階層身上那種依然熾烈的革命和征服特質，強烈地吸引著浪漫主義者。拿破崙像撒旦、莎士比亞、永世流浪的猶太人和其他逾越日常生活規範的人一樣，成爲浪漫人士神話般的英雄之一。資本主義積累中的惡魔般特質，對**更多財富**的無限度、無休止的追求，超出了理性或目的的估算，超出需求或奢侈的極限，這些東西就像鬼魂附體般縈繞在他們心中。浪漫主義最典型的一些主人翁，如浮士德和唐璜，與巴爾札克小說中的商業冒險家，都有這種無法滿足的貪婪。然而，浪漫主義特質仍舊是次要的，即使在資產階級革命階段也是如此。盧梭為法國大革命提供了一些附屬物，但他只有在革命超出資產階級自由主義的時期，即羅伯斯比時期，才對革命產生決定性的影響。但即便如此，這個時期的基本外表仍是羅馬式的、理性主義的、新古典主義的。大衛是這個時期的代表畫家，理性是這個時期的最高主宰。

因此，不能簡單地把浪漫主義歸類成一場反資產階級運動。事實上，出現於法國大革命數十年前的前浪漫主義，其典型口號有許多是用來讚美中產階級，讚美他們眞實和純樸的感情——且不說是多愁善感——已成為腐敗社會冥頑不化的鮮明對照；稱頌他們對自然的自發依賴，相信這注定會把宮廷的詭計和教權主義掃蕩到一邊。然而，一旦資產階級社會在法國大革命和工業革命中取得事實上的勝利之後，毫無疑問的，浪漫主義便會成為其本質上的敵人。

浪漫主義對於資產階級社會那種情緒激昂、神迷意亂，但又意味深長的反感，無疑可歸因於下列兩類人的既得利益，他們是失去社會地位的年輕人和職業藝術家，也是浪漫主義突擊隊的主要成員。從來沒有一個像浪漫主義這般屬於年輕藝術家的時代，不管是活著的或死去的年輕藝術家：《抒情歌謠集》是二十幾歲年輕人的作品；拜倫在二十四歲一舉成名，在這個年齡，雪萊也贏得盛名，而濟慈(Keats)差不多已進了墳墓。雨果在其二十歲時開始他的詩歌生涯，而繆塞在二十三歲時已經名聲大噪。舒伯特在十八歲寫了《魔王》(*Erlkoenig*)，而在三十一歲就去世了；德拉克洛瓦二十五歲畫了《希阿島的屠殺》，裴多菲二十一歲出版了他的《詩集》。在浪漫主義者中，三十歲還未贏得名聲或未創出傑作的人非常少見。青年們，尤其是青年知識分子和學生，是他們的天然溫床。就是在這個時期，巴黎的拉丁區自中世紀以來第一次不只是索邦神學院(the Sorbonne)的所在地，而成為一個文化的(和政治的)概念。一個在理論上向天才敞開大門，而實際上又極不公正地被沒有靈魂的官僚和大腹便便的市儈所控制的世界，這種強烈的反差向蒼天發出呼號。牢房的陰影——婚姻、體面的經歷、對平庸的迷戀——籠罩著他們，夜梟以其酷似長者的外貌預言(反而卻往往十分準確)他們不可避免的判決，就像霍夫曼(E. T. A. Hoffmann)作品《金罐》(*Goldener Topf*)中的教務主任赫爾勃蘭特，他以「狡黠而神祕的微笑」做出如下的驚人預言：富有詩才的學生安塞姆將成為宮廷樞密院成員。拜倫的頭腦足夠清醒地預見到，只有早逝才可能使他免受「體面的」老年之苦，施萊格爾(A. W. Schlegel)證明他是正確的。當然，在年輕人對其長輩的這種反叛中，沒有什麼具有普遍性的東西。這種反叛本身就是雙元革命社會的反映。然而這種異化的特定歷史形式，當然在很多地方歪曲了浪漫主義。

甚至在更大的程度上，藝術家的異化也是如此，他們以將自己變成「天才」來加以回應，這是浪漫主義時代最典型的創新之一。在藝術家社會功能清楚的地方，他與社會的關係是直接的，他該說什麼和怎樣說，這類問題已由傳統、道德、理性或一些公認的標準做了回答，一個藝術家或許是一位天才人物，但他很難像天才人物那樣行事。只有極少數如米開朗基羅(Michelangelo)、卡拉瓦喬(Caravaggio)或羅薩(Salvator Rosa)這類十九世紀天才的前輩，能從前革命時期那批標準的職業匠人和表演家中脫穎而出，後者如巴哈(Bach)、韓德爾(Handel)、海頓、莫札特、弗拉戈納爾和庚斯博羅(Gainsborough)。在雙元革命之後仍保有諸如舊社會地位之類事物的地方，藝術家仍舊是非天才人物，儘管他非常可能擁有天才的虛名。建築師和工程師按特定式樣建造有明顯用途的建築物，這些建築物強制引入了被清楚理解的形式。值得玩味的是，從一七九〇到一八四八這段時期，絕大多數獨具特色的建築物或實際上所有著名的建築物，都是採用新古典主義風格，如馬德蓮教堂、大英博物館、列寧格勒聖以撒大教堂、納許(Nash)重建的倫敦和辛克爾(Schinkel)設計的柏林，否則便是像那個技術精巧時代的奇妙橋樑、運河、鐵路建築物、工廠和溫室那樣，都是功能性的。

然而，與藝術家風格大相逕庭的是，那個時代的建築師和工程師所表現的是內行，而不是天才。而且，在諸如義大利歌劇或(處在較高社會水準上)英國小說這類眞正的大眾藝術形式中，作曲家和作家仍以藝人的心態工作著，他們認爲票房至上是藝術的自然條件，而不是創作的破壞者。羅西尼對寫出一齣非商業性歌劇的期待，遠比不上狄更斯對發表一部非連載小說的期待，或現代音樂工作者對創作出一首原創性詞曲的期待。(這可能也有助於解釋，爲什麼這個時期的義大利歌劇雖然對血腥、雷鳴和「動人」場面有著自然而庸俗的愛好，但卻談不上是浪漫主義。)

眞正的問題是，藝術家脫離公認的功能、主顧或公眾，而聽任商人將其靈魂當做商品，投到一個盲目的市場，任由人們挑選；或者在一個即使是法國大革命也無法確立其人類尊嚴，一般說來在經濟上也站不住腳的贊助制度範圍內工作。因此，當藝術家孤立無援，面對黑夜吶喊之時，可能甚至連一個回聲也聽不到。因此理所當然的，藝術家應當將自己轉變成天才，創造僅僅屬於他的東西，無視這世界的存在，並違背公眾的意願，公眾唯一具有的權利是依照藝術家設定的條件接受或完全不接受，在最好的情況下，藝術家可期待被精選出的少數人或一些尚不清楚的後人所理解，就像斯丹達爾；在最壞的情況下，他只能寫著無法上演的劇本，如格拉貝，甚至歌德的《浮士德》第二部；或為不存在的龐大管弦樂隊作曲，像白遼士；要不就只有發瘋一途，如荷爾德林、格拉貝、奈瓦爾(de Nerval)以及其他幾個人。事實上，遭到誤解的天才有時可從慣於擺闊的王公手中，或急於附庸風雅的富有資產階級那裏，獲取豐厚酬勞。李斯特在眾所周知的浪漫閣樓中，從未挨過餓。幾乎沒有人能像華格納那樣成功地實現其狂妄自大的幻想。然而，在一七八九和一八四八兩次革命之間，王公們往往對非歌劇藝術抱有懷疑態度(不知如何形容的西班牙國王斐迪南是個例外，儘管他受到藝術和政治兩方面挑釁，但他仍舊堅持資助革命者哥雅)，而資產階級則忙於積累而不是消費。因此，天才們普遍不僅遭到誤解而且還很貧困。所以他們之中絕大多數都是革命者。

青年人和遭到誤解的「天才」，總是帶有浪漫主義式的反感，反對市儈，反對充滿誘惑和叫人吃驚的資產階級時尚，反對半上流社會(demi-monde)和放蕩不羈者(bohême)(這兩個詞在浪漫主義時期均獲得其現在的內涵)的私通，反對體面人物的慣例和標準審查制度。但這僅僅是浪漫主義一個微不足道的部分。普拉茨(Mario Praz)那部情欲極端主義的百科全書，並不是「浪漫主義的情感突發」，就像伊莉莎白時代象徵主義對顱骨和靈魂的討論，不是針對《哈姆雷特》一樣❼。在浪漫主義的年輕人(甚至年輕婦女——這是歐陸女藝術家憑自己的本事以一定數量出現的第一個時期)和藝術家對性欲的不滿足背後，有著對雙元革命所產生的那種社會更普遍的不滿。(斯達爾夫人 (Mme de

Staël〕、喬治・桑〔George Sand〕、畫家勒布崙夫人〔Mme Vigée Lebrun〕、考夫曼〔Angelica Kaufman〕；日耳曼的阿爾寧〔Bettina von Arnim〕、德羅斯特許爾斯霍夫〔Annette von Droste-Huelshoff〕。當然，女小說家在中產階級的英國早已常見，在那裏，這種藝術形式被公認爲受過良好教育的女孩子提供了一種「體面」的賺錢方式。伯尼〔Fanny Burney〕、拉德克利芙夫人〔Mrs Radcliffe〕、珍・奧斯汀、蓋斯凱爾夫人〔Mrs. Gaskell〕、白朗黛姊妹，和詩人勃朗寧一樣，都全部或部分地屬於本書所論時期。）

精確的社會分析從來不是浪漫主義者之所長，實際上，他們並不相信十八世紀自負的機械唯物主義（以牛頓及布萊克和歌德這兩個嚇唬人的傢伙爲代表），他們正確地將其視爲資產階級社會藉以建立的主要工具之一。因而，我們不能指望他們對資本主義社會提出合情合理的批判，儘管類似這種批判的某種東西，裹著「自然哲學」的神祕外衣，漫步於形而上學翻騰的烏雲之中，在廣義的「浪漫主義」框架內發展，並對黑格爾哲學有所貢獻。類似的東西在法國早期的烏托邦社會主義者中，也曾以接近於偏執甚至瘋狂的不切實際得到發展。早期的聖西門派（儘管並非他們的領袖），尤其是傅立葉，幾乎只能被說成是浪漫主義者。在這些浪漫主義的批判當中，效果最持久的是人的「異化」概念，這項觀念將在馬克思那裏發揮關鍵性作用，並暗示一個完美的未來社會。然而，對資產階級社會最有效和最有力的批判，並非來自全然且先驗棄絕它（以及與之相連的十七世紀古典科學和理性主義的傳統）的那些人，而是來自將其古典思想傳統推向反對資產階級結論的那些人。歐文的社會主義當中毫無浪漫主義成分，完全是十八世紀理性主義的那些東西，以及各門學科當中最資產階級化的政治經濟學。聖西門本人最好被視爲是「啓蒙運動」的延伸。饒有意味的是，接受日耳曼（即初期的浪漫主義）傳統薰陶的青年馬克思，是在結合了法國社會主義的批判學說，和全然非浪漫主義的英國政治經濟學理論之後，才變成馬克思主義者。而作爲其成熟思想核心的，正是政治經濟學。

3

忽視理性毫無所知的心靈因素，絕不是明智之舉。如同局限於經濟學家和物理學家限定範圍內的思想家那般，詩人雖被遠遠地拋在後面，但他們不僅看得更深刻，而且有時看得更淸楚。很少有人比一七九〇年代的布萊克，更早看到由機器和工廠所引起的社會大震盪，然而他所據以判斷的依據，除了倫敦使用蒸汽機的工廠和磚窯之外，幾乎沒有其他東西。除了幾個例外，有關都市化問題的最佳論述，幾乎都來自那些富有想像力的作家，他們那些看似非常不切實際的觀察，已被巴黎實際的都市演進所證明[8]。比起勤勉的統計學家兼編纂家麥克庫洛赫，卡萊爾對一八四〇年英國的了解更模糊卻更深刻；如果小穆勒比其他功利主義者更好的話，那是因爲一場個人危機使他成爲唯一一個知道日耳曼和浪漫主義者的功利主義者，知道歌德和柯立芝等人的社會批判價值。浪漫主義對世界的批判儘管含混不清，但並非微不足道。

浪漫主義渴望過去那種人與自然的合一。資產階級世界是一個深切審愼的自私社會。

> 它無情地斬斷了使人們隸屬於「自然首長」的封建羈絆，它使人和人之間除了赤裸裸的利害

關係，除了冷酷無情的「現金交易」，就再也沒有任何聯繫了。它把宗教的虔誠、騎士的熱忱、小市民的傷感這些情感的神聖激發，淹沒在利己主義的冰水中。它把人的尊嚴變成了交換價值，用沒有良心的貿易自由，代替了無數特許的和自力掙得的自由。

這是《共產黨宣言》的呼聲，但也代表了整個浪漫主義。這樣一個世界或許能使人富足或舒適——儘管事實已很明顯，它也使其他人，更大多數人，處於挨餓和悲慘境地——但卻也使人們的靈魂赤裸而孤獨。它使人們像個「疏離」者般無家可歸地迷失在天地萬物之中。日耳曼的浪漫主義詩人認爲，他們比任何人都更加了解，只有那些質樸宜人的前工業小鎮所進行的那種簡樸的勞動生活，才能拯救這些孤獨的靈魂，這些前工業小鎮星羅棋布地點綴在幻景般的田園風光之中，他們那種淋漓盡致的描寫，實在令人無法抗拒。小鎮的年輕人必定出走，依照定義無休止地追逐「憂鬱之花」，或是懷念著家鄉，吟唱著艾興多夫的抒情詩或舒伯特的歌曲，永久地漫遊。流浪者之歌是他們的信號曲，懷鄉病是他們的伴侶。諾瓦利斯甚至用這樣的詞語爲哲學下定義[9]。

世人對這種已然失去之和諧的渴望，因下面三個泉源而告緩解：中世紀、初民（或相類的東西、異國情調或「民俗」），和法國大革命。

第一個來源吸引的主要是反動的浪漫主義。封建時代穩固的階級社會，是由時代緩慢構成的有機產物，在紋章家徽的裝飾下，在神話森林的籠罩下，在不容懷疑的基督教天國的覆蓋下，是保守的資產社會反對派顯而易見的失樂園，這些人對虔敬、忠誠和較低階級中最低限度的識字能力的興趣，因法國大革命而增加了。除了局部的更動，這就是柏克在其《法國大革命隨想錄》(*Reflections on the French Revolution*, 1790)中用以反對理性主義的巴士底獄攻擊者的理想。但是，它卻在日耳曼才找到其經典表述，一個在這個時期獲得了與特有的中世紀夢想相去不遠的某些東西的國家，或許是因爲盛行於萊茵河城堡和黑森林屋簷下的愜意井然，比起更名副其實的中世紀諸國的污穢和殘酷，更容易使其自身理想化。(「噢，赫爾曼！噢，多蘿西！眞愜意！」戈蒂埃寫道，他像所有法國浪漫主義者一樣崇尚日耳曼。「難道人們沒有聽到從遠處傳來的驛站馬車夫的號角聲嗎？」[10])無論如何，中世紀遺風是日耳曼浪漫主義當中最具分量的組成部分，並且以浪漫主義的歌劇或芭蕾舞劇(韋伯的《魔彈射手》或《吉賽兒》)、格林(Grimm)童話、歷史理論，或以諸如柯立芝、卡萊爾等受日耳曼鼓舞之作家的著作形式，從日耳曼向外傳播。然而，中世紀遺風以更普遍的形式，即哥德式建築的復興，成爲各地保守派，尤其是宗教反資產階級派的象徵。夏多布里昂在其《基督教的眞諦》(*Génie du Christianisme*)一書中宣揚哥德風格，反對革命；英國國教會的擁護者偏愛哥德風格，反對理性主義者和非國教徒，因爲後者的建築物仍是古典風格；建築學家普金(Pugin)和一八三〇年代極端反動的「牛津運動」，就是十足的哥德風格派。同時從霧靄茫茫的蘇格蘭偏僻地區——一個歷史悠久的國度，能凝結出如莪相(Ossian)詩篇般的古代夢想——保守的史考特也在其歷史小說中，爲歐洲提供了另一類中世紀圖景。其小說中的最佳作品，其實涉及相當近的幾個歷史時期，這一事實被許多人忽略了。

一八一五年以後，反動政府試圖把這種占優勢的中世紀遺風，轉變爲對專制主義的蹩腳辯護；除保守的中世紀遺風之外，左翼的中世紀遺風是無關緊要的。在英格蘭，它主要是作爲人民激進運動的一種潮流而存在，這種潮流傾向於將宗教改革之前的那個時期，看成是勞動者的黃金時代，並將宗教改革看成走向資本主義的第一個重大步驟。在法國，它卻重要得多，因爲在那裏，它的重心不在封建統治集團和天主教階層，而是在永恆不朽的、受苦受難的、騷動不安的、富有創造性的**人民**：法蘭西民族總是不斷重申其特徵和使命。詩人和歷史學家米歇萊，是尊奉中世紀傳統的革命民主主義者中最偉大的一個；雨果《鐘樓怪人》中的駝子，就是這種先入之見的最著名產物。

與中世紀遺風密切相關的——尤其是透過它對神祕的宗教虔信傳統的關注——是追尋東方非理性智慧中所蘊含的那種更古老、更深奧的神祕源泉：浪漫而又保守的忽必烈王朝或婆羅門王國。公認的梵文發現者瓊斯爵士(Sir William Jones)，是一位正直的惠格派激進分子，他像一位開明士紳應當做的那樣，爲美國和法國的大革命歡呼；但大多數研究東方的業餘愛好者和模擬波斯詩歌的作者——現代東方主義大部分源自他們的熱情——則具有反雅各賓傾向。頗爲特別的是，他們的精神目標是婆羅門教的印度，而不是已吸引十八世紀啓蒙運動對異國情調的想像及非宗教而理性的中華帝國。

4

對已然遠去的初民和諧的夢想，有著更加悠久、更加複雜的歷史。無論其形式是共產主義的黃金時代、「男耕女織」、尚未被諾曼人征服奴役的盎格魯撒克遜自由時代，還是暴露了腐敗社會瑕疵的高尚野蠻，它始終是勢不可擋的革命夢想。因此，除了純粹作爲逃避資產階級社會的地方（如戈蒂埃，和一八三〇年代於西班牙一次旅遊中發現了高尚野蠻人的梅里美〔Mérimée〕的異國情調），或因歷史連續性使原始的某些東西成爲保守主義榜樣的地方以外，浪漫主義的尙古風使它更容易與左翼的反叛相契合。這就是值得注意的「鄉民」(the folk)說。風格各異的浪漫主義者，都接受「鄉民」係指前工業化時期的農民或工匠，他們是純潔美德的榜樣。重返那種純樸和美德，是華滋華斯撰寫《抒情歌謠集》的目標；作品能被吸收到民歌和童話大全中，是許多條頓詩人和作曲家的志向（已有幾位藝術家成功）。蒐集民歌、出版古代史詩、編纂現存語言詞典的廣泛運動，也與浪漫主義密切相關，「民俗學」(Folklore)一詞就是這個時期的創造物（一八四六）。史考特的《蘇格蘭邊區歌謠集》(*Minstrelsy of the ScottishBorder*, 1803)、阿爾寧(Arnim)和布崙塔諾(Brentano)的《兒童的神奇號角》(*Des Knaben Wunderhorn*, 1806)、格林的《童話集》(*Fairy Tales*, 1812)、穆爾(Moore)的《愛爾蘭歌曲集》(*Irish Melodies*, 1807-34)、多布羅夫斯基(Dobrovsky)的《波希米亞語言史》(*Historyof the Bohemian Language*, 1818)、卡拉季奇(Vuk Karajic)的塞爾維亞語詞典（一八一八）和塞爾維亞民歌（一八二三—三三）、瑞典泰格奈爾(Tegnér)的《福瑞特約夫的傳說》(*Frithjofs-saga*)、芬蘭蘭羅特(Lönnrot)的《卡勒瓦拉》(*Kalevala*)、格林的《德國神話》(*German Mythology*, 1835)、阿斯布約恩森(Asbjörnson)和穆氏(Moe)的《挪威民間故事集》(*Norwegian Folk Tales*, 1842-71)，這麼多的不朽巨著都是這一運動的成就。

「鄉民」可能會是一個革命的概念，尤其在即將發現或重申其民族特性的被壓迫民族當中，特別是那些缺少一個本土中產階級或貴族階級的民族中間。在那些地區，第一部詞典、第一部語法或第一部民歌集，都是具有重大政治意義的事件，都可算是第一部獨立宣言。另一方面，對那些由民間純樸美德所打造出的滿足、無知且虔誠的百姓，對那些信賴教皇、國王或沙皇智慧的人來說，國內的尚古崇拜，爲他們提供一種保守的解釋。（我們怎麼能將這一時期以民間舞蹈爲基礎的交際舞，如華爾滋、馬祖卡舞〔mazurka〕和肖提西舞〔schottische〕的流行，解釋成單純的品味問題。它當然是一種浪漫主義的時尚。）「鄉民」代表了資產階級社會每天正在摧毀的天真、神話和悠久傳統的結合。資本主義者和理性主義者是國王、鄉紳和農民的敵人，爲反對這些敵人，他們必須維持神聖同盟。

素樸的初民存在於每個鄉村，但在原始共產社會的黃金年代假想中，它是一個更具革命性的概念，並表現在海外那些自由高貴的野蠻人身上，尤其是紅種印第安人。從將自由社會人視爲理想的盧梭到各類社會主義者，原始社會始終是一種烏托邦的模式。馬克思的歷史三階段劃分法——原始共產社會、階級社會、更高層次的共產主義——回應了這個傳統，儘管已加以改造。原始風格的理想並非特別浪漫主義的。事實上，它的某些最熱情的倡導者，就存在於十八世紀啓蒙運動的傳統之中。浪漫主義的探索將其探險者帶入阿拉伯和北非的大沙漠，置身德拉克洛瓦和弗羅芒坦(Fromentin)的武士和宮女之中，與拜倫一起穿越地中海世界，或與萊蒙托夫(Lermontov)一起到高加索——在那裏,化身哥薩克人的自然人在峽谷和瀑布之中,與化身爲部落民的自然人作戰——而不是將他們帶至大溪地(Tahiti)純樸、充滿性愛的烏托邦社會。但浪漫主義也將其探險者帶到美洲，該地的原始人進行著注定失敗的戰鬥，這種形勢使他們更接近浪漫主義者的心緒。奧匈帝國的萊瑙

(Lenau)，在其印第安詩篇中對紅種人的被驅趕大聲抗議；如果這個馬希坎人(Mohican)不是他部落的最後一人，他能在歐洲文化中成爲一個相當有影響力的標誌嗎？高尚野蠻人對美國浪漫主義的影響力自然比歐洲重要得多——梅爾維爾的《白鯨記》(*Moby Dick*, 1851)是他最偉大的不朽著作——但庫珀以其《皮襪子故事集》(*Leatherstocking*)傾倒了舊世界，而保守派夏多布里昂的納奇茲印第安人(Natchez)，卻從來沒有做到這點。

中世紀、鄉民和高尚野蠻人都是牢固於過去的理想。只有經由革命，「民族的春天」才能指向未來，而即便是最嚴重的烏托邦社會主義者也會發現，爲沒有先例的東西尋求先例是令人鼓舞的。在浪漫主義第二代之前，要爲沒有先例的東西尋找先例並非輕而易舉的事，第二代浪漫主義產生了一批批年輕人，對他們來說，法國大革命和拿破崙是歷史事實而不是他們自傳中痛苦的一章。一七八九年幾乎已受到每個藝術家和知識分子的喝采，但儘管有些人能在革命、恐怖、資產階級腐敗和帝國的整個時期當中，一直保持他們的熱情，但他們的夢想已不是一個教人暢快或容易傳播的夢想了。甚至在英國，布萊克、華滋華斯、柯立芝、騷塞、坎貝爾(Campbell)和黑茲利特等第一代浪漫主義者全都是雅各賓派，到一八〇五年時，他們的幻想已經破滅，新保守主義已占優勢。在法國和日耳曼，「浪漫主義者」一詞可說是一七九〇年代後期保守的反資產階級分子(往往是幻想破滅的前左翼分子)所創造出來的反革命口號，這可以說明何以在這些國家當中，許多按現代標準應被看作明顯的浪漫主義者的思想家和藝術家，傳統上卻被排除在這個類別之外。然而，到拿破崙戰爭的後幾年，新一代的年輕人開始成長，對他們來說，經過年代的滌洗，他們眼中只看得到大革命的偉大解放之火，其過火行動和腐敗灰燼都已從視線中消失了；而在拿破崙遭流放後，甚至像他那種冷漠無情的人物，也都成爲半神話的長生鳥和解放者。隨著歐洲年復一年向前推進，它越來越陷入到反動、審查制度和平庸而毫無特色的低窪曠野，以及貧窮、不幸和壓迫的死亡沼澤之中，然而解放革命的印象卻愈來愈光輝燦爛。

因此，英國第二代浪漫主義者——拜倫，不參加政治活動的同路人濟慈，特別是雪萊那一代人——是最早將浪漫主義和積極革命原則相結合的人。第一代浪漫主義者對法國大革命的絕望，已被本國資本主義改造過程中的明顯恐怖沖淡不少。在歐陸，浪漫主義藝術和革命的結合，在一八二〇年代已初見端倪，但要到法國一八三〇年革命之後才充分發揮作用。同樣眞實的是，也許所謂的革命浪漫幻象和革命者的浪漫風格，已由德拉克洛瓦的《自由領導人民》做了最貼切的表達。在這幅畫中，蓄著鬍鬚和戴著高頂黑色大禮帽的乖戾年輕人、穿著敞胸襯衫的工人們、髮絲在帽下飄拂的人民權利捍衛者，在三色旗和佛里幾亞呢帽的包圍中，再現了一七九三年的革命——不是一七八九年的溫和革命，而是共和二年的革命盛況——將它的戰場設在歐陸的每個城市中。

大家公認，浪漫主義革命者並不是全新的產物。他的直系前輩和開路先鋒，是義大利風格的共濟會革命祕密社團——燒炭黨人和支持希臘獨立的成員，這些人直接受到在世的老雅各賓派成員或像布納羅蒂這樣的巴貝夫主義者的鼓舞。這是復辟時期典型的革命鬥爭，所有身著近衛團或輕騎兵制服的精力充沛的年輕人，把歌劇、社交聚會、與公爵夫人的幽會，或高度儀式化的社團集會暫時擱在一邊，而去發動一場軍事政變或使自己成爲戰鬥民族的領袖，事實上這就是拜倫的模式。可是，這種革命方式不僅更加直接地受到十八世紀思維方式的啓發，且一般說來或許比後者更加排外，它仍然缺乏一八三〇至四八年浪漫主義革命幻象的關鍵因素：街壘、民眾、新興且鋌而走險的無產者；杜米埃的石版畫《特朗斯諾奈大街的屠殺》（*Massacre in the Rue Transnonain*, 1834），以那位難以名狀的勞動者的屠殺事件，爲浪漫主義畫廊增添了這個因素。

浪漫主義與一場更新且更激進的法國革命幻象結合的最顯著後果，是一八三〇至四八年間政治藝術的壓倒性勝利。幾乎沒有過這樣一個時期，在那個時期，即使最不具「意識形態」的藝術家，也都普遍隸屬某個黨派，並將爲政治服務作爲他們的首要責任。雨果《愛爾那尼》（*Hernani*）一劇的序言，是篇極具反叛性的宣言（一八三〇），他在其中高呼：「浪漫主義是文學中的自由主義。」⑪詩人繆塞的天才——就像作曲家蕭邦和奧匈帝國的內省詩人萊瑙的天賦一樣——表達得是個人而不是公眾的聲音，他寫道：「作家有一種在序言中談論未來，談論社會進步、人性和文明的偏好。」⑫有些藝術家甚至變成政治人物，而這種現象不僅出現在那些受到民族解放激盪的國家之中，那些國家的所有藝術家都很容易被奉爲民族先知或象徵：音樂家中的蕭邦、李斯特，甚至義大利年輕的威爾第；在波蘭、匈牙利和義大利詩人中分別有密茨凱維奇、裴多菲和曼佐尼。畫家杜米埃的主要工作是政治漫畫家，性情暴躁的神童布希納是積極的革命者，海涅是極左派中態度曖昧但具影響力的代言人，他是馬克思私交甚篤的朋友。（應當指出，這是一個罕見的時期，當時詩人們不僅同情極左派，而且還寫既美妙又可用於宣傳鼓動的詩篇。在一八四〇年代日耳曼社會主義詩人中的一批傑出人物——赫爾韋格（Herwegh）、韋爾特（Weerth）、弗賴利格拉特（Freiligrath），當然還有海涅——特別值得一提，儘管雪萊爲回擊

「彼得盧大屠殺」而寫的一首詩〈安其那假面〉〔一八二〇〕，也許是這類詩中最強有力的一篇。）文學和新聞的攜手，在法國、日耳曼和義大利最爲明顯。在別的時代，像法國的拉梅內或米歇萊，英國的卡萊爾或羅斯金（Ruskin）之類的人物，可能被視爲一位對公共事務具有看法的詩人或小說家；但在這個時代，他們卻成爲具詩人靈感的政治家、預言家、哲學家或歷史學家。就此而言，隨著馬克思的青年才智一起迸發出來詩人文采，不論在哲學家或經濟學家當中都是極少見的。甚至溫文爾雅的丁尼生（Tennyson）和其劍橋大學的朋友們，也對奔赴西班牙支援自由派反對教權主義的國際縱隊，給予精神上的支持。

在這個時期發展成形且占優勢的獨特美學理論，認可了藝術和承擔社會義務的一體性。一方面是法國的聖西門主義者，另一方面是一八四〇年代才華橫溢的俄國革命知識分子，他們甚至發展出日後成爲馬克思運動準則的思想觀點，這些觀點聚合在諸如「社會寫實主義」等名稱之下⓭，這個崇高而又不可抗拒的成功理想，即來源於雅各賓主義的嚴肅美德，也來源於浪漫主義對精神力量的信念，是這種信念使雪萊將詩人形容成「未被承認的世界立法者」。「爲藝術而藝術」儘管已經由保守主義者或藝術上的半吊子明確闡述過，但仍無法與爲人類而藝術、爲民族而藝術或爲無產者而藝術的立場相抗衡。直到一八四八年的革命摧毀了人類偉大再生的浪漫希望，獨立的唯美主義才得以盛行。像波特萊爾（Baudelaire）和福樓拜（Flaubert）這樣的一八四〇年代人物的發展，正可以說明這種政治上和美學上的轉變，福樓拜的《情感教育》（*Sentimental Education*）仍然是這方面最好的文字記錄。只有在像俄國這樣的國家中，沒出現過一八四八年的幻滅（那僅是因爲它未發生過一八四八年革命），藝術一如既往地承擔著社會義務，或像以前一樣專注於社會事務。

5

無論在藝術上還是在生活中，浪漫主義都是雙元革命時期最典型的時尚，但絕非唯一的時尚。事實上，由於它既不能統領貴族文化，又無法涵括中產階級文化，更不用說勞動貧民的文化了，因而它在數量上的實際重要性是相當小的。依靠富有階級贊助或有力支持的藝術門類，其所能容忍的浪漫主義是那種意識形態特徵最不明顯的形式，比如音樂。而建立在需要貧民支持之上的藝術門類，則幾乎都對浪漫派藝術家提不起很大的興趣，儘管事實上貧民階層的娛樂形式——廉價的驚險小說、單面印刷品、馬戲演出、餘興表演、流動劇團及諸如此類的藝術形式——已成爲浪漫派的靈感泉源；反之，通俗表演者也從浪漫派的倉庫裏借來適當的道具，以充實自己激發情感的看家本領——場景轉換、精靈神話、殺人犯的臨終遺言、強盜等等。

貴族社會固有的生活和藝術風格根植於十八世紀，然而新貴的加入使它們在極大的程度上世俗化了，在此特別需要指出的，是以醜陋不堪及矯揉造做爲特徵的拿破崙帝國時期的風格，以及英國攝政王時期的風格。將十八世紀和後拿破崙時期的制服式樣進行對比，會使這一點一目了然，這種藝術形式最能直接體現負責設計的軍官和紳士階層的品味。大不列顛戰無不勝的霸權地位，使得英國貴族成爲超越國界的貴族文化典範，或更貼切的非文化典範；因爲那些「紈袴子弟」——鬍子刮得精光，冷漠無情，容光煥發——的興趣通常不脫跑馬、玩狗、馬車、職業拳擊、娛樂嬉戲、紳士般的放蕩不羈以及關注自身。這種英雄般的極端主義甚至喚起了。浪漫派的激情，因爲他們也幻想趕上這種時髦，不過它主要激起的還是那些社會地位較低的年輕小姐的熱情，使她們沉緬於夢想之中（正如戈蒂埃所描述的）：

在她的夢想之中，愛德華爵士是個儀表堂堂的英國男人。這個英國人剛剛刮過鬍子，面色紅潤，容光煥發，精心修飾，身上一塵不染，戴著一條相當考究的白色領帶，穿著防水服和雨衣，迎著黎明的第一縷陽光。這樣的他難道不是文明的頂峯嗎？……我將擁有英格蘭的銀器，她想道，還有韋奇伍德的陶瓷。整幢房子都鋪上地毯，還有假髮撲粉的男僕，我將坐在丈夫身旁，駕著四乘馬車穿越海德公園兜風……馴服的梅花鹿在我們鄉間別墅的綠草坪上嬉戲，也許還有幾個金髮碧眼的孩子。孩子們坐在大四輪馬車前面的座位上，看上去舒服極了，旁邊還跟著一隻純種的查理國王長毛犬……⑭

這也許是一個鼓舞人心的景象，但不具浪漫主義色彩，倒有點像國王或皇帝陛下們駕臨歌劇院或舞會，雖然滿身珠光寶氣，但仍一派出身高貴、舉止殷勤、姿態優美的樣子。

中產階級和下層中產階級文化不再是浪漫主義的。它的基調是節制與樸素。只有在大金融家和投機商或第一代工業大亨之中，十九世紀後半期盛極一時的仿巴洛克風格才開始得以出現，因爲他們從未或不再需要將大量的利潤重新投入到買賣當中；而且仿巴洛克風格只出現在少數幾個舊君主或貴族階級不再完全主宰「社會」的國家裏。羅思柴爾德家族本身就是金融大王，已經顯示出如王侯般的顯赫⓯。然而普通的資產階級就不是這樣。在英國、美國、日耳曼及新教派的法國，清教主義、福音派新教或天主教的虔敬主義，鼓勵著節制、儉樸、適度的禁欲主義以及無與倫比的道德自我滿足；十八世紀的啓蒙思想和共濟會綱領的道德傳統，促進了思想的進一步解放及反宗教的進程。除了追求利益和有條不紊，中產階級過著壓抑情感和故意限制範圍的生活。歐陸的中產階級當中，有很大一部分人根本不做買賣，而是在政府部門供職，有的做官，當教師、教授，有的擔任牧師，他們甚至缺少資本積累的擴張領域；地方上省吃儉用的資產階級也是如此，他們知道他們所能達到的極限只不過是一座小城鎮的財富，以他那個時代的實際財富和權力標準來衡量，這筆財富不會給人多麼深刻的印象。事實上，中產階級的生活是「非浪漫主義的」，其生活方式主要仍受十八世紀流行時尙的影響。

這一點在中產階級家庭中表現得最爲明顯，家庭畢竟是中產階級文化的中心。後拿破崙時代資產階級的房屋及街道建築風格，直接源於、並往往直接沿襲自十八世紀的古典主義或洛可可風格。在英國，喬治時代晚期的建築一直保留至一八四〇年代。在其他國家，建築風格的突破（主要是來自對「文藝復興」災難性的重新發掘）來得更晚些。內部裝飾和家居生活的流行風格，可在日耳曼找到最完美的表達，此即「比德邁風格」（Biedermayer）。那是一種家庭古典主義，因情感的親近和純潔的夢境而令人感到溫暖，其中有些因素要歸因於浪漫主義——更確切地說是十八世紀末期的前浪漫主義色彩——但它的典型場景則濃縮為：儉樸謙恭的資產階級在星期天下午於起居室裏表演四重奏的景象。比德邁風格創造出一種最美麗、最適合居住的家具陳設風格。樸素的純白色窗簾襯托下的粗糙牆壁，不鋪地毯的地板，堅固而又相當精緻的椅子和書桌、鋼琴、大理石櫥櫃、插滿鮮花的花瓶，但它主要仍是一種晚期古典主義風格。或許歌德在威瑪的住宅是最貴族化的例子。這種風格或類似的風格，構成了下列人物的居家場景：珍・奧斯汀小說中的女主人翁、結合了嚴峻與享樂的克拉珀姆敎派(Clapham Sect)、傲慢的波士頓資產階級，或者《辯論報》的法國地方讀者。

浪漫主義進入中產階級文化最可能的途徑，也許就是透過資產階級家庭的女性成員日益沉緬的白日夢。顯示她們在百無聊賴的閒暇之中仍具有自食其力的能力，是她們的主要社會職能之一，一種被珍惜的屈從是她們的理想命運。不管怎樣，資產階級少女，如同非資產階級少女一般，就像反浪漫主義畫家安格爾筆下那些後宮女奴和仙女一樣，只不過把背景從浪漫主義換成資產世界，她們一窩蜂地仿效同樣的柔弱、蛋形臉、光滑鬈髮的風格，披肩上插著嬌嫩的花朵，頭戴頗具一八四〇年代時尚的無邊女帽。她們遠非蹺伏的母獅，哥雅筆下的阿爾巴公爵夫人，或者法國大革命期間以一襲白衣穿梭在沙龍之中的新型希臘解放少女，或如列文小姐(Lady Lieven)及哈麗葉・威爾遜這類攝政時期的沉靜少女或高級妓女，她們既不屬於資產階級世界，也不具浪漫主義風格。

資產階級少女或許會演奏蕭邦或舒曼的浪漫風格的室內樂作品。比德邁風格或許會鼓勵一種浪漫主義的抒情風格，如艾興多夫或默里克的作品，在其作品中，無限的激情轉化成思鄉之情，或消極的渴望。甚至積極活躍的企業家在商務旅行之時，也會把一條山間隘口視為「我所看過的最浪漫景色」而驚羨不已，在家裏則以素描「烏多爾弗的城堡」(The Castle of Udolpho)爲消遣；或者如利物浦的克拉格(John Cragg)，既是「一個具有藝術品味的人」，又是一個鑄鐵匠，「將鑄鐵引入哥德式建築之中」[16]。但從總體上來看，資產階級文化並非浪漫主義的。正是科技進步的活躍，阻礙了正統浪漫主義的產生，至少在工業發達中心是如此。像蒸汽鎚發明者內史密斯那樣的人物，光憑他是一位雅各賓派畫家(「蘇格蘭風景畫之父」)的兒子，他就絕稱不上是個野蠻人。他是在藝術家和知識分子群中長大成人，熱愛自然景色和古代藝術，並受過所有有教養的蘇格蘭人所接受的廣泛教育。況且有什麼比畫家的兒子成爲機械師更爲自然，或者還有別的什麼東西比在年幼時同父親一起步行參觀得文郡鐵工廠使他更感興趣的呢？對他來說，如同他成長過程中所接觸的那些十八世紀彬彬有禮的愛丁堡居民一樣，事物是崇高的，但並非不合理的。盧昂市僅存「一座壯麗的大教堂和聖沃昂(St. Ouen)教堂，它們以其無與倫比的精美，和那些優雅的哥德式建築遺址，共同點綴著這個有趣而美麗的城市」。雖然景致如此壯麗，然而他在這段熱情洋溢的假期中，仍忍不住指出，那是漫不經心的產物。美是光彩照人的，但可以肯定的是，現代建築的問題就出在「建築物的**用途**……被視爲次要的考慮」。他寫道：「我戀戀不捨地離開比薩，但這座大教堂最令我感興趣之處，是懸掛在中殿頂端的兩盞青銅燈，伽利略的鐘擺原理便是從中得到啓發。」[17]這類人既非野蠻人，亦非平庸之輩，但他們的眼界接近伏爾泰或韋奇伍德，而不是羅斯金。當偉大的工具製造者莫茲利(Henry Maudsley)旅居柏林之時，和自由派科學家之王洪堡及新古典主義建築師辛克爾在一起的感覺，無疑要比和偉大卻難以捉摸的黑格爾待在一起自在得多。

無論如何，在先進的資產階級社會中心，藝術的地位整體而言是次於科學。受過良好教育的英美工廠主人或工程師，他們或許會欣賞藝術，特別是在全家休息的時刻和假日，但他真正的文化關懷仍是推動知識的傳播與進步——就他個人來說，這種活動是在「英國科學促進協會」這類組織中進行，對於大眾而言，則是透過「實用知識普及協會」(Society for the Diffusion of Useful Knowledge)及類似的組織來實現。最具代表性的是，十八世紀啓蒙運動的典型產物「百科全書」空前繁榮起來，它仍舊保留著相當多富有戰鬥性的政治自由主義成分(如日耳曼著名的《邁耶百科全書》〔*Meyer's Conversations Lexicon*〕是一八三〇年代的產物)。拜倫透過寫詩賺了一大筆錢，但是出版商康斯特布爾(A. Constable)在一八一二年付給斯圖爾特(Dugald Stewart)一千英鎊，僅因爲他爲《大英百科全書》補遺卷寫了一篇題爲「論哲學的進步」的序言⑱。資產階級即便在具有浪漫主義特徵的時候，其夢想仍是科學技術：受到聖西門鼓舞的年輕人，變成了蘇伊士運河、連接全球各個角落的巨大鐵路網，及貪得無厭地聚斂財富的籌劃者，這顯然大大超過了以冷靜理智著稱的羅思柴爾德家族的合理投資範圍，他們只知道循規蹈矩地透過小筆投機的劇增來積累大量財富⑲。科學與技術是資產階級的繆斯，它們在倫敦尤斯頓(Euston)火車站莊嚴的新古典主義門廊(可惜已毀)上，歡慶自己的勝利——鐵路的誕生。

6

同時，在知識階層之外，大眾文化繼續存在。在城市及工業區外的世界，文化上的變化微乎其微。一八四〇年代的歌曲、節日、服飾、大眾裝飾藝術的圖案、顏色、風俗的格調，在在都保留了一七八九年的主體風格。工業及日益發展的城市開始摧毀這一切。沒有人能以原本居住在村莊裏的方式居住在工廠城鎮之中，整個文化的複雜體系，必然隨著將其凝聚且定型的社會結構的解體而崩潰。人們犁地時唱歌，不犁地時就唱不出來；如果還唱得出來，也不再是一首民歌，而是別的歌曲。移民的思鄉之情，使古老的風俗和民歌能夠在背井離鄉的城市之中繼續保留，甚至還增強了其魅力，因為它們能減輕流離失所之苦。但在城市及工廠之外，雙元革命僅僅改變了，更確切地說，是破壞了古老鄉村生活的僅存殘餘，特別是在愛爾蘭和不列顛的某些地區，古老的生活方式已到了不可能再存在下去的地步。

實際上，即使是工業社會的變革，在一八四〇年代之前，距離完全破壞古老文化的程度還很遠；不僅如此，在西歐，手工業與製造業已並存了幾個世紀，進而發展出一種半工業文化模式。在鄉下，礦工和織布工人用傳統的民歌表達他們的願望與不滿，工業革命不過是增加了他們的人數，使他們的感受變得更加敏銳。工廠不需要勞動歌謠，但是各種伴隨經濟發展的活動需要歌曲，並且以古老的方式加以發展：大帆船上的水手所唱的起錨歌，就屬於十九世紀前半期「工業」民歌黃金時代的作品，類似的還有格陵蘭島捕鯨人的歌謠、煤礦主人和礦工妻子之歌，以及紡織工人的怨歌[20]。在前工業時代的城鎮，手工業工人及家庭代工發展出一種強烈的識字掃盲文化，新教各派與雅各賓的激進主義，在此互相結合或彼此競爭，以激勵自我教育。兩派的代表人物分別是班揚(Bunyan)、喀爾文和潘恩、歐文。在圖書館、小教堂、學院，以及工匠「幻想家」用以培育花卉、犬狗及鴿子的花園或鳥園裏，充滿了這類具有技藝的自力戰鬥團體，英格蘭的諾威治不僅以其無神論的共和精神聞名，而且還因金絲雀而聞名。(「還有一所古老的房子矗立在那裏，禁受著種種風風雨雨，」霍納〔Francis Horner〕一八七九年寫道，「在城鎮的僻靜之處，過去曾有花園——往往是屬於花商的。在一扇出奇狹長明亮的窗戶邊，有一個手織工在織布機後面工作，他能將窗外的花朵和他的織物同時盡收眼底——他將勞動與快樂融爲一體……然而工廠取代了他耐磨的織布機，磚瓦建築吞噬了他的花園。」[21])但是古老民歌對工業化生活的適應，未能(在美國除外)承受住火車及鋼鐵時代的衝擊，因此沒有倖存下來，而古老的技藝工人就像由古老的亞麻紡織工人組成的鄧弗姆林區那般，同樣捱不過工廠和機器的發展。一八四〇年後他們紛紛凋敝。

至此爲止，還沒有什麼東西能大量代替古老文化。比如在英國，純工業化生活的新模式，直到一八七〇至八〇年代才充分顯現出來。因此，從古老的傳統生活方式發生危機到被完全取代的那段期間，在許多方面都可說是這個勞動貧民的悲慘世紀當中最黯淡的時期。無論在大城市還是小社區，都沒有發展出我們這個時代的大眾文化模式。

的確，大城市特別是首府，已經擁有用來滿足窮人或者「小人物」文化需求的重要機構，儘管常常——足夠典型地——也是爲了滿足貴族階級的文化需求。然而，這些包含在十八世紀發展主流之中的機構，它們對大眾藝術演進所做的貢獻卻常常被忽視。維也納郊區的大眾劇院、義大利城市中的方言劇院、通俗歌劇（不同於宮廷歌劇）、即興喜劇、巡迴演出的滑稽劇、拳擊、賽跑，或者西班牙鬥牛（它的原始形式具有騎士風範，主鬥牛士騎在馬上；徒步格殺公牛的創新規則，一般認爲是始於十八世紀倫達〔Ronda〕的一個木匠）等通俗表演形式，都是十八世紀的產物；附有插圖的單面印刷品和小本故事書的出現或許還更早些。大城市中眞正的都會娛樂新形式，是小旅館或小酒店的副產品，它們日益成爲勞動貧民在其社會瓦解過程中，尋得世俗慰藉的泉源，日益成爲習俗與傳統儀禮的最後城堡，並因技工行會、工會和儀式化的「互濟會」的存在，而得以保存和加強。「音樂廳」和舞廳脫胎於小酒館，但在一八四八年前，它們還未大量湧現，即使在英國也是如此，儘管在一八三〇年代已初露端倪㉒。大城市娛樂的其他新形式則起源於市集，經常都會伴隨著走方賣藝者的演出。在大城市中，這些形式永久固定下來，即使是一八四〇年代，在某些大街上，雜耍、戲劇、沿街叫賣的小販、扒手和街頭推車小販仍混雜在一起，爲巴黎的浪漫派知識分子提供了靈感，也爲大眾提供了娛樂。

大眾品味也決定了那些爲因應窮人市場而生產的工業商品，它們幾乎都不帶有個性化的形式與包裝：紀念英國國會改革法案通過的罐子；橫跨威爾河（Wear）的大鐵橋，或航行在大西洋上的壯觀三桅船；充滿著革命激情、愛國主義或臭名昭彰罪行的通俗印刷品；還有城市貧民買得起的少量家具和衣服。但是，總的看來，城市，特別是新興工業城市，還是一個貧瘠可怕的地方，其爲數不多的福利設施——開闊的空間和假期——逐漸因有損市容的建築物、毒害生靈的煙霧，以永無停頓的強制勞動而減弱，運氣好的話，偶爾可拜中產階級嚴守安息日的習慣而得以加強。只有在主要街道上隨處可見的新煤氣燈和櫥窗裏陳列的商品，才爲現代城鎮的夜晚先行塗上了一抹斑斕色彩。但是，現代大城市和現代城市的大眾生活方式，要到十九世紀後半期才得以產生。首先是破壞占上風，即或在最好的情況下，這種破壞也只是略受限制。

註釋

❶ S. Laing, *Notes of a Traveller on the Social and Political State of France, Prussia, Switzerland, Italy and other parts of Europe, 1842* (1854 ed.), p. 275.

❷ *Oeuvres Complètes,* XIV, p. 17.

❸ H. E. Hugo, *The Portable Romantic Reader* (1957), p. 58.

❹ Fragmente Vermischten Inhalts. Novalis, *Schriften* (Jena 1923), III, pp. 45–6.

❺ From *The Philosophy of Fine Art* (London 1920), V. I., pp. 106f.

❻ E. C. Batho, *The Later Wordsworth* (1933), p. 227, see also pp. 46–7, 197–9.

❼ Mario Praz, *The Romantic Agony* (Oxford 1933).

❽ L. Chevalier, *Classes Laborieuses et Classes Dangereuses à Paris dans la première moitié du XIX siecle* (Paris 1958).

❾ Ricarda Huch, *Die Romantik*, I, p. 70.

⑩P. Jourda, *L'exotisme dans la littérature française depuis Chateaubriand* (1939), p. 79.

⑪V. Hugo, *Oeuvres Complètes,* XV, p. 2.

⑫*Oeuvres Complétes*, IX (Paris 1879), p. 212.

⑬Cf. M. Thibert, *Le rôle social de l'art d'après les Saint-Simoniens* (Paris n.d.).

⑭P. Jourda, *op. cit*., pp. 55-6.

⑮M. Capefigue, *Histoire des Grandes Opérations Financières,* IV, pp. 253-3.

⑯*James Nasmyth, Engineer, An Autobiography*, ed. Samuel Smiles (1897 end.), p. 177.

⑰Ibid., pp. 243, 246, 251.

⑱E. Halévy, *History of the English People in the Nineteenth Century* (paperback ed.), I, p. 509.

⑲D. S. Landes, "Vieille Banque et Banque Nouvelle", *Revue d'Histoire Moderne et Contemporaine,* III (1956), p. 205.

⑳Cf. the long-playing records *'Shuttle and Cage' Industrial Folk Ballads* (10T 13), *Row, Bullies, Row* (T7) and *The Blackball Line* (T8), all on Topic, London.

㉑Quoted in G. Taylor, "Nineteenth Century Florists and their Flowers" (*The Listener* 23.6.1949). 擅織精細圖案的毛紡織工人是特別狂熱且嚴格的花藝者，他們認爲只有八種花卉值得培育。諾丁漢的蕾絲織工喜歡種植玫瑰，在那時，玫瑰不像蜀葵，還沒成爲工藝者的招牌花。

㉒Select Committee on Drunkenness (Parl. Paper VIII, 1834), Q571. 一八五二年時，曼徹斯特計有二十八家酒吧，二十一家啤酒屋提供音樂表演(全自治市三十萬三千名人口中，共有超過四百八十一家酒吧和一千二百九十八家啤酒屋)。John T. Baylee, *Statistics and Facts in reference to the Lord's Day* (London 1852), p.20.

第十五章 科學

我們絕不要忘記，早在我們之前很久，科學和哲學便已進行了反暴君的鬥爭。其持續不斷的努力造成了這場革命。作爲一個自由且知恩圖報之人，我們應當讓二者在我們當中扎下根來，並永久地珍愛之。因爲科學和哲學將維護我們贏得的自由。

——國民公會議員❶

歌德說：「科學的問題，常常是使人發跡的問題，一項發現就可以使一個人一舉成名，並爲他奠下成爲公民的財富基礎……每一種新觀察到的現象就是一項發現，每一項發現都是財產。只要涉及到財產，他的熱情便會立刻被激發起來。」

——歌德與埃克曼談話錄，

一八二三年十二月二十一日

1

將藝術和科學類比總是危險的，因爲藝術和科學各自與它們昌盛於其中的社會之關係大爲不同。然而，科學也以它們的方式反映了這兩種革命。部分是由於革命造成了對科學的特殊新需求；部分是由於革命爲科學開闢了新的可能性，並爲它帶來新問題；部分是由於革命存在的本身提出了新的思維模式。我並不想說，一七八九至一八四八年間的科學發展，能純粹從其周圍的社會運動角度來加以分析。大多數的人類活動都有其內在邏輯，它至少部分決定了這些活動。一八四六年發現海王星一事，並不是由於天文學之外的任何事物推動了這一發現，而是由於一八二一年布瓦德(Bouvard)的圖表顯示，一七八一年發現的天王星其軌道出乎意料的偏離計算數據；由於一八三〇年代後期，這種偏離已大到足以假定是由於某種未知的天體干擾所造成的；也由於眾多天文學家開始著手計算這一天體的位置。然而，甚至最狂熱信奉純科學之純潔性的人也體認到，只要科學家、甚至最遠離塵世的數學家，生活在一個比其專業更爲廣闊的世界的話，那麼，科學思想至少會受到學科專門領域之外的事物所影響。科學的進步並不是簡單的線性前進，每一個階段都解決了前此隱含或明顯存在的那些問題，並接著提出新問題。科學的進步也得益於新問題的提出、對舊問題的新看法、處理或解決舊問題的新方法、科學研究的全新領域，或研究的新理論和實踐工具的新發現。在此，外在因素便有著廣大的空間可對科學思想發揮激勵或形塑作用。如果說事實上，我們這個時代的大多數科學都是依單純的線性路徑前進，就像基本上仍處於牛頓體系之內的天文學那般，那麼，這一點可能並不非常重要。但是，如同我們即將看到的那樣，本書所論時期是一個在某些思想領域(如數學領域)裏有著全新發展的時期，一個蟄眠的科學紛紛甦醒(如化學領域)的時期，一個實際上創造了新科學(如地理學)的時期，一個將革命新觀念注入到其他科學之中(如社會科學和生物科學)的時期。

在所有造成科學發展的外在力量之中，政府或工業對科學家的直接要求是最不重要的。法國大革命動員了他們，讓幾何學家兼工程師卡諾負責雅各賓的戰爭工程，讓數學家兼物理學家蒙日(Monge，一七九二至九三年任海軍部長)以及一個數學家和化學家小組負責戰時生產，就像它早先曾請化學家兼經濟學家拉瓦錫負責國家收入的估算一樣。像這樣訓練有素的科學家進入政府做事，也許在近代或任何時代還是頭一遭，但是，這對政府比對科學更爲重要。在英國，這個時代的主要工業是棉紡織、煤、鐵、鐵路和船運。使這些工業產生革命性變化的技藝，是那些有實際經驗(太有經驗了)者的技藝。英國鐵路革命的主角是一位對科學一竅不通，但卻能覺察出什麼東西能使機器運轉的斯蒂芬生：一位超級匠人而非技師。那些像巴貝奇一樣的科學家，試圖使自己對鐵路有所貢獻；那些像布魯內爾一樣的科學工程師，則試圖使鐵路建立在合理而非純經驗的基礎之上。然而他們的企圖卻毫無結果。

在另一方面，科學卻從科技教育的大力推動，以及稍嫌遜色的研究支持當中，獲得極大的好處。在此，雙元革命的影響是相當清楚的。法國大革命改造了法國的科學和技術教育，這項工作主要借助於綜合工科學校的設立（一七九五年，以培養各類技術人員爲宗旨）和高等師範學院（一七九四）的雛形——該學院是拿破崙中等和高等教育總體改革的中堅部分。法國大革命也重振了衰敗的皇家學院（一七九五），並在國家自然歷史博物館內創設了（一七九四）第一個名副其實不局限於物理科學的科學研究中心。在本書所論時期的大多數時間裏，法國科學的世界優勢地位差不多都要歸功於這些主要基地，特別是綜合工科學校，那是貫穿後拿破崙時期的雅各賓主義和自由主義的騷動中心，也是偉大數學家和理論物理學家無與倫比的搖籃。在布拉格、維也納和斯德哥爾摩，在聖彼得堡和哥本哈根，在日耳曼全境和比利時，在蘇黎士和麻薩諸塞州（Massachusetts），都仿效法國而建立了綜合工科學校，只有英國例外。法國大革命的震撼，也把普魯士從死氣沉沉的教育當中震醒了。在普魯士復興運動中建立的新柏林大學（一八〇六—一〇），成爲大多數日耳曼大學的楷模，而這些大學接著又將爲全世界的學術機構樹立典範。這類改革同樣沒有發生在英國，在英國，政治革命既未取得勝利又未達到突破。然而，這個國家的巨大財富，使建立諸如卡文迪什（Henry Cavendish）和焦耳（James Joule）實驗室那樣的私人實驗室成爲可能，而明智的中產階級人士，也對追求科學和技術教育具有普遍的渴望，這兩點使英國在科學發展獲得了可觀的成效。一位巡遊各地的啓蒙冒險家拉姆福德伯爵（Count Rumford），於一七九九年建立了皇家研究所（Royal Institution）。該機構的名聲主要來自其著名的公共講座，然而它眞正的重要性則在於它爲戴維（Humphry Davy）和法拉第（Michael Faraday）提供了無與倫比的科學實驗機會。事實上，它是科學研究實驗室的早期範例。諸如伯明罕新月學會及曼徹斯特文學和哲學協會這類科學促進團體，都爭取到了該地工業家的支持·道耳吞(John Dalton)這位原子理論的奠基者就來自後者。倫敦的邊沁學派激進分子建立(或毋寧說是接管和改變)了倫敦機械學院(London Mechanics Institution,今日的伯貝克學院),將它發展成培養技術人員的學校;建立了倫敦大學,以作爲沉寂的牛津大學和劍橋大學之外的另一選擇;並建立了英國科學促進協會,以取代如沒落貴族般死氣沉沉的皇家學會。這些機構成立的目的都不純是爲知識而知識,這也許是專門的科學研究組織遲遲未出現的原因。甚至在日耳曼,第一個大學化學研究實驗室(李比希〔Liebig〕在基森〔Giessen〕建的實驗室)也要到一八二五年才得以設立(不用說,那是在法國人的支持下建立的)。像在法國和英國一樣,有些機構提供技術人員,如法國、英國;有些機構則培養教師,如法國、日耳曼;有些機構則旨在灌輸青年人一種報效國家的精神。

因此,革命的年代使科學家和學者的人數以及科學產品大量增加。並且,它還目睹科學的地理疆域以兩種方式向外擴展。首先,在貿易和探險的過程當中,便爲科學研究開闢了新的世界領域,並且帶動了相關的思考。洪堡是本書所論時期最偉大的科學思想者之一,它最初便是以一位不倦的旅行家、觀察家以及地理學、人種學和自然史領域內的理論家而做出貢獻。儘管他那本綜合一切知識的傑作《宇宙》(*Kosmos*, 1845–59),並不局限於某些特別學科的界線之內。

其次,科學活動的地域,也擴及到那些在當時僅對科學做出極小貢獻的國家和民族。舉例來說,在一七五〇年的大科學家名單上,除了法國人、英國人、日耳曼人、義大利人和瑞士人之外,幾乎見不到別的國家。然而,十九世紀上半葉主要數學家的最短名單,卻包括了挪威的阿貝爾(Henrik Abel)、匈牙利的鮑耶(Janos Bolyai),甚至更遙遠的喀山城(Kazan)的洛巴切夫斯基(Nikolai

Lobachevsky)。在此，科學似乎再次反映了西歐之外的民族的文化興起，而這項發展是革命年代十分引人注目的一項產物。科學發展中的這種民族因素，也可從世界主義的衰落當中反映出來，世界主義原是十七、十八世紀小科學團體的特徵。國際名人到處遊走的時代——例如，歐拉(Euler)從巴塞爾到聖彼得堡，再到柏林，然後又回到凱薩琳大帝的宮廷——已隨著舊制度一塊消逝了。從此，科學家都留在他的語言地域之內，除了短期的出國訪問之外，都是透過學術性刊物與同行交流。這樣的刊物是這一時期的典型產物，如《皇家學會通報》(*Proceedings of the Royal Society*, 1831)、《自然科學院報告》(*Comptes Rendus de l'Académie des Sciences*, 1837)、《美國哲學學會通報》(*Proceedings of American Philosophical Society*, 1838)，或者新的專業刊物，比如克列爾(Crelle)的《科學院統計報告》(*Journal für Reine und Angewandte Mathematik*)，或者《化學物理學年鑑》(*Annales de Chimie et de Physique*)等。

2

在我們判斷雙元革命究竟對科學造成什麼樣的影響之前，最好先簡略評述一下科學界的發展。總的說來，古典自然科學並未發生革命性變化。也就是說，它們主要還是處在牛頓建立的考察範圍之內，或是沿著十八世紀早就走過的研究路線繼續下去，或是把早期不完整的發現加以擴展並發展成更廣泛的理論體系。以這些方式開闢的新領域中，最重要的(並具有最立即的技術後果)就是電，更確切地說是電磁學。下列五個主要日期（其中四個在本書所論時期）標誌著電磁學的決定性進步：一七八六年，伽伐尼（Galvani）發現了電流；一七九九年，伏打（Volta）製成電池；一八〇〇年，發現電解作用；一八二〇年，厄斯特（Oersted）發現了電和磁之間的關係；一八三一年，法拉第確立了這幾種力之間的關係，並於無意中發現，他自己開創了一種研究物理學的新方法（用「場」取代機械的推力與拉力），預示了現代科學的來臨。新的理論綜合中最重要的是熱力學定律，即熱和能之間的關係。

天文學和物理學的近代革命在十七世紀便已發生；而化學界的革命在本書所論時期才正方興未艾。在所有科學當中，化學與工業技術，尤其與紡織工業中的漂洗和染色過程關係最緊密。更有甚者，現代化學的創造者不僅是本身具有實務經驗，並與其他擁有實務經驗者密切配合（比如曼徹斯特文學與哲學協會的道耳呑，和伯明罕新月學會的普里斯特利），而且有時還是政治革命家，雖然是溫和派。其中有兩個人成爲法國大革命的犧牲品：落在托利黨亂民手中的普里斯特利，是因爲他過度同情這次革命；偉大的拉瓦錫被推上斷頭台，則由於他不夠同情革命，或主要是因爲他是一個大商人。

如同物理學一樣，化學也是法國科學中相當卓越的一支。它的實際創始人拉瓦錫，就是在法國大革命那年發表了主要論著《化學基本教程》（*Traité Elémentaire*），其他國家，甚至像日耳曼這類後來成爲化學研究中心的那些國家，對化學發展的推動，尤其是化學研究的組織工作，基本上都是導源於法國。一七八九年前的主要進展在於，透過闡釋某些諸如燃燒之類的基本化學過程，以及一些諸如氧那樣的基本元素，在經驗性實驗的混亂之中理出了一些重要頭緒。他們也為這一學科進行精確的定量測量，並制訂了進一步研究的規劃。原子理論（由道耳吞於一八〇三至一〇年間開創）的關鍵概念，使得發明化學公式並用以展開對化學結構的研究成為可能。大批新的實驗結果接踵而來。十九世紀的化學已成為所有科學當中最富生命力的學科之一，因而也變成吸引（如同每一個富有活力的學科一樣）大批能人的學科。不過，化學的氣氛和方法，基本上依舊是十八世紀的。

然而，化學有一種革命性影響，那就是發現生命能夠用無機科學的理論加以分析。拉瓦錫發現，呼吸是氧化的一種形式。維勒（Woehler）發現（一八二八）原本只能在生物體內找到的化合物——尿素——也能夠在實驗室內藉由人工合成，從而開闢了廣闊的有機化學新領域。然而，雖然進步的巨大障礙，即那種認為有生命物體所遵循的自然法則與無生命物體根本不同的信念，已受到沉重的打擊，但機械的方法也好，化學的方法也好，都未能使生物學家取得更大的進展。生物學在這一時期的最基本進展，即施萊登（Schleiden）和許旺（Schwann）關於一切生物都是由無數細胞組成的發現（一八三八—三九），這種發現為生物學建立了一種相當於原子論的理論；不過成熟的生物物理學和生物化學則仍然要等到遙遠的將來。

數學界發生了一場雖然不如化學那樣引人注目，但就其本質而言，甚至更為深刻的革命。物理學依舊處在十七世紀的框架之內，化學穿過十八世紀打開的裂口，在一條寬廣的戰線上展開。與上述二者不同，本書所論時期的數學卻進入了一個全新天地，遠遠超出了仍然支配著算術和平面幾何的希臘世界，以及支配著解析幾何的十七世紀世界。複變數理論（高斯〔Gauss〕、柯西〔Cauchy〕、阿貝爾、雅可比〔Jacobi〕、群論（柯西、伽羅瓦〔Galois〕）或向量理論（漢彌爾頓）爲科學帶來的革新，除獲得數學家的高度評價之外，很少人能領略其奧妙。透過這場革命，俄國的洛巴切夫斯基（一八二六—二九）和匈牙利的鮑耶（一八三一），竟推翻了人們信奉最久的理論：歐幾里德幾何。歐幾里德邏輯那種氣勢恢宏且不可動搖的結構，是建立在某些假定之上，其中之一係平行線永不相交定理，而這項定理既非不言自明，又不是可驗證的。在另外一些假定之上建立同樣的幾何邏輯，在今天看來可能是很簡單的。例如（洛巴切夫斯基、鮑耶）與任一線L平行的線無限延長可以通過P點。或者（黎曼〔Riemann〕）任何與L線平行的線都不經過P點。由於我們已能建造出適用這些規則的眞實平面，情況就更是如此了（因此，地球就其是個球體而言，係與黎曼的而不是歐幾里德的假定相符）。然而，在十九世紀早期做出這類假定，卻是一樁堪與以日心說取代地心說相比的大膽思想行爲。

3

除了對那些以遠離日常生活而著名的少數專家以外，數學革命便在無聲無息之中過去了。而在另一方面，**社會科學**領域的革命則幾乎不可能不衝擊到一般大眾，因爲它明顯地影響了他們，一般來說，人們相信情況變糟了。皮科克小說中的非職業科學家和學者，溫柔地沐浴在同情或愛撫的嘲笑之中；而蒸汽知識學會（Steam Intellect Society）中的經濟學家和宣傳家的命運，則大不相同。

下列這兩場革命便是明確的例證，二者的合軌產生了集社會科學之大成的馬克思主義。第一場革命延續了十七和十八世紀理性主義者的光輝開拓，為人類居民建立了相當於物理法則的規範。其最早的勝利是**政治經濟學**系統演繹理論的構建，及至一七八九年，這方面已取得了很大的進展。第二場革命是歷史進化的發現，它實質上屬於這個時代並與浪漫主義密切相關。

古典理性主義者的大膽創新表現在如下的信念上：即邏輯上的必然法則同樣適用於人類的意識和自由決定。「政治經濟學法則」就屬於這一類。那種認為這些法則就如同重力法則（它們常被與這一法則進行比較）一樣，不會隨著人的好惡而轉移的信念，為十九世紀早期的資本家提供了一種無情的確定性，並趨向於向他們的浪漫主義反對者灌輸一種同樣野蠻的反理性主義。原則上，經濟學家們當然是正確的，儘管他們顯然誇大了作為他們推斷基礎的那些假設（「其他物品」的供給「維持衡不變」）的普遍性，而且有時也誇大了他們自己的智力。如果一個城鎮的人口增加一倍，而住房數量卻保持不變，那麼在其他事物維持不變的情況下，房租必定會上漲，這是不會因為任何人的意志而改變的。這類命題遂產生了由政治經濟學（主要在英國，雖然在較低程度上也出現在十八世紀的舊科學中心，如法國、義大利和瑞士）構建而成的演繹體系之力量。如同我們已看到的那樣，從一七七六年到一八三〇年的這一時期，這種力量正處於其勝利的巔峯時期，並得到首次系統出現的人口統計學理論的補充，這種理論旨在建立可用數學方式描述的人口成長率和生活資料之間的關係。馬爾薩斯《人口論》的支持者，沉浸在發現下列事實的熱情之中：有人已證明，窮者總是受窮，對他們的慷慨和捐助必使他們更窮。其實，《人口論》既不像其支持者所說的那樣是首創的，也不具說服力。其重要性並不在它的思想成就，因為這方面並不突出，而在於它主張以科學的方法將諸如性生活般純屬個人且隨意變化的一些決定，視爲一種社會現象。

將數學方法運用到社會之中，是這一時期的另一項主要進展。在這方面，講法語的科學家處於領先地位，無疑這是得益於法國教育的極佳數學氛圍。因此，比利時的凱特爾(Adolphe Quêtelet)在其劃時代的著作《論人》(*Sur l'Homme*, 1835)中指出，人類特徵在統計學上的分布是遵循已知的數學法則，據此，他以人們一直視爲過分的信心，推斷出社會科學與物理學融合的可能性。對人口進行統計歸納並在歸納的基礎上做出確實可靠的預測，這種可能性是或然率理論家長期期待的(凱特爾進入社會科學的出發點)，也是諸如保險公司之類必須依靠其從事實際工作的人們所長期期待的。但是，凱特爾和興致勃勃的當代統計學家、人類學家和社會調查研究者群體，卻把這些方法應用到遠爲寬廣的領域之中，並且創造了仍然是社會現象調查研究的主要數學工具。

社會科學中的這些發展是革命性的，就像化學一樣，都是遵循那些早就在理論上取得的進展而實現。不過，社會科學也有一項全新且值得稱道的獨特成就，這項成就反過來又有益於生物科學和甚至諸如地理學一類的自然科學。亦即發現歷史是一種符合邏輯的進化過程，而不僅是各種事件的年代更替。這種創新與雙元革命之間的關係十分明顯，幾乎無須論證。於是，被稱之爲**社會學**(這個詞是孔德在一八三〇年左右發明的)的學科，直接從對資本主義的批判中萌生出來。被公認爲社會學奠基者的孔德，就是以烏托邦社會主義者先驅聖西門伯爵的私人祕書展開其生涯。(雖然如我們已見到的那樣，要將聖西門的思想歸類並不容易，但是，要拋棄將他稱爲烏托邦社會主義者這一已然確立的習慣，似乎是太書呆子氣了。)社會學最令人生畏的當代理論家馬克思，便是把他的理論視爲改變世界的工具。

作爲一門學術性學科的**歷史學**的創立，也許是這種社會科學歷史化過程中最不重要的面相。的確，歷史寫作的時尚在十九世紀上半葉風行歐洲。幾乎不曾見過這麼多人以坐在家中撰寫大部頭歷史的方式，來理解他們的世界：俄國的卡拉姆津(Karamzin, 1818-24)，瑞典的耶伊爾(Geijer, 1832-36)，波希米亞的帕拉茨基(Palacky, 1836-67)，各是其本國歷史學的奠基人。在法國，企圖藉由過去來理解現實的要求特別強烈，法國大革命很快就成了梯也爾(Thiers, 1823,1843)、米涅(Mignet, 1824)、博納羅蒂(一八二八)、拉馬丁(一八四七)和偉大的米歇萊(一八四七—五三)等，進行深入細緻和帶有黨派偏見的研究題目。那是一個歷史編纂學的英雄時代，但是，除了作爲歷史文件、作爲文獻，或者偶爾作爲天才的記錄之外，法國的基佐、梯葉里(Augustin Thierry)和米歇萊，丹麥人尼布爾(Niebuhr)和瑞士人西斯蒙第，英國的哈勒姆(Hallam)、林加德(Lingard)和卡萊爾，以及無數的日耳曼教授的著作，卻很少倖存至今。

這種歷史學覺醒的最持久後果，表現在文獻編纂和歷史學的技巧領域。蒐集過去的文字或非文字文物，成爲一種普遍的愛好。雖然民族主義也許是歷史學最重要的激勵因素：在那些尚未覺醒的民族中，歷史學家、詞典編輯者和民歌蒐集者，常常就正是民族意識的奠基人；但其中仍不乏保護歷史免受當時蒸汽動力進攻的企圖。因此，法國創辦了法國文獻學院(Ecole des Chartes, 1821)，英國創辦了公共檔案局(Public Record Office, 1838)，日耳曼邦聯開始出版《德國歷史文獻》(*Monumenta Germaniae Historiae*, 1826)，而歷史學必須建立在對原始材料的審慎評估之上的信條，則是由多產的蘭克(Leopold von Ranke, 1795-1886)確立的。同時，如我們已見到的那樣(參見

第十四章），語言學家和民間傳說研究者，編出了其民族語言的基本字典和民族的口頭傳說集。

把歷史放進社會科學，對法律、神學研究，尤其是全新的語言學，有著最爲直接的影響。在法律領域，薩維尼(Friedrich Karl von Savigny)建立了法學的歷史學派（一八一五）；在神學研究中，歷史準則的應用（顯著地表現在斯特勞斯的《耶穌傳》中）嚇壞了基本教義信徒。語言學最初也是從日耳曼發展出來，那裏是史學方法傳播最強有力的中心。馬克思是一位日耳曼人，這並非偶然。表面上對語言學的激勵，是來自歐洲對非歐洲社會的征服。瓊斯爵士對梵文的開創性研究（一七八六）是英國征服孟加拉的結果；商博良(Champollion)對象形文字的解讀（針對這一課題的主要著作發表於一八二四年）是拿破崙遠征埃及的結果；勞林生(Rawlinson)對楔形文字的闡釋（一八三五）反映了英國殖民官員的無處不在。但是，語言學事實上並不局限於發現、描述和分類。在偉大的日耳曼學者手中，比如博普(Franz Bopp, 1791-1867)和格林兄弟，它成了名副其實的第二種社會科學；說它是第二種社會科學，是因爲它在像人類交流這樣顯然變化莫測的領域當中，發現了可資應用的普遍法則（第一種是政治經濟學）。不過，與政治經濟學的法則不同，語言學法則基本上是歷史的，或更確切地說是進化的。（奇怪的是，直到本世紀，人們才試圖將數學物理方法，應用到被認爲是更爲普遍的「交流理論」之一的語言學中。）

他們的基礎建立在下列的發現之上：即語言範圍廣布的印歐語系，彼此之間是互有關聯的。這項發現還得到下述明顯事實的補充，即每一種現存的歐洲書寫語言在漫長的歲月裏都被明顯地改變了，且根據推測，仍將繼續改變。語言學家的問題不僅是要運用科學比較的方法將各個語言之間的關聯加以證明和分類，這項工作當時人已廣泛進行（例如，居維葉〔Cuvier〕所進行的比較分析）。同時也是，且主要是闡釋它們必定是從一個共同的母語演化而來的歷史進程。語言學是第一門是將進化視爲其核心的科學。它當然是幸運的，因爲《聖經》有關語言的歷史所言不多，而如同生物學家和地理學家在付出代價之後所體認的那樣，《聖經》對於地球的創造和早期歷史的說法顯然是太明確了。因此，比起他們倒楣的盟友，語言學家被諾亞洪水淹沒或被〈創世紀〉第一章絆倒的可能性自然少得多。如果說《聖經》曾提過什麼，也是與語言學家看法一致的：「整個地球使用同一語言，同一口音」。語言學的幸運，也是由於在所有社會科學當中，只有它不直接研究人——人們總是不願相信他們的行動是受其自由選擇之外的任何東西所決定的——而是直接地研究詞語，它們不會像人一樣抱怨。因此，它可以自由地面對歷史學科始終存在的基本問題：怎樣從不變的普遍法則運作中，推演出實際生活中大量的、並且顯然是常常變化莫測的個例。

儘管博普本人早已提出了語法的屈折變化之起源的理論，但是，語言學先驅們實際上並未在解釋語言變化方面取得很大進展。不過，他們倒是爲印歐語系建立了一種類似於譜系表的東西。他們做了許多有關不同語言要素變化相對率的歸納概括，以及諸如「格林法則」（它指出所有日耳曼語言都經歷了某些輔音變化，幾世紀之後，日耳曼方言的一個分支又發生了另一次類似的變化）這類範圍非常廣泛的歷史概括。但是，在這種開創性探索的整個過程中，他們從來沒有懷疑過，語言的進化不僅是一種建立年代順序或記錄語言變化的事情，而應該用類似於科學法則的普遍語言學法則來加以解釋。

4

生物學家和地理學家可沒有語言學家那麼幸運。儘管對地球的研究（藉由開採礦石）與化學密切相關，對生命的研究（透過醫學）與生理學和化學（由於發現了生物體中的化學元素與無機自然中的化學元素相同）緊緊相繫，但是，對他們來說，歷史也是一個重大問題。不過，無論如何，對地理學家來說，最明顯的問題都涉及歷史——例如，怎樣解釋陸地和水的分布，解釋山脈以及極爲明顯的地層。

如果說地理學的歷史問題是怎樣解釋地球的進化的話，那麼，生物學的歷史問題則是雙元的：怎樣解釋個別的生物體從卵、種子或孢子中成長起來，及怎樣解釋物種的進化。化石這種看得見的證據將二者聯繫起來：每一個岩層都會發現一種獨特的化石群，但不會在其他岩層中發現。一位英國排水工程師史密斯(William Smith)於一七九〇年代發現，地層的歷史順序能以各地層特有的化石輕鬆加以確定，因此，工業革命的挖地活動便爲生物學和地理學帶來了光明。

人們早就企圖提出進化理論，這一點是很明顯的，特別是追逐時尚但有時有些馬虎的動物學家布豐(Buffon，《自然時代》〔*Les Epoques de la Nature*, 1778〕)爲動物世界提供進化理論的嘗試。在法國大革命那十年裏，這些嘗試迅速獲得進展。愛丁堡沉思默想的赫頓(James Hutton，《地球論》〔*Theory of the Earth*, 1795〕)和脾氣古怪的伊拉斯莫斯·達爾文(他從伯明罕新月學會中脫穎而出，並以詩的體裁寫出一些科學著作，如《動物生理學》〔*Zoonomia*, 1794〕）提出了一套相當完整的地球以及動植物物種的進化理論。大約與此同時，拉普拉斯甚至提出了哲學家康德和卡巴尼斯（Pierre Cabanis）曾經預見到的太陽系進化理論，並將人類高度的心智能力視爲其進化史的產物。一八〇九年，法國的拉馬克（Lamarck）在後天性格的遺傳性基礎上，提出了第一套有系統的現代進化論。

這些理論無一取得勝利。事實上，它們很快就遇到了諸如托利黨人的《每季評論》（*Quarterly Review*）那樣的瘋狂抵抗。該雜誌「對啓示錄的信仰是很堅定的」❷。如此一來，諾亞洪水該怎麼辦？物種是個別分別創造（且不說人類）的說法又該如何解釋？最重要的是，社會的穩定性要如何維繫？這類問題困擾的不僅是頭腦簡單的神父和頭腦不那麼簡單的政治家。偉大的居維葉，這位對化石進行系統研究的奠基人（《關於化石骨骸的研究》〔*Recherches sur les ossemens fossiles*, 1812〕），以上帝的名義批駁了進化論。與其動搖《聖經》和亞里斯多德學說的穩固性，甚至還不如去想像地理史上發生了一系列大災變，繼之以一系列神的再創造——與否定生物學的變化不同，否認地理學的變化幾乎是不可能的。可憐的勞倫斯博士曾提出一個類似達爾文的天擇進化理論來回應拉馬克，卻迫於保守分子的鼓噪，而將其《人類的自然歷史》（*Natural History of Man*, 1819）撤消發行。他實在太不明智了，因爲他不僅討論人的進化，甚至還指出進化思想對當代社會的意義。他的公開認錯保住了眼前的職業、未來的事業以及永遠的良心不安。他只能以恭維一次又一次偷印其煽動性著作的激進派印刷勇士，來安慰自己的良心。

直到一八三〇年代，如我們將觀察到的那樣，政治再次向左轉，隨著賴爾（Lyell）著名的《地理學原理》(*Principles of Geology*, 1830-33)的發表，成熟的進化理論才在地理學中取得突破。《地理學原理》終結了水成論者(Neptunist)和災變論者的抵抗。水成論者以《聖經》爲據，辯說所有的礦物都是從曾經覆蓋地球的水溶液中沉澱而成(參見〈創世紀〉第一章，第七至九章)；災變論者則繼承了居維葉孤注一擲的辯護傳統。

這同一十年內，在比利時做研究的施梅林(Schmerling)和佩爾德斯(Boucher de Perthes，幸運的是，他對考古的癖好遠超過他在阿比維爾的海關主任職位)，預示了一個甚至更爲驚人的發展：即發現了史前人類的化石，在此之前史前人類存在的可能性一直被狂熱地否定。(直到一八四六年，他的《塞爾特的古代建築》才得以發表。事實上，一些人類化石已一再被發現，但它們不是沒人認識，就是全被遺忘，就這樣躺在各地博物館的角落裏。)然而，直到一八五六年尼安德塔人(Neanderthal)的發現爲止，科學保守主義仍然能夠以證據不足爲由來否定這一令人生畏的前景。

至此人們不得不承認：(1)迄今仍在發揮作用的那些動因，曾在時間的進程中把地球從其初始狀態改變成目前狀態；(2)這個過程遠比根據《聖經》所推測的任何時間都要長得多；(3)地層的順序揭示了動物進化形式的順序，因此也包含了生物的進化。十分有意義的是，那些最願意接受這種理論，並且對進化問題眞正表現出最大興趣的人，是英國中產階級當中那批自信激進的門外漢(不過，那位以讚美工廠制的詩作聞名的尤爾博士〔Dr. Andrew Ure〕除外)。科學家們遲遲才接受了科學。不過，當我們想到，在這一時期地理學是唯一因其紳士派頭十足(也許是因爲它是在戶外進行，並且尤其喜愛花費巨大的「地理旅行」)，而在牛津和劍橋大學被嚴肅地加以研究的學科時，這種情況就不會那麼讓人吃驚了。

但是，生物學的發展卻仍是蹣跚不前。直到一八四八年革命失敗之後，這一爆炸性題目才再次被認眞看待；那時，即使連達爾文也都是以極其謹愼且模稜兩可（且不說不眞誠）的態度來研究這個題目。甚至透過胚胎學所進行的類似探索，也一時沉寂下來。在這個領域中，如哈勒的梅克爾（Johann Meckel of Halle, 1781-1833）這類日耳曼早期思辨哲學家曾經指出，在生物體的胚胎成長過程中，重演了該物種的進化過程。然而，這一「生物學法則」雖然在開始時得到了像拉特克（Rathke，他於一八二九年發現鳥的胚胎發育過程中會經過一個有鰓口的階段）這類人的支持，卻遭到了可怕的哥尼斯堡的貝爾（Von Baer）和聖彼得堡方面的反對——實驗生理學似乎已對斯拉夫和波羅的海區域的研究者產生了顯著的吸引力。（拉特克在愛沙尼亞的多爾帕特〔塔爾圖〕教書；潘德爾〔Pander〕在拉脫維亞的里加教書；偉大的捷克生理學家波金傑〔Purkinje〕於一八三〇年在波蘭的布勒斯勞創辦了第一所生理學研究實驗室。）直到達爾文主義的到來，這線思想才告復活。

與此同時，進化理論已在社會研究中取得驚人的進步。不過，我們不應誇大這種進步。雙元革命時期屬於所有社會科學的史前時期，除了政治經濟學、語言學，也許還包括統計學。甚至其最重大的成就，馬克思和恩格斯結構嚴謹的社會進化理論，在此時也只不過是一種精采的構想罷了，它以出色的宣傳小冊提出，以作爲歷史敘述的基礎。直到該世紀後半葉，人文社會研究的科學基礎，才堅實地建立起來。

在社會人類學或人種起源學領域，在史前史、社會學和心理學領域，情況也是如此。這些研究領域在本書所論時期接受洗禮，或者說，首次提出聲明，視其自身爲具有特殊規則的獨立學科——小穆勒於一八四三年提出的聲明，也許是首次堅決主張賦予心理學這種地位的聲明——是具有重要意義的。如同在一八三〇年到一八四八年之間，以統計學方法進行社會調查的增加和統計學會的增加一樣，在法國和英國建立專門的人種學會（一八三九、一八四三）以研究「人類種族」，這一事實也是同樣重要的。不過，法國人種學會號召旅行者去「發現一個民族對其起源保留了什麼樣的記憶？……其語言或行爲（moeurs），其藝術、科學和財富，其權力或統治等等都經歷了哪些變革？引起這些變革的是內部原因還是外部入侵？」❸這一「對旅行者的一般指示」只不過是一個提綱而已，儘管是一個具深刻歷史性的提綱。的確，對於本書所論時期的社會科學，重要的不是它們的成果（儘管已積累大量描述性資料），而是它們堅定的唯物傾向（以環境決定論來解釋人類社會的差異），以及對進化理論的同樣執著。沙瓦納（Chavannes）不是在一七八七年，當人種學剛起步之際，便將它定義爲「各民族邁向文明的進程史」嗎❹？

不過，在此必須簡單地回顧一下社會科學早期發展的一個陰暗副產品：種族理論。不同種族（或者更確切地說是膚色）的存在問題曾在十八世紀引起廣泛討論，當時有關人類究竟是一次或多次被創造出來的問題，也同樣煩擾著人們。人類同源論者和人類多源論者之間的界線，並不是一條簡單的直線。第一類群體將進化論和人類平等論的信仰者，與那些因發現在這一點上至少科學與《聖經》並不衝突而鬆了一口氣的人結合在一起：如前達爾文主義者普里查德（Prichard）、勞倫斯與居維葉。大家公認，第二類群體不僅包括了眞正的科學家，也包括了實行奴隸制度的美國南方種族主義者。針對種族問題的討論帶動了人體測量學(anthropometry)的蓬勃興旺。人體測量學主要是以頭蓋骨的蒐集、分類和測量爲基礎。這些活動也受到了當代顱相學(phrenology)的推動，這種奇怪的學說試圖從頭蓋骨的形狀解讀人的性格。在英國和法國都建立了顱相學學會(一八二三、一八三二)，儘管該學科很快就再次脫離科學。

與此同時，民族主義、種族主義、歷史學和野外觀察，共同攜手把另一個同樣危險的議題引入社會之中，亦即民族或種族特徵的永恆性論題。一八二〇年代，法國的史學和革命先驅梯葉里兄弟，便投身於諾曼征服和高盧人的研究，這一研究至今仍反映在法國學校讀本(「我們的祖先高盧人」)以及「高盧人」牌香菸的藍色盒子上。作爲優秀的激進分子，他們認爲法國人民是高盧人的後裔，貴族則是征服他們的條頓後裔，這項論點日後被像戈賓諾伯爵(Count of Gobineau)那樣的上層階級種族主義分子，用來作爲其保守主義的論據。威爾斯自然主義者愛德華，站在塞爾特人的立場上，以可以理解的熱情信奉著的如下信念：特定的種族之所以能生存在這個時代，是因爲他們試圖發現自己民族浪漫而又神奇的獨特個性；試圖爲自己找到承當拯救世界使命的依據；或者試圖將他們的財富和力量歸之於「天生的優越性」(他們倒沒有表現出把貧困和壓迫歸之於天生的劣根性的傾向)。不過，可以爲他們開脫的是，種族理論最糟糕的濫用，是在本書所論時期結束之後才出現。

5

我們該怎樣解釋這些科學發展呢？特別是，我們該怎樣將它們與雙元革命的其他歷史變化聯繫起來呢？它們之間存在著明顯的聯繫是毋容置疑。蒸汽機的理論問題促使天才卡諾特於一八二四年提出十九世紀最具根本性的物理學洞視，即熱力學的兩個定律（《有關火車頭功率之思考》〔*Reflexions sur la puissance motrice du feu*〕）（不過，他的第一個定律直到很久以後才發表），儘管這並不是解決這一問題的唯一途徑。地理學和古生物學的重大進展，顯然在極大的程度上要歸功於那些工業工程師和建築師對土地刻鑿的熱情，以及採礦業的巨大重要性。英國於一八三六年進行了一次全國性的地理調查，並因此成爲最出色的地理學國家。對礦物資源的調查，爲化學家提供了無數無機化合物以作分析之用；採礦、製陶、冶金、紡織、煤氣燈和化學藥品這些新工業以及農業，都促進了他們的工作。從團結一致的資產階級激進派和貴族派惠格黨人對應用研究，以及那些連科學家都爲之退縮的大膽知識所抱的熱情，就足以證明本書所論時期的科學進步，是不能與工業革命的刺激分別開來。

法國大革命與科學之間的糾葛，也以類似的方式明顯表現在對科學的公開或隱祕的敵視中。政治上的保守派或溫和派，以這種敵視態度來對待他們視爲十八世紀唯物主義和理性主義顛覆的自然產物。拿破崙的失敗帶來了一股蒙昧主義的浪潮。狡猾的拉馬丁叫喊道：「數學是人類思想的鎖鏈，我一吸氣，它就斷了。」支持科學、反對教會的左派，鬥志旺盛地在難得的勝利時刻，建立了大多數使法國科學家得以活動的研究機構；而反對科學的右派，則竭力使科學家挨餓[5]，這兩派之間的鬥爭一直在持續著。這倒不意味著法國或其他地方的科學家，在這一時期特別傾向革命。他們當中有一些是激進的革命分子，例如金童伽羅瓦就曾在一八三〇年突擊街壘，以反叛者的罪名遭受迫害，並在一八三二年他二十一歲的時候，於一次政治暴徒挑起的決鬥中被殺害。一代又一代的數學家從其深刻的思想中孕育成長，而那些思想是他在人世間的最後一夜嘔心完成的。有些人則是公開的反動派，比如正統主義者柯西。儘管基於明顯的理由，曾因他而生輝的綜合工科學校的傳統，是好戰的反皇派。也許大多數科學家會認爲自己在後拿破崙時期已脫離政治中心，但有些科學家，特別是在新興國家或前此的非政治性社團中，他們則被迫進入政治領導者的職位，特別是與民族運動有著明顯聯繫的歷史學家、語言學家和其他學者。帕拉茨基在一八四八年成爲捷克民族的主要代言人；哥廷根大學(Göttingen)的七位教授因在一八三七年簽署了一封抗議信，而赫然發現自己已成爲全國性的重要人物(七人當中包括格林兄弟)，日耳曼一八四八年革命中的法蘭克福國會，儼然就是一個由教授和其他文官組成的會議。另一方面，與藝術家和哲學家相比，科學家(尤其是自然科學家)只表現出了非常低的政治意識，除非在他們的學科有實際需要之時。例如，在天主教國家之外，他們表現出一種把科學與寧靜的宗教正統結合起來的能力，這使後達爾文主義時代的學者大爲驚訝。

這種直接的淵源，解釋了一七八九到一八四八年之間科學發展的某些事情，但並非全面。顯然，當時事件的間接影響更爲重要。任何人都無法忽略，在這一時期，世界以空前劇烈的程度發生變化。

任何有思想的人都無法不被這些動盪與變革所驚懼、所衝擊，並在思想上被激發。而那些從迅速的社會變化、深刻的革命，以及激進的理性主義革新之中衍生出的思想模式，自然也會被人們所接受。那些遠離塵世的數學家有可能因爲這場明顯的革命，而打破束縛他們的思想藩籬嗎？我們不得而知，儘管我們知道妨礙他們接受革命性新思想方式的阻力，並非他們的內在困難，而是他們對於什麼是或什麼不是「自然的」的戰術假設上的衝突。「無理」數（指像 $\sqrt{2}$ 一樣的數）和「虛」數（指像 $\sqrt{-1}$ 一樣的數）這類術語本身，就表明了這種困難的性質。一旦我們能確定，他們與其他人一樣有理性、一樣眞實，那麼一切都好辦了。但是，要讓神經質的思想家得出這種決定，可能要一個變動劇烈的時代才行；事實也的確如此，數學中的虛數或複變數在十八世紀仍被以困惑謹慎的態度對待之，一直要到法國大革命之後，才充分被接受。

撇開數學不談，唯一可以期望的是，汲取自社會變革中的思想模式，能夠吸引可以應用類似模式的那些領域裏的科學家；例如，將動力學的進化概念引進迄今仍是靜態的概念之中。這種情形或可直接發生，或需要藉由其他學科的中介。在歷史學和大多數近代經濟學中至關重要的工業革命這一概念，就是以法國大革命的類比概念，而於一八二〇年代爲人引用。達爾文從馬爾薩斯的資本主義競爭（「生存競爭」）模式中，類比推演出他的「物競天擇」機制。地理學中的災變理論之所以在一七九〇至一八三〇年間廣爲流行，多少也可歸因於那一代人對猛烈不安的社會騷動的熟悉感。

不過，在最具社會科學特徵的學科之外，過分強調這種外在影響，則是不智的。在一定程度上，思想界是獨立存在的：無論過去或現在，思想界的運動都與外在世界踩著同樣的歷史波長前進，但卻不只是外在世界的回聲。因此，例如地理學的災變論也多少該歸因於新教，特別是喀爾文教派對上帝主宰萬物和全能的堅信。這類理論基本上是新教科學家所獨有的。如果說科學領域中的發展類似於其他方面的發展的話，那也不是由於每一種發展都能以任何簡單的方式與經濟或政治的發展相聯繫。

但是，這種聯繫卻是難以否認的。本書所論時期普遍思潮的主流，的確在科學的專門領域裏激起反響，正是這種反響使我們能夠在科學和藝術之間，或在科學、藝術兩者和政治社會觀念之間，確立一種對應的關係。正是這樣，「古典主義」和「浪漫主義」存在於科學之中，並且，如我們已見的那樣，各自都以一種特別的方式適應於人類社會。把古典主義(或者，用知識分子的術語來說，啓蒙運動的理性主義、機械論的牛頓宇宙)等同於資產階級自由主義環境，把浪漫主義(或者，用知識分子的術語來說，所謂的「自然哲學」)等同於它的對手，顯然是過於簡單化，一八三〇年之後，這類對應已告崩潰。不過，它倒代表了眞理的某一方面。直到諸如近代社會主義之類的理論興起之時，革命思想已在過去的理性主義時代扎下了根，諸如物理學、化學和天文學這類學科，都是與英法資產階級自由主義並肩發展的。例如，共和二年的平民革命者就是受到盧梭而不是伏爾泰的鼓舞；他們懷疑拉瓦錫(他們處決了他)和拉普拉斯，不僅是由於這兩個人與舊制度的關聯，而且也與詩人布萊克痛斥牛頓的類似原因有關。(對牛頓科學的懷疑並沒有擴展到具有明顯的經濟和軍事價值的應用研究中。)反之，「自然史」卻是與平民革命者相契合的，因爲它代表了通向眞實而未被破壞的自然的自發性道路。解散了法蘭西學院的雅各賓專政，在植物園設立了不下於十二個研究職位。同樣，在古典自由主義薄弱的日耳曼(參見第十三章),與古典意識形態對立的科學意識形態卻非常流行。這就是「自然哲學」。

人們很容易低估了「自然哲學」,因爲它與我們已確立爲科學的那些東西具有強烈衝突。它是思辨和直觀的。它企圖表現世界精神或者生命,表現所有事物之間的神祕合一,以及表現其他許許多多不容進行精確定量測量的事物。的確,它根本就是對機械唯物主義、對牛頓,有時也是對理性本身的反叛。偉大的歌德虛費了大量的寶貴時間,試圖否定牛頓的光學,而其理由只不過是,他不喜歡一種不能以光明與黑暗原理的交互作用來解釋顏色的理論。這種反常現象在綜合工科學校只能引起令人痛苦的驚歎,令人不解的是,在神祕紊亂的克卜勒(Kepler)和明晰完美的牛頓《數學原理》之間,日耳曼竟執著地偏愛前者。促使奥肯(Lorenz Oken)寫出下面這段文字的,實際上就正是這種反常:

> 上帝的行動或生命是存在於無止盡地展現之中,存在於對統一性和二元性的無盡沉思之中,存在於無止盡地自行分裂而又不斷合一的過程中……對立性是出現在這個世界的第一種力量。……因果法則是對立性的法則。因果關係是一種相生的行動。性植根於世界的第一個運動之中……因此,在一切事物中都存在著兩種過程,一種是個體化、生命化,另一種則是普遍化和毀滅。❻

這到底是什麼?羅素(Bertrand Russell)對以此類術語寫作的黑格爾的茫然不解,正是十八世紀理性主義者回答這種修辭學問題的極佳說明。另一方面,馬克思和恩格斯則坦承他們從自然哲學那裏得到的益處(恩格斯的《反杜林論》〔*Anti-Duehring*〕和《費爾巴哈》〔Feuerbach〕,是對自然哲學以及與牛頓對立的克卜勒的有力辯護),他們警告我們,不能把自然哲學看作陳腔濫調。重點在於,它正在發揮作用。它不僅產生了科學的推動力——奧肯建立了自由主義的「日耳曼自然科學研究者協會」,並且激勵了「英國科學促進協會」——而且帶來了豐碩的成果。生物學中的細胞理論、形態學、胚胎學、語言學的大部分,以及在所有科學學科中的大量歷史和進化因素,最初都受到了「浪漫主義」的推動。大家公認,甚至在被其選定的生物學領域中,「浪漫主義」實際上也不得不由近代生理學奠基人貝爾納(Claude Bernard, 1813-78)的冷靜古典主義加以補充。然而在另一方面,甚至在仍然是「古典主義」堡壘的物理化學之中,自然哲學家對於電和磁這類神祕學科的思考,也仍然帶來了進展。謝林憂鬱的弟子,哥本哈根的厄斯特,於一八二〇年展示電流的磁效應時,尋找到電和磁二者之間的聯繫。事實上,這兩種科學方法已然交融。不過,它們從未完全混爲一體,甚至在馬克思身上也是如此。馬克思比大多數人都更清楚地了解其思想的綜合源頭。總的說來,「浪漫主義」的方法在對新觀念和新突破發揮了促進作用之後,便再次脫離科學。不過,在本書所論時期,它是不能被忽視的。

如果說作爲一種純粹的科學促進因素,它不應被忽視,那麼,對於研究思想和觀念的史家來說,它就更不能被忽視了。對他們來說,即使是荒誕虛假的觀念也是事實,也具有歷史力量。我們不能把一個虜獲了或影響了像歌德、黑格爾和青年馬克思這樣聰明絕頂的天才的運動一筆勾銷。我們只能嘗試去理解何以「古典的」十八世紀英法世界觀，會令人有這麼深的不滿足感。這種世界觀在科學和社會方面的巨大成就是不容否認的，然而，在雙元革命時期，其狹隘性和局限性也變得益趨明顯。認識到這些局限性，並進而尋求(常常是透過直覺而不是分析)能用以構畫出一個更爲令人滿意的世界圖像的術語，事實上並不是在建構世界。自然哲學家所表達出的那種互相聯繫、進化辯證的宇宙幻象，既不能當做證據，甚至稱不上是適當的系統闡述。但是，它們反映了眞正的問題，甚至是自然科學中的眞正問題；同時，它們也預見了科學領域的變革與擴展，正是那些變革與擴張，建立了我們這個時代的科學宇宙。它們以自己的方式，反映了雙元革命的衝擊，這場革命改變了人類生活的每一個面相。

註釋

❶ Quoted in S. Solomon, *Commune*, August 1939, p. 964.

❷ G. C. C. Gillispie, *Genesis and Geology* (1951), p. 116.

❸ Quoted in "Encyclopédie de la Pléiade", *Histoire de la Science* (1957), p. 1465.

❹ *Essai sur l'éducation intellectuelle avec le projet d'une Science nouvelle* (Lausanne 1787).

❺ Cf. Guerlac, "Science and National Strength", in E. M. Earle ed. *Modern France* (1951).

❻ Quoted in S. Mason, *A History of the Sciences* (1953), p. 286.

第十六章
結語：邁向一八四八

貧窮與無產階級是近代國家這個有機體的化膿性潰瘍。它們能治癒嗎？共產主義醫生提議徹底摧毀現存的生命體。……有一件事是肯定的，如果這些人獲取行動的權力的話，將會出現一場並非政治的、而是社會的革命，一場反對一切財產的戰爭，一種徹底的無政府狀態。這種現象將依序被新生的民族國家所取代嗎？是建立在怎麼樣的道德和社會基礎之上的國家呢？誰將揭開未來的面紗？俄國將發揮什麼樣的作用？一句俄國古諺說，「我坐在岸邊，以待風來。」

——哈克斯特豪森《關於……俄國的研究》❶

我們是從考察一七八九年的世界開始本書的。讓我們以掃視一下約五十年後，在那個史無前例的最革命性的半個世紀結束時的世界，來結束本書吧。

那是一個登峯造極的時代。在這個講求計算的時代裏，人們企圖藉著統計數字記錄已知世界的所有情事，眾多的新統計簡報（約有五十個這種類型的主要簡報在一八〇〇到一八四八年之間發表，這還不包括政府的統計〔人口普查、官方調查等等〕或充滿了統計表格的眾多新專業性或經濟學性雜誌）能夠公正地總結說，每一個可量度的數據都比之前的任何時期更大（或更小）。已知的、畫在地圖上的、且彼此之間互有聯繫的世界面積比以往的任何時代都來得大，其相互之間的聯繫更是令人無法想像的快速。世界人口比前此任何時候都多，在某些地區，甚至多到超出一切預料或以前根本不可能的程度。大城市以空前的速度持續增加。工業生產達到了天文數字：一八四〇年代，大約挖掘了六點四億噸的煤。只有更爲反常的國際貿易超越了工業生產的天文數字。國際貿易自一七八〇年以來已增至四倍，其貿易額達到約八億英鎊，如果用比不上英鎊那樣穩固的貨幣單位來計算的話，數字還要大得多。

在此之前，科學從來沒有如此成功；知識從來沒有這般廣播。四千份以上的報紙爲世界各國公民提供訊息，每年光是在英國、法國、日耳曼和美國出版的書籍數就達五位數之多。人類每一年的發明都在攀登更爲令人炫目的高峯。當稱作煤氣廠的巨大實驗室，透過沒有盡頭的地下管道將其產品輸送出來，開始照亮工廠（鮑爾頓和瓦特於一七九八年引進煤氣燈，曼徹斯特的「菲利普斯和李」棉紡廠自一八〇五年起長期使用一千個煤氣燈頭），緊接著照亮歐洲的城市（倫敦自一八〇七年起，都柏林自一八一八年起，巴黎自一八一九年起，甚至偏遠的雪梨也在一八四一年被煤氣燈照亮）之時，與這一成就比較起來，阿爾甘燈（Argand lamp, 1782-84）——它是自油燈和蠟燭發明以來第一個重大進步——在人造照明方面幾乎完全不具革命性作用了。而此時，電弧光燈也已開始爲人所知。倫敦的惠斯通

(Wheatstone)教授已計畫用海底電報線聯繫英法兩國。才一年的時間(一八四五),就已有四千八百萬乘客搭乘過聯合王國的鐵路。男男女女已可以沿著大不列顛三千哩(一八四六年,一八五〇年前夕爲六千餘哩)長的鐵道奔馳。在美國有九千哩長的鐵道。定期的汽船航線早已將歐洲和美洲、歐洲和印度群島連接起來。

無疑,這些成就都有其陰暗面,儘管無法輕易從統計表格中歸納出來。人們如何以計量的方式來表達那些今天已很少有人會否認的事實,像是工業革命創造了人類曾居住過的最醜陋環境,例如曼徹斯特後街曾經歷過的邪惡腐臭與廢氣盈天;或是工業革命創造了最悲慘的世界,它將數量空前的男女趕出家園,剝離生命。不過,儘管如此,我們仍然能夠原諒一八四〇年代進步旗手們的信心和決心:「商業可以自由地進行,一手引導文明,一手引導和平,以使人類更加幸福,更加聰慧,更加美好。」帕麥斯頓勳爵即使在最黯淡的一八四二年,仍繼續發表這種樂觀的言論:「先生,這是上帝的安排。」❷無人能否認,當時存在著最爲令人震驚的貧困。許多人認爲,貧困甚至在加劇和深化之中。但是,若用估量工業和科學成就的空前標準來衡量,即使是最悲觀的理性觀察者仍能堅持說,在物質方面,它比過去任何時候,甚至比迄今尚未工業化的國家還糟嗎?他不能。說勞動貧民的物質情況比不上黑暗的過去,有時比記憶猶新的一些時期還要差,已是足夠嚴厲的譴責了。進步的捍衛者試圖以下述論點來抵擋攻擊:這不是由新興資產階級社會的運作造成的,相反,而是由舊的封建主義、君主制度和貴族制度,在完善的自由企業之路上仍然設置的障礙造成的。與此相反,新的社會主義者則認爲,它正是由該制度的運作造成的。不過,兩方都同意,這是發展過程中的階段性痛苦。一些人認為，它們將在資本主義的框架之內得到克服，而另一些人則認為不可能。不過，雙方都正確地相信，隨著人類對自然力量的掌控力日益進展，人類生活也將迎向物質改善的相同榮景。

但是，當我們著手分析一八四〇年代世界的社會和政治結構時，我們卻把最精妙的那些部分留待有節制、有保留的評述。世界多數居民仍和以前一樣，還是農民，儘管某些地區，特別是英國，農業早已是少數人的職業，而城市人口已達超過農村人口的邊緣，如同一八五一年人口普查首次顯示的那樣。奴隸也相對減少，因為一八一五年正式廢除了國際奴隸貿易；英國殖民地實際存在的奴隸制度已於一八三四年廢止；已獲解放的西班牙和法國殖民地，奴隸制度則於法國大革命期間和之後被禁止。但是，當西印度群島除一些非英國人統治的地區外，現在都成為法律上的自由農業區之時，奴隸的數量卻在巴西和美國南部這兩大殘存據點持續擴增。這種擴展受到工商業快速進步的刺激，任何有關貨物和人力的限制都會遭到工商業的反對，官方的禁止反倒使奴隸貿易更為有利可圖。一七九五年，在美國南部一個從事田間勞動的黑奴大概叫價三百美元，但是到了一八六〇年，竟漲至一千二百到一千八百美元之間❸；而美國的奴隸數量則從一七九〇年的七十萬人，上升到一八四〇年的二百五十萬人，以及一八五〇年的三百二十萬人。他們仍然來自非洲，但是在擁有奴隸的地區，亦即在美國邊境州裏，養奴出售的數量也在增加，他們被賣往迅速擴展的棉花種植區。

此外，原本便已存在的半奴隸制度也在不斷成長，例如將「契約勞工」從印度出口到生產甘蔗的印度洋島嶼和西印度群島。

農奴制度或者農民的法律束縛，在歐洲的大部分地區都已廢除，儘管這對像西西里或安達魯西亞這樣的傳統大莊園的農村窮苦人民來說，並無多大差別。然而，在其主要的歐洲據點裏，農奴制度仍頑固地存在下來，儘管在最初的大量擴增之後，自一八一一年起，俄國的男性農奴數量已穩定保持在一千到一千一百萬之間，也就是說，相對衰落了。（在凱薩琳二世和保羅〔Paul, 1762-1801〕統治時期，農奴制度的擴展使男性農奴人數從約三百八十萬增加到一八一一年的一千零四十萬❹。）不過，農奴制度的農業（不同於奴隸農業）明顯在走下坡，其經濟弊端日益顯著，而且，尤其是自一八四〇年代起，農民的反抗也日漸升高。最大規模的農奴起義可能要算一八四六年奧地利的加利西亞農奴起義了，它是一八四八年普遍解放農奴的序曲。但是，甚至在俄國，一八二六至三四年間，便曾爆發了一百四十八次農民騷動，一八三五至四四年間二百一十六次，一八四四至五四年間三百四十八次，而在一八六一年農奴解放之前的最後幾年則達到最高潮，共計四百七十四次。

在社會金字塔的另一端，除了像法國這種發生了直接農民革命的國家外，土地貴族的地位也比想像中的可能變化要小一些。無疑，當時已出現像法國和美國之類的國家，該國最富有的人已不再是土地所有者了（有些富人購買土地以作爲他們進入最高階層的標誌，比如羅思柴爾德家族就是這樣。這種情況當然要除外）。但是，甚至在一八四〇年代的英國，最大量的財富集中當然仍是出現在貴族階層；而美國南部，在史考特、「騎士精神」、「浪漫」以及其他概念（這些概念對於他們所剝削的黑人奴隸，和未受教育、自食其力的清教徒農夫們毫無意義）的鼓舞下，棉花種植者甚至爲他們自己創造了一個貴族社會的拙劣仿冒品。當然，在貴族制度的穩固之中，隱藏著一種變化：貴族的收入越來越依賴於他們所藐視的資產階級，倚賴他們的工業、股票證券和房地產的發展。

當然，「中產階級」已迅速增加了，但即使如此，他們的數量並未達到壓倒性的多數。一八〇一年，英國年收入一百五十鎊以上的納稅人口約十萬人；在本書所論時期結束之際，則可能增加到約三十四萬人，也就是說，包括其龐大的家族成員在內，在二千一百萬總人口中占了一百五十萬人（一八五一）。（這類估計是主觀的，不過，假定每一個可劃歸中產階級的人至少有一名僕人，那麼，一八五一年的六十七萬四千名女性「一般家僕」，則為我們提供了一個超出「中產階級」最大戶數的數字；大約五萬名廚師〔女管家和女僕的數量約與此相同〕則提供了最小的數目。）自然，那些正在追趕中產階級生活標準和方式的人，其數量更是大得多了。但這些人並不是都非常富有，比較有把握的推測是，年收入五千英鎊以上的人數約為四千人，包括貴族，這個數字與雇用七千五百七十九名私人馬車夫來妝點英國街道的雇主人數相去不遠。我們可以假定其他國家的「中產階級」比例顯然不比英國高，事實上普遍還要低一些。

工人階級（包括新的工廠、礦山、鐵路等等方面的無產者）自然是以最快的速率在成長。不過，除了英國，這種成長至多也只能以數十萬計，而不能以數百萬計。與世界總人口相比，工人階級在數量上仍然是微不足道的，並且再一次，除了英國和其他的一些小核心地區外，無論怎麼說他們都是無組織的。然而，如我們已見到的那樣，工人階級的政治重要性已經相當大了，與其人數或成就不成比例。

及至一八四〇年代，世界政治結構已經歷過極大的改變，不過無論如何，改變的幅度還是趕不上樂觀的（或悲觀的）觀察家在一八〇〇年時所預期的。除了美洲大陸之外，君主制度仍然是統治國家的最普遍模式；甚至在美洲，面積最大的國家（巴西）仍是一個帝國，另有一個國家（墨西哥）至少在一八二二至三三年之間，曾在伊圖爾比德將軍（奧古斯丁一世）統治下，試用過帝國的名稱。的確，包括法國在內的一些歐洲王國，可以被形容爲君主立憲國家，但是除了集中於大西洋東緣的這類國家之外，專制君王仍在各處占有絕對優勢。的確，到了一八四〇年代，革命孕育出一些新國家：比利時、塞爾維亞、希臘，以及拉丁美洲諸國。然而，雖然比利時是一個重要的工業強國（主要係因其追隨法國這個偉大鄰居的腳步所致），但是因革命建國的政權中，最重要的還是那個在一七八九年早已存在的美國。美國享有兩項巨大的有利條件：一是不存在任何能夠、或的確想要阻止其越過廣大內陸而向太平洋沿岸擴張的強鄰或敵手——法國在一八〇三年的「路易斯安那購買案」中，事實上已賣給美國一塊相當於美國當時面積的土地；二是其經濟發展以異乎尋常的速度向前飛躍。巴西也分享了第一項有利條件，這個從葡萄牙手中和平分離出來的國家，避免了長達一代人的革命戰爭所帶給西屬美洲大部分地區的分裂命運；不過，它的資源和財富實際上依然未得到開發。

不過，政治仍然發生了很大的變化。而且，約自一八三〇年以來，變化的動力明顯地增加了。一八三〇年革命將溫和的自由中產階級憲法（反民主的，但同樣是反貴族的），引進了西歐的主要國家。其中無疑意味著妥協，因爲害怕爆發超出溫和中產階級願望的群眾革命。這些妥協使得政府當中的地主階級人數過多，比如英國；而新興階級，特別是最富生氣的工業中產階級，在政府中卻沒有代表性，比如法國。然而，這些妥協仍然使政治天平決定性地傾向中產階級。一八三二年後，在一切具有分量的事情上，英國工業家都取得成功：爲了贏得穀物法的廢除，放棄功利主義者所提出的更極端的共和主義和反教會提議，是非常值得的。毫無疑問，在西歐，中產階級自由主義（雖然不是民主激進主義）正處在上升階段。它的主要對手（在英國是保守黨人，在其他地區是普遍集合在天主教會周圍的那些集團）則處於守勢，並深刻體認到這一點。

但是，甚至激進的民主制度也未曾取得重大進展。經過五十年的猶豫和敵視之後，西部拓荒者和農民的壓力終於在傑克遜總統在位時（一八二九—三七），使民主在美國確立了。這大致是在歐洲革命重新獲得其動能的同時。就在本書所論時期行將結束之際（一八四七），瑞士激進派與天主教徒之間的一場內戰，把民主帶給了這個國家。但是，在溫和的中產階級自由派當中，很少有人會認爲，這樣一種主要由左翼革命派把持，並且看起來至多也只適合於那些山區或平原的粗俗小生產者的政府制度，有一天會成爲資本主義的典型政治結構，並且保護他們去反對那些在一八四〇年代曾擁護過這項制度的人們所發起的新攻擊。

只有在國際政治中，才有一場明顯是總體且實際的無限革命。一八四〇年代的世界，是由歐洲的政治和經濟列強，加上正在發展中的美國全權支配的。一八三九至四二年的鴉片戰爭，證明唯一尚存的非歐洲大國中華帝國，已無力招架西方的軍事和經濟侵略。看起來，自此沒有任何東西能阻擋帶著貿易和聖經隨行的少數西方軍隊了。而且，在西方主宰世界的大潮流中，由於英國擁有比其他西方國家更多的砲艦、貿易和聖經，遂順理成章地榮登霸主寶座。英國的霸主地位是如此絕對，以至於其運作幾乎不需要政治控制。除了英國之外，其他殖民強國都已衰退，因此英國也就沒有任何敵手。法蘭西帝國已縮減到只控有少數分散的島嶼和貿易據點，儘管它正著手跨越地中海，以圖恢復它在阿爾及利亞的地位。印度尼西亞已處於英國新貿易集散地新加坡的監視之下，因此在印度尼西亞恢復統治的荷蘭人，已不再與英國競爭；西班牙人保住了古巴、菲律賓群島以及對於非洲領土的模糊聲明；葡萄牙殖民地則完全被遺忘了。英國貿易支配著獨立的阿根廷、巴西和美國南部，同時也支配著西班牙殖民地、古巴或英國在印度的殖民地。英國人的投資在美國北部，事實上是在世界各個經濟成長地區，都有其強大的影響力。有史以來，從未有過一個大國像十九世紀中期的大英帝國那樣，行使過世界霸權，因爲歷史上最強大的帝國或霸權國家，都只是區域性的，如中華帝國、回教帝國和羅馬帝國。自那以後，沒有任何單一大國成功地再建過一個可與之相匹敵的霸權，而且實際上在可預見的未來，也絕沒有任何國家能夠這樣做，因爲再也沒有任何大國可以聲稱自己擁有「世界工廠」這種獨一無二的地位。

不過，英國在未來的衰落已經明顯可見。像托克維爾和哈克斯特豪森這類聰明的觀察家，甚至早在一八三〇和四〇年代就已預言，美國和俄國的巨大版圖和潛在資源，至終將使他們成爲這個世界的兩大巨人；在歐洲境內，日耳曼(如恩格斯於一八四四年所預言的那樣)也將很快就會在同等的條件下進行競爭。只有法國已決定性地跌下國際霸權的角逐台，儘管這一點尚未明顯到讓多疑的英國和其他國家政治家放心的地步。

簡而言之，一八四〇年代的世界已失去了平衡。在過去半個世紀所釋放出來的經濟、技術和社會變化的力量，是史無前例的，並且，甚至對最膚淺的觀察者來說，都是不可抗拒的。不過，另一方面，它們的制度性成果仍相當微小。如同英國必然不能永遠是**唯一**的工業化國家一樣，或遲或早，合法的奴隸制度和農奴制度（除了尚未被新經濟觸及的偏遠地區之外）也必然要消失。在強大的資產階級正在發展的任何國家裏面，貴族地主和專制君主的退卻都是不可避免的，無論他們以什麼樣的政治妥協方案來企圖保留其地位、影響，甚至政治權勢。更有甚者，法國大革命的偉大遺產之一，即不斷灌輸給群眾的政治意識和持續不斷的政治活動，意味著這些群眾遲早必定會在政治中發揮重要的作用。一八三〇年以降，社會變動的顯著加快，以及世界革命的復興，明白揭示了變革（無論其精確的制度性本質為何）已無法避免，且無可推延。（當然，這並不意味著，當時普遍被認為是必然會發生的所有變革都有必要發生，例如，自由貿易、和平和代議政體的普遍勝利，或是君主及羅馬天主教會的消逝。）

上述種種，已足以給一八四〇年代的人們一種變革迫在眉睫的意識。但還不足以解釋何以整個歐洲都感覺到一場社會革命已蓄勢待發。值得注意的是，變革就在眼前的迫切感，並不限於已對其進行了詳盡表達的革命者，也不限於懼怕貧民群眾的統治階級。窮人自己也感受到變革即將來臨。人民中的識字階層曾表達了這種感覺。在一八四七年的饑荒期間，美國領事從阿姆斯特丹報告了途經荷蘭的日耳曼移民情緒，他寫道，「所有消息靈通之人都表達了這樣一種信念：眼下的危機是如此深刻地交織在當前的事件之中，『這』一定就是那場偉大革命的開始，那場他們認為遲早會瓦解現存事物與法則的偉大革命。」❼

迫切感的根源在於舊社會留下的危機看來恰好與一次新社會的危機重合。回顧一八四〇年代，人們很容易把預見資本主義最終危機將近的社會主義者，視為一批錯把希望當作現實的夢想家。因為事實上接著發生的，不是資本主義的崩潰，而是它最迅速且無可抗拒的擴張時期。然而，在一八三〇和四〇年代，下列事實卻仍相當模糊：新經濟終將能夠克服它的困難，那種隨著它以越來越革命的方式生產越來越大量的貨物之能力的增加而增加的困難。資本主義的理論家被一種「靜止狀態」的前景所困擾：他們(不像十八世紀或之後的那些理論家)相信，那種推動經濟發展的動力即將枯竭，而且這不僅是一種理論上的可能。對於資本主義的未來，其捍衛者持兩種態度。那些即將成爲高級財政和重工業首領的法國人(聖西門主義者)，在一八三〇年代，對於工業社會贏得勝利的最佳路徑究竟是社會主義還是資本主義這一問題仍無定見。像格里利(Horace Greeley，「年輕人，到西部去吧」是他的名言)這樣的美國人，在一八四〇年代卻是烏托邦社會主義的信仰者。他們建立了傅立葉主義的「法倫斯泰爾」，並在理論上闡釋了其優點。這些法倫斯泰爾是類似以色列集體農業屯墾區(kibbutz)，與今天被認定的「美國風格」十分不配。商人們自己都絕望了。於今回顧，我們可能無法理解，像布賴特和成功的蘭開夏棉紡主人那樣的教友派實業家，在他們擴張的最有生氣的階段當中，竟會爲了廢除關稅一事，而準備以一種普遍的政治封鎖將他們的國家投入動亂、飢餓和騷動之中[8]。然而，在可怕的一八四一至四二年間，對於有思想的資本家來說，工業發展所面臨的不僅是麻煩和損失，而是普遍的窒息，除非能立即清除其進一步擴張的障礙。

對於廣大的一般人民來說，問題甚至更加簡單。如我們已見到的那樣，在西歐和中歐的大城和工廠地區，他們的狀況必然會將他們推向社會革命。他們對他們生活於其中的那個苦難世界裏的富人和權貴的仇恨，以及他們對一個美麗新世界的夢想，給了他們絕望的眼睛一個目標，即使他們之中只有少數人(主要在英國和法國)看得到那個目標。利於進行集體活動的組織賦予他們力量。法國大革命的偉大覺醒教導他們，普通人不必對不公正逆來順受：「在此之前，這些國家一無所知，而其人民則認爲國王是世間的上帝，他們一定會說，不管國王做什麼都是對的。經過現在這場變化，統治人民將會更困難了。」❾

這就是遊盪於歐洲的「共產主義幽靈」，亦即對「無產階級」的恐懼。這種恐懼不僅影響了蘭開夏或法國北部的工廠主人，也影響了農業日耳曼的政府文官、羅馬的僧侶和各地的教授。這是罪有應得的。因爲，在一八四八年頭幾個月爆發的這場革命，並不僅是在它涉及動員了所有社會階層這一意義上才是一場社會革命。在中西歐的大城，特別是首都當中，它是一場名副其實的勞動貧民起義。他們的力量，且差不多就僅是他們的力量，將從義大利巴勒摩到俄國邊界的舊制度推倒在地。當塵埃在其廢墟上落定之時，人們發現，工人們(在法國實際上是社會主義工人)正站立其上，他們不僅要求麵包和就業，而且還要建立一個新的國家和社會。

當窮苦的勞動者奮起之時，歐洲舊制度的虛弱與無能，增加了富人和權貴世界的內在危機。對他們來說，這並不是個美妙的時刻。如這些危機換個時間出現，或在允許統治階級內部不同派別和平調整其爭端的體制下出現的話，他們導致革命的可能性，恐怕比不上十八世紀俄國宮廷常年不斷的爭吵導致沙皇制度沒落的可能性。例如，在英國和比利時，農業家與工業家之間，及其各自的內部派別之間，都有大量的衝突存在。但是，顯然可以理解的是，一八三〇至三二年的變革已以有利於工業家的結果決定了權力問題；否則，只有冒險革命才能將政治現狀加以凍結，然而革命卻是必須不惜一切代價加以避免的。正因如此，所以主張自由貿易的英國工業家和農業保護主義者之間有闕穀物法的尖銳鬥爭，居然能在憲章派的騷動中展開並取得成果（一八四六），且一刻也未曾危及到所有統治階級對抗普選威脅的團結性。在比利時，雖然自由主義者於一八四七年的選舉中戰勝天主教徒，使工業家脫離潛在的革命者行列，而一八四八年經審慎判斷的選舉改革，一舉將選民增加了一倍（在四百萬人口中，選民仍不多於八萬人），多少消除了下層中產階級核心人士的不滿。因此比利時沒有爆發一八四八年革命，儘管以實際遭受的苦難而論，比利時（或者不如說法蘭德斯）可能比除愛爾蘭之外的西歐地區都要糟。

但是，專制主義的歐洲，是由一八一五年的頑固政體所主導，該體制旨在杜絕任何具有自由主義或民族主義性質的變革，甚至對最溫和的反對派，該體制也未留下除了承認現狀或進行革命之外的其他選擇。他們可能不準備自己起來反叛，但是，除非發動一場不可逆轉的社會革命，並且除非有人起來進行這樣的革命，他們也將一無所獲。一八一五年的政權遲早得讓路。他們自己知道這一點。「歷史反對他們」的意識削弱了他們的抵抗意志，正如歷史的確是在反對他們這一事實削弱了他們抵抗的能力一樣。在一八四八年，革命（常常是國外的革命）的第一陣輕煙就把他們吹跑了。不過，至少得有這一陣輕煙，否則他們是不會走開的。與英、比相反的是，在這類國家當中，即使是較小的摩擦（統治者與普魯士和匈牙利議會的爭執；一八四六年選舉出一位「自由主義」教皇，亦即一位急於把教皇國帶到離十九世紀稍微近一點的教皇；對巴伐利亞的一位王室女主人的怨恨等等），也都會釀成重大的政治震盪。

理論上，路易腓力的法國應該有著英國、比利時、荷蘭以及丹麥和斯堪的納維亞人的政治靈活性才是。但是，事實上它卻沒有。因爲，法國統治階級（銀行家、金融家以及一兩個大工業家）僅代表了中產階級利益的一部分，而且是其經濟政策爲更有活力的工業家以及不同利益集團所討厭的那部分；此外，對一七八九年革命的記憶，仍然阻礙著改革。因爲，反對勢力不僅有不滿的中產階級，而且還有政治上起決定作用的下層中產階級，尤其是巴黎的下層中產階級（儘管選舉權受到限制，他們仍在一八四六年投票反對政府）。擴大選舉權可能因此而引入潛在的雅各賓黨人，亦即激進派，這些人除非被正式加以禁止，否則一定會變成共和分子。路易腓力的總理兼歷史學家基佐，因此傾向於將擴大政權之社會基礎的任務留給經濟發展來承擔。因爲經濟發展將自動增加具有進入政界財產資格的公民數量。事實上正是如此。選民從一八三一年的十六萬六千人上升到一八四六年的二十四萬一千人。不過，這還不夠。對雅各賓共和的恐懼使法國政治結構無比僵化，而且使法國政治形勢日趨緊張。在英國，於宴會之後舉辦一場公共政治講演——就像法國反對派在一八四七年所舉行的那樣——絕對不會引起任何問題。但是在法國，它就代表著革命的序幕。

如在歐洲統治階級的其他政治危機一樣，一八四八年革命與一項社會災難同時發生：自一八四〇年代中期開始橫掃歐陸的大蕭條。歉收，尤其是馬鈴薯歉收。愛爾蘭和程度上較輕的西利西亞和法蘭德斯的所有人口都在挨餓（在法蘭德斯的亞麻種植地區，一八四六至四八年之間，人口下降了百分之五），食品價格飛漲。工業蕭條使失業加劇，大批城市勞動貧民恰好在其生活費用飛漲之時，被奪去了他們微薄的收入。不同國家與國內不同地區之間的形勢都有所不同，但是，對於當時政權有幸的是，諸如愛爾蘭人和法蘭德斯人或一些地方工廠工人這樣最悲慘的人口，在政治上也是最不成熟的：例如，法國北部地區的棉紡工人將他們的絕望發洩在湧入法國北部同樣絕望的比利時移民身上，而不是發洩在政府，甚至老闆身上。而在最工業化的國家當中，不滿情緒的鋒芒早已被一八四〇年代工業和鐵路建設的大繁榮所磨滅。一八四六至四八年是個壞年頭，但還沒壞到一八四一至四二年那種程度，而且，它們只是在現已清晰可見的經濟繁榮曲線上的暫時下滑而已。不過，如果把中歐和西歐當做一個整體，一八四六至四八年的大災難則是普遍性的，而總是處在生存邊緣的群眾，他們的情緒則是緊張而激動的。

一場歐洲的經濟災難就這樣與舊政權的顯然瓦解同時發生。一八四六年加利西亞的一場農民起義；同年一位「自由主義」教皇的當選；一八四七年末，一場由瑞士激進派打敗天主教徒的內戰；一八四八年初在巴勒摩發生的西西里自治起義，上述事件都不是大風中飄動的草，而是狂風的最初怒吼。每個人都知道這一點。很少有革命像這場革命那樣被普遍預見到，儘管並不一定正確預見到在哪些國家或哪些日期發生。整個歐陸都在等待著，他們已準備就緒，可立即將革命的消息藉由電報從城市傳向城市。一八三一年，雨果寫道，他早已聽到了「革命沉悶的轟響，仍然在地層深處，正在歐洲的每一個王國底下，沿著其地下坑道，從礦場的中心豎井——巴黎——向外湧出」。一八四七年，革命之聲高亢而逼近。一八四八年，正式引爆。

註釋

❶ Haxthausen, *Studien ueber... Russland* (1847), I, pp. 156-7.

❷ Hansard, 16 Feb. 1842, quoted in Robinson and Gallagher, *Africa and the Victorians* (1961), p. 2.

❸ R. B. Morris, *Encyclopedia of American History* (1953), pp. 515, 516.

❹ P. Lyashchenko, *History of the Russian National Economy,* pp. 273-4.

❺ Lyashchenko, *op. cit*., p. 370.

❻ J. Stamp, *British Incomes and Property* (1920), pp. 515, 431.

❼ M. L. Hansen, *The Atlantic Migration 1607-1860* (Harvard 1945), p. 252.

❽ N. McCord, *The Anti-Corn Law League 1838-46* (London 1958), chapter V.

❾ T. Kolokotrones, quoted in L. S. Stavrianos, "Antecedents to Balkan Revolutions", *Journal of Modern History,* XXIX, 1957, p. 344.

地圖・表格

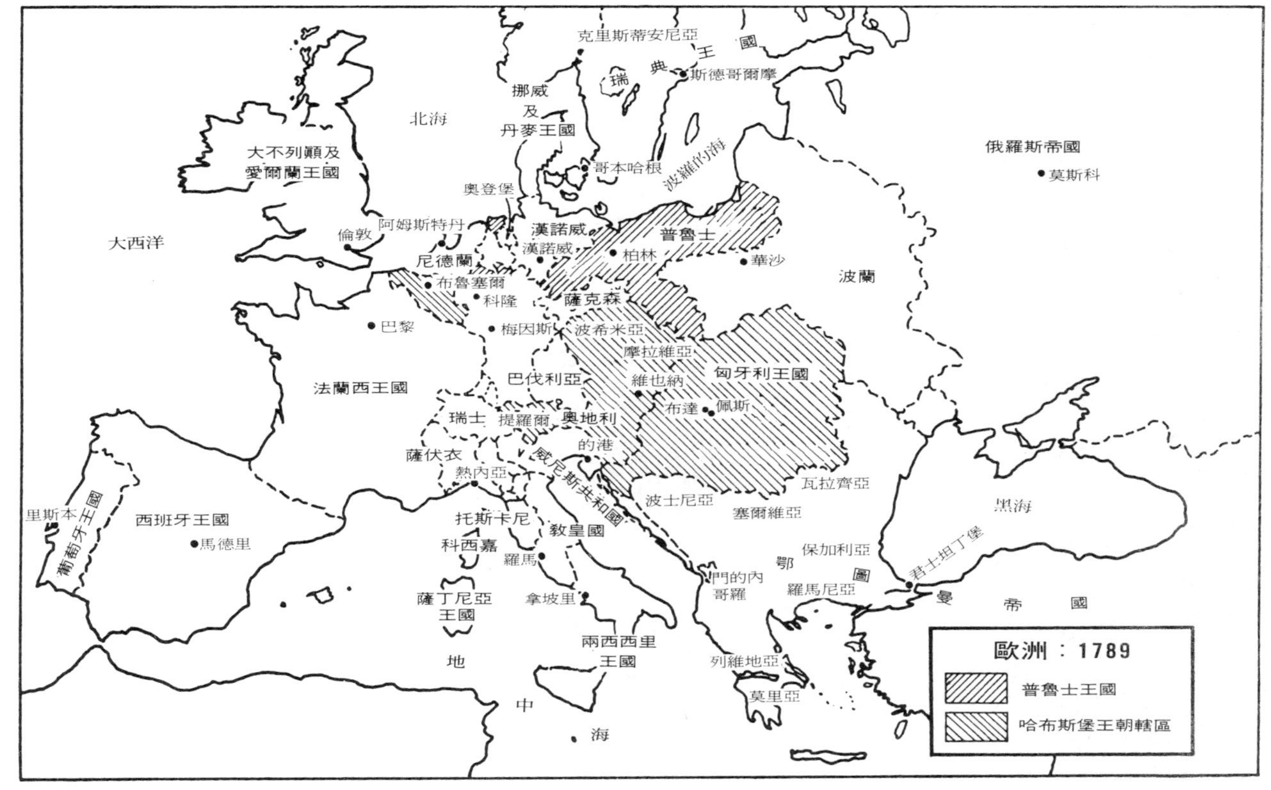
歐洲：1789
普魯士王國
哈布斯堡王朝轄區
大西洋
北海
大不列顛及愛爾蘭王國
倫敦
阿姆斯特丹
尼德蘭
布魯塞爾
科隆
奧登堡
挪威及丹麥王國
哥本哈根
克里斯蒂安尼亞
瑞典王國
斯德哥爾摩
波羅的海
漢諾威
漢諾威
普魯士
柏林
華沙
波蘭
俄羅斯帝國
莫斯科
薩克森
波希米亞
摩拉維亞
匈牙利王國
維也納
布達
佩斯
巴伐利亞
梅因斯
巴黎
法蘭西王國
瑞士
提羅爾
奧地利
的港
薩伏衣
熱內亞
威尼斯共和國
托斯卡尼
教皇國
科西嘉
羅馬
薩丁尼亞王國
拿坡里
兩西西里王國
地中海
里斯本
葡萄牙王國
西班牙王國
馬德里
波士尼亞
塞爾維亞
瓦拉齊亞
保加利亞
門的內哥羅
羅馬尼亞
鄂圖曼帝國
君士坦丁堡
黑海
列維地亞
莫里亞

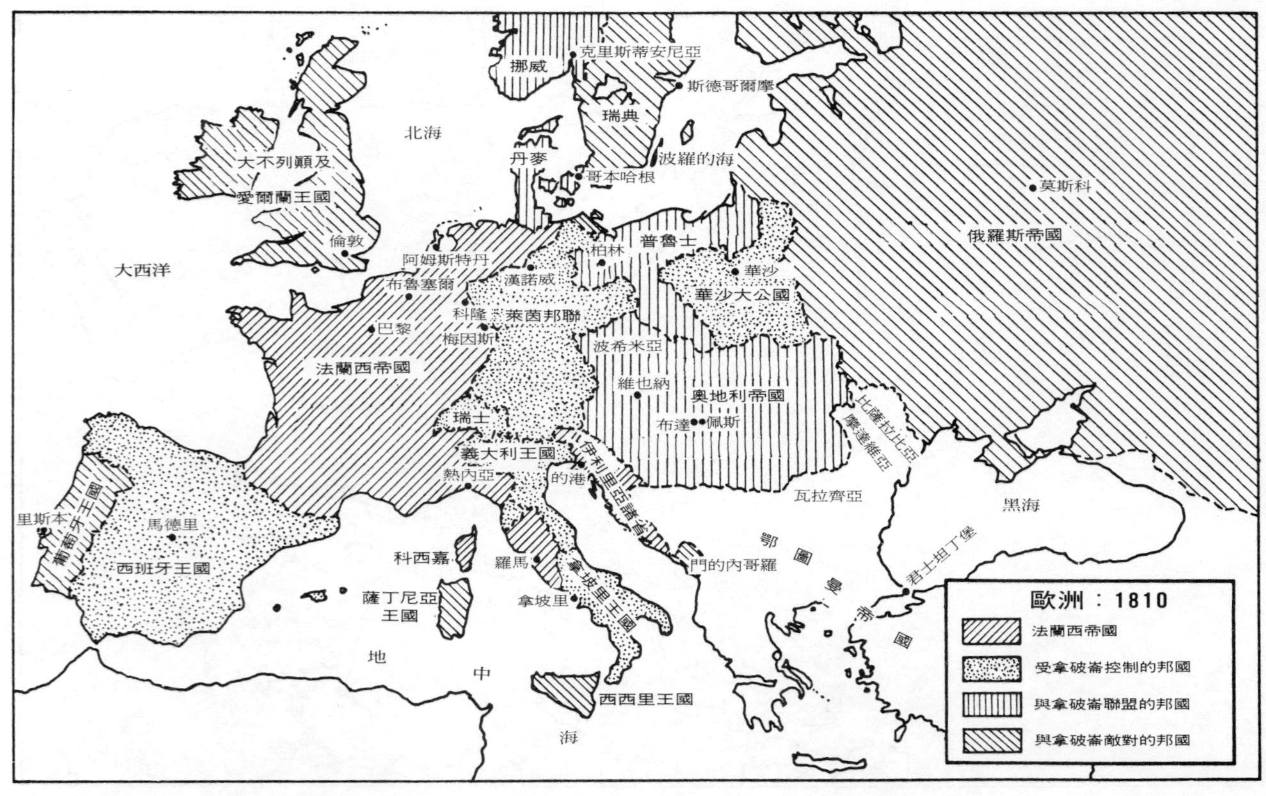
歐洲：1810
法蘭西帝國
受拿破崙控制的邦國
與拿破崙聯盟的邦國
與拿破崙敵對的邦國
挪威
克里斯蒂安尼亞
斯德哥爾摩
瑞典
北海
丹麥
波羅的海
哥本哈根
大不列顛及
愛爾蘭王國
莫斯科
俄羅斯帝國
倫敦
普魯士
柏林
阿姆斯特丹
大西洋
華沙
漢諾威
布魯塞爾
華沙大公國
科隆
萊茵邦聯
巴黎
梅因斯
波希米亞
法蘭西帝國
維也納
奧地利帝國
比薩拉比亞
摩達維亞
布達佩斯
瑞士
義大利王國
伊利里亞諸省
熱內亞
的港
瓦拉齊亞
黑海
里斯本
葡萄牙王國
馬德里
西班牙王國
鄂圖曼帝國
君士坦丁堡
科西嘉
羅馬
拿坡里王國
門的內哥羅
薩丁尼亞
王國
拿坡里
地中海
西西里王國

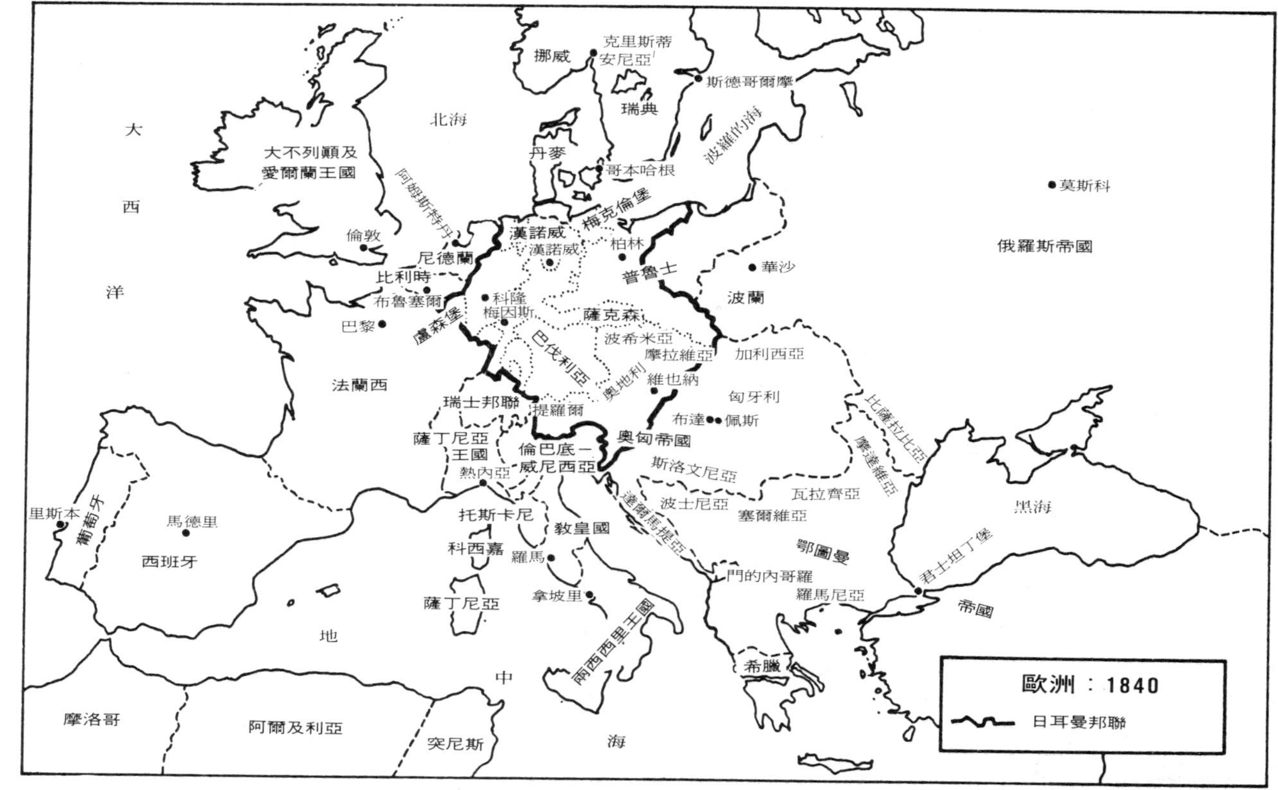
歐洲：1840
日耳曼邦聯
大西洋
大不列顛及愛爾蘭王國
倫敦
北海
挪威
克里斯蒂安尼亞
瑞典
斯德哥爾摩
丹麥
哥本哈根
波羅的海
俄羅斯帝國
莫斯科
阿姆斯特丹
尼德蘭
漢諾威
漢諾威
梅克倫堡
柏林
普魯士
華沙
波蘭
比利時
布魯塞爾
盧森堡
巴黎
法蘭西
科隆
梅因斯
薩克森
波希米亞
巴伐利亞
摩拉維亞
奧地利
維也納
加利西亞
匈牙利
布達
佩斯
瑞士邦聯
提羅爾
奧匈帝國
薩丁尼亞王國
倫巴底—威尼西亞
熱內亞
斯洛文尼亞
比薩拉比亞
摩達維亞
瓦拉齊亞
波士尼亞
塞爾維亞
達爾馬提亞
托斯卡尼
教皇國
科西嘉
羅馬
鄂圖曼
門的內哥羅
羅馬尼亞
君士坦丁堡
帝國
黑海
里斯本
葡萄牙
馬德里
西班牙
薩丁尼亞
拿坡里
兩西西里王國
希臘
地中海
摩洛哥
阿爾及利亞
突尼斯

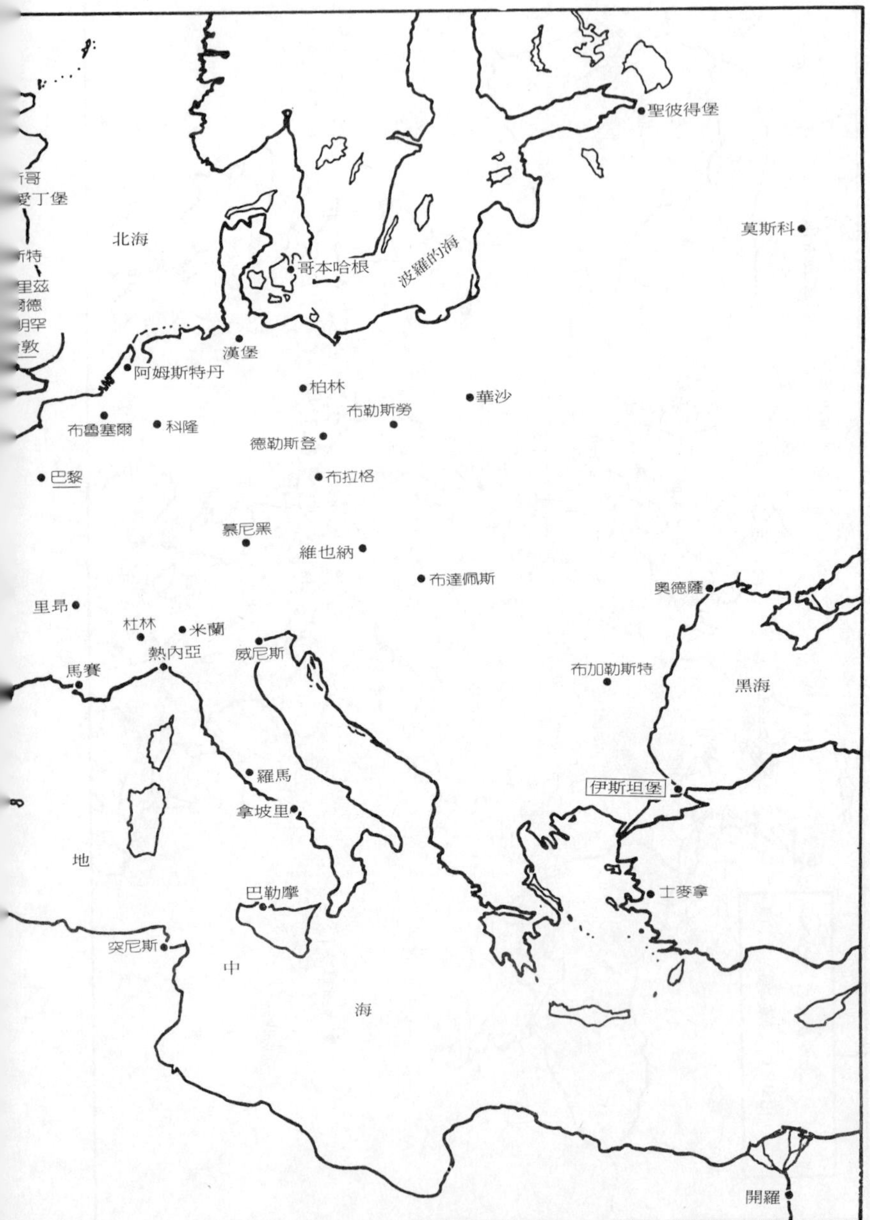
聖彼得堡
莫斯科
北海
哥本哈根
波羅的海
漢堡
阿姆斯特丹
柏林
華沙
布勒斯勞
布魯塞爾
科隆
德勒斯登
巴黎
布拉格
慕尼黑
維也納
布達佩斯
奧德薩
里昂
杜林
米蘭
威尼斯
熱內亞
馬賽
布加勒斯特
黑海
羅馬
伊斯坦堡
拿坡里
士麥拿
巴勒摩
突尼斯
地中海
開羅

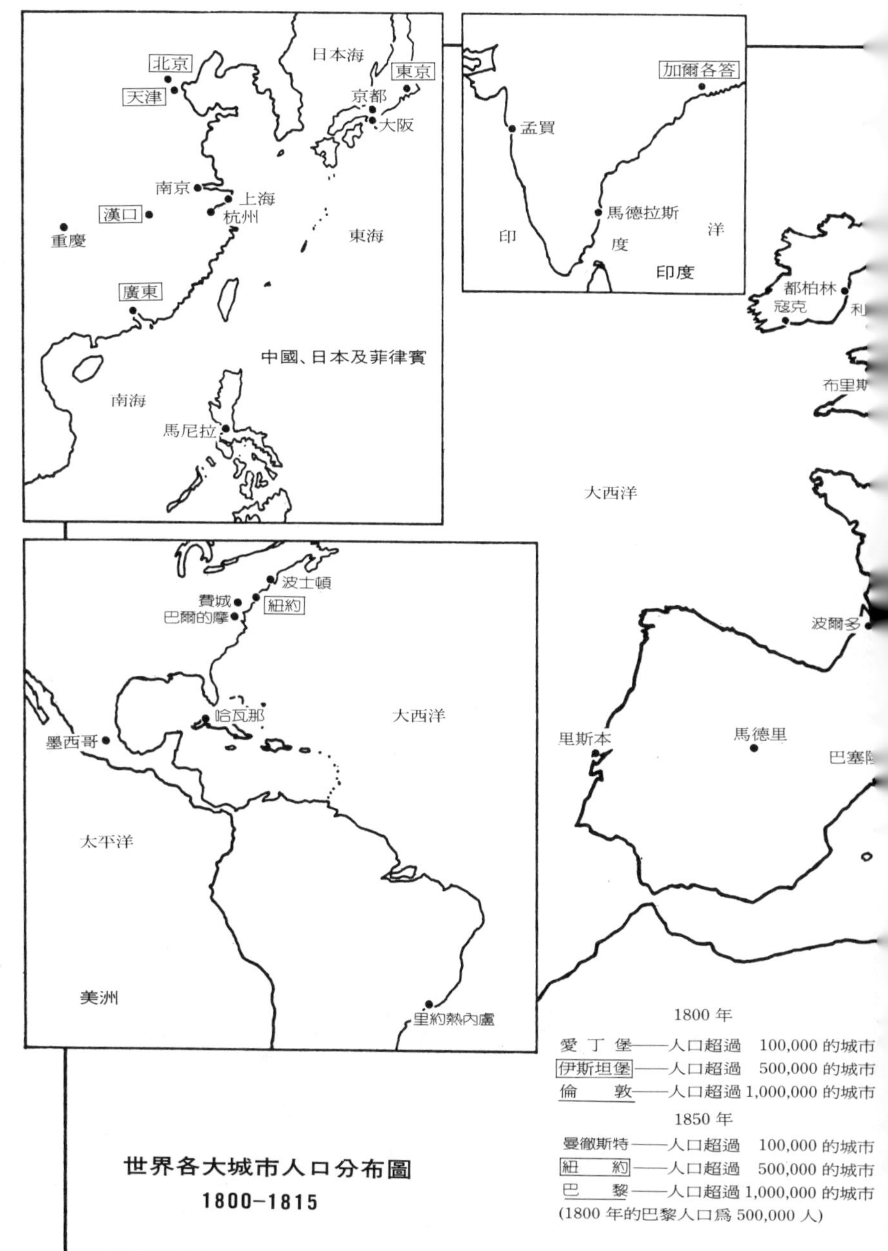

世界各大城市人口分布圖
1800–1815

表演使用語言
科孚——法語、義語
倫敦——當地語言
巴塞爾——德語
聖彼得堡——當地語和德語
挪威
瑞典
赫爾辛基
聖彼得堡
克里斯蒂安尼亞
斯德哥爾摩
里加
北海
波羅的海
丹麥
哥本哈根
俄羅斯
漢堡
普魯士
阿姆斯特丹
布朗斯維格
柏林
華沙
鹿特丹
德索
波蘭
安特衛普
布魯塞爾
魯道爾城
日耳曼邦聯
布拉格
曼漢
布爾諾
史特拉斯堡
慕尼黑
維也納
布勒斯勞
克勞森堡
奧德薩
巴塞爾
布達佩斯
奧地利帝國
赫曼城
熱內亞
盧加諾
格拉茨
克倫城
里昂
米蘭
威尼斯
的港
阿格拉姆
布加勒斯特
黑海
馬賽
佛羅倫斯
巴斯提亞
義大利
鄂圖曼帝國
君士坦丁堡
羅馬
拿坡里
科孚
地中海
卡拉里
兩西西里王國
希臘
雅典
士麥拿
突尼斯
馬爾它

西方文化 1815–48：歌劇
三齣受歡迎歌劇的演出地點及語言：
羅西尼的《阿瑪維瓦或徒勞的防範》、
《饒舌的女賊》及奧貝爾的《波蒂奇的啞女》
美國
聖路易
費城
紐約
墨西哥
哈瓦那
大西洋
太平洋
蓋亞圭爾
利馬
南美洲
巴伊亞
聖地牙哥
里約熱內盧
布宜諾斯艾利斯
巴達維亞
爪哇
澳大利亞
雪梨
愛丁堡
都柏林
聯合王國
倫敦
法蘭西
葡萄牙
西班牙
里斯本
馬德里
巴塞隆納
阿爾及耳
摩洛哥
阿爾及利亞

歐洲各國概況：1836 年

	人口總數 千萬人	城市總數 超過五千人	耕地面積 百萬摩爾幹	穀物產量 百萬舍非爾	肉牛總數 百萬頭	鐵產量 百萬英擔	煤產量 百萬英擔
俄羅斯 波蘭、克拉考	49,538	6	276	1,125	19.0	2.1	—
奧地利 匈牙利、倫巴底	35,000	8	93.0	225	10.4	1.2	2.3
法　國	33,000	9	74.0	254	7.0	4.0	20.0
英　國	24,273	17	67.5	330	10.5	13.0	200.0
日耳曼邦聯 不含普、奧	14,205	4	37.5	115	6.0	1.1	2.2
西班牙	14,032	8	30.0		3.0	0.2	0.0
葡萄牙	3,530	1	30.0		3.0	0.2	0.0
普魯士	13,093	5	43.0	145	4.5	2.0	4.6
鄂圖曼土耳其 羅馬尼亞	8,600	5					
拿坡里共和國	7,622	2	20.0	116	2.8	0.0	0.1
皮德蒙－薩丁尼亞	4,450	2	20.0	116	2.8	0.0	0.1
義大利諸邦	5,000	4	20.0	116	2.8	0.0	0.1
瑞典和挪威	4,000	1	2.0	21	1.4	1.7	0.6
比利時	3,827	4	7.0	5	2.0	0.4	55.4
荷　蘭	2,750	3	7.0	5	2.0	0.4	55.4
瑞　士	2,000	0	2.0		0.8	0.1	0.0
丹　麥	2,000	1	16.0		1.6	0.0	0.0
希　臘	1,000	0.0					

1. 摩爾幹(Morgen)：舊田畝單位，相當於 2500 – 3400 平方公尺。
2. 舍非爾(Scheffel)：計算穀物單位，約相當於 233 公升。
3. 英擔(cwt)：重量單位，在英國相當於 112 磅，在美國相當於 100 磅。

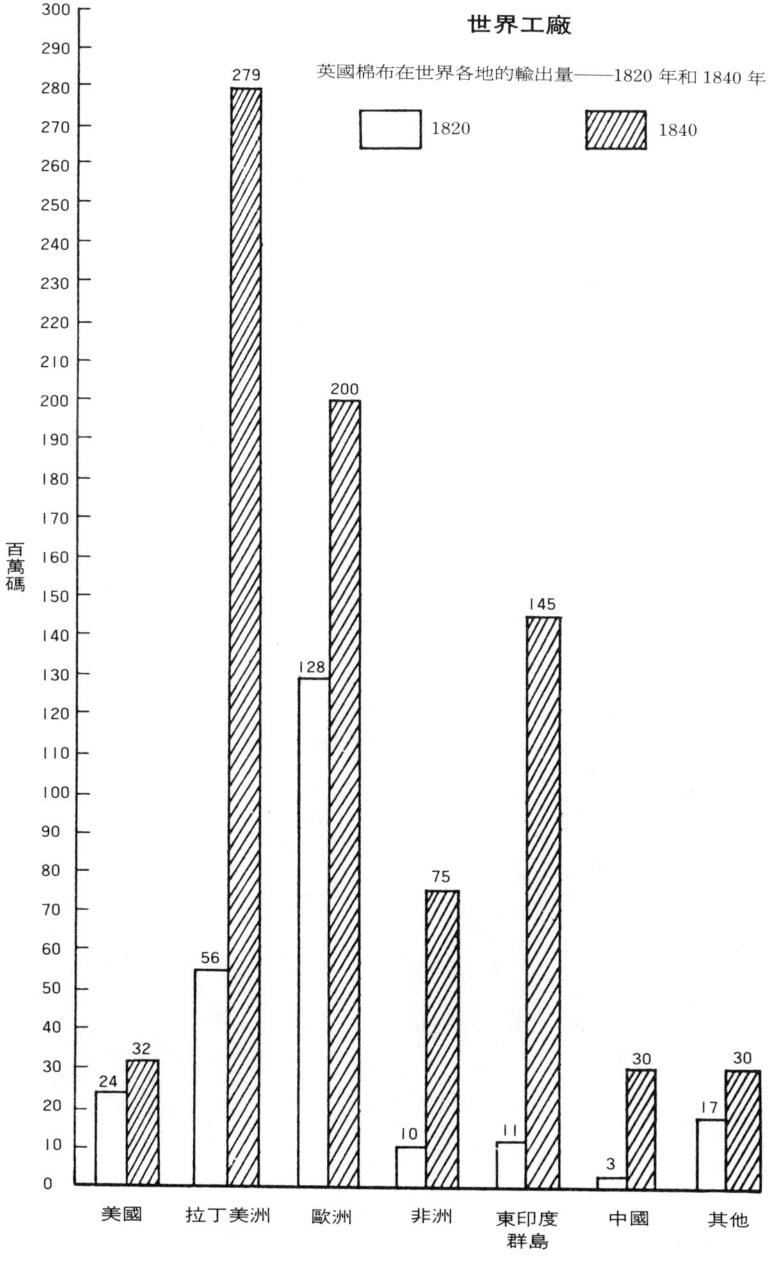

世界工廠

英國棉布在世界各地的輸出量——1820 年和 1840 年

（百萬碼）

	1820	1840
美國	24	32
拉丁美洲	56	279
歐洲	128	200
非洲	10	75
東印度群島	11	145
中國	3	30
其他	17	30

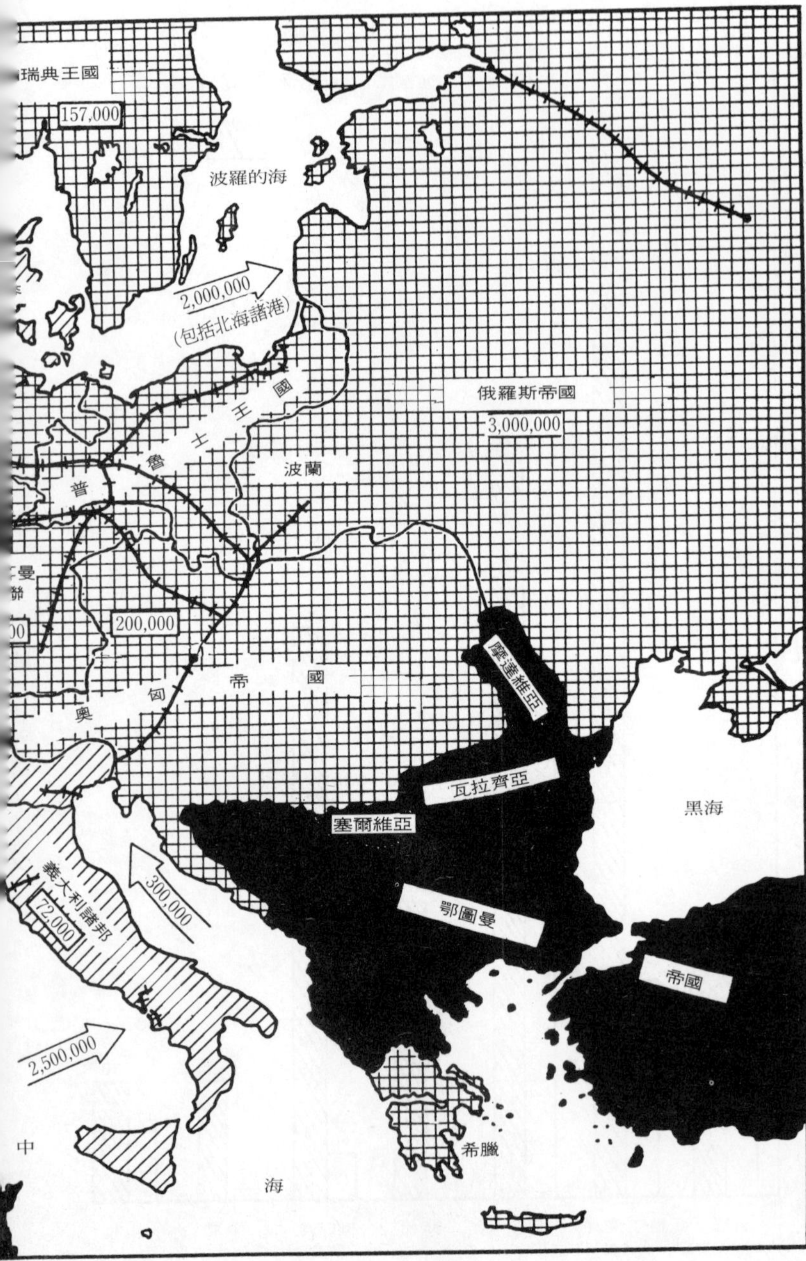
瑞典王國
157,000
波羅的海
2,000,000
(包括北海諸港)
俄羅斯帝國
3,000,000
普魯士王國
波蘭
200,000
奧匈帝國
摩達維亞
瓦拉齊亞
塞爾維亞
黑海
鄂圖曼
帝國
義大利諸邦
72,000
300,000
2,500,000
希臘
中
海

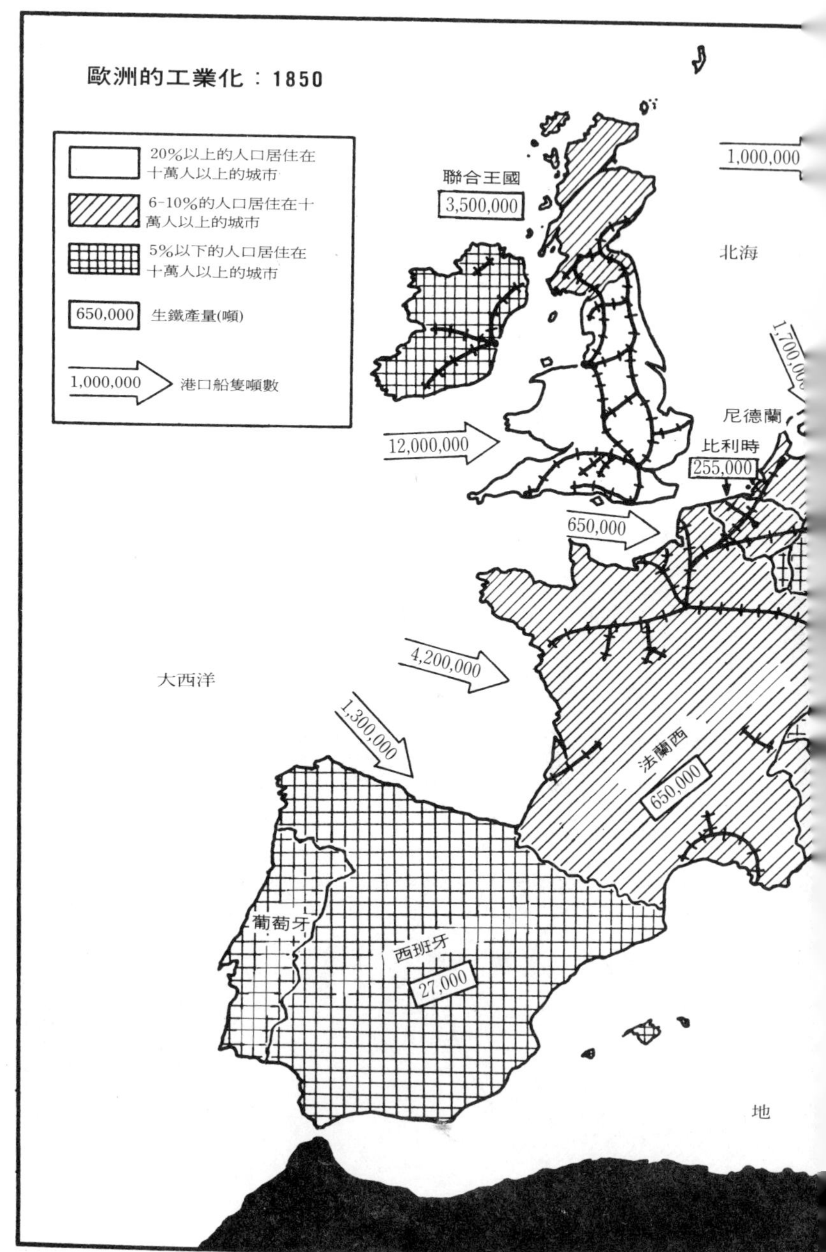
歐洲的工業化：1850
20%以上的人口居住在十萬人以上的城市
6-10%的人口居住在十萬人以上的城市
5%以下的人口居住在十萬人以上的城市
650,000 生鐵產量(噸)
1,000,000 港口船隻噸數
聯合王國
3,500,000
1,000,000
北海
1,700,000
尼德蘭
比利時
255,000
12,000,000
650,000
大西洋
4,200,000
1,300,000
法蘭西
650,000
葡萄牙
西班牙
27,000
地

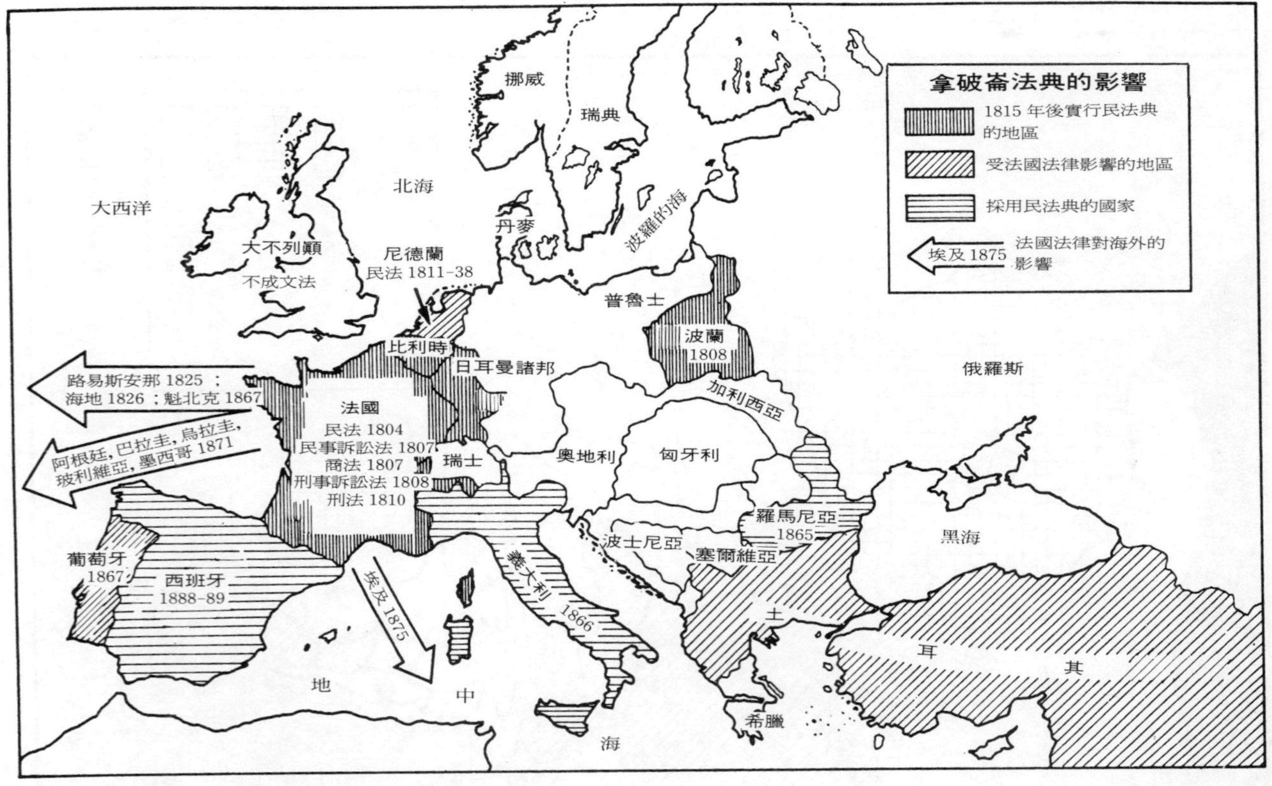

拿破崙法典的影響
1815 年後實行民法典的地區
受法國法律影響的地區
採用民法典的國家
埃及 1875
法國法律對海外的影響
大西洋
北海
挪威
瑞典
丹麥
波羅的海
大不列顛
不成文法
尼德蘭
民法 1811-38
比利時
日耳曼諸邦
普魯士
波蘭
1808
俄羅斯
路易斯安那 1825；
海地 1826；魁北克 1867
阿根廷, 巴拉圭, 烏拉圭,
玻利維亞, 墨西哥 1871
法國
民法 1804
民事訴訟法 1807
商法 1807
刑事訴訟法 1808
刑法 1810
瑞士
奧地利
匈牙利
加利西亞
羅馬尼亞
1865
波士尼亞
塞爾維亞
黑海
葡萄牙
1867
西班牙
1888-89
埃及 1875
義大利
1866
土
耳
其
希臘
地
中
海

W

Y

Z

T

U

V

S

Q

R

O

P

N

M

I

J

K

H

G

E

F

D

B

索　引

A

國家圖書館出版品預行編目資料

革命的年代：1789 - 1848 / 艾瑞克・霍布斯邦
(Eric J. Hobsbawm)著；王章輝等校譯. --
初版. -- 臺北市：麥田出版：城邦文化發行,
民 86
面； 公分. -- （歷史選書；11）
含索引
譯自：The age of revolution : Europe, 1789-1848
ISBN 957-708-499-0（平裝）

1. 歐洲 - 歷史 - 18 世紀
2. 歐洲 - 歷史 - 19 世紀

740.25 86005813